🇺🇸 ROUTENREISEFÜHRER
NATIONALPARKROUTE
USA – SÜDWEST

MARION LANDWEHR

► INHALTSVERZEICHNIS

EINLEITUNG 9

STAAT UND VERWALTUNG USA 15

HIGHLIGHTS 21

ROUTENÜBERSICHT 29

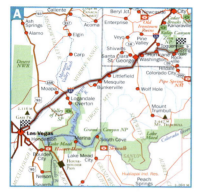

A LAS VEGAS BIS
ZION NATIONAL PARK 33
Las Vegas 36
St. George 46
Zion National Park 48

B ZION NATIONAL PARK BIS
BRYCE CANYON NATIONAL PARK .. 57
Cedar Breaks
National Monument 60
Red Canyon 61
Mossy Cave 62
Bryce Canyon National Park 64

C ÜBER DEN SCENIC BYWAY 12 ZUM
CAPITOL REEF NATIONAL PARK 75
Tropic 79
Kodachrome Basin
State Park 80
Escalante Petrified Forest
State Park 83
Escalante 84
Calf Creek Recreational Area 85
Boulder Anasazi
State Park Museum 87
Capitol Reef National Park 90

INHALTSVERZEICHNIS ◄

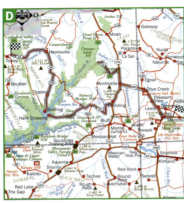

D CAPITOL REEF ZUM LAKE POWELL & MESA VERDE NATIONAL PARK .. 99
Lake Powell 103
Natural Bridges National
Monument..107
Blanding 111
Monticello...113
Newspaper Rock
Historic State Park 114
Canyonlands National Park............115
Cortez..120
Mesa Verde National Park..............122

E MESA VERDE ÜBER MONUMENT VALLEY ZURÜCK ZUM LAKE POWELL 133
Towaoc...137
Four State Corner............................137
Bluff..138
Goosenecks State Park Overlook .140
Mexican Hat 142
Monument Valley
Navajo Tribal Park............................143
Goulding's Lodge 149
Antelope Canyon Navajo Tribal Park.150
Page..154

F LAKE POWELL ZUM GRAND CANYON NATIONAL PARK............................163
Navajo Bridge..................................167
Lees Ferry..169
Moen-avi, Dinosaurier Tracks........174
Tuba City..175
Cameron 176
Little Colorado River Gorge
Navajo Tribal Park 177
Grand Canyon National Park
– North Rim.....................................178
Grand Canyon National Park
- South Rim......................................180
Grand Canyon Village.....................189
Tusayan...200

▶ INHALTSVERZEICHNIS

G GRAND CANYON ÜBER DIE ROUTE 66 ZUM LAKE MEAD & LAS VEGAS 203
Williams 206
Route 66..211
Seligman...214
Grand Canyon Caverns 217
Hackberry 219
Kingman 221
Chloride 224
White Hills.......................................226
Hoover Dam....................................228
Lake Mead......................................230

WISSENSWERTES MIT SPRACHHILFE 237

STICHWORTVERZEICHNIS 265

KARTEN 273

EINLEITUNG

EINLEITUNG ◄

WILLKOMMEN IM WILDEN WESTEN!

Verlassen Sie das Eiltempo des Alltags, verlassen Sie die Einkaufscenter, die Arbeitswelt und Ihren stressigen Terminkalender – atmen Sie ruhig durch. Und dann treffen Sie auf Mutter Natur und Vater Himmel in ihrer ganzen Ursprünglichkeit! Betrachten Sie Millionen von Sternen ohne das störende Licht der Großstädte. Und atmen Sie die saubere Luft tief ein. Dann sind Sie bereit für das Abenteuer Südwesten!

Man verknüpft viele Begriffe mit dem Südwesten der USA: Wilder Westen, Grand Canyon, Natur, Sandsteinformationen, Cowboys und Indianer, Prärie ... Nichts von alledem bereitet Sie auf das vor, was Sie auf der anderen Seite des „großen Teichs" tatsächlich erwartet. Die Amerikaner jonglieren gerne mit Vokabeln wie „scenic, dramatic, spectacular, breathtaking", und beim Verfassen dieses Reiseführers bin ich richtig neidisch auf diese Ausdrücke an der englischen Sprache gewesen, denn man findet im Deutschen kaum Worte, um die Eindrücke adäquat zu beschreiben. Ich habe dennoch versucht, dem Leser die Atmosphäre dieses sagenhaften Landstrichs zu vermitteln. Das soll diesen Reiseführer auch von anderen unterscheiden, dass er nicht eine Abhandlung von Fakten ist, sondern den Leser in Gedanken bereits mitnimmt auf die Reise. Ich lade Sie ein, die außergewöhnlichen Farbkompositionen, die faszinierenden geologischen Erscheinungsformen und die mystischen Überreste früherer Kulturen bereits im Vorfeld Ihrer eigenen Reise zu erleben.

Was Sie in diesem Buch finden, ist nicht die „vorgekaute" Version einer Route, der Sie nur noch folgen müssen. Ich habe vielmehr aus einem einzigartigen Teilgebiet der USA die Highlights herausgepickt und sie so aufgeteilt, dass die Reise nicht in Stress ausartet, sondern von Genuss geprägt ist. Wenn man in etwa das Terrain absteckt, bietet sich die Runde, die Sie in diesem Reiseführer finden, auch auf natürliche Weise an. Wegen der ungewöhnlichen Konzentration von berühmten National Parks und Monuments auf einer vergleichsweise überschaubaren Fläche sprechen auch die Amerikaner oft vom „Grand Circle". Im Text selbst finden Sie immer wieder Stellen, an denen Sie je nach Zeitplan einen Umweg oder Abstecher einfügen können, denn in erster Linie soll Ihnen der Reiseführer helfen, sich nicht zu verzetteln.

Gerade das kann aber leicht passieren! Man sitzt noch zu Hause und sieht auf der Landkarte, was es alles zu besuchen und zu bestaunen gibt und wo man meint, unbedingt hinzumüssen. Da man aber im Normalfall nicht drei Monate, sondern eher drei Wochen unterwegs ist, sollte man sich von Anfang an klar darüber sein, dass einfach nicht alles geht. Der Mut zur Lücke ist eine unabdingbare Voraussetzung! Ich habe mich bemüht, die Lücke für Sie so klein wie möglich zu halten. Um nicht an tollen National Parks vorbeifahren zu müssen, ohne sie zu besuchen, habe ich an manchen Stellen den „Grand Circle" einfach kleiner gehalten. Diesem Umstand ist zum Beispiel die Westküste zum Opfer gefallen. Auf der Reise bin ich vielen Menschen begegnet, die sich den Südwesten ohne San Francisco, Los Angeles und Disney-World nicht vorstellen konnten und das alles „eben auch noch mitgenommen haben". Diese Leute haben mir sehr leidgetan, denn sie waren mehr auf der Flucht als im Urlaub. Für sie war es ein reiner Wettlauf mit der Zeit und ein stumpfes Abfahren von Kilometern/Meilen, um dann am Etappenziel festzustellen, dass es schon dunkel war und man am nächsten Tag aber zeitig weiter musste. Ich selbst wäre bei den Vorbereitungen auch dem Trugschluss zum Opfer gefallen, dass man unbedingt

▶ EINLEITUNG

alles sehen muss, was da auf scheinbar engem Raum im Angebot ist. Glücklicherweise hat mich eine sehr erfahrene Mitarbeiterin im Spezial-Reisebüro für Individualreisen recht frühzeitig auf den Boden der Tatsachen geholt und mir somit eine sehr erfolgreiche und intensive Reise beschert. Davon möchte ich Sie auch profitieren lassen. Mein dringlicher Rat lautet also: Halten Sie den Radius lieber kleiner und kommen Sie noch einmal wieder, um einen anderen Teil des Südwestens genauso gründlich unter die Lupe zu nehmen. Weniger ist in diesem Fall unbedingt mehr!

Was genau verbirgt sich nun also hinter dem „Grand Circle"? Um zunächst einen groben geografischen Überblick zu bekommen, stelle ich Ihnen die vier Bundesstaaten vor, die bereist werden. Start und Ziel und gleichzeitig westlichster Punkt unserer Route ist Nevada. Der Name stammt aus dem Spanischen und bedeutet „schneebedeckt". Waren es früher noch die Silberminen, die Menschen in die Wüste gelockt haben, sind es heute die Casino-Metropolen Las Vegas und Reno. Nevada ist der siebtgrößte US-Bundesstaat mit 2.600.000 Einwohnern, Hauptstadt ist Carson City. Große Teile des Südens und Westens von Nevada weisen trocken-heiße Wüstensteppen auf. Der Steppenboden ist bedeckt von sogenannten Sagebrush-Sträuchern. In Nevada verbergen sich beträchtliche Gold- und Silbervorräte was dem Bundesstaat den Spitznamen „Silver State" verliehen hat.

Im Uhrzeigersinn gemäß dem Reiseverlauf schließt sich im Osten der Bundesstaat Utah an. Durch Utah führt der größte Teil der Strecke, und es befinden sich die meisten Sehenswürdigkeiten im so genannten „Beehive State" (Bienenstock-Staat). Der ungewöhnliche Spitzname stammt von den Mormonen, die den Bienenstock als Inbegriff des Fleißes zum Wahrzeichen des Staates erklärten. In Utah besuchen wir auf unserer Reise die National Parks Zion, Bryce, Capitol Reef und Canyonlands National Park. Hinzu kommen die National Monuments Grand Staircase-Escalante, Cedar Breaks, Natural Bridges und Rainbow Bridge National Monument. Nicht zu vergessen natürlich Monument Valley, das aufgrund der indianischen Selbstverwaltung allerdings weder ein National Park noch ein National Monument ist. Hauptstadt von Utah ist Salt Lake City, es leben 2.550.000 Einwohner in diesem Bundesstaat.

Noch ein Stück weiter im Osten tangieren wir Colorado, in diesem Bundesstaat verweilen wir aber nicht lange. Dort besuchen wir „nur" den Mesa Verde National Park. Colorado wird auch der „Centennial State", der Jahrhundert-Staat genannt. Colorado hat 4.800.000 Einwohner und Denver als Hauptstadt. Auch der Name dieses Bundesstaates leitet sich aus dem Spanischen ab, nämlich von „rot" bzw. „rötlich".

Vierter und letzter Bundesstaat im Bunde ist Arizona, das auf dem Rückweg Richtung Westen an Colorado anschließt. Arizona heißt – natürlich! – auch der „Grand Canyon State". Der Colorado River fungiert als die natürliche westliche Grenze zu Nevada und Kalifornien, im Norden des Staates trifft Arizona am „Four Corners Point" auf Utah, Colorado und New Mexico. Arizonas Hauptstadt ist Phoenix, es leben 6.200.000 Menschen in diesem Staat.

Geografisch umfasst der Südwesten der USA das Gebiet von den Great Plains im Osten bis zur Sierra Nevada im Westen. Rund um den Colorado River finden wir das Colorado Plateau. Dieses Tafelland reicht vom Zion und dem Grand Canyon National Park im Westen bis zum Petrified Forest National Park im Süden und den Rocky Mountains im Osten und im Norden. Das Colorado Plateau entstand, als sich die pazifische

EINLEITUNG ◀

Kontinentalplatte unter die nordamerikanische schob und diese anhob. Damals begannen die Flüsse, sich tief in die Gesteinsschichten hineinzugraben und die heute so spektakulären Canyons in ihren verschiedenartigen Ausprägungen zu erschaffen. Im gesamten oben genannten Bereich gibt es acht National Parks, sechs davon sind in der vorliegenden Reise-Route enthalten. Die Wunderwelten aus braun-rotem, gelbem und orangefarbenem Sandstein haben im ganzen Südwesten denselben geologischen Ursprung, sind aber in jedem Park anders ausgeprägt, sodass man von einer landschaftlichen Traumwelt in die nächste wandelt. Das ist ein weiterer Grund, sich nicht zu übernehmen, sondern eine überschaubare und vor allem verkraftbare Reise einem kompletten Rundumschlag vorzuziehen: Das, was man unterwegs sieht und was auf den Betrachter einströmt, ist so schon kaum zu verarbeiten. Wenn man sich nicht einmal die Zeit nimmt, die Orte einigermaßen intensiv zu erleben, bleibt so manches unverarbeitet auf der Strecke.

Ein weiteres Phänomen des Colorado Plateau bezieht sich auf die Geschichte der Bewohner – die Indianer. Die tiefen, unfruchtbaren Schluchten waren für weiße Siedler nicht attraktiv, sodass die meisten indianischen Ureinwohner weiterhin unbehelligt zumindest in der Nähe ihrer Heimat leben konnten. Das ist der Grund, warum heute im Südwesten eine große Zahl von Reservationen beheimatet ist mit der Navajo Indian Reservation als der größten im Norden Arizonas. Von der indianischen Bevölkerung im Gebiet der Four Corners machen die Navajo mehr als die Hälfte aus, es folgen die Hopi, Apache, Pueble, Havasupai und Hualapai – Namen, die Ihnen unterwegs des öfteren begegnen werden. Neben Englisch und Spanisch werden im Südwesten deshalb auch verschiedene Indianersprachen gesprochen.

Obwohl sich hinter dem Wort „Indianer" heute meist ein Sammelbegriff verbirgt, sind die historischen und kulturellen Wurzeln doch sehr differenziert zu betrachten. Gemeinsam ist allen Indianern ihr asiatischer Ursprung, der sich aus der Wanderbewegung aus Asien vor mehr als 10.000 Jahren erklärt. Zu Kolumbus' Zeiten gab es etwa 15 bis 30 Millionen auf dem nordamerikanischen Kontinent. Es werden vier unterschiedliche kulturelle Gruppen der Frühzeit der Indianer unterschieden: Die Plains-Indianer, die Southwest-Indianer, die Great-Basin-Indianer und die Southeast-Indianer. Die Indianer der Plains-Kultur sind am ehesten diejenigen, die für uns Europäer als „typisch" gelten. Zu den Southwest-Indianern zählen die Pueblo und die Anasazi, beides Kulturen, die uns auf der Südwest-Tour immer wieder begegnen werden. Auch die Navajos gehören zu dieser Gruppe, allerdings sind diese erst zwischen 900 und 1200 n. Chr. in südliche Richtung gezogen, unter anderem nach Arizona, wo sie heute noch stark präsent sind.

Nach der „Entdeckung" Amerikas durch Christoph Kolumbus im Jahr 1492 kamen immer mehr Europäer in das Land, sodass die weiße Bevölkerung stark und schnell wuchs. Das führte zu Landstreitigkeiten zwischen Weißen und Indianern und beeinflusste natürlich auch die indianischen Kulturen. Die englischen und französischen Kolonialmächte unterwarfen sich die Ureinwohner. Während die Franzosen den Indianern noch am ehesten freundschaftlich begegneten, versuchten die Engländer, per Verträge mit den Indianern ihren Einfluss zu manifestieren. Beide europäischen Mächte waren sich allerdings einig, gegen die Indianer Krieg zu führen, wenn die Indianer bei den europäischen Ausdehnungsbestrebungen nicht so mitspielten. Auch die Missionare setzten den indianischen Kulturen zu.

▶ EINLEITUNG

Nicht selten oktroyierten weiße, christliche Missionare ihren Glauben den Ureinwohnern gewaltsam auf. Das hatte zur Folge, dass die Indianer ihre eigene Religion für den christlichen Glauben aufgeben mussten. Da die Religion untrennbar mit der Kultur verbunden ist, war damit auch den kulturellen Grundlagen der Boden entzogen. Hinzu kam, dass die Indianer zahlenmäßig nicht nur durch Kriege und Unterwerfung Verluste erlitten, sondern auch durch neue Krankheiten und Seuchen, denen die Immunabwehr der Indianer nicht gewappnet war.

1763 entstand erstmals ein separat ausgewiesenes „Indianer-Territorium", das die Indianer von den europäischen Einwanderern trennte. Ende des 19. Jahrhunderts waren alle Indianer unterworfen. Beim Massaker von Wounded Knee im Jahre 1890 siegten die Weißen endgültig über die Indianer, danach wurden sie in Reservationen gezwungen. Sie waren fortan von der Versorgung durch die Weißen abhängig.

Es dauerte bis in die zweite Hälfte des 20. Jahrhunderts, bis die Indianer wieder einige ihrer Rechte zurückerhielten. Heute sind die Stämme innerhalb ihres Territoriums endlich wieder weitgehend souverän. Sie dürfen ihr Hoheitsgebiet betreffende Gesetze erlassen, Genehmigungen erteilen oder Menschen aus ihrem Territorium ausbürgern. Wie das Recht der Bundesstaaten auch darf das Stammesrecht nur durch Bundesrecht gebrochen werden.

Der historische Hintergrund ist auch für unsere Tour wichtig, da wir durch große Teile von Navajo-Land fahren und vor allem im Monument Valley die selbstbestimmte Verwaltung des Landes ganz direkt erleben können. So bleibt der kurze geschichtliche Abriss keine reine Theorie.

Aber nun genug der Historie – wollen wir uns endlich in die Praxis begeben.

AUFBAU UND NUTZUNG DES ROUTENREISEFÜHRERS

Nach dem Inhaltsverzeichnis und der Einleitung folgt ein Exkurs in Sachen „Staat und Verwaltung USA", danach erhalten Sie einen kurzen Überblick über die Highlights der Route. Es folgt ein grober Routenüberblick, bevor es in Etappen raus auf die Straße und rein in den Wilden Westen geht. Vor jeder neuen Routen-Etappe, die zur besseren Orientierung mit den Buchstaben A bis G und einer Ausschnittkarte versehen ist, wird die Fahrtstrecke auf einer Tabelle mit Kilometer/Meilenangaben grob skizziert und anschließend die Attraktionen der Reihe nach im Detail vorgestellt. Auf der Ausschnittkarte sind die wichtigsten Fixpunkte mit dem Buchstaben des Routenabschnitts und einer fortlaufenden Nummerierung markiert. Die Querverweise im darauf folgenden Textteil (z.B. A4, G4 etc.) verweisen direkt auf die jeweilige Ausschnittkarte dieses Routenabschnitts und die nummerierte Sehenswürdigkeit.

Zusätzlich sind diejenigen Stellen im Text besonders markiert, die Sie auf gesonderten Karte im hinteren Teil des Routenreiseführers wiederfinden. Auf diesen Karten sind die wichtigsten Fixpunkte der Routenabschnitte erneut mit Verweisen markiert.

Innerhalb der Routenbeschreibung erhalten Sie zu jeder Sehenswürdigkeit praktische Informationen wie Adresse, Öffnungszeiten, Eintrittspreise usw., bekommen Freizeitaktivitäten wie Wandermöglichkeiten angeboten und schließlich noch Unterkunftsmöglichkeiten in der entsprechenden Region. Übernachtungsempfehlungen sind mit einem Symbol gekennzeichnet. Eine wichtige Anmerkung zu den Übernachtungsmöglichkeiten: Aufgrund saisonaler Schwankungen sind keine konkreten Preise bei den Übernachtungen angegeben. Stattdessen finden Sie eine Kategorisierung der

Kosten vor, die neben den Saisonzeiten auch der Tatsache Rechnung trägt, dass es auf den Campgrounds Stellplätze in unterschiedlichen Preiskategorien gibt und dass auch die Motel-Zimmer je nach Größe, Lage und Ausstattung unterschiedlich teuer sind. Für Campgrounds und Hotels bzw. Motels gibt es zwei verschiedene Kategorisierungen:

Campgrounds
$ 10-25: ★
$ 25-45: ★★
ab $ 50: ★★★

Hotels/Motels
$ 50-80: ★
$ 80-120: ★★
ab $ 120: ★★★

So wie ich den Zirkel für meine Reise angesetzt habe, fallen uns die Attraktionen fast von alleine in den Weg. Es gibt jedoch Ausnahmen, für die ein Umweg oder ein Abstecher vonnöten ist. In den Tabellen der jeweiligen Etappe sehen Sie auf einen Blick, wie viele Kilometer/ Meilen Umweg ein Abstecher konkret bedeutet. Die Beschreibungen der abseits gelegenen Attraktionen sind genauso detailliert wie die der Hauptroute, sodass Sie von Fall zu Fall entscheiden können, ob Sie einen Umweg fahren wollen und können oder nicht. Diese Nebenstrecken sind zur besseren Orientierung farbig unterlegt. Dazu ein kleiner zeitlicher Hinweis: Pro National Park sollten Sie eine oder in den meisten Fällen besser zwei Übernachtungen veranschlagen. Nur so ist gewährleistet, dass Sie auch wirklich etwas von den Parks sehen und erleben. Mit dieser Vorgabe ist die nachfolgende Route inklusive aller Umwege ein drei- bis vier-Wochen-Trip. Nehmen Sie beispielsweise den Canyonlands National Park heraus, da dieser nur über einen großen Umweg erreichbar ist und verzichten beispielsweise auch auf das Cedar Breaks National Monument, ist es sicher für drei Wochen eine gemütliche und stressfreie Reise.

Im Anschluss an die Route erhalten Sie im Kapitel „Wissenswertes", das unterteilt ist in die Abschnitte „Reisevorbereitung" und „Unterwegs", alle für die Reise und Vorbereitung notwendigen Informationen. Nach einem ausführlichen Stichwortregister folgen Übersichtskarten der National Parks, dem Monument Valley und Las Vegas. Auf diesen Karten werden Sie – wie bereits oben beschrieben - bei den wichtigsten Fixpunkten auf die Seite hingewiesen, wo Sie die entsprechenden Beschreibungen im Routenführer finden. Eine farbige Übersichtskarte des gesamten Bereichs der USA, den Sie besuchen, finden Sie in der vorderen Innenklappe des Buches. In der hinteren Innenklappe sind die wichtigsten Verkehrszeichen der USA abgebildet. Legenden zu der Farb-Übersichtskarte und den Innenteilkarten wie auch die Textsymbole finden Sie ebenfalls dort. Ferner werden Ihnen die Text-Symbole erklärt und Sie bekommen eine Übersicht über die Routenabschnitte und Karten.

Für die so konzipierte Route ist das Wohnmobil das Fahrzeug der Wahl. Erstens bietet jeder besuchte National Park einen Campground, zweitens kann man außerhalb der Saison einfach drauflos fahren und drittens ist es als Individual-Reisemittel das flexibelste. Falls es aber ein normaler Mietwagen werden soll, sind Sie bei den einzelnen Etappen auch ausgiebig mit der Angabe von Motels und ähnlichen Unterkünften versorgt.

Nun bleibt mir nur zu wünschen, dass Sie einen genauso großartigen und unvergesslichen Trip haben werden wie ich – ohne dieses Buch wäre ich nie in der Lage gewesen, die ganzen Eindrücke angemessen zu verarbeiten und zu verinnerlichen.

Viel Spaß in einem großartigen Land!

STAAT UND VERWALTUNG

USA

Bevölkerung	308.241.000 Einwohner (32 Einwohner pro km²)
Sprachen	Amtssprache de facto Englisch, Spanisch und regionale Sprachen
Nationalfeiertag	4. Juli (Independence Day)
Zeitzonen	Eastern Standard Time: MEZ - 6 Std. Central Standard Time: MEZ - 7 Std. Mountain Standard Time: MEZ - 8 Std. Pacific Standard Time: MEZ - 9 Std. Alaska: MEZ – 10 Std. Hawaii: MEZ – 11 Std.
Hauptstadt	Washington D. C.
Größte Städte	New York City (18.8 Mio Einwohner) Los Angeles (12.9 Mio Einwohner) Chicago (9.6 Mio Einwohner) Dallas (6.1 Mio Einwohner) Philadelphia (5.9 Mio Einwohner) Houston (5.7 Mio Einwohner) Miami (5.4 Mio Einwohner) Washington D. C. (5.3 Mio Einwohner) Atlanta (5.3 Mio Einwohner) Boston (4.5 Mio Einwohner)
Kenndaten	Gesamtfläche: 9.826.630 km² (28 mal größer als Deutschland) davon Wasserfläche 664.706 km²
Größter See	Michigansee 58.016 km²
Längste Flüsse	Mississippi 3.787 km/2.366,9 mi Missouri 3.725 km/2.328,1 mi Colorado 2.334 km/1.458,8 mi
Höchste Erhebungen	Mount Mc Kinley/Denali (Alaska) 6.194 m Mount Elbert (höchster Gipfel der Rocky Mountains, Colorado) 4.401 m Mount Rainier (Washington) 4.392 m
Größte Insel	Hawaii
National Parks	58 National Parks
Strom	110 Volt 60 Hz Wechselstrom
Internet	.us, .gov, .mil, .edu

▶ STAAT UND VERWALTUNG

Mit einer Fläche von insgesamt 9.826.630 Quadratkilometern sind die **Vereinigten Staaten von Amerika** (United States of America, USA) das drittgrößte Land der Erde (nach Russland und Kanada). Die USA erstrecken sich auf dem nordamerikanischen Kontinent vom Atlantischen Ozean im Osten bis zum Pazifischen Ozean im Westen (Ost-West-Ausdehnung 4.800 km/3.911,7 mi). Im Norden bildet Kanada die Grenze, im Süden ist es Mexiko (Nord-Süd-Ausdehnung 2.600 km/1.625 mi).

Die USA bestehen aus insgesamt 50 teilsouveränen Bundesstaaten. Die ersten Bundesstaaten gingen aus den dreizehn Kolonien mit Inkrafttreten der Verfassung hervor. Hinzu kamen weitere Staaten durch die Erweiterung nach Westen, das Louisiana-Gebiet, den Beitritt von Texas und die Aufnahme Hawaiis und Alaskas als Bundesstaaten. Das Staatsgebiet wird von den verschiedenen Außengebieten ergänzt.

Bund und Bundesstaaten haben jeweils strikt getrennte Machtbefugnisse: Der Bund übt die von der Verfassung übertragenen gesetzgebenden Kompetenzen aus, für alle anderen Kompetenzen sind die einzelnen Staaten zuständig. So hat wiederum jeder einzelne Bundesstaat sein eigenes, autarkes politisches System mit jeweils eigener Verfassung und Verwaltung. Auch die Polizei ist Angelegenheit der jeweiligen Bundesstaaten. Jeder Bundesstaat ist noch einmal unterteilt in Counties.

Was wir unter dem Südwesten der Vereinigten Staaten verstehen, bezeichnet die Gesamtfläche von fünf Bundesstaaten, in denen etwa 15 Millionen Menschen auf einer Fläche von ca. 1,5 Millionen Quadratkilometern leben. Außer den von uns bereisten vier Bundesstaaten Utah, Colorado, Arizona und Nevada gehört auch New Mexico zum so definierten Südwesten. Die Verteilung der Einwohnerzahl auf die Staaten ist recht inhomogen. Während New Mexico mit knapp 2 Millionen die wenigsten Einwohner aufweist, liegt Arizona mit 6,5 Millionen ganz vorne. Es folgen Colorado mit 4,8 Millionen, dann Utah mit 2,7 Millionen und zuletzt Nevada mit 2,6 Millionen Einwohnern. Die Bevölkerungsdichte des Südwestens beträgt zehn Menschen pro Quadratkilometer. Im Vergleich sind es in Deutschland 231 Einwohner pro Quadratkilometer!

Auf Bundesebene übt der in zwei Kammern geteilte Kongress die legislative Macht aus. Die eine der beiden Kammern ist der Senat, in dem je zwei Mitglieder aus jedem Bundesstaat vertreten sind. Die Sitze in der zweiten Kammer, dem Repräsentantenhaus, orientieren sich an der Bevölkerungszahl der einzelnen Bundesstaaten. Der Kongress hat die Gesetzgebungskompetenz und beaufsichtigt den exekutiven Zweig der Regierung.

Die Exekutive wiederum besteht aus dem Präsidenten und seiner Delegation. Der Präsident bekleidet eines der machtvollsten Ämter der Welt. Er ist in den USA Staatsoberhaupt, Regierungschef und Oberbefehlshaber der Streitkräfte in Personalunion. Er beaufsichtigt die Ausführung der Gesetze und hat Vetorecht über die Gesetze, hat judikative Machtbefugnisse und ist innerhalb der Exekutive mit umfangreichen Befugnissen ausgestattet, nationale Angelegenheiten zu verwalten.

Am 4. März 1789 ist nach dem Verfassungskonvent in Philadelphia die Verfassung der Vereinigten Staaten von Amerika in Kraft getreten. In sieben Artikeln definiert sie den Rahmen des amerikanischen Regierungssystems.

Aufgrund der hohen Zahl von Einwanderern werden die USA oft als „*Melting Pot*" bezeichnet – als Schmelztiegel der

Völker. Die Indianer sind die Ureinwohner der USA, auf sie trafen die ersten kolonialen Einwanderer aus Europa, zunächst vorwiegend aus Spanien, Frankreich und England, später waren es auch deutsche, irische, italienische, skandinavische und osteuropäische Einwanderer. Die Afroamerikaner als Nachfahren der afrikanischen Sklaven stellen mit 13 Prozent einen nicht geringen Bevölkerungsanteil.

Heute macht im Südwesten der USA und in Florida die lateinamerikanische Bevölkerung (sogenannte Latinos) einen großen Bevölkerungsanteil aus. Viele Lateinamerikaner fliehen vor der wirtschaftlichen Not in ihren Heimatländern nach Nordamerika, wo sie oft als illegale Einwanderer leben und stark an ihrer Kultur und Sprache festhalten. Die Indianer sind heute zwar wieder eine anwachsende Bevölkerungsgruppe, aber immer noch eine Minderheit.

In den fünf Bundesstaaten des Südwestens ist die Verteilung der ethnischen Gruppen sehr unterschiedlich. Es überwiegen allerdings in allen Staaten Menschen europäischer oder mittelamerikanischer Herkunft. Die indianische Bevölkerung mit mehr als der Hälfte Navajo-Indianern lebt in Reservationen im Gebiet der Four-Corners-Region und ist vorwiegend in New Mexico und Arizonas angesiedelt. Damit haben die beiden Staaten den höchsten Anteil an indianischer Bevölkerung des ganzen Südwestens.

Die bunte Mixtur an Einwohnern schlägt sich auch in der Sprache nieder. Die meist gesprochene und seit 2006 als „Nationalsprache" erklärte Sprache der USA ist Englisch. Daneben existieren die Sprachen der amerikanischen Ureinwohner und der Immigranten. Wegen der Einwanderer aus den lateinamerikanischen Ländern ist der spanisch sprechende Anteil der Menschen sehr hoch, da diese immer mehr eigene Viertel bewohnen und deshalb auf keine andere Sprache als ihre Muttersprache angewiesen sind. In New Mexico und Arizona sprechen knapp 36 Prozent bzw. rund 21 Prozent der Einwohner außer Englisch eine zweite Sprache, vorwiegend Spanisch, viele aber auch eine indianische Sprache.

Für die Bereiche Wirtschaft, Industrie, Landwirtschaft und Tourismus ist es sinnvoll, den Fokus speziell auf den Südwesten zu richten, da es ausufern würde, hierfür das ganze Land in all seiner Vielfalt in diesen Bereichen zu beleuchten. Auf dem wirtschaftlichen Gebiet hat der Südwesten eine dürftige Vergangenheit. Weiße Siedler kamen im 19. Jahrhundert in den Südwesten, wo sie auf die Bewirtschaftung ihres eigenen Landes hofften, aber oft nur trockene und unfruchtbare Landstriche vorfanden. Meist war dann nur eine mäßig erfolgreiche Viehzucht mit Rindern oder Schafen möglich, weswegen viele der Rancher das fruchtlose Unternehmen bald aufgaben, um sich im Bergbau zu verdingen. Da der Südwesten reiche Erzvorkommen hat, waren die Minen noch bis ins 20. Jhd. eine der Hauptverdienstquellen und sind sogar heute noch ein wichtiger Wirtschaftszweig.

Der Umschwung kam mit den beiden großen Staudammprojekten im Südwesten in der ersten Hälfte des 20. Jhds., denn dadurch wurde ein intensiv bewässerter Anbau plötzlich doch möglich.

Im Zweiten Weltkrieg wurden die Wüstengebiete des Südwestens zum Testgelände für das Atombombenprogramm der US-Regierung, und es zogen Firmen der Flugzeug- und Rüstungsindustrie dorthin. Nevada bezieht dank der Legalisierung des Glücksspiels einen großen Teil des Wirtschaftsaufkommens aus diesem Bereich und hat sich damit ein eigenes wirtschaftliches Umfeld geschaffen.

▶ STAAT UND VERWALTUNG

In allen Bundesstaaten des Südwestens arbeiten heute die meisten Menschen im Handels- und Dienstleistungsbereich, Utah hat hier den größten Anteil.

Nicht unbedeutend sind auch die Erträge aus den Bodenschätzen. In Utah und Arizona gibt es reiche Kupfervorräte, in der Four Corner Region ist es Uran, und Colorado hat immer noch Gold und Silber zu bieten.

Die Landwirtschaft in den fünf südwestlichen Bundesstaaten wird von den klimatischen Bedingungen dominiert, da die Sommer heiß und trocken und die Winter in den Höhenlagen sehr kalt sind. Die landschaftliche Beschaffenheit mit Canyons, Schluchten und Höhenlagen erschwert eine landwirtschaftliche Nutzung zusätzlich. Die Weidewirtschaft ist nach wie vor in allen fünf Staaten das Haupt-Standbein der Landwirtschaft und damit die Produktion von Rindfleisch die vorherrschende Einnahmequelle. Der Wasserbedarf für die Landwirtschaft ist jedoch immens, sodass es über kurz oder lang zu ernsthafter Wasserknappheit kommen wird.

Jeder der fünf Bundesstaaten profitiert in hohem Maße vom Tourismus. In Nevada locken die beiden Spielerstädte **Reno** und **Las Vegas** Touristen aus dem In- und Ausland an. Colorado hat die Rocky Mountains und versorgt im Winter die Wintersportfans. In Arizona und vor allem Utah sind es natürlich die National Parks und die Naturwunder des Wilden Westens, die für Besucher aus der ganzen Welt interessant sind. Archäologische Stätten wie Pueblos und Ruinenstätten sind in New Mexico und zum Teil in Colorado (Mesa Verde National Park) Besuchermagnete. Die Touristen schätzen neben den landschaftlichen Attraktionen das zuverlässig warme Klima in diesem Teil der USA.

Im Südwesten gibt es im Wesentlichen zwei verschiedene Zeitzonen in den vier bereisten Bundesstaaten. In Nevada gilt die **Pacific Standard Time** (PST) mit einer Zeitdifferenz von neun Stunden zur Mitteleuropäischen Zeit (MEZ). Utah, Arizona und Colorado haben die **Mountain Standard Time** (MST) mit einer Zeitdifferenz von acht Stunden zur MEZ und liegen damit eine Zeitstunde vor Nevada. Innerhalb der MST gibt es noch eine Sommerzeit, die **Mountain Daylight Time** (MDT), die allerdings nicht in allen Bundesstaaten mit MST gilt! Während in Utah und Colorado die Uhren vom ersten Sonntag im April bis zum letzten Sonntag im Oktober nach der Sommerzeit gehen, ist dies in Arizona nicht der Fall.

HIGHLIGHTS

HIGHLIGHTS

ANTELOPE CANYON
Die Vokabeln „bizarr" und „surreal" bekommen hier eine neue Bedeutung. Der Einstieg in den Canyon ist ein Einstieg in eine zauberhafte Welt.

BRYCE CANYON NATIONAL PARK
Eigentlich kein richtiger Canyon, sondern eher ein natürliches Amphitheater mit den von Wind und Wasser geformten „Hoodoos".

▶ HIGHLIGHTS

BOULDER MOUNTAINS
Ein Hochplateau mit sensationellen Ausblicken und einer Gebirgsvegetation, die in erstaunlichem Kontrast zu den rot-braun-gelben Felslandschaften steht.

CANYONLANDS NATIONAL PARK
Die Flüsse Colorado und Green River sind „verantwortlich" für die tiefen Canyons im Colorado Plateau.

HIGHLIGHTS

CAPITOL REEF NATIONAL PARK
Kernstück des National Parks sind die bunt gebänderten Felsskulpturen und Tafelberge, die sich an einer 160 Kilometer langen Falte der Erdkruste aufwölben.

LAS VEGAS
Die Spielerstadt sucht ihresgleichen auf der Welt. Auf dem überdimensionalen Spielplatz für Erwachsene ist das Glücksspiel nur eine Art des Zeitvertreibs.

► HIGHLIGHTS

GRAND CANYON NATIONAL PARK
„Die große Schlucht" ist der berühmteste National Park Nordamerikas und eines der sensationellsten Naturwunder der Erde.

LAKE POWELL
Und Fata Morganas gibt es doch! Wenn man aus den Tiefen der Wüste auftaucht und plötzlich einen azurblauen Stausee erblickt, kann das fast nicht mit rechten Dingen zugehen.

HIGHLIGHTS

MESA VERDE NATIONAL PARK
Abwechslung muss sein – hier steht nicht die Natur, sondern die Kultur im Vordergrund. Gut erhaltene Felsbehausungen und archäologische Stätten schmiegen sich an einen zerklüfteten Tafelberg.

MONUMENT VALLEY
Ein von den Navajo Indianern eigenverwaltetes Monument und weltberühmte Kulisse – das ist der Wilde Westen pur! Eine Reise durch den Südwesten ohne Monument Valley ist undenkbar.

► HIGHLIGHTS

RED CANYON
Das Tor zum Bryce Canyon ist eine eigene Attraktion.
Glutrot präsentieren sich märchenhafte Felsskulpturen.

ROUTE 66
Der Wind der guten, alten Zeiten weht nicht nur Nostalgikern um die Nase auf diesem verlassenen und reizvollen Streckenabschnitt der legendären Straße

HIGHLIGHTS

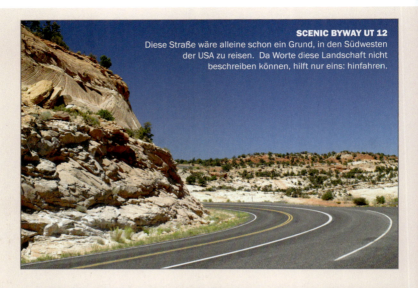

SCENIC BYWAY UT 12
Diese Straße wäre alleine schon ein Grund, in den Südwesten der USA zu reisen. Da Worte diese Landschaft nicht beschreiben können, hilft nur eins: hinfahren.

ZION NATIONAL PARK
Das idyllische Wanderparadies im Südwesten Utahs mit landschaftlichen Attraktionen, die dank einem ausgeprägten Netz von Trails alle zu Fuß erreichbar sind.

ROUTENÜBERSICHT ◄

Hauptstrecke km/mi	Stationen auf dem Highway	Highway
0	**Las Vegas - Startpunkt**	I-15
190/119	St. George	I-15
205/128	Kreuzung Interstate 15/Highway 212	I-15/212
221/138	Kreuzung Highway 212/9	212/9
271/169	**Zion National Park**	9
311/194	Mount Carmel Junction Kreuzung Highway 9/89	9/89
348/218	Long Valley Junction	89
	Nebenstrecke zu Cedar Breaks National Monument	
381/238	Kreuzung Highway 89/12	89/12
392/245	Red Canyon	12
403/252	Kreuzung Highway 12/63	12
	Nebenstrecke zu Mossy Cave	
408/255	**Bryce Canyon National Park**	63
433/271	Cannonville	12
	Nebenstrecke zu Kodachrome Basin State Park	
488/305	Escalante Petrified Forest State Park	12
513/321	Calf Creek Recreation Area	12
532/333	Boulder Anasazi State Park Museum	12
591/369	Torrey, Kreuzung Highway 12//24	12/24
597/373	**Capitol Reef National Park**	24
669/418	Hanksville	24/95
711/444	Kreuzung Highway 95/276	95/276
767/479	Glen Canyon Recreational Area	276
776/485	Bullfrog, Lake Powell	276
782/489	Halls Crossing	Lake Powell

ROUTENÜBERSICHT

Hauptstrecke km/mi	Stationen auf dem Highway	Highway
859/537	Kreuzung Highway 276/95	276/95
	Nebenstrecke zu Natural Bridges National Monument	
920/575	Kreuzung 95/191	95/191
927/579	Blanding	191
960/600	Monticello	191
	*Nebenstrecke zu **Canyonlands National Park***	
1.057/661	Cortez	491
1.075/672	Kreuzung Highway 491/10	491/10
1.076/673	**Mesa Verde National Park**	10
1.144/715	Kreuzung Highway 160/491	160/491
	Nebenstrecke zu Four States Corner	
1.370/856	Bluff	41
1.405/878	Kreuzung Highway 261/163	261/163
	Nebenstrecke zu Goosenecks State Park Overlook	
1.411/882	Mexican Hat	163
1.444/903	**Monument Valley**	163
1.492/933	Kayenta	160
1.543/964	Kreuzung Highway 160/98	160/98
1.643/1.027	**Antilope Canyon**	98
1.649/1.031	Page	98
1.663/1.039	Lake Powell	98
	Nebenstrecke zu Navajo Bridge	
	Nebenstrecke zu Dinosaur Tracks	
1.795/1.122	Kreuzung Highway 89/64	89/64
1.821/1.138	Little Colorado River Gorge	64

ROUTENÜBERSICHT ◄

Hauptstrecke km/mi	Stationen auf dem Highway	Highway
1.847/1.154	**Grand Canyon National Park**	64
1.932/1.208	Kreuzung Highway 64/Interstate 40	64/I-40
1.989/1.243	Williams	I-40
2.033/1.271	Ausfahrt Crookton / **Route 66**	66
2.064/1.290	Seligman	66
2.108/1.318	Grand Canyon Caverns	66
2.155/1.347	Wild Nature Park	66
2.165/1.353	Hackberry	66
2.205/1.378	Kingman, Kreuzung Highway 93	93
2.322/1.451	Hoover Dam	93
2.329/1.456	Lake Mead	I-515
2.376/1.485	**Las Vegas - Endpunkt der Route**	I-515

LAS VEGAS BIS ZION NATIONAL PARK

LAS VEGAS BIS ZION NATIONAL PARK

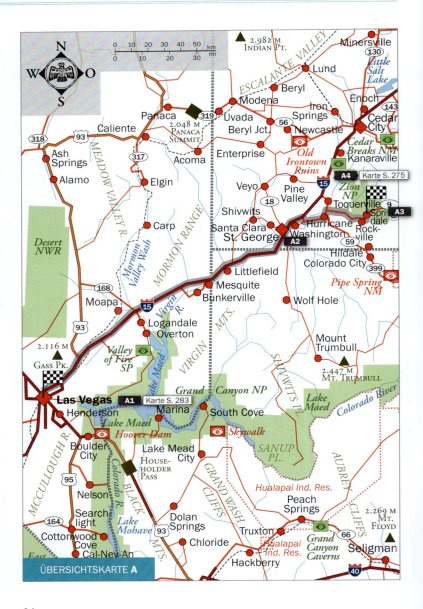

ÜBERSICHTSKARTE A

▶ LAS VEGAS BIS ZION NATIONAL PARK

Hauptstrecke km/mi	Teilstrecke km/mi	Nebenstrecke km/mi	Stationen auf dem Highway	Highway
0	0		**Las Vegas**, Startpunkt an der Kreuzung Highway 93 North Las Vegas und Interstate 15 nach Nordosten (▶A1)	I-15
			Zeitzonenwechsel! (Utah ist eine Stunde vor Nevada)	
190/119	190/119		**St. George (▶A2)**	I-15
221/138	221/138		Abzweig Harrisburg Junction auf die UT-9	UT-9
269/168	269/168		**Springdale (▶A3)**	UT-9
271/169	271/169		**Zion National Park (▶A4)**	UT-9
272/170	272/170		Watchman Campground	UT-9

A

LAS VEGAS BIS ZION NATIONAL PARK ◀

Unsere Abenteuerreise durch den Wilden Westen beginnt mitten in der Mojave Wüste in der Spielerstadt **Las Vegas**, in der es auf ganz eigene Art und Weise auch schon wild zugeht.

Wenn Sie Las Vegas als Zielflughafen gewählt haben und sich zunächst einmal die Stadt anschauen wollen, sollten Sie das noch ohne Wohnmobil tun. Denn zum einen herrscht Tag und Nacht unglaublich viel Verkehr in Las Vegas und es gibt kaum Parkmöglichkeiten für so ein großes Gefährt im Zentrum, zum anderen sind auch die Nächte vor allem im Sommer unerträglich heiß. Die Wohnmobile sind zwar klimatisiert, oft sind die Anlagen aber sehr laut. Mit öffentlichen Verkehrsmitteln kommen Sie in der Stadt gut zurecht, vor allem, wenn Sie das Sightseeing auf den Strip konzentrieren. Das Wohnmobil sollte dann unmittelbar vor Aufbruch zur Rundreise aufgenommen werden.

Tipp: In Las Vegas oder spätestens der nächsten großen Stadt, St. George, sollten Sie einen Großeinkauf einplanen. Auf der folgenden Route ist das Einkaufen erst einmal nur in kleinen Läden auf den Campgrounds oder an Tankstellen möglich und auf ein minimales Sortiment beschränkt.

Eine Empfehlung ist das sehr große Wal Mart Einkaufszentrum in der Tropicana Ave.

✉ 3075 E. Tropicana Ave, Las Vegas
☎ 702-451-8900

Hier bekommen Sie definitiv alles für Ihre große Reise. Sie finden den **Wal Mart** auf einer Zufahrtsstraße zum Boulder Highway, auf dem die meisten Vermietstationen angesiedelt sind. Die Vermieter geben aber auch gerne Auskunft über die nahe gelegenen Supermärkte Richtung stadtauswärts.

LAS VEGAS

	St. George	190 km/ 118 mi
	Springdale	269 km/ 168 mi
	Einwohner	558.383
	Winter	3 °C
	Sommer	33 °C
	Meereshöhe	619 m

Las Vegas liegt im US-Bundesstaat **Nevada** und ist auch gleichzeitig die größte Stadt im Staat, wenngleich nicht dessen Hauptstadt. Jährlich zieht Las Vegas rund 40 Millionen Besucher an. Die Stadt hat viele Namen, man nennt sie unter anderem „*Sin City*" oder „**die Stadt, die niemals schläft**", und das liegt fast ausschließlich an einem unüberschaubaren Angebot von Spielkasinos, Shows und den extravaganten, umtriebigen Themenhotels. Es sind vor allem diese Hotels, die Las Vegas zu einem riesengroßen Spielplatz für Erwachsene machen. So kann man sich nicht nur in den hoteleigenen Kasinos beim Glücksspiel austoben, sondern auch bei einem Gang entlang des „**Strips**" in kürzester Zeit von Paris über New York in den Fernen Osten reisen, je nachdem, welches Motto das jeweilige Hotel gerade vertritt. Und immer dabei: ein unglaubliches Schauspiel aus Neonreklamen, Automatengeratter und Verkehrslärm. So wird es auch die größten Fans von Trubel und Party spätestens nach zwei Tagen in die Weite und Ruhe der Wüste ziehen!

Früher dagegen war es in diesem Teil der Wüste eigentlich ganz beschaulich. 1855 siedelten sich hier die ersten Menschen an, Mormonen aus dem Salt-Lake-Tal. Sie bezogen hier für die Postroute Los Angeles – Salt Lake City Position. Mit einer eigenen Eisenbahnanbindung wurde die Siedlung 1905 offiziell zur Stadt erklärt. Am Bahnhofsgebäude wurde ein erstes Kasinohotel eingerichtet. Im Laufe der Zeit expandierte die Spielfreude der Einheimischen und Besucher regelrecht, vor allem nach der Legalisierung des Glücksspiels in Nevada 1931. Zudem kamen als neues Klientel Tausende von Arbeitern hinzu, die am nahen Hoover-Staudamm beschäftigt waren. Zum richtigen Aufschwung kam es 1941 mit dem Bau mehrerer Kasinohotels am Las Vegas Boulevard. Ein weiterer Auftrieb verschaffte die Einführung der „einarmigen Banditen" in den 60er Jahren der Stadt, Mitte der 70er Jahre sackte die Erfolgskurve der Spielerstadt jedoch ab: In Atlantik City wurde das Glücksspiel ebenfalls legalisiert, und auch Städte wie Reno gewannen an Bedeutung. Reno liegt, wie Las Vegas auch, in Nevada nahe der kalifornischen Grenze. Mit der Legalisierung des Glücksspiels in diesem Bundesstaat entwickelte sich auch Reno als ehemaliges Eisenbahn-Depot zu einer Spieler-Stadt. In Las Vegas bestand plötzlich Handlungsbedarf, um den Status zu bewahren. Die großen Hotels mussten über den Kasinobetrieb und die Unterkünfte hinaus etwas bieten. So wurde die Idee geboren, mit Themen-Resorts und neuen, attraktiven Angeboten die Unterhaltungspalette zu erweitern. Seit dieser kreativen Eingebung sprießen aus dem Strip stetig neue, größere und abenteuerlichere Hotelbauten hervor, sodass die berühmteste Straße der Stadt heute auf 7 km/4,2 mi Länge dicht mit Hotelklötzen bebaut ist.

Nur 1,6 km/1 mi vom Strip entfernt liegt im Osten der Stadt der **McCarran International Airport**, den von Deutschland aus Condor zweimal wöchentlich nonstop anfliegt.

Neben dem Glücksspiel ist Las Vegas für sein Nachtleben berühmt. Die auf die europäischen Hauptstädte verteilten, besten Bühnenshows der Welt sind auf eine Stadt konzentriert. Unendlich viele

Hotels am Strip

LAS VEGAS BIS ZION NATIONAL PARK ◀

Phantom der Oper

Bars, Nachtclubs und Lokale mit Live-Musik haben bis spät in die Nacht bzw. früh am Morgen geöffnet. Der Fokus des Nachtlebens liegt natürlich wieder auf dem Strip. In den riesigen Hotelkomplexen am **Strip** wirkt das breite Spektrum an Unterhaltungsangeboten vom Musical über Broadway Hits bis zur Comedy fast schon erschlagend. Aber auch Downtown rund um die Fremont Street wartet mit einer großen Auswahl an Abendaktivitäten auf, es befinden sich hier die zumeist kleineren, aber dafür interessanteren Lokalitäten.

Ein weiteres Spezifikum der Stadt ist das **Heiraten**, das hier quasi im Schnelldurchlauf möglich ist - neuerdings sogar im besonders flotten *„Drive through"*. Die Gesetzgebung des Staates Nevada ermöglicht eine unkomplizierte und schnelle Eheschließung. Deshalb gibt es in Las Vegas zahlreiche *Wedding Chapels*, auch die größeren Hotelkasinos haben eine solche Hochzeitskapelle.

Man muss aber weder heiraten noch Spieler sein, man muss auch nicht viel Geld für Shows ausgeben, um sich in Las Vegas die Zeit zu vertreiben. Ein Gang entlang des Strips ist allemal unterhaltsam. Da bricht nach Einbruch der Dunkelheit ein Vulkan vor dem Hotel „Mirage" aus, vor dem „Treasure Island" liefern sich abends Piraten erbitterte Seekämpfe, zum Ausgleich verzaubern Spiele musikalisch untermalter Wasserfontänen vor dem „Bellagio" und in Downtown in der Fremont Street findet am Abend eine spektakuläre Lichtershow statt. Auch die einzelnen Mottos in den Hotels sind ein Erlebnis, sei es der von Gondolieros befahrene Kanal Venedigs im „Venetian" oder die regelmäßigen, ganztägigen Zirkusveranstaltungen im „Circus Circus". Langeweile ist also einfach unmöglich in dieser Stadt!

► LAS VEGAS BIS ZION NATIONAL PARK

Gondelfahrt im Venetian

Tipp: Ganz wichtig zu wissen ist, dass jedes Hotel eine oder mehrere eigene Shows oder Attraktionen anbietet, und zwar nicht nur für die Hotelgäste. Es lohnt sich also, sich vorab zu informieren, wo was angeboten wird.

VISITOR INFORMATION

LAS VEGAS CONVENTION & VISITORS
- ✉ 3150 Paradise Rd, Las Vegas, Nevada 89109
- ☏ 877-847-4858
- ◷ Montag bis Freitag 8-17 Uhr
- 📠 702-892-2824
- 🖥 www.visitlasvegas.de

SEHENSWÜRDIGKEITEN

STRATOSPHERE TOWER

Der Tower ist 350 Meter hoch und damit der höchste, frei stehende Aussichtsturm Amerikas. Und als wäre diese Tatsache nicht schwindelerregend genug, befinden sich in luftiger Höhe Fahrgeschäfte für den reinen Nervenkitzel. Wem das zu wild ist, der kann auch einfach „nur" die Panorama-Aussicht auf der Aussichtsplattform genießen. Innerhalb der Plattform kann man im **Top of the World** Restaurant speisen. Während sich die Lokalität im 106. Stock beim Dinner innerhalb einer Stunde einmal um ihre Achse dreht, gibt es als Beilage einen kompletten Rundblick über Las Vegas und seine Umgebung. Natürlich bietet der Turm ebenfalls ein Kasino, Hochzeitskapellen und Hotelzimmer.

- ⇨ Der Stratosphere Tower befindet sich am nördlichen Ende des Las Vegas Boulevard („Strip")
- ✉ 2000 Las Vegas Blvd South, Las Vegas, Nevada 89104
- ☏ (Ticket Office) 702-380-7211
- ◷ Sonntag bis Donnerstag: 10-1 Uhr, Freitag, Samstag & Feiertage 10-2 Uhr

LAS VEGAS BIS ZION NATIONAL PARK

- ⚙ Fahrpreis auf den Tower: Erwachsene: $ 15,95, Kinder (4-12 Jahre): $ 10, Senioren u. Hotelgäste: $ 12
- 🖥 www.stratospherehotel.com

SHARK REEF AQUARIUM IM RESORT-HOTEL MANDALAY BAY

Das Haifisch-Riff ist eine Unterwasserwelt mit einer Vielzahl an tropischen Fischen und anderen Meeresbewohnern. Wie der Name schon verrät, sind hier über 15 verschiedene Arten von Haifischen untergebracht, aber auch andere unangenehme Artgenossen wie Piranhas, Moränen oder giftige Quallen können Sie hier bestaunen. Nachdem man Rochen gestreichelt hat, gruselt man sich in den gläsernen Tunnels, in denen die Haie gespenstisch um die Besucher herumschwimmen.

- ⇨ Das Hotel Mandalay Bay liegt am südlichen Ende des Strip
- ✉ 3950 Las Vegas Blvd South, Las Vegas, Nevada 89119
- ☏ 702-632-4555
- 🕐 Sonntag bis Donnerstag 10-20 Uhr, Freitag und Samstag 10-22 Uhr (letzter Einlass 1 Std. vor Schließung)
- ⚙ Erwachsene: $ 16,95, Kinder (4-12 Jahre): $ 10,95
- 🖥 www.sharkreef.com

SIEGFRIED & ROY'S SECRET GARDEN IM HOTEL MIRAGE

Siegfried & Roy begeistern das Publikum nicht mehr mit ihren legendären weißen Tigern. Bis zu einer Verletzung Ende 2003 war die Show der beiden die meistbesuchte Veranstaltung in Las Vegas. Dafür bietet heute ein kleiner aber sehenswerter Zoo mit den Tieren aus der ehemaligen Siegfried & Roy Show einen würdigen Ersatz. Zu sehen sind weiße Tiger, Löwen, Panther und Leoparden. In einem Delfinarium erfährt man Wissenswertes über die Meeressäuger, und es werden auch Kunststücke vorgeführt.

- ⇨ Das Hotel Mirage liegt zentral auf dem Strip im Rechtsbogen
- ✉ 3400 Las Vegas Blvd South, Las Vegas, Nevada 89109
- ☏ 702-791-7111
- 🕐 Täglich 11-18:30 Uhr, Samstag, Sonntag und Feiertag 10-18:30 Uhr
- ⚙ Erwachsene: $ 15, Kinder (4-12 Jahre): $ 10 (Preise gelten auch für Hotelgäste)
- 🖥 www.mirage.com

MADAME TUSSAUD'S IM HOTEL VENETIAN

Das Wachsfigurenkabinett beherbergt gemäß dem Vorbild in London seit zehn Jahren in Wachs gegossene und lebensechte Berühmtheiten wie Elvis Presley, Madonna, John Wayne oder Martin Luther King, um nur einige wenige Beispiele zu nennen. Schauspieler, Politiker, berühmte Sportler und Pop Stars geben sich hier ein Stelldichein, alle haben Bezug zum amerikanischen Kontinent bzw. sind Amerikaner. Neueste Errungenschaft des Museums ist der lebensgroße US-Präsident Barack Obama.

- ⇨ Das Hotel Venetian liegt direkt gegenüber vom Hotel Mirage im Zentrum des Strip
- ✉ 3355 Las Vegas Blvd South, Las Vegas, Nevada 89109
- ☏ 702-862-7800
- 🕐 Sonntag bis Donnerstag 10-21 Uhr, Freitag und Samstag 10-22 Uhr (am 31.12. bis 16:30 Uhr)
- ⚙ Erwachsene: $ 25, Kinder (7-12 Jahre): $ 15 (bis 6 Jahre frei), Jugendliche: (13-18 Jahre), Senioren (60+): $ 18
- 🖥 www.madametussauds.com/LasVegas

HENDERSON BIRD VIEWING PRESERVE

Wer in dieser turbulenten Stadt auch mal eine Auszeit braucht, ist in diesem Vogelpark gut aufgehoben. Man kann über 200 Vogelarten beobachten, während man in diesem Vogelschutzgebiet sehr schön und vor allem ruhig spazieren gehen und picknicken kann. Die Pfade sind alle ausgeschildert, asphaltiert und mit dem Rollstuhl bzw. dem Kinderwagen begehbar. Sie finden überall Beobachtungsstellen und Bänke, von denen aus Sie entspannt das interessante Tierleben der Wüste beobachten können.

⇨ Nahe der Kreuzung Sunset Road und Boulder Highway, der Vogelpark ist ausgeschildert.
✉ 2400 Moser Drive, Henderson, Nevada 89015
☎ 702-267-4180
🕙 März bis Mai und September bis Oktober täglich 6-14 Uhr, Juni bis August täglich 6-12 Uhr, Dezember bis Februar täglich 7-14 Uhr.
∞ Eintritt frei

LIBERACE MUSEUM

Glitzer, Glamour und Prunk – das sind die Wahrzeichen von Las Vegas. Kein Wunder also, dass auch die Kulturgeschichte dieser Stadt nicht frei ist von diesem Kitsch! Der berühmteste Vertreter glitzernder Kostüme und Bühnensets war der Entertainer und Musiker Liberace. **Wladziu Valentino Liberace** ist der komplette Name des Pianisten, der am 16. Mai 1919 geboren und am 4. Februar 1984 gestorben ist. Zunächst als Wunderkind einer Musikerfamilie gehandelt, übernahm Liberace in den 50er Jahren Filmrollen und spielte in Fernsehserien, bevor er in den 60er und 70er Jahren zu einem Showtalent auf den Bühnen von Las Vegas mutierte.

Das Museum ist thematisch zweigeteilt. In der einen Galerie sind 18 seiner 30 Klaviere untergebracht, außerdem befindet sich dort seine Autosammlung. Zu bestaunen gibt es unter anderem einen Rolls Royce, der mit Spiegelfliesen bedeckt ist, auf denen galoppierende Pferde eingebrannt sind. In der zweiten Galerie können außergewöhnliche Kostüme, Bühnenutensilien und Leuchter bewundert werden. Die Einnahmen des Liberace Museums dienen einem guten Zweck, das ganze Museum ist barrierefrei.

⇨ Südöstlich des Universitätscampus an der Buslinie 201 gelegen
✉ 1775 Tropicana Ave East, Las Vegas, Nevada 89119-6529
☎ 702-798-5595
📠 702-798-7386
🕙 Montag bis Samstag 10-17 Uhr, Sonntag 12-16 Uhr
∞ Erwachsene: $ 15, Kinder unter 10 Jahren: frei, Senioren / Stud.: $ 10
✉ info@liberace.org
🖥 www.liberace.org

OLD LAS VEGAS MORMON FORT STATE HISTORIC PARK

Hier weht die Atmosphäre aus der Zeit vor dem Glücksspiel, und man erhält einen Eindruck von der frühen Siedlungsgeschichte dieser Region. Sie finden den Old Las Vegas Mormon Fort State Historic Park nördlich von Downtown. An dieser Stelle haben sich die ersten Mormonen, die sich im Las Vegas Valley niederließen, ein Fort aus Lehmziegeln gebaut. Neuere Rekonstruktionen der ursprünglichen Stätte erlauben einen Rückblick auf die guten alten Zeiten, denn von dem ursprünglichen Fort ist nur noch ein Stall erhalten geblieben. Ranger vor Ort interpretieren und erklären die originalgetreuen Nachbauten.

LAS VEGAS BIS ZION NATIONAL PARK

⇨ Nördlich von Downtown, Buslinie 113
✉ 500 Washington Ave East, Las Vegas, Nevada 89101
☎ 702-486-3511
📠 702-486-3734
🕐 ganzjährig Dienstag bis Samstag 8-16:30Uhr
💰 Erwachsene und Kinder ab 12 Jahren: $ 1
💻 www.parks.nv.gov/olvmf.htm

LAS VEGAS NATURAL HISTORY MUSEUM
Die Ausstellung zu Natur, Ökosystemen und Kulturen ist mit Hilfe von interaktiven Modellen und Exponaten gestaltet. Der Besucher kann Dino-Höhlen erforschen und sich Auge in Auge dem Tyrannosaurus Rex gegenüber sehen. Auch der lokale Bezug ist gegeben: Die verschiedenen Lebensformen der Mojavewüste in Nevada sind zum einen als Modelle ausgestellt, so findet man hier z.B. Klapperschlangen und Wüsten-Schildkröten. Es gibt aber zum anderen auch lebendige Tiere der Region zu bestaunen, dazu gehören Taranteln, Skorpione und Schlangen.

⇨ Befindet sich in der Nähe des Old Las Vegas Mormon Fort State Historic Park
✉ 900 Las Vegas Blvd Nord, Las Vegas, Nevada 89101
☎ 702-384-3466
📠 702-384-5343
🕐 ganzjährig: täglich 9-16 Uhr
💰 Erwachsene: $ 10, Kinder (3-11 Jahre): $ 5, Senioren / Studenten: $ 8
💻 www.lvnhm.org

BUSRUNDFAHRTEN
Man kann in Las Vegas im Schnelldurchlauf arm oder reich werden, heiraten oder die besten Bühnenshows der Welt anschauen. Warum also nicht auch einen Schnelldurchlauf durchs Nachtleben unternehmen? In fünfeinhalb Stunden passieren Sie die Attraktionen der Stadt bei einer Busfahrt mit Grey Line Las Vegas. An Bord der sehr bezeichnend genannten **„Neon Lights Tour"** werden Sie mit Informationen zu den Sehenswürdigkeiten versorgt. Die Rundfahrt beginnt vor dem Fremont Street Tour Center. Sie fahren natürlich den Strip entlang, sehen aber auch weitere Sehenswürdigkeiten der neonbeleuchteten Stadt.

Unter ☎ 800-634-6579 (oder über die u.g. Internetadresse) erfahren Sie die Zeiten, wann welches Hotel angefahren wird, sodass Sie jederzeit in die Rundfahrt einsteigen können.

✉ 795 E Tropicana Ave, Las Vegas, Nevada 89119
☎ 702-739-5700
🕐 Sonntag bis Freitag 18:30 Uhr
💰 Neon Lights Tour: $ 55
💻 www.graylinelasvegas.com

FASHION SHOW MALL
In über 250 Geschäften und Boutiquen kann namhafte Designermode eingekauft werden, fünf Kaufhäuser schließen sich an. Es ist eines der größten Shoppingcenter im Land.

⇨ Direkt am Strip
✉ 3200 Las Vegas Blvd South, Las Vegas, Nevada 89109-2692
☎ 702-784-7000
🕐 Montag bis Samstag 10-21 Uhr, Sonntag 11-19 Uhr
💻 www.thefashionshow.com

LAS VEGAS OUTLET CENTER
Das Outlet gilt als eines der besten in Las Vegas, denn neben allen gängigen Sportmarken findet man hier auch Designerwaren von verschiedenen Anbietern. Wer ein Schnäppchen machen will, sollte hier auf jeden Fall vorbeischauen. Im Center gibt es auch einen Food-Court und

▶ LAS VEGAS BIS ZION NATIONAL PARK

für die kleinen Gäste ein Karussell und andere Spielmöglichkeiten.

⇨ Vom Mandalay Bay Hotel ca. 5 km/ 3,1 mi Richtung Süden fahren, auf der linken Seite des Las Vegas Boulevards ist der Mega Store zu finden.

✉ 7400 Las Vegas Blvd South, Las Vegas, Nevada 89123

☎ 702-896-5599

🕐 Sonntag 10-20 Uhr, an Feiertagen geänderte Öffnungszeiten.

💻 www.premiumoutlets.com

UNTERKÜNFTE LAS VEGAS

LUXOR
Am südl. Ende des Strips gelegenes Hotel im ägyptischen Stil. Es hat die Form einer Pyramide und wird standesgemäß von einer Sphinx bewacht. Dank dem in den Himmel leuchtenden Laserstrahl findet man auch nachts immer zurück zum Hotel.

✉ 3900 Las Vegas Blvd South, Las Vegas, Nevada 89119

☎ 702-262-4000

✆ ★

💻 www.luxor.com

EXCALIBUR
Das Excalibur ist am südlichen Ende des Strips angesiedelt und ist durch eine Hochbahn mit dem Luxor und dem Mandalay Bay verbunden. Als Mischung aus Märchen- und Ritterburg mit einem Touch Walt Disney lockt es vor allem Familien mit Kindern an.

✉ 3850 Las Vegas Blvd South, Las Vegas, Nevada 89109

☎ 702-597-7777

✆ ★

💻 www.excalibur.com

CIRCUS CIRCUS
Neben drei verschiedenen artistischen Vorführungen im 40-Minuten-Takt, die kostenlos sind, bietet das riesige Zirkuszelt-Hotel einen Vergnügungspark in der Kuppel mit Achterbahn, Wildwasserbahn und anderen Attraktionen.

✉ 2880 Las Vegas Blvd South, Las Vegas, Nevada 89109

☎ 702-734-0410

✆ ★

💻 www.circuscircus.com

Excalibur

Hotel MGM

🏨 ALEXIS PARK RESORT

Ein echter Geheimtipp, wenn der Trubel auf dem Strip zu strapaziös ist. Ohne den manchmal nervtötenden Automatenlärm und in gediegener Atmosphäre liegt dieses in Grün eingebettete Hotel-Resort, das ein ausgezeichnetes Preis-Leistungs-Verhältnis anbietet. Die Zimmer sind riesig und erstrecken sich über zwei Etagen. Man glaubt kaum, dass in nur wenigen Gehminuten der Strip erreicht werden kann, so ruhig und entspannt geht es hier zu und das trotz des nahen Flughafens. Wir haben die letzte Nacht dort verbracht und bedauern, die beiden ersten Nächte in Las Vegas auf dem Strip genächtigt zu haben, statt in dieser Oase.

- ✉ 375 East Harmon, Las Vegas, Nevada 89169
- ☎ 702-796 3300
- ✱ ★
- ✉ sales@alexispark.com
- 💻 www.alexispark.com

🏨 MGM GRAND

Das drittgrößte Hotel der Welt wird zu Recht „*City of Entertainment*" genannt. Hier befindet sich, den Superlativen angepasst, eines der größten Casinos in Las Vegas. Sowohl **Cirque du Soleil** mit seiner Show „KA" als auch das Ensemble von „**La Femme**" gastieren in dem riesigen Hotelklotz. Natürlich fehlt auch eine gigantische Poollandschaft nicht, und das Hotel beherbergt alleine schon 15 Restaurants, Cafés und Nachtclubs.

- ✉ 3799 Las Vegas Blvd South, Las Vegas, Nevada 89109
- ☎ 702-891-1111
- ✱ ★★
- 💻 www.mgmgrand.com

🏨 MIRAGE

Das Mirage befindet sich mitten im Herzen des Las Vegas Strips. Eines der ältesten Hotels auf dem Strip, aber die Zimmer werden regelmäßig renoviert. Die Anlage ist im Dschungelflair gehalten und hat einen schönen Poolbereich mit Wasserfällen und tropischen Pflanzen.

- ✉ 3400 Las Vegas Blvd South, Las Vegas, Nevada 89109

LAS VEGAS BIS ZION NATIONAL PARK

☎ 702-791-7111
∞ ★★
🖥 www.mirage.com

🏨 THE COSMOPOLITAN OF LAS VEGAS
Es ist das neueste Hotel in Las Vegas und erst Ende 2010 nach fünfjähriger Bauzeit eröffnet worden. Direkte Nachbarn des Luxus-Hotels sind das Bellagio und das City Center. Mit Strandclub auf dem Hoteldach, türkischem Dampfbad im Fitness-Center oder dem hauseigenen Theater ist einiges an Extravaganz geboten. Drei verschiedene Themen-Pools mit wahlweise Yacht-Club-Atmosphäre oder Schluchtenlandschaft runden das Angebot ab.

✉ 3700 Las Vegas Blvd South, Las Vegas, Nevada 89109
☎ 702-698-7000
∞ ★★★
🖥 www.cosmopolitanlasvegas.com

🏨 BELLAGIO
Das Bellagio zählt zu den besten Hotels auf der Welt und bietet dem Gast eine angenehme Atmosphäre von Luxus. Die Anlage ist inspiriert von der italienischen Landschaft des Comer Sees. Vor dem Hotel dominiert ein zwölf 12 Hektar großer See mit klassischen Gartenanlagen und Springbrunnen. Besonders beeindruckend ist das mit Musik untermalte Spiel der Wasserfontänen auf dem See, das alle 20 Minuten neu startet.

✉ 3600 Las Vegas Blvd South, Las Vegas, Nevada 89109
☎ 702-693-7111
∞ ★★★
🖥 www.bellagio.com

Tipp: Wegen der günstigeren Übernachtungspreise sollten Sie zwischen Sonntag und Donnerstag in Las Vegas übernachten.

🏨 OASIS LAS VEGAS RV RESORT
Wenn Sie nach Aufnahme des Campers noch eine Nacht in Las Vegas verbringen wollen, ist das hier die beste Adresse: In tropischer Atmosphäre mit einem schönen Pool können Sie unter Palmen entspannen, bevor es auf die große

Las Vegas Strip

LAS VEGAS BIS ZION NATIONAL PARK ◀

Reise geht – oder am Ende der Rundreise natürlich den Urlaub ausklingen lassen. Es gibt Standard-, Deluxe- und Premium-Plätze, alle mit Full Hook-up. Der Campground ist nicht gerade günstig, aber sehr ansprechend gestaltet. Er liegt südlich des Strips.

- ✉ 2711 West Windmill Lane, Las Vegas, Nevada 89123
- ☎ 800-566-4707
- 🕐 ganzjährig   ja
- 🚐 935, alle Anschlussmöglichkeiten
- ∞ ★★ - ★★★
- ✉ yvonne@oasislasvegasresort.com
- 💻 www.oasislasvegasrvresort.com

*Wenn Sie den Camper aufgenommen haben, müssen Sie nur noch an den **Großeinkauf** denken, den Sie erledigen sollten, weil Ihnen vorerst nur kleine Tankstellenshops oder Läden bei den Campgrounds zur Verfügung stehen (Einkaufstipp Seite 36), und dann kann es losgehen.*

Kaum haben Sie sich mit Ihrem ungewohnten fahrbaren Untersatz durch das Verkehrsgewusel aus der Glücksspiel-Stadt herausgekämpft, erwartet Sie die Landschaft, die Sie von nun an begleiten wird: Endlose Weite, wechselweise Wüstenlandschaft und Felsformationen und Straßen, die vor Ihrem Augen offenbar ins unbegrenzte Nichts zu führen scheinen.

*Wer noch ein letztes Mal Stadtluft schnuppern will, hat dafür Gelegenheit in **St. George**, kurz vor der Abzweigung Harrisburg Junction Richtung Zion Nationalpark.*

  ST. GEORGE

Aus der Zeit der Baumwollpflanzung stammt der Spitzname der Stadt, „Utah's Dixie". Die Stadt wurde Mitte des 19. Jahrhunderts gegründet: Der Präsident und Prophet der Mormonen, Brigham Young siedelte 1861 dreihundert Mormonenfamilien hier an, um Baumwolle anzubauen. Da die Preise für Baumwolle jedoch nicht konkurrenzfähig waren, misslang das Baumwoll-Projekt in dieser Gegend.

◆	Springdale, Zion National Park	66 km/ 41 mi
	Las Vegas	190 km/ 119 mi
👪	Einwohner	75.600
❄	Winter	3 °C
☀	Sommer	33 °C
〰	Meereshöhe	841 m

In St. George herrscht das ganze Jahr über ein mildes Klima mit milden Wintern und trockenen Sommern. Als große Sehenswürdigkeit gilt der Mormonentempel aus dem Jahr 1877, der immer noch in Funktion ist.

St. George ist eine umtriebige kleine Stadt mit einem großen Angebot an sportlichen Aktivitäten für Jung und Alt (es gibt vor allem ein herausragendes Angebot für Golfer), wird aber von Touristen auf der Reise zu den berühmten National Parks oft im wahrsten Sinn des Wortes links liegen gelassen. Aufgrund des günstigen Klimas bietet St. George nicht nur für Ruheständler eine angenehme Art der „Überwinterung".

Im weiteren Umfeld von St. George liegen mehrere der **State Parks** von Utah, so der **Sand Hollow**, Utahs neuester State Park, mit einem schönen Stausee. Der Park ist sowohl wegen seiner Wassersportmöglichkeiten als auch wegen des schönen Sandstrandes beliebt.

Etwa 60 km/37,5 mi nördlich bezaubern die alpinen Pine Valley Mountains.

Einige **Scenic Drives** in die nähere und weitere Umgebung vervollständigen die Aktivitätenliste in „Utahs Dixie". Ein Beispiel ist die Mojave Desert/Joshua Tree Road, ein 25 km/15,6 mi langer Weg durch die hügelige Wüstenlandschaft, gepflastert mit Joshua Trees und der Blüte von Wildblumen im Sommer.

> **VISITOR INFORMATION**
>
> **ST. GEORGE UTAH TEMPLE VIS. CENTER**
> ✉ 490 South 300 East, St. George, Utah 84770
> ☎ 435-673-5181
> ⊙ täglich von 9-21 Uhr

👁 SEHENSWÜRDIGKEITEN

❧ ST.-GEORGE-UTAH-TEMPEL

Egal, an welcher Stelle der Stadt man sich aufhält – den Mormonen-Tempel kann man von fast überall aus sehen. Das weiße Prachtstück ließ nach der Ansiedlung der Mormonen 1861 erst einmal auf sich warten. Die neuen Siedler sollten sich gemäß einem Aufruf von Salt Lake City aus über den südlichen Landesteil verbreiten. Die Gegend war zu diesem Zeitpunkt jedoch noch sehr unwirtlich, sodass die Mormonen das Land erst kultivieren mussten. Es dauerte schließlich fast 15 Jahre, bis sie sich 1871 zum Bau des Tempels entschlossen, der schließlich 1877 eingeweiht wurde. Im Tempel befindet sich heute eine Cafeteria. Angemessene Kleidung ist Voraussetzung (kann im Tempel geliehen werden).

⇨ Der St. George Tempel befindet sich 3 km/1,9 mi östlich des Flughafens.

✉ 250 East 400 South, St. George, Utah 84770
☎ 435-673-3533
⊙ Montag 7-11 Uhr, Dienstag bis Samstag 7-20 Uhr
🖥 www.lds.org/temples

❧ ST. GEORGE TABERNACLE

Das St. George Tabernacle wird **„Das Juwel in der Wüste"** genannt und ist ein Symbol der Pionierzeiten der Stadt. Das Tabernacle wurde aus mehr als einem Grund zum Mittelpunkt von St. George. Viele Versammlungen können hier abgehalten werden, weil es mehr als 1.200 Sitzplätze gibt. Außerdem setzten Uhr und Glocke im Turm früher die Zeit für alle umliegenden Gemeinden fest. Ein Einwohner sagte einmal: „Es war großartig, eine Uhr zu haben, das verlieh uns Prestige. Wir gingen rechtzeitig zur Kirche, kamen rechtzeitig nach Hause und eröffneten und beendeten rechtzeitig Partys." Nach einer Restaurierung 1993 wurde der Zustand so nah wie möglich an das historische Original angelehnt. Heute dient das Tabernacle der Kirche und Veranstaltungen. Führungen in den historischen Hallen sind kostenlos.

✉ 18 South Main St., St. George, Utah 84770
☎ 435-673-5181
⊙ Täglich 10-17 Uhr
∞ Eintritt frei

❧ RED CLIFFS MALL

In diesem Outlet versammeln sich alle namhaften Marken; von Gap für Babys bis zur Designer-Boutique ist alles vertreten. Außerdem mit an Bord: Kinos, Restaurants und Aktionen für die ganze Familie.

LAS VEGAS BIS ZION NATIONAL PARK

⇨ Aus Richtung Süden Ausfahrt 8 der I-15, rechts auf den Red Cliffs Drive
✉ 1770 East Red Cliffs Drive, St. George, Utah 84790
☎ 435-673-0099
🕓 Montag bis Samstag von 10-21 Uhr, Sonntag von 10-17 Uhr
💻 www.redcliffsmall.com

*Auf der Weiterreise von St. George zum Zion National Park liegt direkt vor dem Park das kleine Städtchen **Springdale**, das auch das „**Gate zum Zion**" genannt wird. Tatsächlich bezieht das unscheinbare Dorf mit nur wenigen hundert Einwohnern seine Existenzberechtigung fast ausschließlich aus den Nationalparkbesuchern. In Springdale findet sich etwas versteckt unterhalb der rechten Straßenseite an der Zufahrt zum Zion ein leidlich großer Supermarkt, in dem man lebensmittelmäßig noch einmal aufrüsten kann.*

ZION NATIONAL PARK

Der Zion National Park liegt im Bundesstaat Utah, tangiert im Südwesten aber bereits den Bundesstaat Arizona (Reisende aus Las Vegas sollten die erneute **Zeitumstellung** um eine Stunde nach vorne zwischen Nevada und Utah beachten! Von nun an gilt für einen weiten Teil der Reise die Mountain Standard Time).

Der heutige Nationalpark wurde 1909 als **Mukuntuweap National Monument** ausgewiesen und 1919 in Zion National Park umbenannt. Damit gehört der Zion zu den ältesten Nationalparks der USA. Grob lässt sich der Park in zwei Gebiete einteilen: den nordwestlichen Teil mit den eher wenig erschlossenen **Kolob Canyons** und den **Zion Canyon** und den Korridor des Zion-Mount Carmel Highways im Südosten. Diese Straße gibt es schon seit über 80 Jahren. Sie führt zunächst sehr idyllisch und in Serpentinen ansteigend aus dem Canyon hinaus und dann durch einen 2 km/1,3 mi langen, gebührenpflichtigen Tunnel ($ 15 pro Wohnmobil) in den östlichen Teil des Parks. Da Wohnmobile wegen ihrer Höhe nur in der Mitte des röhrenförmigen Tunnels fahren können, wird der Verkehr wechselweise als Einbahnstraße durchgeleitet.

Wir starten zunächst jedoch die Parkerkundung von Süden her am Virgin River, wo wir gleich nach der Einfahrt auf die beiden Campgrounds, das *Zion Nature Center* und das *Visitor Center* stoßen. Der südöstliche Teil des Zion ist der erschlossenere, weswegen auch unser Augenmerk hauptsächlich auf dieses Gebiet gerichtet ist.

Der Zion National Park ist ein Wanderparadies ohnegleichen mit einem Wanderwegenetz von 240 km/150 mi und herrlichen Ausblicken: Majestätische Tafelberge und hoch aufragende Felswände sind das Wahrzeichen des Parks. Das Farbenspektakel von Weißgrau über alle Rottöne der Felsen rührt von den neun sichtbaren Gesteinsschichten im Park. Jede einzelne Gesteinsschicht hat ihre Geschichte und entsprechend ihrem Alter ihre eigene Farbe. Die komplette Gesteinsformation, von denen die Felsschichten des Zion National Park ein Teil sind, heißt „**The Grand Staircase**". Im Visitor Center stehen Ranger bereit, die gerne mehr dazu erklären. Sie helfen außerdem bei der Planung von Aktivitäten, bieten geführte Wanderungen an und halten zu festen Terminen Vorträge über Geologie und Biologie des Zion National Parks.

Durch den Park hindurch führt die UT-9, die an einer Kreuzung in den Zion-Mount Carmel Highway übergeht. An dieser Kreuzung geht auch der **Scenic Drive** nach Norden ab, der für den Individualverkehr gesperrt ist. Es pendeln aber von

▶ LAS VEGAS BIS ZION NATIONAL PARK

Zion National Park

März bis November regelmäßig kostenlose Parkbusse, die 13 km/8,1 mi flussaufwärts bis zur 1.347 Meter hoch gelegenen Endstation „**Temple of Sinawava**" fahren und unterwegs einige Haltepunkte ansteuern. Von diesen Haltepunkten gehen auch die meisten der spektakulären Wanderungen ab.

Wichtig für die Entscheidung der einzelnen Wanderwege sind Jahreszeit und Wetter. Im Frühling ist das Wetter unberechenbar mit sowohl stürmischen, niederschlagsreichen als auch sonnigen und warmen Tagen. Im Sommer kann es bis zu 43 Grad heiß werden, in der Nacht kühlt es allerdings ab. Gewitter gibt es im Sommer häufig, was Springfluten an den Flüssen zur Folge hat. Der Herbst ist mit angenehmen Temperaturen eine gut geeignete Jahreszeit für alle Wanderungen. Und auch die Winter sind im Zion mild, Schnee fällt nur in den höheren Lagen. Allerdings toben manchmal Winterstürme im Park, und von November bis März brauchen die Fahrzeuge Winterausrüstung.

Für den Aufenthalt in den Nationalparks des Südwestens ist ein **Parkpass** in für alle Parks einheitlicher Höhe von jeweils $ 25 notwendig, der an den Parkeingängen gekauft werden kann. Da alle folgenden National Parks kostenpflichtig sind, lohnt sich der Kauf eines Jahrespasses für $ 80 („*The National Parks and Federal Recreational Lands Pass*") gleich beim ersten Park, dem Zion. Dieser Pass ist auch für die Recreation Areas auf unserer Reise gültig.

Parkpassgebühren	
Parkpass (gültig 7 Tage) für private Fahrzeuge/RVs	$ 25
Parkpass (gültig 7 Tage) für Fußgänger, Fahrräder und Gruppen:	$ 12 pro Person, max. $ 25 pro Familie
Jahrespass (National Parks und Federal Recreation Lands Pass) für alle auf der Route liegenden National Parks und Recreation Areas:	$ 80

LAS VEGAS BIS ZION NATIONAL PARK

Hinweis: Eventuell angebotene Sondertarife für Senioren und Menschen mit Behinderungen gelten ausschließlich für US-Bürger oder permanent hier lebende Bewohner.

VISITOR INFORMATION

ZION NATIONAL PARK
- Springdale, Utah 84767
- 435-772-3256
- 435-772-3426
- Zion Canyon Visitor Center: Frühling und Winter täglich 8-17 Uhr, Sommer täglich 8-20 Uhr, Herbst: täglich 8-18 Uhr, Winter täglich 8-17 Uhr
- Kolob Canyons Visitor Center: Frühling und Sommer täglich 8-17 Uhr, Herbst und Winter täglich 8-16:30 Uhr
- zion_park_information@nps.gov
- www.nps.gov/zion
- Karte: www.nps.gov/zion/planyourvisit/upload/GermanMap.pdf

WANDERMÖGLICHKEITEN IM ZION NATIONAL PARK

Anmerkung: Informationen bezüglich mehrtägiger Wanderungen geben die Ranger im Visitor Center. Die Startpunkte der Wanderungen entlang des Scenic Drives sind nur per Shuttlebus zu erreichen.

ANGELS LANDING TRAIL

Die wohl beliebteste Wanderung im Zion ist diese 8 km/5 mi lange Tour, die es in sich hat. Startpunkt ist die Bushaltestelle „**The Grotto**". Hier halten Sie sich in nördl. Richtung und begehen einen Weg, der Sie in Serpentinen bergauf führt. Der Weg wird zunehmend schmal und an besonders gefährlichen Stellen mit Ketten als Geländer-Ersatz gesichert – Wanderer mit Höhenangst sollten sich diesen Weg auf gar keinen Fall vornehmen! Ziel des Aufstieges ist auf 450 m Höhe der „**Landeplatz der Engel**", und dieser Name hat seine Berechti-

Panorama Zion National Park

► LAS VEGAS BIS ZION NATIONAL PARK

gung. Von nirgendwo sonst bietet sich ein so wunderschöner Panoramablick über das Tal des Virgin River.

Von der Fahrstraße aus kann man die kraxelnden Wanderer Richtung Angels Landing auf dem schmalen Felspfad gut beobachten. Man stellt dabei aber auch fest, dass der Weg über weite Strecken keinen Schatten bietet, weswegen die Ranger empfehlen, sehr früh morgens zu starten. Für die gesamte Wanderung sollte man vier Stunden einplanen und viel Wasser mitnehmen.

- ⇨ The Grotto
- ⇔ 8 km/5 mi (gesamt)
- 🕓 4 Stunden
- ⇗ schwierig
- ⇌ 453 m

EMERALD POOLS TRAIL

Von der Zion Lodge aus sind die Emerald Pools zu erreichen. Der Wanderweg führt durch die Wälder und ist eine beliebte Strecke. Es geht stetig bergauf bis zu den Wasserfällen, deren Wasser von kreisrunden Felsenbecken, den Emerald Pools, aufgefangen wird. Den Namen tragen die Becken aufgrund ihrer Farbe: *„emerald"* heißt „Smaragd", das Wasser ist smaragdgrün. Die Wanderung kann in die einfachere Strecke zum Lower Emerald Pool und den Weg zu den Middle Emerald Pools aufgeteilt werden.

Dann gibt es noch den Trail zum **Upper Emerald Pool**, der vom **Middle Emerald Pool** 4,8 km/3 mi entfernt ist. Das ist ein sandiger, felsiger Pfad, der auf die Spitze der Klippe führt.

- ⇨ Zion Lodge
- ⇔ 1,9 km/1,2 mi (Lower Emerald Pool), 3,2 km/2 mi (Middle Emerald Pools), 8 km/5 mi (Upper Emerald Pool)
- 🕓 1 Stunde (Lower Emerald Pool), 2 Stunden (Middle Emerald Pools)
- ⇗ leicht bis mittel
- ⇌ 21 m (Lower Emerald Pool), 46 m (Middle Emerald Pools)

RIVERSIDE WALK

Die Schlucht „**The Narrows**" ist das definitive Ende des Zion Canyon, der Bus fährt sie über die letzte Haltestelle „**Temple of Sinawava**" an. Ein zunächst sehr bequemer Fußweg führt zu der Engstelle des Virgin River. Die meiste Zeit geht es von da an im Fluss durch die Schlucht, weswegen man wassertaugliche Schuhe im Gepäck haben sollte. Wer die Enge des Flusses komplett durchwandern will, kann am Ende die **Chamberlain Ranch** erreichen. Diese privat geführte Ranch liegt allerdings bereits außerhalb des National Parks. Das Campen auf der Ranch ist verboten, man kann lediglich das Fahrzeug über Nacht hier abstellen. Oberhalb des Flusslaufs gibt es allerdings mehrere Zeltplätze, auf denen man aber nur für eine Nacht bleiben darf. Die Chamberlain Ranch ist mit einem Shuttleservice mit dem Park verbunden. Die Strecke zwischen der Ranch und dem Ausgangspunkt der Wanderung, nämlich „Temple of Sinawava", ist in eineinhalb Stunden Fahrzeit zu bewältigen.

Es gibt drei Anbieter für den Shuttle-Service: **Zion Adventure Company** (☎ 435-772-1001), **Red Rock Shuttles** (☎ 435-635-9104) und **Zion Rock and Mountain Giudes** (☎ 435-772-3303). Für diese 25 km/15,6 mi lange Strecke sollten aber unbedingt ein bis zwei Tage eingeplant werden. Wenn Sie die komplette Durchwanderung des Flusses planen, müssen Sie dies im Backcountry Desk anmelden. Kosten: $ 5 pro Person.

LAS VEGAS BIS ZION NATIONAL PARK

Wanderung „The Narrows"

Die Genehmigungen können auch unter www.nps.gov/zion eingeholt werden. Beachten Sie allerdings, dass Sie diese Wanderung im Frühjahr nicht unternehmen dürfen – nach der Schneeschmelze erhöht sich der Wasserstand des Flusses und wird dadurch unpassierbar.

Aber auch die weniger sportliche Variante, einfach ein Stück durch den Fluss zu waten und zu wandern, ist ein Erlebnis mit ständig neuen Perspektiven des Berg- und Felsenpanoramas zusammen mit dem munteren Flüsschen. Originell ist diese Art des Wanderns allemal.

WATCHMAN VIEWPOINT TRAIL

Die Wanderung beginnt am South Campground und ist 4,3 km/2,7 mi lang. Der Weg ist längst nicht so anstrengend wie Angels Landing oder Emerald Pools und hat nur leichte Steigungen. Der Pfad windet sich entlang der Ausläufer des Bridge Mountain Massivs. Unterwegs bieten sich schöne Ausblicke auf die interessantesten Punkte des Parks: *Beehives, Towers of the Virgin, West Temple* und der *Altar of Sacrifice*.

- ⇨ South Campground
- ⇔ 4,3 km/2,7 mi
- 🕒 2 Stunden
- ↗ mittel
- ⇌ 112 m

CANYON OVERLOOK TRAIL

Am östlichen Tunnelende am Zion-Mount Carmel Highway zweigt der etwa 1 km/0,6 mi lange Wanderweg ab, von dem aus sich wunderschöne Ausblicke zurück auf den Zion Canyon eröffnen. Der am Ende der Strecke liegende Panoramapunkt bietet einen atemberaubenden Fernblick aus schwindelerre-

gender Höhe auf den Zion Canyon und den Pine Creek Canyon.
- ↦ östliches Tunnelende am Zion-Mount Carmel Highway
- ⇔ 1,6 km/1 mi
- 🕐 1 Stunde
- ↗ mittel
- ⇌ 50 m

KOLOB ARCH TRAIL

Das Ziel dieser Wanderung ist der Kolob Arch. Von diesem natürlichen, frei stehenden Steinbogen wird behauptet, er sei derjenige mit der größten Spannweite der ganzen Welt. Es gibt viele Wege zu diesem Wunderwerk der Natur. Der im Folgenden beschriebene startet am **Lee Pass** im bisher vernachlässigten nördlichen Teil des Zion National Park.

Um in den Nordteil des Parks zu gelangen, fahren Sie den Highway 9 zurück nach La Virgin, dort wechseln Sie auf die Highway 17 bis Sie auf die UT-15 kommen. Dieser folgen Sie dann nach Norden bis zum Exit 40, dem Beginn der **Kolob Canyons Road**, der Sie dann bis zum Lee Pass und Beginn des Wanderwegs folgen.

Der gesamte Rundweg ist etwas mehr als 22 km/14 mi lang – Sie sollten also entscheiden, ob Sie den Weg als Tagestour machen wollen oder übernachten. Im Falle einer Übernachtung (Rucksacktour) brauchen Sie eine Erlaubnis.

Teile des Weges führen über feinen Sandboden. Bis zum La Verkin Creek steigt der Weg an, dann wird er etwas ebener. Nun folgt bald die Abzweigung zum Kolob Arch Trail. Nachdem Sie eine *Wash* (das ist ein tiefes, ausgetrocknetes und deshalb begehbares Flussbett mit steilen Canyonwänden rechts und links) durchwandert haben, erhaschen Sie schon erste Blicke dieses mächtigen Felsbogens, der sich 94 Meter weit über eine 100 Meter tiefe Schlucht spannt. Der nun folgende Aussichtspunkt eignet sich gut, um zu rasten und Kräfte für den Rückweg zu sammeln. Wegen

Panorama Overlook Trail

LAS VEGAS BIS ZION NATIONAL PARK

der langen Strecken durch die Sonne sollte diese Tour nur im Frühjahr oder Herbst unternommen werden.

- ↦ Lee Pass/Kolob Canyons Road
- ⇔ 22,5 km/14,1 mi
- 8 Stunden
- anstrengend
- 213 m

REITTOUREN

Von der Zion Lodge aus werden geführte Reittouren angeboten.
- ☎ 435-772-3810

UNTERKÜNFTE ZION NP

TIPP ▶ WATCHMAN CG

Vom sehr schön im Park gelegenen Campground Watchman hat man von den meisten Stellplätzen aus einen guten Blick auf den Watchman, das ist der Berg, dem der Campground seinen Namen verdankt. Es gibt keine Duschen und auch sonst ist der Platz sehr natürlich und einfach gehalten. Der Campground liegt direkt am südlichen Parkeingang beim Visitor Center, von wo aus auch der Shuttle startet. Die B-/C- und D-Loops des Platzes bleiben bis ca. Frühjahr 2011 wegen Baumaßnahmen geschlossen.

- ✉ Am Zion-Mt. Carmel Highway, Springdale, Utah 84767
- ☎ 877-444-6777
- ganzjährig   nur März bis Okt.
- 95 mit Stromanschluss, davon 16 Stellplätze am Fluss, 69 nur Zeltplätze, Generatoren sind nicht erlaubt
- ⦵ ★
- 🖥 www.nps.gov/zion

SOUTH CAMPGROUND

Dieser Platz befindet sich ebenfalls beim südlichen Parkeingang, liegt aber näher am Fluss und mehr im Schatten als der benachbarte Watchman Campground. Hier gilt das *first come - first served* Prinzip (das heißt, die Plätze können nicht vorab reserviert werden, sondern werden in der Reihenfolge der Ankunft der Gäste vergeben), weswegen man in der Hochsaison frühzeitig am Tag ankommen sollte. Auch hier stehen keine Duschen zur Verfügung.

- ✉ am Zion-Mt. Carmel Hwy, Springdale, Utah 84767
- ☎ 435-772-3256
- Mitte März bis Ende Okt.   nein
- ja
- 127, keine Anschlussmöglichkeiten
- ⦵ ★
- 🖥 www.nps.gov/zion

ZION CANYON CAMPGROUND

Dieser private Campground befindet sich in Springdale an der Pforte zum Zion National Park, auf dessen Klippen man von hier aus sehr schön schauen kann. Direkt vom Campground aus verkehrt ein kostenloser Shuttle in den Park. Manche Gäste beanstanden mangelnde Freundlichkeit des Personals und den Service.

- ✉ 479 Zion Park Blvd, Springdale, Utah 84767
- ☎ 435-772-3237
- 📠 435-772-3844
- ganzjährig   ja
- 100, alle Anschlussmöglichkeiten
- ⦵ ★★
- ✉ info@zioncamp.com
- 🖥 www.zioncamp.com

ZION LODGE

Das außergewöhnliche und komfortable Motel und die Blockhäuser, in denen es ebenfalls Zimmer zu mieten gibt, sind idyllisch in ein schmales Tal gebettet. Die Lodge ist neben den Campgrounds die einzige Übernachtungsmöglichkeit innerhalb des Parks. Von hier aus starten einige Trails. Das dazugehörige Restaurant Red Rock Grill bietet wunderschöne Blicke in die Natur, Tische müssen reserviert werden.

- ✉ Scenic Drive, Zion National Park, Springdale, Utah 84767
- ☎ 435-772-3213
- ganzjährig
- ja
- ⦵ ★★★
- 🖥 www.zionlodge.com

LAS VEGAS BIS ZION NATIONAL PARK

CLIFFROSE LODGE AND GARDENS
In Springdale, direkt am Südeingang des Zion National Parks, liegt dieses schicke Motel mit einer herrlichen botanischen Gartenanlage und einem Pool. Alle Zimmer haben einen Balkon, und von der Lodge aus sieht man die Felsspitzen des nahen National Parks. Von Springdale aus fahren die Shuttlebusse auch in den Park.
- ✉ 281 Zion Park Blvd, Springdale, Utah 84767
- ☎ 435-772-3234
- 🕐 ganzjährig
- ⚬ ★★★
- 🖥 www.cliffroselodge.com

Die nachfolgenden Unterkünfte finden Sie auf der Weiterfahrt vom Zion National Park zum Bryce Canyon nahe Mount Carmel Junction und nördlich von Glendale.

ZION PONDEROSA RANCH AND RESORT
An der östlichen Grenze des Nationalparks liegt die abenteuerliche Zion Ponderosa Ranch. Nomen est omen hier, denn mehr Wilder Westen kann eine Unterkunft nicht bieten. Die unterschiedlichen Typen von Blockhäusern sind größtenteils im Cowboy-Stil, aber ausgestattet mit allem Komfort. Ein Pool ist ebenfalls vorhanden, sogar einzelne Camper-Stellplätze stehen zur Verfügung. Eine Menge sportlicher Aktivitäten wie Reiten, Klettern und Mountainbiken werden angeboten.
- ✉ Mount Carmel, Utah 84755
- ☎ 435-648-2700
- 🕐 ganzjährig
- ⚬ ★ – ★★★
- ✉ resort@zionponderosa.com
- 🖥 www.zionponderosa.com

EAST ZION RIVERSIDE RV PARK
Knapp 20 km/12,5 mi östlich vom Zion National Park Richtung Bryce Canyon befindet sich dieser luxuriöse Campground. In einem schattigen Tal ist der Platz von Bergen umgeben und bietet neben Full-Hook-up ein Freibad und einen Whirlpool. Von hier aus sind gleich mehrere National Parks in Utah in kurzer Zeit zu erreichen.
- ✉ Mount Carmel Junction, Utah 84755
- ☎ 435-648-2203
- 🕐 ganzjährig 📷 ja

Fahrt Zion ▶ Bryce

LAS VEGAS BIS ZION NATIONAL PARK

- 12, alle Anschlussmöglichkeiten
- ★
- www.zionnational-park.com

MOUNT CARMEL TRAILER PARK
Ebenfalls an der Mount Carmel Junction liegt dieser Trailer Park, ausgestattet mit Full-Hook-up und Stellplätzen unter großen schattigen Bäumen.

- Muddy Creek Bridge, Mount Carmel Junction, Utah 84755
- 435-648-2323
- Mitte März bis Ende Okt.   ja
- 10 mit allen Anschlussmöglichkeiten, 15 ohne Anschlussmöglichkeiten
- ★
- thecabin@color-country.net
- www.visiteastzion.info

BEST WESTERN EAST ZION THUNDERBIRD RESORT
Die freundlichen und geräumigen Zimmer sind gemäß der Umgebung im Südwest-Stil eingerichtet. Alle Räume verfügen entweder über einen Balkon oder eine Terrasse, und man kann auswählen zwischen dem Blick auf den Pool und dem auf den Golfplatz.

- Mount Carmel Junction, Utah 84755
- 435-648-2203
- 435-648-2239
- ganzjährig
- ★★
- www.bestwestern.com

ZION/BRYCE KOA CAMPGROUND
Und noch ein Campground auf dem Weg zum Bryce Canyon und zwar der erste KOA Campground auf unserer Strecke. Er liegt 8 km/5 mi **nördlich von Glendale**. Viele der großen und kleinen Naturwunder sind von hier aus schnell erreicht. Der Campground selbst bietet einen Pool und einen 9-Loch-Golfplatz in der Nähe.

- 175 West KOA Drive, Glendale, Utah 84729
- 800-562-8635
- Anf. Mai bis Ende Sept.   ja
- ★★
- www.koa.com

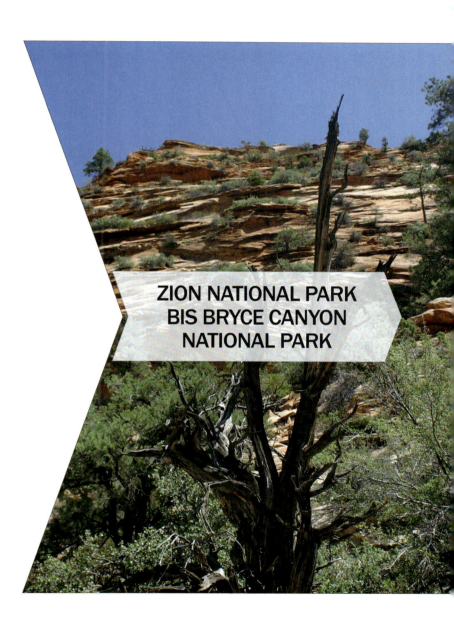

ZION NATIONAL PARK BIS BRYCE CANYON NATIONAL PARK

ZION NATIONAL PARK BIS BRYCE CANYON NATIONAL PARK

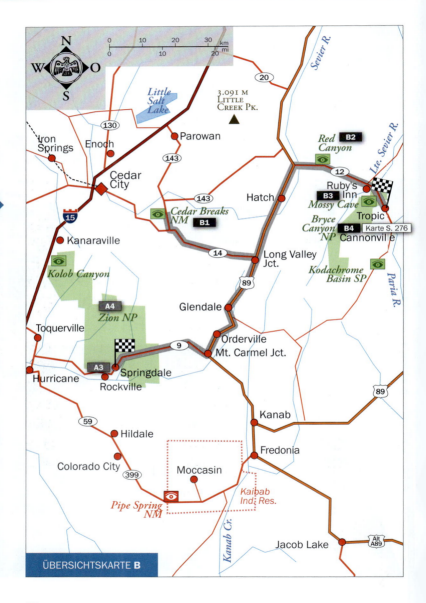

ÜBERSICHTSKARTE B

▶ ZION NATIONAL PARK BIS BRYCE CANYON NATIONAL PARK

Hauptstrecke km/mi	Teilstrecke km/mi	Nebenstrecke km/mi	Stationen auf dem Highway	Highway
272/170	0		Zion National Park	UT-9
311/194	39/24		Mount Carmel Junction	UT-9
			East Zion Riverside RV Park	
			Mount Carmel Trailer Park	
			Best Western East Zion Thunderbird Resort	
325/203	53/33		Glendale	US-89
			Zion/Bryce KOA Campground	
348/218	76/48		Long Valley Junction	US-89
348/218	76/48	0	Nebenstrecke Abzweig Richtung Cedar City	US-89
		36/23	Cedar Cyn	UT-14
		40/25	**Cedar Breaks National Monument (▶B1)**	UT-148
348/218	76/48	80/50	Zurück zur Long Valley Junction	UT-148/ UT-14
381/238	109/68		Abzweig Richtung Bryce Canyon National Park	US-89
392/245	120/75		**Red Canyon (▶B2)**	UT-12
403/252	131/82		Abzweig zum Bryce Canyon National Park	UT-12
403/252	131/82	0	Nebenstrecke Richtung Tropic	UT-12
		8/5	Parkplatz **Mossy Cave (▶B3)**	UT-12
403/252	131/82	16/10	Zurück zu Abzweig Bryce Canyon	UT-12
408/255	136/85		**Bryce Canyon National Park (▶B4)**	UT-63
409/256	137/86		North Campground	UT-63

ZION NATIONAL PARK BIS BRYCE CANYON NATIONAL PARK

*Heute geht's vom Wilden Westen geradewegs in die grüne Vegetation des **Dixie National Forest**. Abwechslungsreicher kann eine Strecke nicht sein. Während uns die letzten Klippen des Zion National Parks verabschieden, begrüßen uns schon die grünen Ausläufer des riesigen Waldgebietes, unmittelbar bevor uns die feuerroten Felsformationen des **Red Canyons** und die **Hoodoos** des Bryce Canyon in Empfang nehmen. Wenn wir den kleinen Umweg zum **Cedar Breaks National Monument** in Kauf nehmen, befahren wir außerdem noch eine schöne Panorama-Straße, den sogenannten **Markagunt High Plateau Scenic Byway**.*

*Falls es auf dem Weg zum Bryce Canyon Zeitprobleme geben sollte, sei auf jeden Fall ein Stopp beim Red Canyon empfohlen, den Sie wenige Kilometer/Meilen vor dem Eintreffen im Bryce Canyon National Park erreichen. Ebenfalls empfehlenswert (unabhängig von Zeitproblemen) ist ein Abstecher zu **Mossy Cave** zwischen Abzweig Bryce Canyon National Park und Topic, dafür müsste dann allerdings Cedar Breaks aus der Planung gestrichen werden.*

NEBENSTRECKE ZUM CEDAR BREAKS NATIONAL MONUMENT

Wir weichen erstmals von unserer Hauptroute ab, um uns ein wenig abseits umzusehen. Ziel ist das Cedar Breaks National Monument, für das wir die UT 89 kurzfristig in westliche Richtung verlassen.

 CEDAR BREAKS MONUMENT

Hauptattraktion des Hanges auf der Westseite des Markagunt-Plateaus ist ein Taleinschnitt in Form eines riesigen Amphitheaters mit einem Durchmesser von fast 5 km/3,1 mi. 600 Meter hohe Seitenwände fallen steil davon ab. Unterschiedlich geformte Erdpyramiden und Felsnadeln geben einen kleinen Vorgeschmack auf den Bryce Canyon, mit dem Unterschied, dass es hier nicht so überlaufen ist und man die Stille um das Naturwunder genießen kann. Ein 8 km/5 mi langer **Scenic Drive** mit vier Haltepunkten präsentiert die schönsten Aussichtspunkte. Kurze Fußwege führen jeweils zu weiteren Aussichtspunkten mit herrlichen Blicken. Ein besonderes Erlebnis ist die Bergblumenblüte, die man schon kurz nach der Schneeschmelze im Frühjahr bewundern kann. Im Sommer entfaltet sie ihre ganze Pracht.

Der Name des Parks ist eigentlich nicht ganz korrekt. In dieser Gegend wachsen gehäuft Wacholder-Bäume, die von frühen Siedlern für Lebensbäume gehalten wurden. Im Englischen nennt man diese Lebensbäume *red* oder *white cedar*, also Zedern. „Break" ist das englische Wort für Bruch bzw. Abbruch und steht für die steilen Hänge innerhalb des National Monument.

Das Cedar Breaks National Monument liegt inmitten eines Hochgebirges. Die Winter sind lang und schneereich, weshalb der Park auch nur für die Sommermonate von Juni bis September/Oktober geöffnet ist. Das kleine Visitor Center und der Campground sind ebenfalls nur in diesem Zeitraum geöffnet. In den Wintermonaten steht allerdings ein sogenanntes „Yurt", das ist eine Art transportierbare Ranger-Station in einem Zelt. Dort kann man sich an den Wochenenden von 9-15 Uhr informieren. Ein 1,5 km/0,9 mi langer Weg führt zu dem originellen Nomadenzelt.

Wer den Scenic Drive nach Mitte Oktober befahren möchte, sollte sich vorab über die Straßenverhältnisse informieren (☎ 435-586-9451). Verwaltet wird das National Monument vom Zion National Park.

Warme Kleidung sollte zu keiner Jahreszeit fehlen, denn selbst im Sommer herrschen hier maximal 10 bis 15 Grad Tageshöchsttemperatur. Auch Gewitterstürme um die Mittagszeit sind nicht selten. Wegen der Höhenlage des Parks (ca. 3.100 Meter) sollte man auch an die UV-Strahlen denken und eine entsprechende Sonnencreme mit hohem UV-Schutz im Gepäck haben.

🛈 VISITOR INFORMATION

**CEDAR BREAKS
NATIONAL MONUMENT**
- ☎ 435-586-9451
- 📠 435-586-3813
- 🕐 Anfang Juni bis Mitte Oktober, täglich 9-18 Uhr
- ∞ Besucher: ab 16 Jahre $ 4 (gültig 7 Tage), Inhaber eines Jahrespasses ▶ Seite 49: frei
- 🖥 www.nps.gov/cebr

🚶 WANDERMÖGLICHKEITEN

Die besten Wanderwege erreicht man vom Scenic Drive bzw. dem Visitor Center aus. Es gibt außerdem Aussichtspunkte, die alleine den Umweg hier hoch wettmachen. Da ist direkt beim Visitor Center der **Point Supreme**, der Sie mit dem besten Rundumblick in das Felsenamphitheater belohnt. Die wie in Fels gehauenen Schachfiguren können Sie am besten vom **Chessman Ridge Overlook** aus identifizieren.

Es werden auch zwei von Rangern geführte Touren angeboten. Zum einen der **Alpine Pond Trail**, der immer samstags startet. Bei dieser alpinen Wanderung können Sie mehr über Wildblumen, das Pflanzenleben und die Tierwelt dieser Region erfahren. Der Treffpunkt mit dem Ranger ist der Alpine Pond Trailhead nördlich der Visitor Information an der UT-148. Viel Trinkwasser mitnehmen!

Ebenfalls samstags während der Sommersaison begleitet ein Ranger die Wanderer auf dem **Spectra Point Trail**. Thema dieser Wanderung sind die für die Region typischen Grannenkiefern, die Tierwelt und die Geologie von Cedar Breaks. Am Spectra Point Trailhead nahe der Visitor Information ist Treffpunkt. Auch hier an genug Wasser und Sonnenschutz denken.

ENDE DER NEBENSTRECKE UND ZURÜCK ZUR LONG VALLEY JUNCTION

Nach diesem beeindruckenden Erlebnis freuen wir uns ganz besonders auf das fantastische Felsenparadies, das uns erwartet.

*Bald beginnt eine traumhafte Fahrt entlang eines beschaulichen kleinen Flusses. In weiten Schlingen führt uns der Weg durch den Dixie National Forest und schon bald sind wir intensiv umgeben von den rot leuchtenden Felsspitzen, die den **Bryce Canyon** ankündigen. Nach der Abzweigung vom Highway 89 auf den **Scenic Byway 12** treffen wir nach wenigen Kilometern/Meilen auf das zu Recht so benannte Gebiet **Red Canyon**. Ausnahmsweise ist eine Attraktion dieser Art einmal nicht als National Park oder National Monument ausgewiesen, was aber der Schönheit des Red*

ZION NATIONAL PARK BIS BRYCE CANYON NATIONAL PARK

Red Canyon

Canyon keinen Abbruch tut. Schon von Weitem sehen die roten Felsspitzen aus wie in Feuer getaucht. An den einzelnen Haltebuchten findet man Schilder mit Erläuterungen, und Mini-Wanderungen führen zwischen die Felsformationen. In dieser faszinierenden Landschaft sollten Sie sich die Zeit unbedingt nehmen, ab und zu anzuhalten! Gleich beim ersten Stopp stoßen Sie auf das **Information Kiosk**, in dem Sie auch Informationen über ausgeprägtere Wanderungen im Red Canyon erfragen können. *Ab dem Memorial Day* (letzter Montag im Mai) *bis zum Labor Day* (erster Montag im September)

NEBENSTRECKE ZU MOSSY CAVE

Anschließend sind wir im Endspurt Richtung Bryce Canyon unterwegs. Die letzte Abzweigung Richtung Ruby's Inn sollten wir für den Moment aber doch noch links liegen lassen. Ein absoluter Geheimtipp abseits des Trubels des berühmten Parks aber dennoch inmitten der faszinierenden Landschaft ist eine kleine Tour namens **Mossy Cave**. Dazu fahren Sie an der Abzweigung der Landstraße 63 zum Bryce Canyon vorbei einfach weiter auf dem Scenic Byway 12 geradeaus und nehmen Kurs Richtung Tropic. Sie erkennen den richtigen Parkplatz direkt nach einer kleinen Brücke an dem etwas versteckten Hinweisschild auf Mossy Cave an der rechten Straßenseite.

 MOSSY CAVE

Die aus Quellen gespeiste Höhle Mossy Cave ist eine kühle Oase in einer wasserarmen Felsenlandschaft. Die Höhle weitet sich im Laufe der Zeit immer weiter aus, indem sickerndes Grundwasser Schicht für Schicht des Gesteins abträgt. Früher war die kleine Schlucht bekannt als *Water Canyon*.

ZION NATIONAL PARK BIS BRYCE CANYON NATIONAL PARK

Von 1890 bis 1892 haben Mormonen mit Hacken und Schippen gearbeitet, um einen Bewässerungsgraben vom Seitenarm des Sevier River über das Paunsaugunt Plateau bis zu diesem Canyon auszuheben. Dieser heute als **Tropic-Kanal** bekannte Graben hat seitdem jedes Jahr die Gemeinden Tropic und Cannonville mit Wasser versorgt!

Um zunächst zum Wasserfall zu gelangen, folgt man dem Bachlauf. An einer Holzbrücke geht es rechts ab zum eiskalten Wasserfall.

Eine kleine Erfrischung gefällig? Badeschuhe und die Badebekleidung sollten dabei sein – es ist ein unbeschreibliches Gefühl, unter dieser gewaltigen Naturdusche inmitten dieser wildromantischen Szenerie zu stehen! Nach einem Regenschauer oder nach der Schneeschmelze im Frühjahr ist das Naturspektakel natürlich noch beeindruckender als im Hochsommer. Links über der Felskante zum Fluss kann man eine Etage höher steigen und hat einen romantischen Blick auf den kleinen Wasserfall.

Nach der Dusch-Einlage geht's zurück zur Holzbrücke. Von da aus führt ein Pfad zur eigentlichen Attraktion, der Höhle. Eis-Schichten halten sich nicht selten bis in den Sommer an der Höhle und das ganze Jahr über ist alles voll mit feinem Moos – daher der Name „Mossy". Eigentlich ist es nicht wirklich eine Höhle, sondern eine von einer unterirdischen Quelle geschaffene Grotte.

Beide Wege zusammen sind nicht länger als 1,5 km/0,9 mi. Auf dem Rückweg entlang des Bachlaufs gibt es immer wieder schöne Blicke auf die Hoodoos des Bryce Canyon.

**ENDE DER NEBENSTRECKE
UND ZURÜCK ZUM ABZWEIG
BRYCE CANYON**

Bachlauf zum Wasserfall

Wasserfall Mossy Cave

*Nun haben wir aber lange genug auf das Naturspektakel Bryce Canyon gewartet. Unser Weg führt uns zurück zur Abzweigung zum Bryce Canyon National Park, vorbei an der einladenden Westernkulisse von **Ruby's Inn**, dem kleinen Souvenir-Stopp kurz vor dem Parkeingang.*

BRYCE CANYON NP

Parkgebühren ▶ Seite 49

Das dominante Naturwunder der Region ist der Bryce Canyon. Die amerikanischen Urlauber, denen wir im Bryce Canyon begegnet sind, fanden diesen National Park sogar spektakulärer als den Grand Canyon. Der Bryce Canyon steht zu Unrecht im Schatten der „**Großen Schlucht**". An Farbenvielfalt und atemberaubenden Panoramablicken ist der Bryce Canyon nämlich nicht zu überbieten. Es wimmelt hier zwar genauso von Touristen, allerdings verläuft sich die Masse dadurch ein wenig, dass es unzählige tolle und abwechslungsreiche Wandermöglichkeiten gibt. Diesbezüglich muss der **Grand Canyon** einfach passen, wie wir im späteren Kapitel noch sehen werden.

Was die Traumlandschaft des Bryce Canyon so traumhaft und einzigartig macht, sind die verschiedenen Tönungen in Rot, Orange, Rosa und Braun, in denen die Felsnadeln und Felstürme leuchten. Die Farbpracht der bizarren Felsenlandschaft haben wir einer besonderen geologischen Entwicklung zu verdanken: Vor etwa 150 Millionen Jahren bedeckte noch ein Meer das Gebiet des heutigen Bryce Canyon. Auf dem Grund dieses Gewässers lagerten sich während weiterer Millionen Jahre Kies und Sand aus verschiedenen Gebirgen ab. Nach und nach wurden diese Ablagerungen zu einer

Bryce Canyon

festen Substanz. Darunter „begraben" befand sich das Element Mangan. Im reinen Zustand ist das ein stahlgraues bis silberweißes Metall, das bunte Anlauffarben entwickelt, wenn es von Wasser angegriffen wird. Das Ergebnis des Zusammenspiels von Wasser und Mangan präsentiert sich heute in der lila Färbung der Felsen im Bryce Canyon. Die rot-gelben Farbenspiele der Felsen hat das Element Eisen verursacht.

Vor etwa zehn Millionen Jahren zerbrach die Erdkruste durch Kräfte im Erdinneren in einzelne Schollen. Gesteinsschichten wurden angehoben und verschoben, wodurch Ablagerungen aus den verschiedenen Erdzeitaltern plötzlich nebeneinander kamen. Die markanten **Steintürmchen**, die sogenannten H*oodoos,* wurden mit der Zeit durch Erosion aus den eisen- und kalkhaltigen Sedimenten herausgewaschen.

Der Ranger, der am wunderschönen Aussichtspunkt **Sunset Point** einen eindrucksvollen geologischen Vortrag über die Entstehung der farbenfrohen Hoodoos hielt, war ein Erlebnis für sich. Mit Einsatz seines ganzen Körpers demonstrierte er die Verschiebung der Gesteinsschichten und verglich die romantisch leuchtenden Felsformationen lapidar mit einem rostigen Fahrrad. Eine Anekdote hat uns besonders erheitert: Der britische Geologe Sir Charles Lyell, Begründer der modernen Geologie, hat Mitte des 19. Jahrhunderts die Theorie über den Haufen geworfen, alle Veränderungen im Landschaftsbild wären Folge von großen Katastrophen. Außerdem hat er die vorherrschende Annahme infrage gestellt, dass alles von Gott geschaffen sei. Auf seinen Forschungsreisen war er auch in Nordamerika und konnte seine Theorie der Erdhebungen und –senkungen und der verschiedenen Gesteinsschichten am Beispiel des Bryce Canyon verifizieren. Als Lyell mit seinem guten Freund Charles Darwin über seine revolutionären Erkenntnisse sprach, soll dieser ihn gewarnt haben, allzu überstürzt damit an die Öffentlichkeit zu gehen, denn schließlich seien die Menschen schon mit seinen, Darwins, Theorien komplett überfordert.

ZION NATIONAL PARK BIS BRYCE CANYON NATIONAL PARK

Bryce Amphitheater

Falls während Ihres Besuches ein Ranger eine solche geologische Einführung am Sunset Point anbietet, dürfen Sie sich diese auf gar keinen Fall entgehen lassen! Vom hohen Unterhaltungswert des Vortrages abgesehen erhalten Sie einen gut verständlichen, interessanten Einblick in die Entstehung dessen, was da als Naturwunder vor Ihnen liegt.

Einen Fluss als Schöpfer der „Schlucht" sucht man vergebens, da der Bryce Canyon gar kein „richtiger" Canyon ist. Vielmehr charakterisiert den Bryce Canyon eine Ansammlung von Buchten in Hufeisenform, aus denen die Hoodoos in allen erdenklichen Gestalten majestätisch emporragen. Das Überwältigendste dieser „Amphitheater" sieht man vom **Sunset Point** bzw. vom **Bryce Point** aus am besten. 400 Meter tief liegt die Schlucht vor Ihnen. Sie sollten sich die Zeit nehmen und einfach nur mit dem Auge aufsaugen, was die Natur Ihnen hier bietet. Wie hingestellte Menschen oder Tiere nehmen die Felstürmchen Fantasie-Gestalten für den Betrachter an.

Es gibt mannigfaltige Möglichkeiten, den Park zu erleben. Wie vielfältig der Bryce Canyon ist, zeigt die Auswahl an Aktivitäten im zuverlässig warmen Sommer (einzig nachmittägliche Gewitter trüben gelegentlich das schöne Sommerwetter) und die Möglichkeit, im Winter Ski zu fahren. Für einen ersten Eindruck können Sie zunächst den knapp 30 km/18,8 mi langen **Scenic Drive** entlangfahren. Er windet sich an der Abbruchkante des Canyons entlang. Vom Start am Visitor Center am nördlichen Parkeingang bis zur südlichsten Spitze, dem **Rainbow Point**, überwinden Sie 420 Höhenmeter. Währenddessen ändert sich die Vegetation ständig. Erst durchfahren Sie Wacholder- und Bergkiefern-Abschnitte, später stehen die Ponderosa-Kiefern am Wegesrand. Ganz oben, am „Gipfel", werden Sie überrascht sein über Tannen und Fichten. Begleitet wird die wechselnde Szenerie immer von

ZION NATIONAL PARK BIS BRYCE CANYON NATIONAL PARK

Hirsche im Bryce

der einen oder anderen Herde Gabelböcken, die gemütlich am Wegesrand verweilt oder entlang spaziert.

Vergessen Sie die Stopps nicht – an 15 Haltepunkten entlang des Scenic Drives bieten sich schöne Ausblicke auf den Park, und an einem klaren Tag können Sie bis zu 160 km/100 mi weit über die Grenze Utahs hinaus bis nach Arizona schauen. Vom **Fairview Point** aus haben Sie eine Sicht bis zum Kaibab Plateau am North Rim des Grand Canyon. In der Hochsaison (Frühling bis Herbst) können Sie für die Fahrt auf dem Scenic Drive auch jederzeit den Shuttlebus nehmen und an jedem beliebigen Haltepunkt aus- und zusteigen. Der parkinterne Scenic Drive zweigt schon kurz nach dem erschlossenen Gebiet mit den Campgrounds, dem General Store und Bryce Canyon Lodge vom Highway 63 ab und mündet in eine Sackgasse am Rainbow Point. Auch der Highway endet kurz nach dem Abzweig des Scenic Drive im Park.

Auf unserer Abenteuerroute bietet der Bryce Canyon eine der besten Möglichkeiten, sich die Welt hoch zu Ross anzuschauen. Gute Reiter können es wagen, auf dem Pferderücken in den Canyon abzusteigen. Die **Reittouren** in den Canyon starten von Mai bis Oktober zwei- bis dreimal täglich an der Bryce Canyon Lodge, wo Sie in der Lobby der Lodge auch entsprechende Informationen erhalten (Auskunft: 435-834-5322 oder beim Anbieter selbst unter 435-679-8665, Reservierungen WWW.CANYONRIDES.COM). Sie können wählen zwischen einer zweistündigen Tour (Altersbegrenzung sieben Jahre) entlang des Rims oder einem Halbtages-Ausritt in die Tiefen des Canyons (ab zehn Jahren). Beide Strecken folgen speziellen Reitwegen. Sie haben auf beiden Ausritten schöne Aussichtspunkte und die Möglichkeit zu fotografieren. Cowboys begleiten die Touren und versorgen Sie mit interessanten Informationen über die Geologie und die Geschichte des Bryce Canyon.

ZION NATIONAL PARK BIS BRYCE CANYON NATIONAL PARK

Wer sich lieber nicht wagemutig in die Schlucht begeben möchte, dem sei ein Ritt in den Red Canyon empfohlen. Auf einem Halbtages- oder Ganztages-Ausritt erleben Sie die Ruhe des Dixie National Forest und die Schönheit des Red Canyon. Altersbeschränkung ist auch hier sieben Jahre, vom Anfänger bis zum Fortgeschrittenen ist für jeden Reiter eine geeignete Tour dabei. Für Fortgeschrittene startet täglich um 9:30 Uhr eine Tour ebenfalls ab Ruby's Inn und führt entlang des Bergrückens des Red Canyons. Informationen für alle Ausritte gibt es in der Hotel-Lobby des Ruby's Inn und unter der ☎ 866-782-0002.

Wegen der Höhenlage des Parks ist das Gebiet im Winter schneesicher. Langlauf ist also eine Alternative, die Landschaft auch zur kalten Jahreszeit zu genießen. Im Winter werden außerdem geführte Schneeschuh-Wanderungen angeboten (Schneeschuhe können im Visitor Center unentgeltlich geliehen werden).

Wer die Märchenwelt von oben bewundern will, hat dazu zwei Möglichkeiten: Einen Hubschrauber-Rundflug ab Ruby's Inn oder – für schwächere Nerven – einen Flug im Flugzeug ab dem 5 km/3,1 mi entfernten Flugplatz des Bryce Canyon.

Auch das direkt vor dem National Park gelegene kleine **Ruby's Inn** ist einen Ausflug wert. In einer nachgebauten, imposanten Westernkulisse präsentieren sich sowohl historische Gebäude als auch die Lobby des Hotels, ein Restaurant und ein kleiner Supermarkt für den groben Bedarf (allerdings kein Frischfleisch und nur wenig Obst und Gemüse). Alle Angebote gibt es das ganze Jahr über. An vier Abenden in der Woche, mittwochs bis samstags ab Mitte Mai bis Ende August, gibt es sogar Rodeos, damit ist das Western-Feeling perfekt.

Eine weitere kleine Ansiedlung namens **Tropic** mit rund 500 Einwohnern und Unterkunftsmöglichkeit befindet sich 16 km/10 mi entfernt am nördlichen Rand des National Parks am Scenic Highway UT-12 (► Seite 79).

Straßenzug Ruby's Inn

ZION NATIONAL PARK BIS BRYCE CANYON NATIONAL PARK

🛈 VISITOR INFORMATION

BRYCE CANYON NATIONAL PARK
- ✉ Bryce Canyon, Utah 84717
- ☎ 435-834-5322
- 💻 www.nps.gove/brca

VISITOR CENTER
- 🕘 Okt. und April 8-18 Uhr, Mai bis Sept. 8-20 Uhr, Nov. bis März 8-16:30 Uhr

🌲 WANDERMÖGLICHKEITEN

Die eindrucksvollste Art, die bizarre Felsenwelt kennenzulernen, ist die Erkundung zu Fuß. Entlang des Scenic Drives bieten sich Gelegenheiten, mitten in die Felsenformationen abzusteigen. Die meisten Wanderwege tummeln sich zwischen Sunrise, Sunset und Inspiration Point. Diese drei Ausgangspunkte umgeben das Bryce Amphitheater, das größte von allen im Park. Wenn man erst einmal in den Tiefen des Amphitheaters angekommen ist, lassen sich die einzelnen Trails auch wunderbar miteinander kombinieren.

__Anmerkung:__ Der vom Scenic Drive etwas abgelegene Aussichtspunkt __Paria View__ kann nicht mit Wohnmobilen angefahren werden, die länger als 25 Fuß sind. Da sich alle Aussichtspunkte am Scenic Drive auf der östlichen Straßenseite befinden, sollten Sie laut Empfehlung des Visitor Center erst zum Parkende fahren und die Stopps auf dem Rückweg einplanen. So wird vermieden, dass die Fahrzeuge beim Linksabbiegen ständig den Gegenverkehr kreuzen.

🚶 RIM TRAIL

Auf dieser Wanderung gibt's den besten Überblick von oben: Das Wort Gratwanderung bekommt hier eine ganze neue Bedeutung, denn wir marschieren immer auf dem Wege direkt neben der Abbruchkante. Den Rim Trail kann man von eineinhalb bis knapp 18 km/11,3 mi in beliebig langen Teilstücken erwandern. Die äußersten Punkte sind **Fairyland Point** und **Bryce Point**, auf der Gesamtstrecke gibt es auch einige Höhenmeter zu überwinden (lediglich die Teilstrecke zwischen Sunset und Sunrise Point verläuft einigermaßen eben). Über den Rim Trail erreichen Sie auch den Bryce Point. Da dieser Aussichtspunkt nur 4,5 km/2,8 mi vom Sunset bzw. Sunrise Point entfernt liegt, wäre dieses besonders empfehlenswerte Teilstück eine gute, in sich abgeschlossene Wandermöglichkeit.

🚶 NAVAJO TRAIL

Der Weg ist 3,5 km/2,2 mi lang und sehr anstrengend, weil er teilweise steil und in der prallen Sonne verläuft. Dafür wandern Sie mitten hinein in die von oben unerreichbar wirkende Schluchtenlandschaft. Unterwegs passieren Sie einige enge Schluchten, gerade breit genug für einen Wanderer. Der Pfad über schmale Serpentinen steil abwärts mitten ins **Herzstück des Amphitheaters** ist schon alleine ein Abenteuer. Startpunkt ist der Sunset Point.

🚶 QUEEN'S GARDEN TRAIL

Auch dieser knapp 3 km/1,9 mi (einfache Strecke) lange Weg bietet im wahrsten Sinne des Wortes einen tiefen Einblick in die farbenprächtigen Felsformationen. Hinter jeder Wegbiegung eröffnet sich eine neue Szenerie der Klippen. Da Sie sich bereits auf dem Grund der Schluchtenlandschaft befinden, ist der Weg relativ eben.

ZION NATIONAL PARK BIS BRYCE CANYON NATIONAL PARK

Unterwegs auf dem Trail

↦ Sunrise Point
⇔ 5,8 km/3,6 mi
↗ mittel
▭ 98

⚑ WANDERTIPP

Wenn Sie den Bryce Canyon in all seiner Schönheit am intensivsten erleben wollen, sollten Sie die beiden Trails **Queen's Garden** und **Navajo Trail** miteinander kombinieren. Unvergesslich werden die Eindrücke sein, die Sie auf dieser abwechslungsreichen Wanderung zu verarbeiten haben! Sie starten auf dem Navajo Trail wiederum am Sunset Point und treffen am Fuß der Schlucht auf den Queen's Connecting Trail. Diesem folgen Sie etwa 1,5 km/0,9 mi auf recht ebenem Weg, bevor Sie sich erneut durch das bezaubernde Felsenwirrwarr schlängeln, die auf dem Queen's Garden Trail wieder aufwärtsführt. Entdecken Sie unterwegs **Queen Victoria**, die am Ende eines kleinen Pfades steht und den Garten vor sich betrachtet? Ihre Fantasie ist gefragt, es ist nicht ganz einfach! Oben am Aussichtspunkt Sunrise Point angekommen, können Sie noch einen herrlichen Blick auf die eben durchwanderten Klippenformationen werfen, bevor Sie entweder mit dem Shuttle oder zu Fuß über ein Teilstück des Rim Trails wieder zurück zum Sunset Point gelangen.

↦ Sunset oder Sunrise Point
⇔ 4,6 km/2,9 mi
↗ mittel mit starken Steigungen
▭ 177

⚑ PEEK-A-BOO LOOP TRAIL

Und noch einmal geht es mitten ins Innere des Bryce Amphitheaters. Start und Ziel des Rundweges ist Bryce Point. Es geht sehr schnell ab-

ZION NATIONAL PARK BIS BRYCE CANYON NATIONAL PARK

wärts auf den Grund der Schlucht. Dort gibt es wieder spektakuläre Ausblicke auf märchenhafte Felsgebilde. Der Weg beginnt entweder am Bryce, Sunrise oder Sunset Point und ist je nach Ausgangspunkt 8 bis 10 km/5 bis 6,3 mi lang. Achten Sie auf diesem Weg bitte auf Reiter!

Dieser Weg lässt sich auf dem Talgrund ebenfalls gut mit dem Queen's Garden Trail und/oder dem Navajo Trail kombinieren.

⇔ 8-10 km/5-6,3 mi
↝ schwierig
⇌ 473 m

FAIRYLAND LOOP TRAIL

Dass dieser Weg nicht so von Wanderern wimmelt wie andere Trails im Bryce liegt sicher daran, dass er mächtig anstrengend ist. Aber wunderschön! Denn unterwegs passieren Sie die Highlights des Canyons, die Namen lassen es schon erahnen: **Chinese Wall**, **Tower Bridge**, **Oastler's Castle** und **Boat Mesa**. Es geht sowohl an der Felskante entlang, als auch hinein in den Canyon, wo Sie sich von der ungeahnten Größe der Hoodoos beeindrucken lassen können. Dafür müssen Sie allerdings einen Höhenunterschied von 700 Metern bewältigen. 19 km/11,9 mi lang ist der Rundweg insgesamt und startet am Sunrise Point. Wenn Sie am Fairyland Point losmarschieren, sparen Sie 4 km/2,5 Meilen.

BRISTLECONE LOOP

Um auch einen Eindruck über die rot leuchtende Landschaft des Bryce hinaus zu erhalten, sollten Sie unbedingt diese relativ kurze Wanderung noch „mitnehmen". Sie startet am südlichsten und höchst gelegenen Ausgangspunkt, dem **Rainbow Point**. In

Navajo/Queen's Trail

ZION NATIONAL PARK BIS BRYCE CANYON NATIONAL PARK

der Nähe des Parkplatzes geht's los. Der 1,5 km/0,9 mi kurze Weg führt Sie ganz oben am Rande des Plateaus entlang und schlängelt sich durch ein Waldstück mit Tannen und Fichten. An heißen Tagen eine willkommene Abwechslung zu den felsigen Pfaden in der prallen Sonne! Genießen Sie auf diesem Weg atemberaubende Ausblicke aus luftiger Höhe auf Schluchten und Klippen – Sie werden sich mit dieser endlosen Weitsicht fühlen, als ob Sie fliegen würden! Apropos Fliegen: Raben in Furcht einflößender Größe und Diademhäher sind hier oben keine Seltenheit. Im Winter ist der Weg nicht begehbar, denn hier kann bis zu zwei Metern hoch Schnee liegen.

UNTERKÜNFTE BRYCE CANYON NP

NORTH CAMPGROUND

Schattig inmitten von Ponderosa Kiefern liegt nahe dem Visitor Center, westlich des Sunset Points, der North Campground. Gleichmäßig über den Tag verteilt genießen die Camper hier sowohl Schatten als auch Sonne. Es gibt kein Hook-up im Bryce Canyon, aber eine gebührenpflichtige Dump-Station ($ 2 pro Benutzung) am südlichen Ende des North Campgrounds. Im nahen **General Store** stehen während der Sommermonate (Apr. bis Okt.) münzbetriebene Duschen zur Verfügung. Dort befindet sich auch ein Laden mit Camper-Bedarf und einer kleinen Auswahl an Lebensmitteln, ein kleiner Waschsalon gehört ebenfalls zum Laden und unter anderem gibt es auch Feuerholz zu kaufen.

- ✉ Östlich des Bryce Canyon Visitor Center an der UT-63, Utah 84764
- ☎ 877-444-6777
- 🕐 ganzjährig
- 🚐 ja, 13 Camper-Plätze von Anfang Mai bis Ende September
- 🛏 107, ohne Anschlussmöglichkeiten
- ∞ ★
- 💻 www.nps.gov/brca

SUNSET CAMPGROUND

Westlich des Sunset Points ebenfalls innerhalb des Parks liegt dieser Platz auf Basis von *first come – first served*. Wegen seiner Lage ist der Campground ein guter Ausgangspunkt für alle Wanderungen ab Sunset Point. Auch für diesen Platz stehen die Einrichtungen des General Stores zur Verfügung, ebenso die Dump-Station des North Campground.

Fernblick vom Bristlecone Loop Trail

ZION NATIONAL PARK BIS BRYCE CANYON NATIONAL PARK

- ✉ Südlich des Bryce Canyon Visitor Center an der UT-63, Utah 84764
- 🕐 im Winter geschlossen · nein
- 🏕 101, ohne Anschlussmöglichkeiten
- ⊙ ★
- 💻 www.nps.gov/brca

🏕 RUBY'S INN CG AND RV PARK

Deutlich luxuriöser als die beiden Campgrounds im National Park ist dieser in Ruby's Inn, an der Pforte zum Bryce Canon National Park: eigener Pool, schattige Plätze, Duschen, eine Wäscherei und einen eigenen kleinen Laden, wo es unter anderem auch Feuerholz gibt. Direkt nebenan sind der Lebensmittelladen von Ruby's Inn und die Post. Wer will, kann hier auch in einem lauschigen Blockhaus oder einem richtigen Tipi übernachten. Und zum Eingang des Bryce Canyon ist es nicht einmal einen 1 km/0,6 mi. Man kann den Camper stehen lassen und den kostenlosen Shuttlebus zum Park in Anspruch nehmen.

- ✉ 1280 South Hwy 63, Bryce Canyon, Utah 84764
- ☎ 866-866-6616
- 🕐 Anf. April bis Ende Okt. · ja
- 🏕 200, alle Anschlussmöglichkeiten
- ⊙ ★★
- 💻 www.brycecanyoncampgrounds.com

🏕 BRYCE CANYON PINES CG & RV PARK

Wenn Ihre schöne Strecke Sie auf den Scenic Byway UT-12 führt, befinden Sie sich auf diesem Campground schon in der richtigen Richtung. Der schattig in ein Waldstück eingefügte Campground liegt nur wenige Kilometer/Meilen westlich vom Bryce Canyon National Park. Vom Campground aus erreichen Sie den National Park in wenigen Auto-Minuten. Mit 26 voll ausgestatteten Plätzen ist dies ein eher kleiner und beschaulicher Campground. Hier gibt es Duschen und einen kleinen Campingladen mit Lebensmitteln, einen beheizten Pool und ein Restaurant. Reitausflüge sind über die Homepage im Voraus reservierbar.

- ✉ Hwy 12, Bryce Canyon Area, Utah 84764
- ☎ 435-834-5441
- 🕐 Mitte April bis Ende Oktober · ja
- 🏕 26, alle Anschlussmöglichkeiten
- ⊙ ★★
- 💻 www.brycecanyonmotel.com/rv-camping.php

🏨 BRYCE CANYON PINES RESORT

Alle Räume dieser idyllischen, nur wenige Kilometer vom National Park entfernt gelegenen Lodge, sind modern ausgestattet. Es gibt auch Suiten und Deluxe-Zimmer, und wer es ganz ursprünglich mag, sollte eins der Cottages mieten. Für Familien oder kleinere Gruppen gibt es Family Suites mit zwei zusätzlichen Queen Size Betten in einem eigenen Schlafzimmer. Manche Zimmer verfügen über eine Küchenzeile oder einen Kühlschrank. Den Gästen steht saisonal ein Hallenbad zur Verfügung, und es ist ein Restaurant vorhanden.

- ✉ Hwy 12, Bryce, Utah 84764
- ☎ 435-834-5441
- 🕐 ganzjährig
- ⊙ ★★ – ★★★
- 💻 www.brycecanyonmotel.com

🏨 BRYCE CANYON LODGE

Eigentlich an Romantik nicht zu übertreffen: Hier wohnen Sie direkt am Rande der Schlucht des Bryce Canyon in einem **historischen Gebäude**: Die Lodge wurde in mehreren Phasen in den 1920er Jahren gebaut und ist als Sehenswürdigkeit im Nationalen Register historischer Orte aufgelistet, da sie die letzte originale Lodge eines berühmten Erbauers ist. Es gibt 114 Zimmer, Suiten, Motel-Zimmer und Blockhäuschen. Frühstück, Mittagessen und Abendessen werden angeboten. Reservierungen sind erwünscht, man wendet sich an folgende Kontaktadresse:

Forever Resorts, LLC (Reservierung)

- ✉ Forever Corporate Plaza
  7501 E. McCormick Parkway
  Scottsdale, AZ 85258
- ☎ Reservierungen: 877-368-4383

Bryce Canyon Lodge

- ✉ Bryce Canyon National Park, Utah 84764

ZION NATIONAL PARK BIS BRYCE CANYON NATIONAL PARK

Scenic Byway

- ☏ 435-834-8700
- 🕓 1. April bis 31. Oktober
- ✪ ★★★
- 💻 http://foreverresorts.com

BEST WESTERN RUBY'S INN
Komfortable Räume mit moderner Ausstattung erwarten Sie kontrastreich mitten in der Westernkulisse, die Sie in eine andere Zeit versetzt. Von hier erreichen Sie nicht nur in Kürze den Bryce Canyon National Park, sondern andere Sehenswürdigkeiten wie den Red Canyon und den Scenic Byway 12. In dem umtriebigen Ruby's Inn ist immer was los, und alles Nötige für den täglichen Bedarf finden Sie hier auch. Für Ihr Wohlbefinden sorgen ein Hallenbad und ein Whirlpool.

- ✉ 1000 South Hwy 63, Bryce, Utah 84764
- ☏ 435-834-5341
- 🕓 1. April bis 31. Oktober
- ✪ ★★★
- 📧 info@rubysinn.com
- 💻 www.rubysinn.com

BRYCE VIEW LODGE
Die Lodge liegt auf einem Plateau am Rande eines Pinienwaldes zwar außerhalb des Parks, dafür bietet sie aber einen wunderschönen Blick über den National Park. Hotelgästen stehen ein Swimmingpool, Spas, Restaurant und Einkaufsmöglichkeiten zur Verfügung. Die Lodge gehört ebenfalls zur kleinen Ansiedlung Ruby's Inn.

- ✉ 991 South Hwy 63, Bryce, Utah 84764
- ☏ 435-834-5180
- 📠 435-834-5181
- 🕓 ganzjährig
- ✪ ★★
- 📧 bvl@brycereservations.com
- 💻 www.bryceviewlodge.com

BRYCE CANYON RESORTS
Was darf es sein? Ein richtig historisches kleines Blockhaus? Ein Zimmer mit King Size Bett? Oder lieber eine Suite mit kleiner Küchenzeile? Gibt's alles hier, nur 5 km/ 3,1 mi vom Parkeingang des Bryce Canyon entfernt. Alle Räume sind neu renoviert und haben eine moderne Ausstattung. Zum Resort gehören ein überdachter Pool und ein Restaurant. Auf dem Grundstück befindet sich auch ein Campingplatz.

- ✉ 13500 E. Hwy 12, Utah 84764
- ☏ 435-834-5351
- 📠 435-834-5256
- 🕓 ganzjährig
- ✪ ★★ – ★★★
- 💻 www.brycecanyonresort.com

ÜBER DEN SCENIC BYWAY 12 ZUM CAPITOL REEF NATIONAL PARK

ÜBER DEN SCENIC BYWAY 12 ZUM CAPITOL REEF NATIONAL PARK

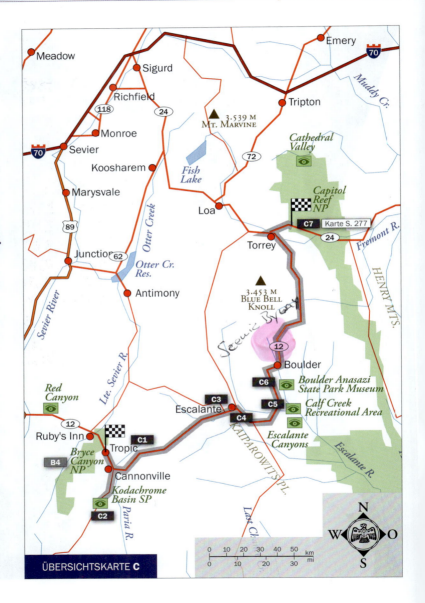

ÜBERSICHTSKARTE C

ÜBER DEN SCENIC BYWAY 12 ZUM CAPITOL REEF NATIONAL PARK

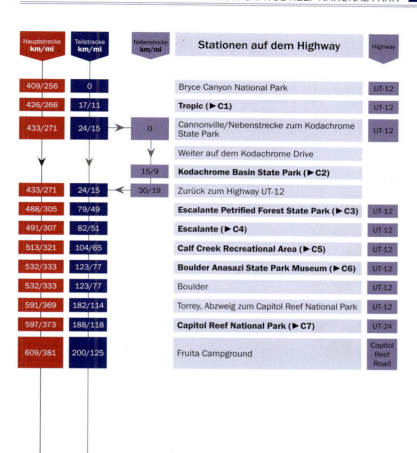

Hauptstrecke km/mi	Teilstrecke km/mi	Nebenstrecke km/mi	Stationen auf dem Highway	Highway
409/256	0		Bryce Canyon National Park	UT-12
426/266	17/11		**Tropic (▶C1)**	UT-12
433/271	24/15	0	Cannonville/Nebenstrecke zum Kodachrome State Park	UT-12
			Weiter auf dem Kodachrome Drive	
		15/9	**Kodachrome Basin State Park (▶C2)**	
433/271	24/15	30/19	Zurück zum Highway UT-12	
488/305	79/49		**Escalante Petrified Forest State Park (▶C3)**	UT-12
491/307	82/51		**Escalante (▶C4)**	UT-12
513/321	104/65		**Calf Creek Recreational Area (▶C5)**	UT-12
532/333	123/77		**Boulder Anasazi State Park Museum (▶C6)**	UT-12
532/333	123/77		Boulder	UT-12
591/369	182/114		Torrey, Abzweig zum Capitol Reef National Park	UT-12
597/373	188/118		**Capitol Reef National Park (▶C7)**	UT-24
609/381	200/125		Fruita Campground	Capitol Reef Road

ÜBER DEN SCENIC BYWAY 12 ZUM CAPITOL REEF NATIONAL PARK

Wenn ein Streckenabschnitt den Namen „Scenic Byway" verdient, dann der nun folgende. Wir waren uns einig, dass der Abschnitt zwischen dem Bryce Canyon und dem Capitol Reef National Park mit großem Abstand der schönste der Reise war. „Schuld" daran ist der **National Scenic Byway UT-12**, der zunächst entlang des Grand Staircase Escalante National Monument auf der einen und den Escalante Mountains auf der anderen Seite führt. Die Blicke in eine unendliche Weite kann man nicht beschreiben, man muss das selbst gesehen haben: Schluchten, rote Felsklippen, Pinien- und Espenwälder und alpine Bergabschnitte – und das alles auf einmal! Nicht umsonst hat die Federal Highway Administration diese Straße zur **All American Route** gekürt – sie ist tatsächlich ein Ziel für sich alleine (es gibt in Nordamerika nicht viele Streckenabschnitte mit dieser Auszeichnung, und der UT-12 zählt zu den Top Ten!). Die Plateaus und die in allen Formen und Farben leuchtende Felswelt, Schluchten und Täler, dazu die Stille und die Macht der Natur, erforderten ein wirklich kitschiges Vokabular, wenn man es doch beschreiben wollte. Alle paar Kilometer/Meilen wechselt die Landschaft grundlegend Farben und Struktur.

Einen kompletten Szenenwechsel erleben Sie auf dem zweiten Teil der Strecke über die Boulder Mountains Richtung Boulder: Sie durchfahren eine grüne, alpine Bergwelt, die kein bisschen zu den felsigen und manchmal schroffen Eindrücken von kurz zuvor passen möchte. Die Pflanzenwelt entlang des Highways entspricht der einer Hochgebirgsvegetation, da die Straße auf Höhen zwischen rund 1.000 und über 3.000 Metern verläuft. Je höher Sie gelangen, desto mehr be-

Scenic Byway, erstes Panorama: Grand Starcaise/Escalante Canyons

ÜBER DEN SCENIC BYWAY 12 ZUM CAPITOL REEF NATIONAL PARK

gegnen Ihnen Nadelhölzer und die von auffällig weißen Rinden gekennzeichneten Pappeln (Espen).

Sie müssen diese Fahrt genießen, viele Fotostopps und vor allem genügend Zeit einplanen. Da unterwegs neben tollen Blicken auch einige Sehenswürdigkeiten warten, sollten Sie im Voraus planen, was Sie mitnehmen und was Sie links liegen lassen wollen. Denn alles wird leider nicht in einen Tag passen. Falls Sie die Etappe aufteilen wollen, finden Sie im folgenden Routenverlauf auch die Campgrounds, die für eine Zwischenübernachtung infrage kommen.

Zunächst einmal kommen Sie jedoch noch nicht sehr weit, denn schon kurz nach dem Bryce Canyon NP wartet das **Kodachrome Basin** *auf Ihren Besuch.*

Tipp: *Dörfer oder gar Städtchen werden Sie auf diesem Streckenabschnitt nicht finden. Da auch Tankstellen rar sind, sollten Sie mit einem vollen Tank in diese Abenteuerfahrt starten!*

TROPIC

	Bryce Canyon National Park	16 km/ 10 mi
	Cannonville	7 km/4 mi
	Einwohner	Ca. 500

Tropic wurde 1892 gegründet und nach seinem milden Klimas benannt. Ein berühmter Einwohner des Städtchens war Ebenezer Bryce, Namensgeber des Bryce Canyon. Der Mormone Bryce war der erste weiße Siedler überhaupt in diesem Gebiet. Der Erzählung eines Rangers zufolge soll er einst eine verloren gegangene Kuh im heutigen Bryce Canyon gesucht und darüber geschimpft haben: „A hell of a

Zweites Panorama: Boulder Mountains

place to loose a cow" – ein höllischer Ort, um eine Kuh zu verlieren.

Dem Namensgeber des bezaubernden Gebietes gefiel es hier wohl so gar nicht, denn schon nach wenigen Jahren verließ er Tropic endgültig. Aber für uns ist im Gegensatz zu Ebenezer Bryce genau diese Gegend eine der schönsten der Reise!

UNTERKÜNFTE TROPIC

BRYCE VALLEY INN

Knapp 16 km/10 mi östlich vom Haupteingang des Bryce Canyon entfernt befindet sich in dem kleinen, beschaulichen Städtchen Tropic das Bryce Valley Inn. Hier residieren Sie in einer originalen Westernszenerie! Auch andere wunderschöne Ausflugsziele sind neben dem Bryce Canyon von Tropic aus gut erreichbar. Es gibt 65 Zimmer bzw. Suiten, den Gästen steht eine Wäscherei zur Verfügung. Nebenan befindet sich ein ausgezeichnetes Steakhaus.

- ✉ 199 N. Main Street Hwy 12, Tropic, Utah 84776
- ☎ 800-442-1890
- 📠 435-679-8846
- 🕐 ganzjährig
- ∞ ★★ - ★★★
- 📧 bvibryce@yahoo.com
- 💻 www.brycevalleyinn.com

BRYCE CANYON LIVERY BED & BREAKFAST

Wie eine kleine Ranch liegt das schöne Gebäude in der Landschaft. Jedes der fünf Zimmer ist komfortabel, liebevoll und mit persönlicher Note eingerichtet. Sie sind vor allem angenehm groß und verfügen jeweils über eigene Badezimmer. Nach einem Tag zu Pferde oder nach einer Wanderung können Sie im Whirlpool unter freiem Himmel entspannen. Das Frühstück ist reichhaltig und wird als Buffet angeboten, unter anderem mit Obst und Gemüse aus dem eigenen Garten. Das Frühstück findet in familiärer Atmosphäre statt.

- ✉ 660 West, 50 South, Tropic, Utah 84776-0024
- ☎ 435-679-8780
- 🕐 ganzjährig
- ∞ ★★
- 📧 info@brycecanyonbandb.com
- 💻 www.brycecanyonbandb.com

NEBENSTRECKE ZUM KODACHROME BASIN STATE PARK

KODACHROME BASIN SP

Roter und weißer Sandstein umgibt in Streifen die Felswände, dazu ragen schornsteinähnliche Felstürme empor, sogenannte *Chimneys* – das sind die Attraktion dieses State Parks. Diesmal sind es Quellen und Geysire, die für die Entstehung dieses neuerlichen Naturwunders verantwortlich sind. Kalkhaltige Sedimente verstopften die Quellen, Erosion legte sie später wieder frei. Darum werden diese Formationen auch „versteinerte Geysire" genannt. Fast 80 solcher Chimneys hat der Park zu bieten, sie sind zwischen zwei und 52 Meter hoch. Nirgendwo sonst auf der Welt gibt es solche geologischen Gebilde.

Fotografen des *„National Geographic"* gaben dem Park Mitte des 20. Jahrhunderts bei einer Expedition diesen Namen wegen der spektakulären Farben in dieser Landschaft. Und wirklich – die in allen Farben schillernden Felsformationen inmitten der grünen Vegetation und all das unter einem tiefblauen Himmel sind der Traum jedes Fotografen! Innerhalb des Parks kann man wandern, mountainbiken und reiten. Außerdem gibt es einen modernen Campground und einen kleinen Laden. Da es sich nicht

ÜBER DEN SCENIC BYWAY 12 ZUM CAPITOL REEF NATIONAL PARK

um einen National Park handelt, ist der Eintritt auch nicht im National Park Pass inbegriffen und kostet $ 6 Tageseintritt pro Fahrzeug.

> **VISITOR INFORMATION**
>
> **KODACHROME BASIN STATE PARK**
> - Cannonville, Utah 84718-0238
> - 435-679-8562
> - Park: 6-22 Uhr
> - parkcomment@utah.gov
> - www.stateparks.utah.gov
>
> **CANNONVILLE VISITOR CENTER**
> - 10 Center St., Cannonville, Utah 84718
> - 435-826-5640
> - Mitte März bis Mitte November 8-16:30 Uhr, Mitte November bis Mitte März geschlossen

WANDERMÖGLICHKEITEN

Im Sommer ist es hier unerträglich heiß, weshalb Wanderungen eher im April/Mai bzw. im September/Oktober ein wirklich schönes Erlebnis sind. Achten Sie gerade auch an heißen Tagen auf Klapperschlangen! Den besten Eindruck des Gebiets erhält man auf dem 5 km/3,1 mi langen **Panorama Trail**. Der Rundweg windet sich eindrucksvoll mitten durch die Felskamine hindurch. Hinter dem Campground beginnt der **Eagles View Trail**, der 1 km/0,6 mi weit steil bergauf und mit einem Höhenunterschied von 300 Metern auf die Klippen führt. Man kommt auf einer Passhöhe an, von wo aus man einen tollen Panoramablick hat. Von der Ranger Station aus Richtung Osten kann man zwischen zwei Varianten wählen: Ein Weg führt zum **Chimney Rock**, einer zum **Shakespeare Arch**. Dieser imposante Sandsteinbogen ist über den ca. 1,5 km/0,9 mi langen **Sentinel Trail** mit einigen steilen Anstiegen zu erreichen. Für Ausflüge hoch zu Ross kann man sich an das Trailhead Station Store (435-679-8536) wenden.

UNTERKUNFT KODACHROME SP

KODACHROME STATE BASIN CG
Der kleine, moderne Campground präsentiert sich modern am Talende mitten in der Wüstenlandschaft mit Duschen und einer Entsorgungsstation. Es gibt außerdem sechs Blockhüttchen zum Übernachten. Betreut werden die Hütten von einem Ehepaar, das auch Reittouren, sogenannte Scenic Safaris, anbietet. In einem kleinen Store kann man alles Notwendige kaufen, u.a. Feuerholz.
- Kodachrome Basin State Park, Cannonville Utah 84718-0238
- 800-322-3770 (Reservierungen)
- 435-679-8536 (Store)
- ganzjährig, ja
- 27, keine Anschlussmöglichkeiten
- ja, ja
- ★

ENDE DER NEBENSTRECKE UND ZURÜCK ZUM HIGHWAY UT-12

*Da unsere Weiterfahrt nach dem Kodachrome Basin in nordöstliche Richtung zum Capitol Reef National Park zunächst einmal entlang des **Grand Staircase-Escalante National Monument** führt, hier ein kurzer Vorausblick auf die Szenerie: Sie ist für viele Kilometer geprägt von Sandstein-Schluchten, Plateaus, einzigartigen Felsformationen, Flüssen und Klippen. 1996 wurde das 7.700 km² große Gebiet zum ersten National Monument erklärt. Im Osten erstreckt es sich vom Bryce Canyon bis zum Capitol Reef*

National Park und bis zur Glen Canyon Recreation Area. Im Norden wird es von der Grenze zu Arizona und dem Dixie National Forest flankiert.

Den Namen hat das National Monument zum einen von den wilden Escalante River Canyons erhalten, die bei Boulder Mountain beginnen und am Colorado River enden. Durch diese Region schlängelt sich der **Scenic Byway** und erschließt einige der schönsten Bereiche des Naturschutzgebietes. Zum Anderen nimmt die sogenannte Grand Staircase den Westteil des Parks ein. „Staircase" heißt Treppe und demzufolge schlagen sich die steilen Abbruchkanten der Klippen wie Treppenstufen in das Colorado Plateau hinein. Alle Stufen haben ihre eigenen Farben, was natürlich wieder zu einem unglaublichen Farbspektakel führt.

Diesmal haben die einzelnen Stufen sogar eigene Namen, wir stoßen zum ersten Mal auf die Begriffe **Pink Cliffs** oder **Chocolate Cliffs** – farblich passend ist jeweils klar, was gemeint ist. Die natürlichen Treppenabsätze fallen schließlich ab bis hin zum Colorado River.

Man kann auch ins Herz des Naturschutzgebietes abseits der Route vorstoßen, allerdings ist dies nicht ganz einfach. Fast alle Orte sind nur per dirt oder gravel road, also nicht asphaltierte **Nebenstraßen** (Backways) zu erreichen, und es gibt so gut wie keine Hinweisschilder, wie man fahren muss bzw. wo es welche Sehenswürdigkeiten gibt. Mit Pkw sind nur sehr wenige und mit Wohnmobil so gut wie keine Highlights zu erreichen, ein Jeep wäre hier das bevorzugte Fahrzeug. Deshalb bleibt unser Schwerpunkt auf dem Highway UT-12, und wir genießen einfach die Landschaft, die an uns vorüberzieht – womit wir keinesfalls unterfordert sind!

Innerhalb des Monuments gibt es keinerlei Dienstleistungen. Für Informationen können Sie sich aber an das Cannonville Visitor Center (▶ Seite 81) ☎ 435-826-5640 oder das Interagency Visitor Center in Escalante (▶ Seite 84) ☎ 435-826-5499 wenden.

Scenic Byway 12

ÜBER DEN SCENIC BYWAY 12 ZUM CAPITOL REEF NATIONAL PARK

*Aber noch vor dem großen Escalante Interagency Visitor Center und nach zahlreichen Stopps mit traumhaften Blicken zweigt ca. 1,5 km/0,9 mi westlich von Escalante links eine kurze Straße zum **Escalante Petrified Forest State Park** von der UT-12 (Hinweisschild) ab.*

ESCALANTE PETRIFIED FOREST SP

Eine richtige kleine Ferien-Ansiedlung präsentiert sich hier mit einem Campground, einem spannenden Rundweg und dem **Wide Hollow Reservoir**, in dem Besucher Forellen angeln, Kanu fahren oder schwimmen können. Bis ca. Frühjahr 2011 ist der See allerdings wegen Arbeiten am Damm trockengelegt. Man kann hier durchaus einen Erholungsstopp einbauen! Uns interessieren im Moment jedoch am meisten die versteinerten Bäume, hauptsächlich Nadelbäume. Diese Bäume „lebten" vor über 150 Mio. Jahren und waren bis zu 60 m hoch. Sie wurden hier angeschwemmt, woraufhin sich im Laufe unendlich vieler Jahre Sedimentschichten darauf ablagerten. Heute präsentieren sich uns diese Bäume in seltsam verknöchertem Zustand. Es war wieder einmal die Erosion, am Freilegen beteiligt war – durch sie wurden die versteinerten Baumrelikte zutage gefördert.

Für Erkundigungen dieses besonderen Parks ist vor allem ein mit Informationstafeln ausgestatteter Wanderweg zu empfehlen: der **Petrified Forest Trail**. Auf diesem erfahren wir einiges über den bunten, mineralisierten Wald und die Dinosaurierknochen. Er ist 1,6 km/1 mi lang und schlängelt sich durch Lavaströme und Tausende Stücke versteinerten Holzes. Ein weiterer Weg, auf dem wir einen guten Überblick bekommen, ist der **Sleeping Rainbow Trail**. Dieser ist etwas mehr als 1 km/0,6 mi lang und etwas steiler als der Petrified Forest Trail. Unterwegs gibt es Klettereinlagen über Felsen. Es gibt einen dritten Weg für die Abenteuerlustigen, den **Baily's Wash**. Das Gebiet ist weniger bekannt, hat aber mehr versteinertes Holz zu bieten. Park Ranger geben Auskunft über den Weg.

- ✉ 710 North Reservoir Rd, Escalante
- 🕐 Sommer von 7-22 Uhr, Winter von 8-22 Uhr
- 💲 $ 6
- 💻 www.utah.com/stateparks/escalante.htm

VISITOR INFORMATION

ESCALANTE PETRIFIED FOREST SP
- ✉ 710 North Reservoir Rd, Escalante, Utah 84726
- ☎ 435-826-4466
- ✉ parkcomment@utah.gov
- 🕐 ganzjährig

UNTERKUNFT ESCALANTE SP

ESCALANTE STATE PARK CG

Einen kleinen Urlaub für sich kann man in dieser Idylle am Badesee verbringen. Der Campground ist klein, überschaubar und gepflegt mit modernen Sanitäranlagen. Es gibt hier eine Ranger-Station, bei der man Auskunft und Informationen das ganze Gebiet betreffend erhält.
- ✉ 710 North Reservoir Rd, Escalante, Utah 84726-0350
- ☎ 435-826-4466
- 🕐 ganzjährig ja
- 🚐 22, keine Anschlussmöglichkeiten
- ja ja
- ★

Nur einen Steinwurf vom versteinerten Holz entfernt liegt rechts direkt an der UT-12 das große Escalante Interagency Visitor Center (Beschreibung ▶ Seite 84), das man nicht übersehen kann. Hier wird noch einmal anhand eindrucksvoller Exponate auf die Geologie und die Geschichte der Region eingegangen. Aus-

ÜBER DEN SCENIC BYWAY 12 ZUM CAPITOL REEF NATIONAL PARK

führlich wird der faszinierende Vorgang der Versteinerung von Holz dargestellt.

ESCALANTE

	Cannonville	55 km/ 34 mi
	Boulder	44 km/ 28 mi
	Einwohner	Ca. 850

Escalante als kleines, ruhiges Westernstädtchen ist lediglich insofern interessant, weil es „das **Herz des Highway 12**" genannt wird – Escalante liegt genau in der Mitte des Scenic Byway 12. Vor mehreren hundert Jahren lebten die Anasazi und Fremont Indianer in diesem Gebiet, bevor die weißen Forscher auf der Bildfläche erschienen sind. Ursprünglich wurde das Städtchen **Potato Valley** genannt wegen einer wilden Sorte Kartoffeln, die hier bei der Stadtgründung 1875 wuchs. Die Stadt wurde später zu Ehren des Forschers Silvestre Velez de Escalante in Escalante umbenannt.

VISITOR INFORMATION

ESCALANTE INTERAGENCY VC
- 755 West Main, Escalante Utah 84726
- 435-826-5499
- ganzjährig täglich von 8-16:30 Uhr

*Und weiter geht's, und noch einmal wird es um uns herum traumhaft schön. Wir durchqueren jetzt direkt nach den Ausläufern von Escalante die Escalante Canyons. Dieser Streckenabschnitt Richtung Osten wird die „**Million Dollar Road to Boulder**" genannt. Er wurde 1935 fertiggestellt (und erst 1971 asphaltiert!) und war der erste Zugang für Automobile in diese isolierte Gegend Süd-Utahs. Davor wurden Post und Versorgungsgüter mit Maultieren und Pferden über gefährliche Wege nach Boulder ca. 44 km/27,5 mi nördlich von Escalante transportiert. Von **Boulder** wird behauptet, es sei der letzte Ort in den USA, der die Post per Maultier geliefert bekommen hat. Heute können wir ganz entspannt auf dieser herrlichen Straße fahren, mitten durch gewaltige Weiten von imposanten Felsformationen. An den schönsten Stellen platzierte Haltebuchten am Straßenrand erlauben tiefe Blicke in das Escalante Basin und andere Ehrfurcht gebietende Landschaftsbilder. Einer dieser Stopps dient unserer Stärkung. Am linken Wegesrand weist uns ein unscheinbares Schild auf das „**KIVA Koffeehouse**" hin – ein absoluter Geheimtipp! WWW.KIVAKOFFEEHOUSE.COM. Von oben sieht es mit seinem Wellblechdach wenig einladend aus, aber wenn Sie neben dem Gebäude die Stufen hinabgehen, werden Sie sich wundern. Die 180-Grad-Aussicht allein ist ein Erlebnis, der Kaffee ist vorzüglich, die Zeit sollten Sie sich einfach nehmen.*

*24 km/15 mi nach Escalante erreichen wir schließlich die **Calf Creek Recreation Area**, deren Hauptattraktionen zwei Wasserfälle des Calf Creek sind. Es gibt an dieser Stelle zwei Möglichkeiten: Entweder am Campground einen ausführlichen Halt einzulegen und die Gegend mit Übernachtung richtig zu erwandern, oder in die Weiterfahrt eine kürzere Tour einzubauen.*

Für die Eiligeren gibt es einen tollen Weg am Escalante River entlang. Gleich nach dem Koffeehouse und nach einer lang gezogenen Linkskurve wird die

ÜBER DEN SCENIC BYWAY 12 ZUM CAPITOL REEF NATIONAL PARK

Straße recht schmal und führt über eine kleine Brücke. Links nach der Brücke ist ein Parkplatz. Der Campingplatz ist ein Stückchen weiter ebenfalls auf der linken Seite in einer kleinen Talsohle.

CALF CREEK RECREATION AREA

Auch von diesem Parkplatz aus gibt es mehrere Möglichkeiten für eine kurze Wanderung. Ein kleiner Geheimtipp ist der **River Trail**. Er ist beschildert und wir suchen zunächst einmal das Flussufer, das wir über eine romantische Holzstiege erreichen. Ein kleiner Exkurs zur Entstehung dieses heute so beschaulichen Flusses verstärkt unser überwältigendes Gefühl in dieser Natur: Uns umgeben hier in der Einsamkeit die hohen Bergen des Aquarius Plateau. Von dort oben aus haben es winzige Quellen und Flüsschen gemeinsam geschafft, den Escalante River zu erzeugen. 144 km/90 mi weit führt dieser bis zum Lake Powell. Als die gewaltigen Wassermassen vom Bergplateau abgelaufen sind, hat sich ein Irrgarten aus mehreren hundert Metern tiefen, überwältigenden Schluchten gebildet, durch den sich der Escalante im Laufe einer endlos langen Zeit hindurchgegraben hat.

WANDERMÖGLICHKEITEN

ESCALANTE RIVER

Am Fluss entlang gibt es keine präparierten Wege. Um das Gebiet in seiner Ursprünglichkeit zu erleben, sucht man sich am besten einen Weg durch die Wildnis. Eine mögliche Variante ist es, einfach durch den warmen Fluss durchzuwaten. Badeschuhe sind dabei eine große Hilfe! So erreicht man nach ca.

Ein Beispiel für Schluchten und Aushöhlungen

ÜBER DEN SCENIC BYWAY 12 ZUM CAPITOL REEF NATIONAL PARK

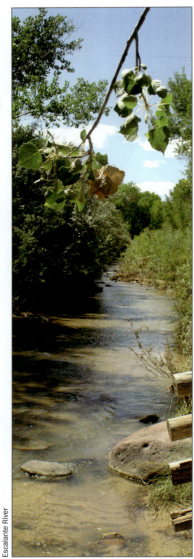

Escalante River

1 km/0,6 m eine etwas tiefere Sandmulde im Fluss, die sich sehr schön als Badestelle eignet. Man erkennt die richtige Stelle am Höhleneingang direkt rechts neben dem Fluss. Nach der Erfrischung kann man wieder zurück zum Parkplatz gehen oder dem River Trail bis zu einer Natural Bridge folgen (vom Parkplatz aus etwa 3,5 km/1,6 mi). Auch das ist ein Geheimtipp, denn wie gesagt existieren hier keine festgelegten Wanderwege.

Tipp: Am Parkplatz gibt es eine Box mit Informationsmaterial und einer Liste, in die Wanderer ihre Touren eintragen. Hier finden sich am einfachsten weitere Geheimtipps zum Erkunden des Escalante!

LOWER & UPPER CALF CREEK FALLS

Nun kommt die Wanderversion für alle, die eine Nacht an diesem friedvollen Ort verbringen möchten. Wir lassen den Escalante River hinter uns und wenden uns dem Calf Creek zu, einem klaren Fluss weiter nördlich. Der erste Rundweg zu den **Lower Calf Creek Falls** geht beim Campingplatz los. Knapp 9 km/5,6 mi lang wandern Sie zwischen glatt geschliffenen Navajo Sandsteinklippen hindurch. Sie passieren kleine Staubecken und prähistorische Felsenmalereien, während Sie zu den Wasserfällen des Lower Calf Creek aufsteigen. Es geht nur etwa 40 Meter bergauf, der Weg ist allerdings sandig und kann deshalb anstrengend sein, besonders, wenn es sehr heiß ist. Oben angekommen werden Sie allerdings reich belohnt: Das türkisblaue Wasser stürzt 50 Meter weit in die Tiefe und wird innerhalb einer Grotte in einem Pool aufgefangen. Trotz aller

ÜBER DEN SCENIC BYWAY 12 ZUM CAPITOL REEF NATIONAL PARK

Hitze ist es hier immer schattig und erfrischend kühl. Unbedingt Badesachen in den Rucksack stecken! Die Wanderung kostet eine Gebühr von $ 2, und man muss sich im Trail Register eintragen.

Die **Upper Calf Creek Falls** ein Stück weiter flussaufwärts können nur über einen schwierigen, 1,5 km/ 0,9 mi langen Trail erreicht werden. Nördlich des Campingplatzes geht es los, Ihr Weg führt Sie über felsige Sandsteinformationen. Unterwegs sollten Sie unbedingt auch auf die unterschiedliche Vegetation achten! Der Weg ist nicht ganz einfach zu finden, Informationen erhalten Sie beim Bureau of Land Management beim Campground.

UNTERKUNFT ESCALANTE CALF CREEK RECR. AREA

CALF CREEK CAMPGROUND

Sehr idyllisch gelegen kann man hier eine Zwischenübernachtung einlegen. Der Campground ist einfach gehalten und überschaubar, Camper dürfen nur maximal 25 Feet lang sein.

- ✉ am Hwy 12, Escalante, Utah 84726
- ☎ 435-826-5499
- 🅿 ganzjährig ❌ nein
- 🅿 14, keine Anschlussmöglichkeiten
- ⚭ ★

Nach einer Nacht in der absoluten Einsamkeit machen wir uns auf den Weg zur nächsten Etappe des unerschöpflich abwechslungsreichen Scenic Byways. Direkt nach dem Gebiet der Calf Creek Recreation Area erreicht der Highway Haymaker Bench und passiert „The Hogback". Das ist ein Streckenteil, der an einer Kliffkante entlang führt. Die Straße ist sehr eng, vor allem ganz oben. Ein letzter Stopp, um einen ausgiebigen Blick auf die umgebende Sandstein-Kulisse zu werfen, dann geht es weiter bis Boulder. Dort erwartet uns ein weiteres Highlight auf der Strecke, nämlich ein bedeutendes historisches Relikt der indianischen Kultur.

 ANASAZI STATE PARK MUSEUM

Ende der 50er Jahre des 20. Jahrhunderts wurden hier die Überreste einer indianischen Ansiedlung entdeckt, die von den Anasazi bewohnt worden ist. Der Name „Anasazi" ist ein Navajo-Begriff für „alte Feinde". Das historische Indianerdorf inmitten von Utahs Canyon-Land war eine der größten altertümlichen Siedlungen westlich des Colorado River. Ursprünglich errichtet wurde sie von den Pueblo Indianern, die vor den Navajos hier lebten. Die Navajos haben das Gebiet erst während des 15. und 16. Jahrhunderts besiedelt. Die Ansiedlung, **„Coombs Site"** genannt, wurde vermutlich im elften/zwölften Jahrhundert bewohnt und beherbergte ungefähr 200 Menschen. Ausgrabungen haben Tausende von Artefakten zutage gefördert, von denen einige im Museum zu sehen sind. Hinter dem Museum können Besucher die Coombs Site besichtigen. Ein Trail mit Informationstafeln führt durch den als Freilichtmuseum angelegten, kleinen Park und erläutert die verschiedenen Gebäude des Dorfes und die Kultur der Menschen, die hier gelebt haben. Erstaunlich gut erhalten sind die Ruinen, anhand derer man die Struktur eines solchen Pueblo-Dorfes gut nachvollziehen kann: Die typischen Langhäuser sind ebenso in ihren Fundamenten erhalten wie der Dorfplatz und die Grubenhäuser. Die fortschrittliche Struktur des Dorfes rührt zum Teil daher, dass in dieser Region mehr Ressourcen verfügbar waren als bei den anderen alten Pueblo-Dörfern. Die Bewohner pflanzten Mais,

ÜBER DEN SCENIC BYWAY 12 ZUM CAPITOL REEF NATIONAL PARK

Bohnen und Kürbis an. Die umliegenden Berge und Schluchten beherbergten Dickhornschafe und Wild und brachten Pflanzen hervor, aus denen Saatgut, Nüsse und Beeren gewonnen wurden. 1175 verschwanden die ursprünglichen Einwohner schließlich und kehrten nie wieder zurück. Möglicherweise war der Grund die Erschöpfung der Ressourcen, vielleicht auch Anfeindungen von außen oder die gewachsene Bevölkerung.

Das Museum beinhaltet neben der Ausstellung im Inneren und des rekonstruierten Dorfes einen Visitor Center, ein Auditorium und einen Picknick-Bereich.

> **VISITOR INFORMATION**
>
> **ANASAZI STATE PARK MUSEUM**
> - 460 N. Hwy 12, Boulder, Utah 84716
> - 435-335-7308
> - Anfang April bis Ende Oktober täglich 8-18 Uhr, Anfang November bis Ende März Montag bis Samstag 9-17 Uhr
> - $ 5
> - parkcomment@utah.gov
> - http://stateparks.utah.gov/parks/anasazi

Der letzte Teil der umwerfend abwechslungsreichen Strecke zum Capitol Reef National Park bringt uns noch einmal auf 2.400 Meter Höhe, während wir die alpine Kulisse des Boulder Mountain überqueren. Wie aus der Vogelperspektive genießen wir herrliche Landschaften: Wir schauen sowohl zurück auf die gerade erst durchfahrene Schluchtenlandschaft des Escalante River als auch schon voraus auf mächtige Kathedralen aus Felsen, Vorboten des Capitol Reef National Park. Boulder Mountain breitet sich über die Hälfte des Aquarius Plateaus aus und ist ein riesiges Gebiet bewaldeten Hochlands. Also kompletter Szenenwechsel! Während wir vor Boulder noch von Felsgebilden aller Art und Farben umringt waren, wird es jetzt schlagartig tiefgrün um uns herum. Teilweise fühlt man sich wie im Schwarzwald, dann wieder staunt man über den auffälligen Birkenbestand mit den extrem weißen Rinden. Aber auch Pinien, Fichten, Espen und Tannen prägen das Landschaftsbild.

In dieser Region lohnt sich noch einmal eine Übernachtung auf einem der

Rekonstruiertes Pueblo-Haus in State Park Museum

► ÜBER DEN SCENIC BYWAY 12 ZUM CAPITOL REEF NATIONAL PARK

Blick von oben, Boulder Mountain

ursprünglichen Campgrounds, die unübersehbar am Wegesrand liegen. Denn Aktivitäten während eines Aufenthaltes gibt es genug:

Natürlich vor allem Wandern (von den Campgrounds gehen beschilderte Trails ab), aber auch Forellen-Angeln an den kleinen Seen, Strömen oder Weihern und einige sehr schöne Scenic Drives in dieser beschaulichen Landschaft sind einen Umweg Wert. Die meisten Trails gehen vom Campground Pleasant Creek ab.

Die Campgrounds sind alle ähnlich einfach ausgestattet, ohne nennenswerten Komfort und Anschlussmöglichkeiten. Sie liegen entlang des Highway 12 und sind gut ausgeschildert und von der Straße aus sichtbar.

Deshalb folgt hier nur eine einfache Aufzählung, in welcher Reihenfolge sie erreicht werden (sie haben alle Wasser und Toilettenräume und sind kostenpflichtig):

UNTERKÜNFTE HIGHWAY 12 ZW. BOULDER UND TORREY

OAK CREEK CAMPGROUND
- ✉ Hwy 12 on Boulder Mountain, Utah 84775
- 🕐 Ende Mai bis Mitte Sept.   nein
- 🛏 10
- ∞ ★

PLEASANT CREEK CAMPGROUND
- ✉ Hwy 12 on Boulder Mountain, Utah 84773
- 🕐 Ende Mai bis Mitte Sept.   nein
- 🛏 17
- ∞ ★

SINGLETREE CAMPGROUND
- ✉ Hwy 12 on Boulder Mountain, Teasdale, Utah 84773
- 🕐 Ende Mai bis Mitte Sept.   ja
- 🛏 26
- ∞ ★

ÜBER DEN SCENIC BYWAY 12 ZUM CAPITOL REEF NATIONAL PARK ◄

Panorama Capitol Reef

Jetzt aber auf zum Ziellauf – schließlich ist der Capitol Reef ein nicht minder lohnenswertes Ziel als die anderen National Parks, bloß weil er weniger bekannt ist! Auf dem restlichen Stück Richtung Torrey, dem Westzugang zum National Park, verlassen wir die Höhe des Boulder Mountain rapide. Sehr überrascht waren wir, nach einer unbeschreiblichen Fahrt durch faszinierende Landschaften mit atemberaubenden Szenerien und ohne jedes Anzeichen von Zivilisation, als erstes großes, bewohntes Gebäude einen Flötenladen vorzufinden. Rechts am Fahrbahnrand wirbt eine überdimensional große Flöte für die Ware, die man hier erstehen kann. Wenn man bedenkt, dass man auf der letzten Etappe weder tanken noch einkaufen konnte, überrascht dieses Angebot sehr. Bald nach dem Flötenladen ist **Torrey** erreicht, ein kleines Städtchen, das an der Kreuzung zum Capitol Reef liegt. Tanken wäre hier sinnvoll, aber auch ein kurzer Einkauf für das Nötigste (mehr gibt es auch diesmal wieder nicht), denn der National Park bietet diesbezüglich überhaupt keine Möglichkeiten. Außerdem kann man in Torrey essen gehen oder im Outdoor-Laden stöbern – hier gibt es auch spezielle Event-Angebote. Ein sehr gepflegter Campground mit allem Komfort ist hier ebenfalls vorhanden (Unterkünfte in Torrey ► ab Seite 96 im Abschnitt „Unterkünfte Torrey und Umgebung". Dann biegen wir rechts ab und sind auch schon mittendrin in den Ausläufern des **Capitol Reef National Park**, dessen Eingang wir nach 6 km/3,8 mi erreichen.

CAPITOL REEF NP

Parkgebühren ► Seite 49

Eigentlich war ein Besuch dieses National Parks nur „aus der Not" heraus eingeplant, weil er recht günstig am Ende des Scenic Byway 12 liegt. Welch ein Glücksfall. Die Tatsache, dass dieser Park eher im Schatten der berühmten

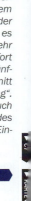

ÜBER DEN SCENIC BYWAY 12 ZUM CAPITOL REEF NATIONAL PARK

Altes Schulhaus

Parks in der Umgebung liegt, wird ihm nicht gerecht.

„Nur" 972 Quadratkilometer groß misst der National Park, bietet auf dieser Fläche allerdings eine beachtliche Ansammlung bunter Felsen und steiler Tafelberge. Dreh- und Angelpunkt des Parks ist die sogenannte **Waterpocket Fold,** eine ca. 160 km/100 mi lange Falte („Reef") innerhalb der Erdkruste, die sich uns in einem in die Länge gezogenen Gebirgszug präsentiert. Der idyllische Fluss Fremont River fließt in west-östliche Richtung durch die Verwerfung in der Erdkruste hindurch. Die Waterpocket Fold ist ein Konstrukt derselben Kräfte, die vor Millionen von Jahren das Colorado Plateau erschaffen haben.

Den Begriff „Reef" verpassten erste Siedler dem Gebiet, da der massive Felskamm so unüberwindbar wie ein Riff erschien. Die charakteristischen Felskuppeln aus Najavo-Sandstein am Gebirgszug des Fremont River verglichen sie offenbar mit dem Capitol in Washington D.C. Die indianischen Ureinwohner nannten diesen Ort „Land des schlafenden Regenbogens". Der Begriff Waterpocket leitet sich ab von der Bezeichnung für natürliche Felsbecken, die regelmäßig von Regenwasser gefüllt werden und als Sammelbecken Wasser für Tiere und Pflanzen zur Verfügung stellen („Waterpockets" heißt Wassertaschen).

Die Fremont-Indianer waren die ersten Siedler dieser dank der Flusstäler fruchtbaren Gegend. Bereits 700 n. Chr. waren sie hier ansässig und haben als Relikte einige Felsmalereien und Steingravuren hinterlassen. Um 1250 verließen sie das Gebiet, wo sich erst Jahrhunderte später Indianer des Ute-Stammes niederließen, die ihrerseits im 19. Jahrhundert von Forschern, Missionaren und Landvermessern vertrieben wurden. Gegen Ende des 19. Jahrhunderts siedelten sich Mormonen an, die Obst anbauten und damit den Ort Fruita inmitten des heutigen National Parks gründeten. Das alte Schulgebäude des einstigen Ortes ist heute noch zu se-

ÜBER DEN SCENIC BYWAY 12 ZUM CAPITOL REEF NATIONAL PARK

hen, beinhaltet neben einem kleinen Museum einen entzückenden, nostalgischen Laden mit allerhand lokalen Leckereien und erinnert ungemein an die TV-Serie „Unsere kleine Farm". Geöffnet ist das sogenannte **Grifford Farmhouse** täglich von 8-17 Uhr.

Auch einige neuere Stallungen können noch besichtigt werden. Attraktion des ehemaligen Ortes jedoch sind die **Obstplantagen**, die man in Fruita, aber auch im weiteren Verlauf des Highway UT-24 am Straßenrand findet. In den Obstgärten der frühen Siedler darf man heute an gekennzeichneten Stellen nach Lust und Laune auf Leitern steigen und Obst pflücken, und man zahlt nur das, was man mitnimmt – nicht das, was man direkt verzehrt! Besondere Empfehlung: Die Kirschen im Sommer sind äußerst lecker! Ansonsten gibt es je nach Jahreszeit Aprikosen, Pfirsiche, Pflaumen, Nektarinen Birnen und Äpfel zu ernten.

Um zunächst einen groben Überblick über den Park zu erhalten, folgen wir von Torrey aus der UT-24 durch den Norden des Capitol Reef, begleitet vom Fremont River. Die Felsgruppen am Wegesrand werden schon sehr schnell gewaltig und sind ganz anderer Gestalt, als wir sie bislang auf der Reise kennengelernt haben. Kurz vor Fruita und dem Campground erreichen wir das **Visitor Center**. Die Ausstellungen und Informationen hier beziehen sich sowohl auf die ursprünglichen Bewohner dieses Gebietes als auch auf geologische Besonderheiten. Das große Visitor Center ist schon äußerlich sehr ansprechend gestaltet.

Hier zweigt auch von der UT-24 ein Scenic Drive Richtung Süden ab. Die **Panorama-Strecke** führt 16 km/10 mi weit durch die Westseite des Waterpocket Fold in den lang gestreckten Parkteil. Neben einigen Ausgangspunkten für Wanderungen gibt es unterwegs Sandsteinbögen und monumentale Felsformationen zu sehen. Ziel der Panoramastraße sind zwei tief eingeschnittene Schluchten namens **Grand Wash** und **Capitol Gorge**. Die letzten 3 km/1,9 mi sind Sandpiste, also für das Wohnmobil nicht mehr zu empfehlen. Der Scenic Drive ist eine Sackgasse.

Mindestens einmal sollte man aber auch im Capitol Reef National Park die Wanderschuhe schnüren. Zu eindrucksvoll ist die Gegend, um sie nur aus dem Autofenster heraus zu betrachten. Die Wanderwege bieten alles: Von einer Länge ab 1,5 km/0,9 mi bis 16 km/10 mi reicht die Range von Spaziergängen am Flussufer bis zu anstrengenden Klettertouren. Trails führen zu Natural Bridges, Sandsteinbögen, Felsenmalereien und tollen Aussichtspunkten. Auf diese Weise können Sie am besten die beeindruckenden Felsgebilde, die von Wüstenpflanzen wie Kakteen und Yuccas geprägte Vegetation und mit etwas Glück auch die Tierwelt erleben. Die besten Jahreszeiten zum Wandern sind aufgrund der milden Temperaturen Frühling und Herbst. Im Sommer wird es oft 30 Grad warm (es kühlt nachts allerdings gut ab) bzw. von Juli bis September ist Gewitterzeit, was sich schon mal in Wolkenbrüchen und Springflutgefahren auswirken kann. Im Winter kann es höchstens zu leichten Schneefällen kommen.

VISITOR INFORMATION

CAPITOL REEF NATIONAL PARK
- ✉ Torrey, Utah 84775
- ☎ 435-425-3791
- 🖷 435-425-3026
- 💻 www.nps.gov/care

VISITOR CENTER
- ✉ Hwy 24, Capitol Reef National Park, Utah 84775
- 🕐 Sommer 8-18 Uhr, Winter 8-16:30 Uhr

► ÜBER DEN SCENIC BYWAY 12 ZUM CAPITOL REEF NATIONAL PARK

🥾 WANDERMÖGLICHKEITEN

Hinweis: Die Sommersonne ist intensiv und manche Wanderungen steigen auf über 2.000 Meter Höhe. Unbedingt an ausreichend Wasser und Sonnenschutz denken!

COHAB CANYON TRAIL

Sie müssen einen sehr anstrengenden und steilen ersten halben Kilometer hinter sich bringen. Wenn Sie das geschafft haben, bietet sich ein schöner Blick über Fruita. Danach verläuft der Weg relativ eben durch eine Schlucht. Sie entdecken unterwegs versteckte Seiten-Canyons oder erreichen über Felsvorsprünge schöne Aussichtspunkte mit Blicken über das Fremont River Valley. Der einfache Weg ist knapp 3 km/1,9 mi lang.
- nahe Fruita Campground
- 2,9 km/1,8 mi (einfache Strecke)
- moderat, anfangs steiler Anstieg
- 122 m

FRYING PAN TRAIL

Diese Wanderung verbindet den zuvor beschriebenen Cohab Canyon Trail und den Cassidy Arch Trail. Inmitten des Cohab Canyon auf dem Cohab Canyon Trail zweigt der Frying Pan Trail ab. Auf diesem wandern Sie auf der Felskante des Capitol Reef entlang. Sie erreichen den **Cassidy Arch** Trail und den gleichnamigen Steinbogen und können dem Weg nun in Richtung Grand Wash Trail folgen, oder aber Sie gehen denselben Weg zurück, den Sie gekommen sind. Zwischen dem Cohab Canyon und dem Cassidy Arch Trail beträgt die einfache Wegstrecke knapp 5 km/3,1 mi.
- Cohab Canyon Trail
- 4,8 km/3 mi (einfache Strecke)
- schwierig, anstrengend
- 305 m

US-Flagge vor dem Visitor Center

ÜBER DEN SCENIC BYWAY 12 ZUM CAPITOL REEF NATIONAL PARK

FREMONT RIVER TRAIL

Dieser einfache und beschauliche Weg führt vom Campingplatz aus am Fluss entlang durch die ehemaligen Gartenanlagen der Mormonen. Nach dem ersten Kilometer wird es ein wenig anstrengender, wenn es durch die Obstplantagen geht. Es folgen schöne Blicke ins Tal. Im Frühjahr während der Baumblüte und im Herbst ein sehr schöner und angenehmer Weg.

- ⇨ Fruita Campground
- ⇔ 3,8 km/2,4 mi (Hin- und Rückweg)
- ↗ leicht
- ⌐ 220 m

HICKMAN BRIDGE TRAIL

Am Highway 24 liegt linkerhand eine Parkbucht, von der aus Sie zum Trail gelangen. Sie ist von der Straße aus auch so ausgeschildert. Der Weg, der zunächst am Fremont River entlang führt, ist nur 1,6 km/1 mi lang und überwindet 120 Höhenmeter, hat es aber in sich, vor allem, wenn um die Mittagszeit die Sonne brennt. 18 Schilder mit interessanten Infos zu der Gegend an sich und dem, was Sie gerade sehen, begleiten Ihren Weg. **Achtung an Station 3**: Hier haben Sie den Blick auf die Namensgeber des Parks, die hohen Klippen, die an ein Ozean-Riff erinnern und die Kuppeln aus Navajo Sandstein, die wie das Dach des Capitols aussehen. Am Ende der Wanderung erwartet Sie die **Hickman Natural Bridge**. Ihr Bogen ist 41 Meter breit und 38 Meter hoch. Ein beeindruckendes Bauwerk der Natur, das zuerst aus einer schmalen Spalte im Sandstein bestanden hat und im Laufe der Jahrtausende immer größer wurde. Als genug Felsen abgebröckelt waren, dass Flutwasser durchströmen konnte, war die natürliche „Brücke" entstanden.

- ⇨ Highway 24, östlich der Visitor Info.
- ⇔ 1,6 km/1 mi (einfache Strecke)
- ↗ moderat bis anstrengend
- ⌐ 122 m

Wanderung Cohab Canyon Trail

ÜBER DEN SCENIC BYWAY 12 ZUM CAPITOL REEF NATIONAL PARK

Hickman Bridge

RIM OVERLOOK TRAIL

Die ersten Steigungen bewältigen Sie auf dem Hickman Bridge Trail, bis der Rim Overlook Trail nach rechts abbiegt. Der Weg ist anstrengend und führt Sie ganz nach oben an den Abgrund einer Klippe, von wo aus Sie traumhafte Blicke auf die Obstplantagen und in den Süden genießen. Der Weg ist einfache Strecke ca. 3,5 km/2,2 mi lang. Ganz unerschrockene Wanderer können den Cohab Canyon Trail mit dem Rim Overlook Trail kombinieren.

- Hickman Bridge Trail
- 3,6 km/2,3 mi (einfache Strecke)
- schwierig, anstrengend
- 482 m

UNTERKUNFT CAPITOL REEF NP

TIPP ▶ FRUITA CAMPGROUND

Südlich des Visitor Center und direkt bei den Obstplantagen liegt dieser idyllische Campground. Oft wird er als „**Oase in der Wüste**" bezeichnet, was man auch schnell nachvollziehen kann, wenn man erst einmal dort ist. Es ist der einzige Campground innerhalb des Parks. Das alte Schulhaus, in dem man morgens sogar Brötchen bekommt, ist nur einen Steinwurf weit entfernt und gut zu Fuß zu erreichen. Ergattert man einen Platz direkt am grünen Ufer des Fremont River, wird man vom Quaken der Frösche in den Schlaf begleitet. Auch andere Tiere fühlen sich hier wohl: Gelegentlich marschiert auch mal ganz gemächlich eine Familie von Maultierhirschen an den Frühstückstischen vorbei!

- Nahe dem Hwy 24, Torrey, Utah 84775
- ganzjährig   nein
- 70, keine Anschlussmöglichkeiten
- ja
- *

Anmerkung: *Im National Park selbst gibt es keine Lodges oder Motels. Die einzige Übernachtungsmöglichkeit im Park ist der Fruita Campground. Dafür bietet das ca. 5 km/3,1 mi entfernte* **Torrey** *eine Reihe von Unterkünften.*

ÜBER DEN SCENIC BYWAY 12 ZUM CAPITOL REEF NATIONAL PARK ◀

🏠 UNTERKÜNFTE IN TORREY UND UMGEBUNG

🏕 WONDERLAND RV PARK

Dieser Campground ist der dem Capitol Reef National Park nächstgelegene und befindet sich an der Kreuzung der Highways 12 und 24 in Torrey. Er liegt zwar direkt an der Straße, aber erstens ist diese nicht viel befahren und zweitens bietet der Campground dafür allen Komfort: Alle Plätze haben eine Rasenfläche und Schatten spendende Bäume, zum Platz gehören eine Wäscherei und Sanitäranlagen mit Duschen. Im Umkreis gibt es mehrere Möglichkeiten, essen zu gehen und Kleinigkeiten einzukaufen. Im Store können Sie Propangas kaufen.

- ✉ 44 S. Hwy 12, Torrey Utah 84775
- ☏ 435-425-3665
- 📠 435-425-3346
- 📅 Anf. April bis Ende Okt.   ja
- 🚐 35, alle Anschlussmöglichkeiten
- ∞ ★★
- ✉ dianewonderland@yahoo.com
- 💻 http://wonderland.rvpark.googlepages.com

🏕 THOUSANDS LAKE RV PARK & CG

Darf es ein bisschen luxuriöser sein? Dann lassen Sie es sich auf diesem Campground gut gehen: Beheizter Pool, Kinder-Spielplatz (sehr selten in diesen Gefilden!), saubere und warme Duschen, eine Wäscherei, Western-Dinner und ein eigener Friseur-Salon sind die Ausstattungsmerkmale. Außerdem ist es hier sehr grün und schattig. Zum RV Park biegen Sie an der Junction der Highways 12 und 24 nach links ab, nicht rechts Richtung Capitol Reef. Auf den Campground stoßen Sie nach wenigen Kilometern/Meilen. Es können auch Blockhäuschen gemietet werden.

- ✉ Hwy 24, Torrey, Utah 84775
- ☏ 435-425-3500
- 📠 435-425-3510
- 📅 1. April bis 25. Oktober   ja
- 🚐 58, alle Anschlussmöglichkeiten
- 🍴 ja
- ∞ ★★
- ✉ reservations@thousandlakesrvpark.com
- 💻 www.thousandlakesrvpark.com

🏨 BEST WESTERN CAPITOL REEF

Umgeben von herrlich rot leuchtenden Felsformationen wohnt man hier fast wie im National Park selbst, der auch nur 1,5 km/0,9 mi entfernt ist. Insofern liegt dieses Motel am nächsten am Capitol Reef und ist damit ein idealer Ausgangspunkt, wenn man nicht mit dem Wohnmobil unterwegs ist. Das Hotel hat einen beheizten Außen-Pool, einen Tennisplatz und ein Basketballfeld. Ein Restaurant gehört auch dazu.

- ✉ 2600 E. Hwy 24, Torrey, Utah 84775
- ☏ 435-425-3761
- 📠 435-425-3300
- ja
- 💻 www.book.bestwestern.com

🏨 AUSTIN'S CHUCK WAGON MOTEL

Schattig unter großen Bäumen gelegen befindet sich dieses originelle Motel in Torrey. Sie haben die Wahl zwischen einer Übernachtung in Zimmern, Familienapartments oder Blockhütten. Es stehen ein kleiner Lebensmittelladen und ein Waschsalon zur Verfügung. Am großen Pool können Sie sich erfrischen. Das schicke Haus in Form einer Farm ist eine weitere grüne Oase in der Wüste!

- ✉ 12 W. Main St., Torrey, Utah 84775
- ☏ 435-425-3335
- 📠 435-425-3434
- ✉ info@austinschuckwagonmotel.com
- 💻 www.austinschuckwagonmotel.com

🏨 SANDSTONE INN

Auf einer Bergspitze direkt oberhalb der Junction der beiden Highways 12 und 24 liegt das Motel inmitten einer schönen Szenerie aus Bergen, Wüste und Schluchten. Ein 360-Grad-Panoramablick ist im Preis inbegriffen! Zur Anlage gehören ein beheiztes Hallenbad hinter Glas, ein Souvenir-Shop, ein Restaurant und 50 komfortable Zimmer.

- ✉ 875 E. Hwy 24, Torrey, Utah 84775
- ☏ 435-425-3775
- 📠 435-425-3212
- ja
- ∞ ★
- 💻 www.sandstonecapitolreef.com

► ÜBER DEN SCENIC BYWAY 12 ZUM CAPITOL REEF NATIONAL PARK

▣▶ TORREY PINES INN B & B
Das hier ist endgültig „Unsere kleine Farm" aus den 70er Jahren! Wie im Museum wohnt man in dem romantischen kleinen Farmhaus. Dabei ist das Gebäude nagelneu und bietet wunderschöne Aussichten auf den Boulder Mountain. Das Haus hat drei gemütliche Apartments mit schönen Ausblicken. Jedes Apartment hat einen eigenen Eingang und eine Veranda. Außerdem kann man sich in ein behagliches kleines Cottage mit zwei separaten Schlafzimmern einmieten.
- ✉ 250 S. 800 E., Torrey, Utah 84775
- ☏ 435-425-3401
- 📠 435-425-3439
- 🖥 ja
- ∞ ★★ - ★★★
- ✉ torreypinesinn@color-country.net
- 💻 www.torreypinesinn.com

▣▶ COWBOY HOMESTEAD CABINS
Soll's ein bisschen Western sein? Wie wäre es dann mal mit einem Blockhäuschen im klassischen Western-Stil? Noch vor der Junction der Highways 12 und 24 liegt diese Anlage mit den gemütlich eingerichteten Cowboy-Wohnhäusern – eine gute Verbindung zwischen Boulder Mountain und dem Capitol Reef. Ursprünglicher kann man diesen Landstrich nicht erleben! Jedes Haus hat eine Küchenzeile mit Mikrowelle, Kühlschrank, Kaffeemaschine und Klimaanlage. Vor jedem Haus lädt eine schicke Veranda zum Entspannen ein.
- ✉ 2100 S. Hwy 12, Torrey, Utah 84775
- ☏ 435-425-3414
- ✉ info@CowboyHomesteadCabins.com
- 💻 www.cowboyhomesteadcabins.com

▐▣▶ UNTERKÜNFTE ZWISCHEN CAPITOL REEF NATIONAL PARK UND HANKSVILLE

▣▶ RED ROCK CAMPGROUND
Wenn Sie den Capitol Reef National Park Richtung Osten verlassen, stoßen Sie nach 45 km/28,1 mi auf den Ort Hanksville. Hier gibt es einen ruhigen und schön gelegenen Campground mit viel Schatten. Saubere Duschen und eine Wäscherei sind vorhanden, direkt am Platz gibt es ein Restaurant. Eine Übernachtung hier bietet sich an, wenn die letzte Nacht im Boulder Mountain oder früher verbracht wurde, nicht im oder am Capitol Reef.
- ✉ 226 E. 100 N. Hwy 24, Hanksville, Utah 84734
- ☏ 435-542-3235
- 📅 Mitte März bis Ende Oktober
- 🛏 41, alle Anschlussmöglichkeiten
- ∞ ★

▣▶ WHISPERING SANDS MOTEL
Schon auf direktem Weg Richtung Lake Powell befindet sich das Motel, das eine gute Zwischenstation ist, falls Sie nicht in der Gegend des Capitol Reef, sondern schon früher die letzte Nacht verbracht haben. Die saubere, freundliche und gemütliche Atmosphäre des Hauses macht einen Zwischenaufenthalt angenehm. Von hier aus sind es nur knappe 100 km/62,5 mi zum Lake Powell.
- ✉ 90 S. Hwy 95, Hanksville, Utah 84734
- ☏ 435-542-3238
- 🖥 ja
- ∞ ★★
- ✉ whisperingsands@hanksville.com
- 💻 www.whisperingsandsmotel.com

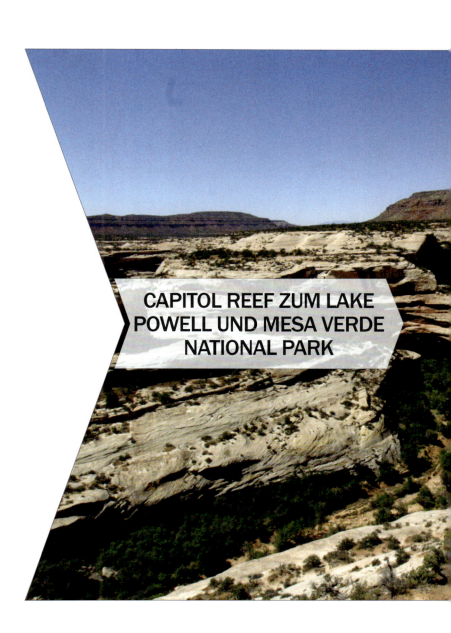

CAPITOL REEF ZUM LAKE POWELL UND MESA VERDE NATIONAL PARK

CAPITOL REEF ZUM LAKE POWELL UND MESA VERDE NATIONAL PARK

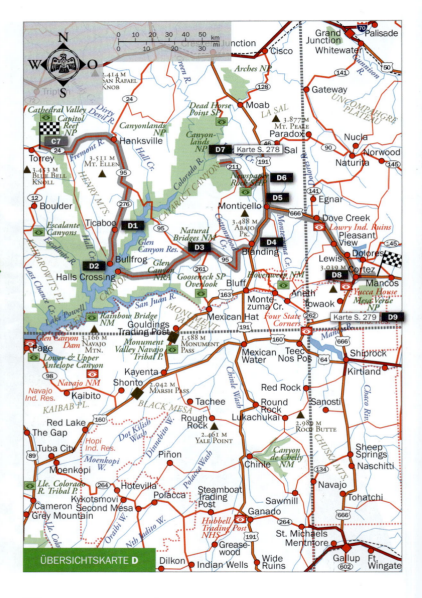

ÜBERSICHTSKARTE D

CAPITOL REEF ZUM LAKE POWELL UND MESA VERDE NATIONAL PARK

Hauptstrecke km/mi	Teilstrecke km/mi	Nebenstrecke km/mi	Stationen auf dem Highway	Highway
609/381	0		Fruita CG, Capitol Reef National Park	UT-24
669/418	60/38		Hanksville	UT-24
711/444	102/64		Abzweig UT-276 Richtung Lake Powell	UT-95
			Ticaboo Resort (▶D1)	UT-276
767/479	158/99		Glen Canyon Rec Area/**Lake Powell (▶D2)**	UT-276
776/485	167/104		Bullfrog Painted Hills RV Park	UT-276
782/489	173/108		Ferry Station Bullfrog	UT-276
782/489	173/108		Überfahrt nach Halls Crossing	
859/537	250/156		Abzweig UT-95 Richtung Blanding	UT-95
871/544	262/164	0	Nebenstrecke Abzweig Richtung Natural Bridges National Monument	UT-275
		6/4	**Natural Bridges National Monument (▶D3)**	UT-275
871/544	262/164	12/8	Zurück auf die UT-95	UT-95
920/575	311/194		Abzweig US-191	US-95
927/579	318/199		**Blanding (▶D4)**	US-191
960/600	351/219	0	**Monticello**/Nebenstrecke Abzweig US-191 Richtung Moab **(▶D5)**	US-191
			Roughlock Campground	
		23/14	Abzweig UT-211	US-191
		43/27	**Newspaper Rock Historic State Park (▶D6)**	UT-211
		75/47	**Canyonlands National Park (▶D7)**	UT-211
960/600	351/219	150/94	Zurück nach Monticello, dort auf die US-491	US-191
1.057/661	448/280		**Cortez**, Abzweig US-160 **(▶D8)**	US-491
1.075/672	466/291		Abzw. US-10 Richtung Mesa Verde National Park	US-160
1.076/673	467/292		**Mesa Verde National Park (▶D9)**	US-10
1.081/676	472/295		Morefield Campground	US-10

CAPITOL REEF ZUM LAKE POWELL UND MESA VERDE NATIONAL PARK

Wahrscheinlich liegt es daran, dass wir vom Scenic Byway total verwöhnt sind. Denn die Strecke nach Verlassen des Capitol Reef National Park bis Hanksville erscheint uns etwas trostlos und trist. Es hat ein bisschen was von einer Mondlandschaft. Dafür gibt es in **Hanksville** (ca. 360 Einwohner) eine Überraschung: Wir stoßen auf den ersten richtigen Supermarkt seit St. George! Jetzt heißt es zuschlagen, denn ein so großes und zudem recht günstiges Sortiment an Waren finden wir im Umkreis des Lake Powell nicht mehr. Der Laden heißt **Bull Mountain Market** (täglich geöffnet von 8-20 Uhr) und befindet sich – nicht zu übersehen – an der rechten Straßenseite der Durchfahrtsstraße durch Hanksville.

Unterkünfte in Hanksville ▶ Seite 97 (zwischen Capitol Reef NP und Hanksville)

Nach der kurzen Durststrecke und der Abzweigung auf die UT-95 wird es allerdings wieder in gewohnter Weise traumhaft. Allein der Weg auf der UT-276, die Zufahrtsstraße zum Lake Powell, ist wieder ein Genuss für sich: Während man an schillernden Felsen vorbeifährt, die bis an die Straße reichen, begegnet man kilometerlang keinem einzigen anderen Fahrzeug. Unglaublich, dass diese einsame und atemberaubende Wüstenstraße zu einem riesigen Stausee mit jedwedem Wassersportangebot führen soll! Erst als sich rechts und links Trockendocks mit Hausbooten häufen, glauben wir es: Jetzt ist das Gebiet des **Lake Powell** erreicht.

TICABOO RESORT

Aus Richtung Hanksville liegt knapp 20 km/12,5 mi vor dem Lake Powell inmitten der **Glen Canyon Recreation Area** die kleine Siedlung Ticaboo. Sie finden hier neben der Lodge eine Tankstelle mit Einkaufsmöglichkeit und einem Fast Food Restaurant. Die Lodge selbst hat 70 Zimmer, einen kleinen Pool und ist in der Hochsaison nicht so überlaufen wie

Fahrt zum Lake Powell

die Lodge direkt am Lake Powell. Eine rechtzeitige Reservierung wird dennoch empfohlen. Zum Resort gehört auch ein kleiner RV-Park mit 20 Stellplätzen.

- ✉ Hwy 276, Ticaboo, Lake Powell, Utah 84533
- ☎ 435-788-2110
- 📠 435-788-2212
- 🕐 8-17 Uhr im Winter, sonst durchgehend
- 🚻 ja
- ✉ info@ticaboo.com
- 💻 www.ticaboo.com

👁 LAKE POWELL

Parkgebühren ▶ Seite 49

„Glen Canyon ist das reine Vergnügen", sagte der Forscher John Wesley Powell über dieses ungewöhnliche Gebiet des Colorado River, das seine Männer weder erschreckt hat noch gepeinigt. Im Gegenteil: Sie freuten sich am warmen Wasser und bewunderten immer wieder die Skulpturen der Seitencanyons, so wie es die Menschen heute auch tun. Der Lake Powell, in den der **Colorado River** fließt, wird als einer der erhabensten Orte der Welt bezeichnet. Türkisblaues Wasser reicht unmittelbar an die bunten Sandsteinformationen heran – Wasser trifft hier Wüste!

Nach Fertigstellung des **Glen Canyon Damms** (am Südende des Sees in der Ortschaft Page ▶ Seite 154) 1963 wurde damit begonnen, den See mit Wasser zu befüllen, was sage und schreibe 17 Jahre lang dauerte. Heute ist der Lake Powell mit einer Länge von 300 km/187,5 mi und 3.000 km/1.875 mi Küstenlinie nach dem Lake Mead der zweitgrößte von Menschenhand geschaffene See in den Vereinigten Staaten. Mit der Beflutung wurde gleichzeitig einer der größten Canyons der Welt unter Wasser gesetzt.

Da ist es auch kein Wunder, dass in dieser überdimensionalen Wüsten-Oase ein vielfältiges Wassersportprogramm geboten wird, ganz vorne auf der Beliebtheitsskala dürfte wohl das Hausboot-Fahren stehen. Es ist aber auch zu verlockend, wenn man die großen Ungetüme mit ihren drei Meter hohen Rutschen gemächlich über das Wasser tuckern sieht und sie allmählich in den Tiefen der Seitencanyons verschwinden, während man an Bord sonnenbadet oder in die Erfrischung des klaren Wassers rutscht. Wenn es Ihre Reisepläne also erlauben, sollten Sie über die Anmietung eines Hausbootes nachdenken. Die zweitgrößte Marina des Lake Powell, die **Bullfrog Marina**, liegt an der UT-276 in diesem Bereich des weitläufigen Lake Powell.

Hier können die Kähne in allen Größen und Ausführungen gemietet werden. Zu entdecken und erforschen gibt es auf dem Wasser mehr als genug, denn Sie müssen sich nicht darauf beschränken, den See zu umrunden. Tief geht es hinein in Kanäle, die von hohen Felswänden gestützt und von Sandstränden gesäumt werden. An jeder Abbiegung zeigt sich eine andere Landschaftskulisse. Eine erste Übersicht über die Größe der Boote und deren Ausstattungsmerkmale erhalten Sie im Internet unter 💻 WWW.LAKEPOWELL.COM/HOUSEBOATS

Etwas sportlicher und schneller erforschen Sie das Gewirr aus Schluchten mit dem Powerboot. Da am Lake Powell kein spezieller Boots-Führerschein benötigt wird, steht das Gewässer auch einer Spritztour mit ein paar mehr PS zur Verfügung. Des Weiteren kann man Jetski mieten, Wasserski fahren oder einfach auf Indianer-Art mit dem Kajak auf Tour gehen. Bei Bullfrog Boat Rentals an der Bullfrog Marina können Sie sich über alle Angebote informieren.

Am Ufer gibt es immer wieder sanfte Zugänge zum See, sodass auch einem reinen Badevergnügen nichts im Weg steht. Nach den Tagen in der Wüste ist das viele Wasser eine richtige Erholung und sollte auch reichlich genutzt werden! Natürlich wäre es wieder einmal möglich, gerade das schöne Hinterland des Glen Canyon zu Fuß zu erkunden. Aber diesmal soll der Fokus dieses Etappenziels doch eher auf dem Wasser liegen.

Eine Fähre überbrückt den See, sodass sie ohne großen Umweg von der Bullfrog-Seite auf die Seite von **Halls Crossing** gelangen können, von wo aus Sie auch wieder nahtlos auf die UT-276 gelangen.

Touristisch ausgebeutet ist der See aber keinesfalls. Zwar wurden erst mit dem Bau des Staudamms überhaupt Straßen in dieser Region gebaut, die es vorher nicht gab und erst nach dem Bau konnte man mit Booten zuvor nicht erreichbare Stellen erkunden. Allerdings kann man auch heute nur wenige Punkte mit dem Auto ansteuern, und nur an den äußeren Punkten des Sees gibt es die Marinas und Sportboothäfen, deren Nutzung strengen Naturschutzgesetzen unterliegt. Die Marina von Bullfrog deckt als eine der wenigen Marinas am See den mittleren Teil des Lake Powell ab. Ansonsten finden Sie neben der Marina nur eine Tankstelle mit einem winzigen Shop und die Visitor Information.

VISITOR INFORMATION

BULLFROG VISITOR CENTER
Neben Ausstellungen und geologischen Modellen des Gebietes Glen Canyon finden Sie hier ein kleines Krankenhaus für den Notfall (nur Mai bis Anfang Oktober geöffnet).
- ✉ Hwy 276, North of Bullfrog Marina
- ☎ 435-684-7423
- ⌚ März unregelmäßig geöffnet, April bis Oktober täglich 8-17 Uhr, November bis Februar geschlossen.

Ansicht Stausee Lake Powell

► CAPITOL REEF ZUM LAKE POWELL UND MESA VERDE NATIONAL PARK

🌲 FREIZEITMÖGLICHKEITEN

BULLFROG BOAT RENTALS

Die Bootsvermietung umfasst alles, was man an diesem Ende des Lake Powell mieten kann. Vom Indianer-Kajak bis zum Luxus-Hausboot ist alles vorhanden. Es gibt zwei verschieden schnelle und teure Arten von Powerbooten, die Mietspanne reicht von $ 277 für einen halben Tag bis $ 584 für einen ganzen Tag. Hinzu kommt jeweils die Betankung nach der sportlichen Spritztour. Die Mindestanzahl an Schlafplätzen im Hausboot sind sechs, maximal können zwölf Personen an Bord gehen. Für drei Tage in einem gering ausgestatteten Boot müssen Sie mit etwa $ 2.000 rechnen, bei einer luxuriöseren Ausstattung mit $ 4.000.

📞 435-684-3000
💻 www.lakepowell.com

JOHN ATLANTIC BURR FERRY

Die Fähre verkehrt zwischen **Bullfrog** und **Halls Crossing** und erspart Ihnen 200 km/125 mi Fahrt. Autos, Camper und Busse werden befördert. Die Fähre ist ganzjährig im Einsatz, allerdings mit reduziertem Fahrplan im Winter. Von Mitte Mai bis Mitte September legt sie täglich von 9 bis 19 Uhr alle zwei Stunden in Bullfrog ab. Mitte September bis Ende Oktober fährt sie von 9 bis 17 Uhr alle zwei Stunden. Von Anfang November bis Ende März gibt es täglich nur zwei Abfahrtzeiten um 9 und 15 Uhr und von April bis Mitte Mai um 9, 11, 13 und 15 Uhr. Ein Fußgänger kostet $ 10, ein Fahrzeug kostet bis zu einer Länge von 20 Feet $ 25, ab 20 Feet zusätzlich $ 1,50 pro Feet Länge. Die Überfahrt dauert eine halbe Stunde.

Fähre

CAPITOL REEF ZUM LAKE POWELL UND MESA VERDE NATIONAL PARK ◀

🏨 UNTERKÜNFTE BULLFROG

🏕 BULLFROG RV PARK & CAMPGROUND

Eingebettet in die sanften Farben der umliegenden Sandsteinformationen bietet der RV Park allen Komfort: Saubere und warme Duschen (für die man einen Code benötigt, den man beim Check-in erhält), alle Anschlussmöglichkeiten und einen herrlichen Blick über den tiefblauen See. Die Marina und das Visitor Center befinden sich in unmittelbarer Nähe. In der vom Campground etwas entfernt liegenden Defiance House Lodge (ausgeschildert) wird eingecheckt, dort findet man auch einen Souvenir-Shop und ein Restaurant. Knapp 1 km/0,6 mi vom Campground entfernt ist ein Waschsalon.

- ✉ Lake Powell-Bullfrog, Utah
- ☎ 888-896-3829
- 🕐 ganzjährig 🐕 ja
- 🔌 24, alle Anschlussmöglichkeiten
- 💰 ★★
- 💻 www.lakepowell.com

🏕 BULLFROG CAMPING

Direkt am Visitor Center und am See-Ufer gelegen ist dieser Campground zwar schattiger und wirkt insgesamt gepflegter als der Bullfrog RV Park, hat dafür aber keine Anschlussmöglichkeiten. Gerade in den heißen Sommermonaten kann es problematisch sein, im Wohnmobil ohne Klimaanlage auskommen zu müssen. Die Wäscherei ist auch von hier nur knapp 1 km/0,6 mi entfernt. Der Campground hat eine Dump-Station.

- ✉ Lake Powell-Bullfrog, Utah
- 🕐 ganzjährig 🐕 nein
- 🔌 78, keine Anschlussmöglichkeiten
- 💰 ★

🏨 DEFIANCE HOUSE LODGE

Über dem See thront auf einem Felsen majestätisch die Lodge, die jeden Komfort bietet. Im Anasazi-Restaurant der Lodge kann man wunderbar und abwechslungsreich speisen, von der Terrasse aus hat man dabei einen gigantischen Blick über den See und die farbenprächtige Felslandschaft. Hier ist auch der Check-in für den RV-Campground desselben Betreibers. Ein kleiner Souvenirladen lädt zum Shoppen ein.

- ✉ Lake Powell-Bullfrog, Utah 84533
- ☎ 435-684-3000
- 💰 ★★ - ★★★
- 💻 www.lakepowell.com/lodging-food/defiance-house-lodge.cfm

*Nachfolgende Unterkünfte liegen in **Halls Crossing** am Ostufer des Lake Powell.*

🏕 HALLS CROSSING RV PARK & CAMPG.

An der Halls Crossing Marina liegt der Campground, der kostenlose Duschen und alle Anschlussmöglichkeiten bietet. In der Nähe sind ein kleiner Laden und eine Wäscherei. Check-in ist am Village Store. Sie erreichen diesen Campground von Bullfrog aus mit der Fähre.

- ✉ Lake Powell-Halls Crossing, Utah
- ☎ 888-896-3829
- 🕐 ganzjährig 🐕 ja
- 🔌 24, alle Anschlussmöglichkeiten
- 🐕 ja
- 💻 www.lakepowell.com

🏨 HALLS CROSSING FAMILY UNITS

Ferienwohnungen mit separaten Schlafzimmern, einem Wohnzimmer und einer Küche verschönern in Halls Crossing auch einen längeren Aufenthalt. Die voll ausgestatteten Wohnungen bieten Platz für acht Personen. Im Außenbereich steht ein Grill zur Verfügung, und es gibt eine Picknick-Tischgarnitur.

- ✉ Lake Powell-Halls Crossing, Utah 84533
- ☎ 435-684-7000
- 📠 435-684-2319
- 💻 www.lakepowell.com/lodging-food/family-units.cfm

Nach der abwechslungsreichen und erfrischenden Strand-Einlage am Lake Powell geht es wieder zurück in die trockene Wüste. Neue und wieder ganz andere Eindrücke werden auf der fol-

CAPITOL REEF ZUM LAKE POWELL UND MESA VERDE NATIONAL PARK

Bunte Felsen hinter Campground

genden Strecke auf uns einprasseln. Zunächst gehen wir an Bord der John Atlantic Burr Ferry, die uns in kürzester Zeit nach Halls Crossing übersetzt. Dadurch sparen wir etliche Auto-Meilen. Am anderen See-Ufer angekommen folgen wir der einzigen Verbindungsstraße, die aus der Glen Canyon Recreation Area hinausführt, nämlich der UT-276. Wir treffen nach guten 70 km/43,8 mi wieder auf die UT-95, die wir schon von Hanksville Richtung Lake Powell gefahren sind. Hätten wir den Abstecher zum Stausee nicht gemacht und wären einfach auf dieser Straße geblieben, hätten wir auch diese Kreuzung erreicht. Dann hätten wir allerdings jede Menge Wasserspaß verpasst und dafür viele Meilen mehr auf dem Tacho.

Kurz nach der Abzweigung des Highway 95 biegen wir in eine unscheinbare Nebenstraße links Richtung **Natural Bridges National Monument** ab. Die Abfahrt ist gut ausgeschildert. Jetzt ist es nur noch ein kurzes Stück, dann erreichen wir das Visitor Center. Es ist auf jeden Fall sinnvoll, dort anzuhalten und sich die Modelle der Ausstellung anzuschauen. Außerdem kann man zusammen mit den Rangern beratschlagen, welche Wanderungen und intensivere Erkundigungen einer der Natural Bridges zeitlich mit dem Reiseplan vereinbar sind.

NEBENSTRECKE ZUM NATURAL BRIDGES NATIONAL MONUMENT

NATURAL BRIDGES NM

Parkgebühren ▶ Seite 49

Das als Monument ausgewiesene Areal beinhaltet die drei natürlichen Sandsteinbrücken **Sipapu**, **Kachina** und **Owachomo Bridge**, die alle über einen Scenic Drive direkt nacheinander erreichbar sind. Entstanden sind diese Wunderwerke der Natur im Laufe von Jahrmillionen: Immer wenn Springfluten durch das tiefe und trockene Bachbett stürzten oder Flüsse dahinplätscherten, wurden weitere Stücke der Bögen ausgefräst. Wind und Regen haben dann in der Folge die entstandenen Naturbögen richtig modelliert. Auch heute ist der Prozess im Übrigen noch nicht abgeschlossen – Wind, Wetter und Wasser arbeiten auch weiterhin an den Bögen!

Kaum zu glauben, dass in dieser schroffen Gegend bis vor wenigen Hundert Jahren noch Indianer gelebt haben sollen. Den Beweis liefern allerdings Siedlungs-Relikte, die man besichtigen kann. Entdeckt wurden die Brücken schließlich 1883 von einem Goldsucher. 25 Jahre später wies Präsident Roosevelt das Gebiet mit den Naturbögen als National Monument aus.

Ab sofort steht auf unserer Reise immer mehr die indianische Urbevölkerung im Vordergrund. Deshalb sei an dieser Stelle angemerkt, dass Indianer nicht einfach Indianer sind. Gerade im Südwesten der USA werden Ihnen immer wieder die Bezeichnungen einzelner Stämme auffallen, die in dieser Region besonders dominant sind. Das sind zunächst die zahlenmäßig stärksten **Navajos**, von denen mehr als die Hälfte aller Stammesangehörigen heute in einer Reservation im nordöstlichen Arizona und südlichen Utah in der sogenannten Four Corners Region leben (► Seite 137). Ihre Präsenz und ihr Lebensstil werden unsere weitere Reise nun kontinuierlich begleiten und bereichern.

Vor mehr als 1.000 Jahren sind die Navajos aus Kanada nach Nordamerika gekommen und besiedelten von Anfang an genau das heutige Gebiet.

Die **Hopi** sind als „westliche" Gruppe innerhalb der **Pueblo**-Indianer bekannt und leben heute inmitten der Navajo-Reservation, wo sie immer noch in den berühmten Pueblobauten aus Stein und Lehmziegeln leben (Anasazi State Park ► Seite 87). Den Hopi gelang es schon immer, auch dem kärgsten Land Bodenschätze abzugewinnen und so konnten sie an den verschiedenen Mesas, ihrem früheren Lebensraum, überleben (► Mesa Verde National Park Seite 122). Auch die **Paiute** sind es gewohnt, sich an unwirtliches Wüstenklima anzupassen. Sie sorgten mit meist künstlichen Aufstauungen immer für eine Wasserquelle in ihrem Territorium und lebten von Fischen und der Jagd. Heute leben noch etwa 5.000 Paiute in Reservationen.

Ein 14 km/8,8 mi langer **Bridge View Drive** verbindet zunächst die Wanderparkplätze und Aussichtspunkte der drei Brücken miteinander. Das heißt, ganz Eilige haben diese beeindruckenden Bauwerke der Natur zumindest alle von oben gesehen, wenn sie an den Parkplätzen halten und jeweils wenige Schritte zu den View Points gehen. Empfehlenswert ist es aber, wenigstens einer der drei Steinbrücken im wahrsten Sinne des Wortes auf den Grund zu gehen. Die Wanderwege sind alle ungefähr 1,5 km/0,9 mi lang, und es sind abenteuerliche Wege mit Kraxeleinlagen, die nach unten führen.

Erstes Ziel in der Einbahnstraße ist die **Sipapu Bridge**, die es am meisten lohnt, erwandert zu werden. Ein felsiger Pfad mit gewagten Kletterpartien und Leitern, die absolute Schwindelfreiheit voraussetzen, machen den Weg zum Erlebnis. Unten angekommen wird man belohnt von

CAPITOL REEF ZUM LAKE POWELL UND MESA VERDE NATIONAL PARK

einem herrlichen Brückenbogen unter hoffentlich strahlend blauem Himmel. Mit einer Höhe von 67 Metern und einer Spannweite von 81,5 Metern ist die Sipapu Bridge zugleich die größte Brücke im Park.

Sipapu bedeutet *„Der Ort des Erscheinens"*. Die Hopi glauben, ihre Vorfahren erscheinen durch solche Durchgänge in dieser Welt.

Im selben Canyon liegt die **Kachina Bridge**, die noch relativ jung zwischen ihren älteren Schwestern steht. Mit 28 Metern Durchmesser ist der Bogen dieser Bridge der dickste der drei Natural Bridges. An dieser Brücke kann man am besten die Beschaffenheit einer Natural Bridge beobachten, ihr Bogen ist im Sandstein der Cedar Mesa verwurzelt. Fluten haben die Mauer von beiden Seiten attackiert, bis sie schließlich ein Loch hineingefräst und so eine Natural Bridge geschaffen haben.

Die Kachina Bridge ist nach den Hopi benannt, die oft leuchtende Schlangensymbole auf ihren Körpern trugen. Ähnliche Symbole wurden auf dem Grund der Brücke entdeckt und frei gegraben.

Die **Owachomo Bridge** schließlich besteht als älteste Brücke aus einem nur noch drei Meter dünnen, eleganten Bogen von 55 Metern Spannweite. Der kurze Weg zu dieser Brücke geht vom View Drive ab.

Owachomo ist das Wort der Hopi für Felshügel. Auf der unteren linken Seite der Brücke ist ein Ausbiss aus dem Felsen, der für die Namensgebung verantwortlich ist. Diese Brücke sieht anders aus als die beiden anderen, weil keine Flüsse mehr durch sie hindurchfließen. Deshalb wirkt sie eher wie ein frei stehender Bogen als eine Brücke.

Auf dem Grund des Canyons gibt es **Rundwanderwege**, die alle drei Brücken miteinander verbinden. Man kann diesen Weg in beliebiger Länge begehen. Wenn man alle drei Brücken erwandert, ist die Gesamtstrecke

Sipapu Bridge

CAPITOL REEF ZUM LAKE POWELL UND MESA VERDE NATIONAL PARK

14 km/8,8 mi lang. Eine Karte und Informationen gibt es im Visitor Center am Eingang des Parks. Der Park selbst ist ganzjährig geöffnet.

> **VISITOR INFORMATION**
>
> **NATURAL BRIDGES NM**
> - Lake Powell, Utah 84533-0001
> - 435-692-1234
> - von Oktober bis März täglich 8-17 Uhr, von April bis September täglich 8-16 Uhr
> - www.nps.gov/nabr

UNTERKUNFT NATURAL BRIDGES

> **NATURAL BRIDGES CG**
> Ein beschaulicher und einsamer Campground liegt am Eingang zum National Monument. Es passen nur Camper mit einer Länge von maximal 26 Feet auf die Stellplätze. Der Campground wäre ein guter Ausgangspunkt für die lange Wanderung von Brücke zu Brücke.

- ganzjährig
- nein
- 13, keine Anschlussmöglichkeiten
- *

ENDE DER NEBENSTRECKE UND ZURÜCK ZUR UT-95

Mit oder ohne Übernachtung geht es nun weiter in Richtung eines neuen Bundesstaates: In Kürze erreichen wir **Colorado**. *Wir lassen Utah aber nur kurz hinter uns, um dem* **National Park Mesa Verde** *einen Besuch abzustatten. Unterwegs gibt es allerdings noch allerhand zu sehen, erleben und bestaunen.*

Nach den letzten Tagen ereilt uns bald ein Kulturschock. Denn nachdem wir uns immer wieder gefragt haben, wo in diesem Teil der USA eigentlich die Einwohner wohnen, arbeiten oder einkaufen und uns schon komplett an die Einsamkeit und die Ursprünglichkeit der Natur gewöhnt haben, trifft uns in **Blanding** *fast der Schlag. Las Vegas oder vielleicht*

Owachomo Bridge

▶ CAPITOL REEF ZUM LAKE POWELL UND MESA VERDE NATIONAL PARK

noch St. Georg waren die letzten Städte auf unserer Reise, und plötzlich finden wir uns in einer typisch amerikanischen Kleinstadt wieder mit sämtlicher Infrastruktur, einem Restaurant neben dem anderen, Museen, Kultur – Zivilisation eben. Und vor allem: Supermärkte in allen Größen und mit reichhaltigem Angebot helfen uns, den Kühlschrank mal wieder bis zum Platzen zu füllen.

BLANDING

	Bullfrog, Lake Powell	150 km/ 94 mi
	Monticello	37 km/ 23 mi
	Cortez	97 km/ 61 mi
👫	Einwohner	4.500
❄	Winter	-7 °C
☀	Sommer	34 °C

Die Kleinstadt hat zwar nur etwas mehr als 4.000 Einwohner, trotzdem übertrifft sie alle Ansiedlungen, die wir seit Nevada passiert haben, schon rein optisch. Auch wenn Sie in Blanding kein touristisches oder kulturelles Angebot nutzen, sollten Sie Zeit für den Einkauf, das Tanken und vielleicht auch einmal ein gediegenes Nicht-Fast-Food-Essen einplanen.

Die Möglichkeit dazu haben Sie beispielsweise im „**Homestead Steak House**" in der 121 E. Center Street, ☏ 435-678-3456. Das Restaurant ist zwar nicht ganz günstig, aber das Essen ist sehr lecker und der Service gut. Eine Alternative ist das „**Old Tymer Restaurant**" mit amerikanischer und mexikanischer Küche, Meeresfrüchten und Steak-Angebot in der 733 S. Main Street, ☏ 435-678-2122.

Blanding bezeichnet sich selbst als „*Base Camp to Adventure*", und das ist sicher vor allem auf die gute Lage des Ortes zurückzuführen: Moab im Norden, der Lake Powell im Westen, Mesa Verde im Osten und Monument Valley im Süden – in allen vier Himmelsrichtungen lockt tatsächlich das Abenteuer.

Eine Empfehlung ist auch die Cedar Mesa Pottery, eine Töpferei mit vorwiegend indianischem Hintergrund:

✉ 333 S. Main Street
🖥 www.cmpottery.com

🛈 VISITOR INFORMATION

BLANDING VISITOR CENTER
✉ 12 N. Grayson, Blanding, Utah 84511
☏ 435-678-3662

👁 SEHENSWÜRDIGKEITEN

🌿 EDGE OF THE CEDAR STATE PARK

In diesem Museum finden Sie archäologisches Material, das im Südwesten Utahs ausgegraben wurde. Außerdem ist der Park Fundort einer präkolumbianischen Pueblo Indianer Ruine, die ungefähr von 800 bis 1220 bewohnt war und zu der sechs Wohn- und Zeremoniebereiche gehörten. Im Park wurde ein Zeremonie-Raum, eine sogenannte Kiva, restauriert. Besucher können sie betreten, indem sie durch die Rauchöffnung einsteigen, wie es die Pueblos Hunderte von Jahren zuvor auch gemacht haben. Außerdem bietet das Museum zwei Hallen, in denen die Geschichte des San Juan County von den frühen Anasazi über die Navajo bis zu den Ute Indianern und euro-amerikanischen Siedlern dargestellt wird. Eine große Ausstel-

CAPITOL REEF ZUM LAKE POWELL UND MESA VERDE NATIONAL PARK

lung an Töpferwaren der Anasazi ist ebenfalls zu sehen.

- ✉ 660 W. 400 N., Blanding, Utah 84511
- ☎ 435-678-2238
- 🕐 ganzj. Montag bis Samstag 9-17 Uhr
- 💰 $ 5
- 📧 parkcomment@utah.gov
- 💻 http://stateparks.utah.gov/parks/edge-of-the-cedars

THE DINOSAUR MUSEUM

Im Dinosaurier-Museum in Blanding lernen Besucher neue Entdeckungen aus der Welt der Dinosaurier kennen. Wie sind zum Beispiel Dinosaurier mit Vögeln verwandt? Was war vor dem Archaeopteryx? Wie sahen Pterosaurier aus, und wie konnten sie fliegen? Die Antworten finden Sie hier. Die meisten Exponate sind von den Museumsmitarbeitern entworfen: Skelette, Fossilien, Eier, Fußstapfen und realistische Skulpturen.

- ✉ 754 S. 200 W., Blanding, Utah 84511
- ☎ 435-678-3454
- 🕐 Mitte April bis Mitte Oktober von Montag bis Samstag 9-17 Uhr
- 💰 Erw.: $ 2,50, Kinder: $ 1, Sen.: $ 1,50
- 💻 www.dinosaur-museum.org

UNTERKÜNFTE BLANDING

BLUE MOUNTAIN RV PARK AND TRADING POST

Zentral gelegen bietet der Campground eine komfortable Ausgangsbasis für viele Ausflüge in die Region. Mit schönen Aussichten und atemberaubenden Sonnenuntergängen kann man die Zeit auf diesem gepflegten Campground genießen. Innerhalb von 1,5 km/0,9 mi erreichen Sie einen Laden, Sie können Propangas kaufen, und es ist eine Autowerkstatt vorhanden. Die dazugehörige Trading Post ist fast wie ein Museum mit Kunstwerken wie Teppiche, Schmuck und Körbe, handgearbeitet von den Einheimischen der Region.

- ✉ 1930 South Main, Blanding, Utah 84511
- ☎ 435-678-7840 oder 678-2570
- 🕐 Mitte März bis Ende Okt. 🛏 ja
- 🏕 44, alle Anschlussmöglichkeiten
- 📧 contact@bluemountainrvpark.com
- 💻 www.bluemountainrvpark.com

THE FOUR CORNERS INN

Das Motel offeriert geräumige Zimmer mit jeweils zwei Queen Size Betten beziehungsweise Suiten mit Herd oder Mikrowelle und Kühlschrank. Das Preis-Leistungs-Verhältnis ist günstig, das Motel sehr sauber und das Personal nett und zuvorkommend. Nachts ist es angenehm ruhig.

- ✉ 131 E. Center Hwy 191 Blanding, Utah 84511
- ☎ 435-678-3257
- 🛏 ja
- 📧 fourcornersinn@citlink.net
- 💻 www.fourcornersinn.com

*Nachdem wir Blanding erlebt haben, sind wir schon nicht mehr überrascht, wenn wir nach **Monticello** kommen. Die Stadt wirkt zunächst noch größer und scheint noch mehr zu bieten zu haben als Blanding, und schon davon müssen wir uns ja noch erholen.*

Letztlich trügt der Eindruck allerdings, Monticello ist doch etwas kleiner und beschaulicher als die Stadt, die wir zuvor passiert haben. Nur einen Katzensprung sind beide Kleinstädte voneinander entfernt, und hier in Monticello entscheiden wir, ob wir den nicht unerheblichen Umweg zum Canyonlands National Park über Newspaper Rock in Kauf nehmen. Falls ja, wäre es empfehlenswert, in Blanding oder in Monticello zu übernachten.

▶ CAPITOL REEF ZUM LAKE POWELL UND MESA VERDE NATIONAL PARK

MONTICELLO

	Blanding	37 km/23 mi
	Bullfrog, Lake Powell	187 km/117 mi
	Cortez	60 km/38 mi
Einwohner		2.000
Winter		0 °C
Sommer		29 °C

Monticello ist die zweitgrößte Stadt im San Juan County. Cowboys, Indianerstämme und Geächtete waren die ersten Bewohner der Berge und Täler rund um die Stadt. 1887 wurde der Ort von Mormonen besiedelt. Wegen des Gold- und Silberrausches der Region gab es Mitte des 20. Jhd. immer wieder Unruhen zwischen den Siedlern. 1895 wurde Monticello Sitz des County und 1910 zur Stadt ernannt. Monticello ist der südliche Zugang zum Canyonlands National Park. Im Winter ist hier einiges los, denn aufgrund kalter Witterung und der Höhenlage gibt es oft Schnee, sodass Wintersport ganz oben auf der Aktivitätenliste steht.

VISITOR INFORMATION

SOUTHEAST UTAH WELCOME CENTER
- 216 S Main St.
- 435-587-3401

SEHENSWÜRDIGKEIT

FRONTIER MUSEUM
Das kleine Museum gibt einen Einblick in das Leben der Region im 19. Jhd.
- 232 S. Main St., Monticello, Utah 84535
- 435-587-3401
- Ende Mai bis Anfang September täglich 14-16 Uhr

UNTERKÜNFTE MONTICELLO

BAR-TN RV PARK
Ein kleiner, überschaubarer Campground mit wenigen Stellplätzen, Duschen, Sanitär-Räumen, Restaurants und Läden in der Nähe. Auch kleine Blockhäuschen können gemietet werden.
- 348 S. Main St., Monticello, Utah 84535
- 435-587-1005
- 16, alle Anschlussmöglichkeiten
- ja ja
- ★
- pwcraig@bar-tn.com
- www.bar-tn.com

MOUNTAIN VIEW RV PARK
Dieser gut gelegene Campground hat schattige Plätze und viel Privatsphäre. Duschen und Wäscherei sind vorhanden.
- 648 N. Main Hwy 191, Monticello, Utah 84535
- 435-587-2974
- ganzjährig
- 29, alle Anschlussmöglichkeiten
- ja
- ★
- www.monticelloutrvpark.com

ROUGHLOCK RV PARK & CABINS
13 km/8,1 mi nördlich von Monticello Richtung Moab am Highway 191 finden Sie die entzückende kleine Westernstadt Roughlock mit Campground. Mitten im schattigen Wald gelegen, kann man hier sowohl im Camper übernachten, als auch in einem windschiefen kleinen Cowboy-Häuschen.
Gerade im Sommer ist dies hier ein kühles und friedvolles Plätzchen. Die Duschen sind kostenpflichtig ($ 5).
- Hwy 191, nördlich von Monticello, Utah 84535
- 435-587-2351
- Ostern bis Ende Okt. ja
- ★
- canyonlandsbestkeptsecret.com

🏨 CANYONLANDS MOTOR INN

Ein modernes Motel in einer prachtvollen Höhenlage von über 2.000 Metern nahe der Vorberge der Blue Mountains. Neben allem Komfort gibt es ein beheiztes Hallenbad. Das Motel ist das dem Canyonlands National Park nächstgelegene.

- ✉ 197 N. Main St., Monticello, Utah 84535
- ☎ 435-587-2266
- 📠 435-587-2883
- ✉ info@canyonlandsutah.com
- 🖥 www.canyonlandsutah.com

*Nach den beiden gefühlten „Großstädten" geht es wieder zurück in die Einsamkeit und das Wunder der Natur. Der **Canyonlands National Park** ist das nächste Ziel, falls wir den Schlenker von 150 km/93,8 mi zeitlich einplanen können und wollen. Dazu folgen wir von Monticello aus noch ein Stück der US-191 Richtung Norden, bis die UT-211 links abzweigt. Bevor wir aber den National Park erreichen, wirft sich uns eine weitere Attraktion direkt in den Weg: **Newspaper Rock**. Der kleine State Park liegt direkt an der Zufahrtsstraße zur „Needles Section", die zum Canyonlands führt.*

NEBENSTRECKE ZUM CANYONLANDS NATIONAL PARK UND NEWSPAPER ROCK STATE PARK

NEWSPAPER ROCK SHP

Für gewöhnlich hetzen Reisende an dem kleinen State Park vorbei, weil sie unterwegs zu einem anderen Abenteuer sind. Das ist schade, denn das historische Zeugnis, das man hier bestaunen kann, ist einen Stopp wert, da es sich um eine der wertvollsten Ausstellungen indianischer Steinkunst der USA handelt. Und nirgends sonst kommt man Petroglyphen so nah und kann sie sogar so gut auf dem Foto bannen, wie hier.

Aber was genau ist denn nun das Sehenswerte hier? Es geht um einen sogenannten. Mit Petroglyph bezeichnet man einen Stein, in den Menschen in ganz frühen Zeiten Illustrationen aller Art eingeritzt haben, sodass das Ergebnis wie ein Tiefenrelief aussieht. Die Zeichen oder Darstellungen wurden entweder in den Felsen graviert, eingeschabt (und damit eine flächigere Darstellung erzielt) oder aus ihm herausgestanzt. Ungefähr 2.000 Jahre menschlichen Lebens in dieser Region sind an einer hohen Sandsteinwand „aufgeschrieben" – daher der Name *Newspaper* für Zeitung. Die in den Felsen eingearbeiteten Symbole repräsentieren das Leben der Fremont, Anasazi, Navajo and Anglo Kulturen. Etwa 350 Schriftzeichen und Figuren sind auf den Felsen gemalt, darunter Tier- und Menschzeichnungen, Jagdszenen, Ornamente, Hand- und Fußspuren.

Übernachtungsmöglichkeiten gibt es hier keine, erst wieder im Canyonlands National Park.

ℹ️ VISITOR INFORMATION

BUREAU OF LAND MANAGEMENT MONTICELLO UTAH FIELD OFFICE
- ☎ 435-587-1500
- 📅 ganzjährig
- 💲 kein Eintritt

*„**The Needles**" ist der Bereich des Canyonlands National Park, in den wir aus Richtung Blanding und Monticello in den Park gelangen. Von unserem Stopp am Newspaper Rock ist es nur noch*

einen Katzensprung weit zu einem neuen Highlight auf der Reise. Am Eingang zum National Park befinden sich eine Tankstelle und ein kleines Restaurant.

CANYONLANDS NP

Parkgebühren ▶ Seite 49

In diesem Park treffen noch einmal alle Superlative zusammen, die wir auf dem Weg durch Utah schon verteilt haben. Mit einem entscheidenden Unterschied: Der Canyonlands National Park wirkt auf faszinierende Art schroff und abweisend. Er ist schon allein wegen seiner Lage fern jeder Hauptverkehrsstrecke weitaus weniger erschlossen als die anderen National Parks, weswegen er noch wilder und unwirtlicher daher kommt, als er tatsächlich ist. Aber gerade diese Unnahbarkeit macht seinen Reiz aus. Dominant sind die Schluchten, die in satten Rottönen bezaubern, allerdings kann der Canyonlands National Park genauso gut mit Sandsteinformationen und Tafelbergen auftrumpfen – ein unglaublich schöner Kontrast! Die Schluchtenkreationen in diesem Teil Utahs stammen vom Colorado und vom Green River. Auch hier haben die beiden Gewässer Millionen von Jahren daran gearbeitet, eine surreal anmutende Schluchtenszenerie zu gestalten. Einmal mehr kann man beim Wandern die ganze Schönheit und den Zauber des Ortes erleben.

Wenn wir am Ende unserer Rundreise auf den Grand Canyon treffen, werden wir uns unweigerlich an den Canyonlands National Park erinnern. Die charakteristische Canyonlandschaft wiederholt sich auf eindrucksvolle Weise, weswegen die beiden National Parks auch oft miteinander verglichen werden.

Der gesamte Park ist mit einer Größe von 1.366 Quadratkilometern sogar für amerikanische Verhältnisse unsagbar groß.

Der Canyonlands National Park ist in drei verschiedene und komplett verschiedenartige Gebiete unterteilt: **„The Island in the Sky"** ist das Gebiet zwischen dem Green River und dem Colorado River. **„The Needles"** befindet sich südlich des Colorado River. Und westlich des Green River stellt **„The Maze"** ein Labyrinth aus in allen Farben leuchtenden Felsformationen und tiefen Schluchten dar. Diese Region ist allerdings schwierig erreichbar und deshalb kaum erschlossen; sie bleibt aus diesem Grund in den nachfolgenden Ausführungen außen vor.

„The Maze" Corridor Plan: WWW.NPS.GOV/CANY/PLANYOURVISIT/UPLOAD/MAZE_WEB.PDF

Da über die beiden Flüsse Colorado und Green River keine Brücken führen, muss man lange Strecken bewältigen, um von einem Gebiet ins andere zu gelangen. Der im Norden gelegene Bereich **„Island in the Sky"** ist über einen größeren Umweg von **Moab** aus über die US-191 gut zu erreichen (50 km/31,3 mi von Moab bis zum Eingang des Parks). Vor allem einige sehr schöne Aussichtspunkte, zu denen man über die von Norden in den Park führende UT-313 auf einer fast 2.000 Meter hohen Hochfläche gelangt, gewährleisten einen eindrucksvollen Überblick über das Gebiet. Vom **Green River Overlook** aus hat man beispielsweise einen ungewöhnlich guten Blick auf den gleichnamigen Fluss (bei diesem Aussichtspunkt befindet sich der Campground Willow Flat). Spektakulär

CAPITOL REEF ZUM LAKE POWELL UND MESA VERDE NATIONAL PARK

ist auch die Aussicht auf das **White Rim**. Das ist eine fast 400 Meter tiefer gelegene Sandsteinabbruchkante, auf die man von der luftigen Höhe der Mesa aus hinabblickt. Einen Ausblick auf dieses Rim gewähren gleich mehrere der Aussichtspunkte – zum Beispiel der White Rim Overlook und der **Grand View Point Overlook** (letzterer bietet einen der schönsten Blicke auf den Canyonlands National Park).

Gleich in der Nähe des Nord-Eingangs befindet sich das Visitor Center direkt an der UT-313.

>  **VISITOR INFORMATION**
>
> **ISLAND IN THE SKY VC**
> - ganzjährig täglich 9-16:30 Uhr (außer in den Winterferien), erweiterte Öffnungszeiten von Frühjahr bis Herbst
> - „Island in the Sky" Corridor Plan: www.nps.gov/cany/planyourvisit/upload/island.pdf

UNTERKUNFT CANYONLANDS NP - ISLAND IN THE SKY

WILLOW FLAT CAMPGROUND
Nur einen kurzen Spazierweg vom Aussichtspunkt Green River Overlook entfernt liegt dieser kleine, ursprüngliche Campground mit zwölf RV-Plätzen. Es gilt das Prinzip *first come – first served*. Wohnmobile dürfen maximal 28 Feet lang sein. Der Platz ist besonders im Frühjahr und im Herbst sehr begehrt.
- UT-313, Canyonlands National Park, Utah 84535
- ganzjährig ✗ nein
- 12, keine Anschlussmöglichkeiten
- nein
- *

Wir wollen uns nun besonders intensiv auf den **Needles District** stürzen, zumal es der sehenswerteste Teil ist. Den Namen hat das Gebiet von den steil nach oben ragenden, rot und weiß gebänderten Sandsteinnadeln erhalten. Die vielen unterschiedlichen Felsnadeln und Steinsäulen werden *„Chesler Park"* genannt. Neben diesem Naturspektakel spielt auch die Kultur eine Rolle – altindianische Felszeichnungen zeugen davon, dass hier einmal die Anasazi gelebt haben, von denen Siedlungsreste erhalten geblieben sind.

Einen tollen Blick können eilig Reisende in den Canyonlands National Park vom Aussichtspunkt „**Needles Overlook**" erhaschen.

Den Park zu befahren ist nicht einfach und es gibt so gut wie keine asphaltierten Strecken wie in den anderen National Parks. Deshalb ist dieser Aussichtspunkt eine gute Alternative für einen umfangreichen Eindruck der Region von außerhalb des Parks aus. Sie erreichen den Overlook über eine nach Westen führende, asphaltierte Seitenstraße, die nördlich der Abzweigung der UT-211 von der US-191 abzweigt. Nach 24 km/15 mi auf dieser Strecke teilt sich die Straße, zum Needles Overlook nehmen Sie die linke, asphaltierte Straße.

Innerhalb des Parks kann man über den 11 km/6,9 mi langen **Scenic Drive** zum **Big Spring Canyon Overlook** gelangen. Dieser Scenic Drive ist die Verlängerung des UT-211 innerhalb des Parks, und er biegt von der US-191 Richtung Westen und Richtung Canyonlands National Park ab. Unterwegs stoßen Sie auf mehrere Aussichtspunkte und Trailheads für kurze Wanderungen.

> ► CAPITOL REEF ZUM LAKE POWELL UND MESA VERDE NATIONAL PARK

Tipp: Sie sollten bedenken, dass Ihnen die Aussichtspunkte des Parks zwar ein schönes Panorama bieten, dass es aber auch einer längeren Anfahrt sowohl zum Park als auch zu den Overlooks bedarf. Wägen Sie also ab, ob Sie den Canyonlands National Park entweder aktiv erleben wollen oder vielleicht ganz auslassen sollten.

Die besten Jahreszeiten für eine Erkundung des urtümlichen National Parks sind Frühling und Herbst. Im Sommer ist es sehr heiß hier und die Flüsse haben einen niedrigen Wasserstand. Die Aktivitäten, die sich für diesen National Park besonders gut anbieten, sind jedoch zu allen Jahreszeiten möglich. Sie reichen von Mountainbiken über Jeeptouren bis zum Reiten, wobei Letzteres Ausdauer und einen Führer benötigt.

Für besonders Abenteuerlustige gibt es einen **Spezialtipp**: Ab der Stelle, an der Colorado und Green River zusammenfließen, stürzen die fusionierten Wassermassen durch den **Cataract Canyon**. Dieser besteht aus einem 23 km/14,4 mi langen Abschnitt innerhalb des Colorado-Tals, an dem es tatsächlich einige beeindruckende Stromschnellen gibt – eine Herausforderung für jeden geübten Wildwasserfahrer. Allerdings werden solche Mehrtagesfahrten bis hin zum Lake Powell nicht im Park selbst, sondern vom Fremdenverkehrsort Moab aus angeboten, der ca. 60 km/37,5 mi nördlich der Abfahrt zum Bereich „The Needles" liegt. Auskunft beim Moab Visitor Center
- ✉ 125 E. Center St., Moab, Utah 84532
- ☏ 435-259-8825
- 🖥 www.disvovermoab.com.

Wir aber wollen uns jedoch wieder einmal auf Schusters Rappen auf den Weg machen – hier ist es ein Muss. Denn kaum ein Park weist so vielfältige Trails auf. Von den kurzen abgesehen, die von der Straße abgehen, sind gerade die langen Wege die reizvollsten im Canyonlands National Park. Ganztagestouren und Wanderungen mit Übernachtungen sind die Attraktionen in diesem Park, der so viele Trails wie kaum ein anderer National Park zu bieten hat. Die schönsten Wanderungen befinden sich wiederum im Needles District. Viele Trails sind miteinander kombinierbar, Auskunft geben Ihnen die Ranger im Visitor Center.

🛈 ► VISITOR INFORMATION

CANYONLANDS NATIONAL PARK
- ✉ 2282 S.-W. Resource Blvd., Moab, Utah 84532
- ☏ 435-719-2313
- 📠 435-719-2300
- 🕐 täglich 9-16:30 Uhr
- 🖥 www.nps.gov/cany

NEEDLES VISITOR CENTER
- ✉ am Hwy 211
- 🕐 täglich 9-16:30 Uhr, erweiterte Öffnungszeiten von März bis Okt.
- 🖥 „Needles" Corridor Plan: www.nps.gov/cany/planyourvisit/upload/needles.pdf

🌲 ► WANDERMÖGLICHKEITEN

► CAVE SPRING TRAIL

Der Rundwanderweg ist nur 1 km/0,6 mi lang und geht am Scenic Drive vom Cave Spring Parkplatz los. Die Wanderung dauert etwa 45 Minuten und führt Sie zu einem historischen Cowboy-Camp und prähistorischen Piktogrammen. Zwei Holzleitern müssen bewältigt werden.

SLICKROCK TRAIL
Mit 4 km/2,5 mi ein etwas längerer unter den kurzen Wanderwegen ist der Slickrock Trail, der ebenfalls vom Scenic Drive abgeht. Unterwegs genießen Sie schöne Ausblicke und sehen vielleicht auch mal ein Dickhornschaf. Der Rundweg ist uneben und felsig und nimmt ungefähr zwei Stunden in Anspruch.

ELEPHANT CANYON & DRUID ARCH
Heute geht es auf einen eindrucksvollen, 18 km/11,3 mi langen Rundweg, der am Elephant Hill beginnt. Über einen **Slot Canyon** gelangen Sie zum **Elephant Canyon**. Durch diese *Wash*, den Boden der Schlucht, geht es weiter, durch einen Mix aus tiefem Sand und losen Felsen, bis zum oberen Ende. Die letzten 500 m haben es in sich. Nachdem Sie eine Leiter passiert haben, geht es noch einmal zwischen Felsblöcken steil nach oben, manchmal auf allen Vieren. Die Anstrengung lohnt sich allerdings, denn die Aussicht auf den beeindruckenden **Druid Arch** ist überwältigend. Auf dem Rückweg können Sie einen Schlenker machen und nach der Leiter in den Wash Richtung Südwesten abbiegen. So sehen Sie den Arch noch einmal vom westlichen View Point. Wenn sie jetzt noch einmal 3 km/1,9 mi drauf geben, zweigen Sie nach links auf die Hochebene des **Chesler Park** ab. Der Weg führt teilweise über blanken Felsen, hat aber ein tolles Ziel, denn oben angekommen, befinden Sie sich auf einer saftig grünen Hochebene, die Sie auf die feuerroten Felsen zuleitet. Am Ende der Hochebene steigen Sie wieder hinab in den Elephant Canyon.

CONFLUENCE OVERLOOK
Der 18 km/11,3 mi lange Rundweg, der am Big Spring Canyon Overlook startet, ist teilweise sehr anstrengend. Anders als andere Wanderungen in diesem Gebiet durchquert dieser Weg hauptsächlich offene Landschaft entlang der nördlichen Kante der geologischen Faltung, die „The Needles" gebildet hat. Der Weg endet an einer Klippe, von der aus man einen fantastischen Ausblick auf den Zusammenfluss der beiden großen Flüsse Green River und Colorado River genießen kann. Außerdem kann man in den **Cataract Canyon** blicken, der südlich der Mündung des Green River in den Colorado River liegt.

LOWER RED LAKE CANYON
Wer es sich so richtig geben will, kann sich auf den Weg zu dieser Mehrtagestour machen. Die Wanderung beginnt am Elephant Hill, ist 30 km/18,8 mi lang und ebenfalls als Rundweg angelegt. Die Strecke von Elephant Hill bis zum Colorado River ist äußerst anstrengend, da ein Höhenunterschied von über 400 Metern bewältigt werden muss. Außerdem gibt es so gut wie keinen Schatten. Sie wandern immer wieder in die Schlucht „**The Grabens**" hinein und aus ihr heraus, bevor der Weg

▶ CAPITOL REEF ZUM LAKE POWELL UND MESA VERDE NATIONAL PARK

an einem Hang steil ansteigt und Richtung Lower Red Lake Canyon führt. Wasser müssen Sie in großen Mengen mitnehmen, denn bevor Sie den Fluss erreichen, finden Sie keine Wasserquellen auf dem Weg.

UNTERKÜNFTE CANYONLANDS NP - NEEDLES

SQUAW FLAT CAMPGROUND
Der Campground ist ein idealer Ausgangspunkt im Needles District für beliebte Tageswanderungen beispielsweise zum Chesler Park, Druid Arch und Joint Trail. Die maximal erlaubte Länge für Camper ist 28 Feet. Es gibt sanitäre Anlagen und Wasser, aber keine Anschlussmöglichkeiten. Die Lage am Fuße der Felsen ist fantastisch.
- ganzjährig nein
- 26, keine Anschlussmöglichkeiten
- ★

CANYONLANDS NEEDLES OUTPOST
Dieser Campground ist der einzig privat betriebene im National Park. Hier gibt es sogar Benzin und einen Laden mit den wichtigsten Lebensmitteln und Campingbedarf, Feuerholz, Souvenirs und Karten. Ein Restaurant mit lokalen Speisen ist ebenfalls vorhanden.
- Hwy 211, Needles District, Canyonlands, Utah 84535
- 435-979-4007
- ja
- 30, keine Anschlussmöglichkeiten
- ja, $ 3
- ★
- needlesoutpost@aol.com
- www.canyonlandsneedlesoutpost.com

Anmerkung: Im Bereich The Needles sind diese beiden Campgrounds die Einzigen. Im gesamten Canyonlands National Park gibt es keine Lodges und Motels, also außer den Campgrounds keine Übernachtungsmöglichkeiten.

Es sind drei Zeltplätze für Mehrtageswanderungen vorhanden, Näheres erfahren Sie beim Visitor Center oder unter www.nps.gov/cany/planyourvisit/needles.htm

ENDE DER NEBENSTRECKE UND ZURÜCK NACH MONTICELLO

*Auf unserem Streckenabschnitt gehen wir in die letzte Etappe. Heute steht ein kompletter Tapetenwechsel auf dem Programm. Das fängt schon einmal damit an, dass wir Utah zum ersten Mal seit vielen Tagen verlassen und uns einem weiteren Bundesstaat zuwenden, wenn auch nur für kurze Zeit: Colorado. Auch das letzte Etappenziel, der **Mesa Verde National Park**, ist komplett anders als alles, was wir bislang auf unserer Reise gesehen und erlebt haben. Stand die ganze Zeit die Naturgewalt im Vordergrund, sind es in diesem Park die prähistorischen Vermächtnisse, die uns fesseln.*

*Falls wir vom Canyonlands National Park herkommen, müssen wir wieder zurück nach Monticello. Haben wir den Abstecher nicht gemacht, fahren wir sowieso von Blanding aus über Monticello bis Cortez. Unterwegs können wir an der Roundup Junction über die CO-184 noch einen Abstecher Richtung **Dolores** machen, wo direkt am Highway gelegen das **Anasazi Heritage Center** zum Besuch einlädt. Hier kann man sich über die Geschichte des auf rätselhafte Weise verschwundenen altindianischen Volkes informieren.*

- *27501 Hwy 184, Dolores, Colorado 81323*
- *970-882-5600*
- *März bis Ok. tägl. 9-17 Uhr, sonst 10-16 Uhr*
- *März bis Okt. Erwachsene (ab 18 J.): $ 3, sonst: frei*
- *www.blm.gov/co/st/en/fo/ahc.html*

CAPITOL REEF ZUM LAKE POWELL UND MESA VERDE NATIONAL PARK

*Dann erreichen wir **Cortez**, eine „richtige" Stadt, wenn auch immer noch nicht von der Einwohnerzahl her. Als Ergänzung zu Blanding, als uns schon die Anzahl der Häuser und Supermärkte schockiert hat, fahren wir jetzt durch eine amerikanische Stadt mit allem Drum und Dran: Die fast schon vermissten Fast-Food-Ketten tauchen wieder auf, ebenso Tankstellen, der Verkehr, der Straßenlärm, die Ampeln – all die Zeichen der Zivilisation, die uns in keiner Weise in den vergangenen Tagen begegnet sind, weswegen uns die Ursprünglichkeit der Natur umso mehr fasziniert hat.*

CORTEZ

	Monticello	60 km/ 38 mi
	Blanding	97 km/ 61 mi
	Mesa Verde National Park	24 km/ 15 mi
👪	Einwohner	8.000
❄❄	Winter	5 °C
☀	Sommer	32 °C

Im Gegensatz zu anderen Städten, die an einem Fluss entstanden, wurde Cortez erbaut, um Arbeiter zu beherbergen. Diese errichteten das aufwändige Netz von Tunnels, Bewässerungsgräben und Seitengängen, anhand derer das Wasser vom Dolores River ins Montezuma Valley geleitet wurde. Im Frühjahr 1887 waren Hunderte von Männern mit diesen Arbeiten beschäftigt. In der neugeborenen Stadt wuchsen allerdings die Spekulationen darüber, ob der sandige rote Boden des Montezuma Valley eine neue Vielfalt an ergiebigen Anbaupflanzen produzieren würde. Die heutige landwirtschaftliche Vielfalt mit dem Anbau von Getreide, Bohnen und Kürbis, die Milchwirtschaft und der Weinanbau haben die Spekulationen über die Fruchtbarkeit des Bodens jedoch längst widerlegt. Neben der herrlichen Lage zwischen den Bergen und der Wüste sind vor allem die Ureinwohner der Region und ihre bedeutsamen Hinterlassenschaften die Attraktion der Stadt und des Umlandes. Es ist die indianische Kulturtradition Anasazi, die schon allein wegen des nahen Mesa Verde National Parks die Gegend beherrscht. Deshalb ist es auch kein Wunder, dass Cortez in einem direkten Zusammenhang mit den Ureinwohnern steht.

VISITOR INFORMATION

COLORADO WELCOME CENTER REGION SÜDWEST

In Cortez gibt es eins von mehreren Welcome Centers in Colorado. Das Informationsmaterial trägt der Tatsache Rechnung, dass wir uns hier im archäologischen Zentrum der USA befinden. Im Center selbst gibt es eine kleine Ausstellung von Ancestral Puebloan Artefakten.

- ✉ 928 E. Main St., Cortez, Colorado 81321
- ☎ 970-565-4048
- 📠 970-565-8373
- 🕐 Memorial Day bis Labor Day und Juli/August 8-18 Uhr; Labor Day bis Memorial Day 8-17 Uhr
- @ talexander@cityofcortez.com
- 🖥 www.colorado.com/CortezWelcomeCenter.aspx

SEHENSWÜRDIGKEITEN

CORTEZ CULTURAL CENTER

Neben Sammlungen und Ausstellungen sind es vor allem die wechselnden und festen Programme, in denen es um die Ureinwohner Amerikas

CAPITOL REEF ZUM LAKE POWELL UND MESA VERDE NATIONAL PARK

geht. In den Sommerprogrammen dreht sich alles um das Leben der Ureinwohner, angefangen bei den traditionellen Tänzen über Sandmalereien bis zu Flötenmusik. Neben einem Souvenirladen, in dem man die indianischen Kunstwerke und Handarbeiten kaufen kann, gibt es im Cultural Center eine **Kunstgalerie**, in der man oft indianischen Künstlern bei der Arbeit zusehen kann. Im Außenbereich kann man ein *Navajo Hogan*, ein traditionelles **Navajo-Haus**, besichtigen. Der Sitzbereich um die Tanzfläche, ebenfalls im Außenbereich, ist im Kiva-Stil erbaut. Eine Kiva ist ein Zeremonien- und Versammlungsraum der Pueblo-Kulturen. Das Cultural Center ist in einem schmucken, historischen Gebäude aus dem Jahr 1909 untergebracht

- 25 N. Market St., Cortez, Colorado 81321
- 970-565-1151
- Museum: Mai, September und Oktober 10-18 Uhr, Juni bis August 10-22 Uhr, November, Dezember 10-17 Uhr
- www.cortezculturalcenter.org

CORTEZ RECREATION CENTER

Wer die ganze Bandbreite der wiedergefundenen Zivilisation genießen möchte und genug Zeit hat, sollte dem Recreation Center einen Besuch abstatten. Sportliche Aktivitäten für alle Altersklassen sorgen für Abwechslung. Ein großes Spaßbad, wie wir es aus Deutschland kennen, wartet mit Riesenrutsche, Familienbecken und einem Strömungskanal auf. Es gibt außerdem unter anderem einen Fitnessbereich, eine Kletterwand und eine Racquetball-Halle. Eine Kinderbetreuung für Kinder bis acht Jahre wird ebenfalls angeboten. Sollte in diesem sonnigen Teil der Erde einmal wider Erwarten schlechtes Wetter sein, ist der Besuch hier bestimmt eine gute Alternative zum Outdoor-Programm. Einzeleintritte, 20er-Karten oder Jahrespässe sind gleichermaßen möglich.

- 425 Roger Smith Ave, Cortez, Colorado 81321
- 970-564-4080
- Montag bis Freitag 5:30-21 Uhr, Samstag 8-21 Uhr, Sonntag 10-19 Uhr

CARPENTER TRAIL & NATURAL AREA

Die Wanderung kann von zwei verschiedenen Startpunkten aus in der Stadt begonnen werden. Am einen Ende als Fußweg an der Ecke Mildred Road und Empire Street, von hier aus richtet sie sich gegen Norden. Am östlichen Ende der Stadt kann sie an der Lebanon Road nördlich des Highway 491 gestartet werden. Die weite Landschaft, die Sie erreichen, bietet tolle Möglichkeiten, wenn man wandern, Rad fahren oder einfach die Natur genießen möchte. Der Hauptweg ist 2,5 km/1,6 mi lang und befestigt. Von diesem gehen auch mehrere ungepflasterte Wege ab, die in die Berge führen. Diese Pfade sind natürlich weitaus abenteuerlicher als der Hauptweg.

UNTERKÜNFTE CORTEZ

CORTEZ/MESA VERDE KOA

Da der Campground schon am östlichen Ende der Stadt liegt, ist es nicht weit zum National Park. In 15 Fahrminuten sind Sie von diesem Campground aus in Mesa Verde. Sie finden hier den üblichen hohen Standard von KOA: beheizter Pool, Basketball- und Volleyballfeld oder eine Nacht im typisch indianischen Tipi. Es gibt einen Lebensmittelladen, in dem man auch Feuerholz kaufen kann und einen

Souvenirshop. Duschen und Wäscherei sind ebenfalls vorhanden.
- ✉ 27432 E. Hwy 160, Cortez, Colorado 81321
- ☎ 970-565-9301
- 📠 970-565-2107
- 🗓 April bis Oktober
- 🔌 100, alle Anschlussmöglichkeiten
- ∞ ★★
- ✉ cortzkoa@fone.net
- 💻 www.koa.com/where/co/06711

🏨▶ BEST WESTERN TURQUOISE INN & SUITES

Das Motel bietet nicht nur geräumige Zimmer, sondern auch gut ausgestattete Suiten (unter anderem mit Mikrowelle und Kühlschrank). Die Suiten bestehen aus zwei Räumen, einem Schlafzimmer und einem Wohnzimmer. Es gibt sowohl im Innenbereich als auch im Freien schöne und attraktive Pool-Landschaften mit Wasserfall und Jet-Pool. Das Motel ist sehr kinderfreundlich und auch Tiere sind willkommen.
- ✉ 535 E. Main St., Cortez, Colorado 81321
- ☎ 970-565-3778
- 📠 970-565-3439
- 🐾 ja
- ✉ info@mesaverdehotel.net
- 💻 www.bestwesternmesaverde.com

🏨▶ BUDGET HOST MESA VERDE

Schöne, neue Zimmer und eine helle, freundliche Atmosphäre zeichnen dieses Motel aus. Jedes Zimmer hat seinen eigenen Parkplatz vor der Tür, wie es für Motels üblich ist. Die Zimmer sind ausgestattet mit King oder Queen Size Betten und einer Kitchenette. Ein beheizter Pool vervollständigt das Angebot.
- ✉ 2040 E. Main St., Cortez, Colorado 81321
- ☎ 970-565-3738
- 📠 970-565-7623
- 🐾 ja
- ✉ info@budgethostmesaverde.com
- 💻 www.budgethostmesaverde.com

*Nun sind wir aber endgültig so neugierig, was uns in dem geheimnisvollen **Mesa Verde National Park** erwartet, dass wir uns nicht länger in der Stadt aufhalten wollen. Wir kommen sowieso wieder hier durch, insofern ist der Großeinkauf im Moment noch nicht dringend nötig. Also verlassen wir Cortez in östliche Richtung und freuen uns auf ein richtiges Abenteuer. Bald nachdem wir zum National Park abgebogen sind, passieren wir schon den Eingangsbereich des Parks. Das ist aber mitnichten auch der Beginn des Parks. Erst einmal geht es in Serpentinen tiefer in die Parklandschaft hinein. Rechts und links am Straßenrand bieten sich tolle Ausblicke bis zurück nach Cortez. Da es bereits Nacht ist, sind wir uns nicht sicher, ob wir tatsächlich auf dem richtigen Weg Richtung Campground sind. Erst als wir in Morefield ankommen und den dazugehörigen Campground erreichen, haben wir auch die Basis des Parks erreicht. Dies ist nach ca. 6 km/3,8 mi serpentinenreicher Fahrt in die Bergwelt hinein der Fall.*

MESA VERDE NP

Parkgebühren ▶ Seite 49

Der Name **Mesa Verde** kommt aus dem Spanischen und heißt „**Grüner Tafelberg**". Der bis zu 2.600 Meter hohe Tafelberg, an dem der National Park errichtet ist, präsentiert sich zerklüftet und gleichzeitig säumen ihn für die Region untypisch dichte Waldstücke. Der Park schützt rund 4.000 archäologische Stätten. Hervorzuheben sind die erst Ende des 19. Jahrhunderts vollständig erforschten, gut erhaltenen Felsbehausungen der Anasazi-Stämme aus der Zeit vor Kolumbus. Das Besondere an diesen „Wohnungen" ist, dass sie wie Schwalbennester im Schutz der Felsüberhänge des Tafelbergs versteckt sind. Man nennt sie „Cliff Dwellings", zu Deutsch **Klippenbehausungen**. Entstanden sind die Felsüberhänge, die den Bau der Felswohnungen ermöglichten, dadurch, dass Flüsse tiefe Schluchten aus der Gebirgstafel herausgewaschen haben. Wind und Wetter taten wie schon zuvor bei manchem Naturwunder das Übrige dazu, den Sandstein zurechtzuformen. So sind beispielsweise die beiden kleineren Felsüberhänge Wetherill Mesa und Chapin Mesa auf der Gebirgstafel entstanden. Unter den Felsvorsprüngen entstanden nun Nischen, die die früheren Bewohner zum Bau ihrer Behausungen nutzten.

Bei diesem National Park ist es spannend, die Geschichte zu beleuchten. Umso eindrucksvoller sind die Erlebnisse vor Ort, wenn man sich vor Augen führt, wie es zu diesen mystischen Bauten kam und wie alt sie sind. Zur Zeit der sogenannten Korbflechterperiode (ca. 500 v. Chr. – 600 n. Chr.) lebten die Anasazi in sogenannten *Pit Houses*, das waren grubenartige Höhlen. Um diese zu bauen, wurde eine flache Grube ausgehoben, vier Pfosten dienten als Dachstützen, obendrauf kamen Äste und Stämme. Zuletzt sorgte eine Schicht Lehm für die nötige Abdichtung. Innerhalb des so geschaffenen Daches befand sich eine Öffnung als Zugang in die Behausung, die wegen des Rauchabzuges immer genau in der Mitte über der Feuerstelle lag. Mitte des achten Jahrhunderts begannen die Anasazi mit dem Bau ebenerdiger Lehmbauten – das war der Auftakt für die Pueblo-Phase. Pueblos sind die nach dem spanischen Wort für Dorf genannten Indianerdörfer des amerikanischen Südwesten. Charakteristisch ist die Ansammlung von Lehmhäusern, die nun in die Höhe gezogen wurden und meist aus vier und mehr Etagen bestanden. Die einzelnen Stockwerke erreichten die Bewohner über Holzleitern. Die ausrangierten, alten Grubenhäusern wurden zu Kultstätten umfunktioniert, die Kivas heißen.

Ausblick aufs Umland von Mesa Verde

Die Zeit von 1100 bis 1300 war die ausgeprägteste Zeit der Pueblos. In dieser Phase begannen die Bewohner ihre Baukunst auszugestalten, indem sie aus den oberirdischen Einzelhäusern richtiggehende Wohnsiedlungen errichteten. Mit mehr als 150 Räumen ausgestattet wurden die Häuser allmählich mehrstöckig.

Im zwölften Jahrhundert schließlich verließen die Ureinwohner von Mesa Verde ihre Behausungen und lebten fortan in den kleineren Canyons. Dort begannen sie mit den Bauten der Cliff Dwellings, die sie regelrecht unter die schwer erreichbaren Felsvorsprünge klebten. Es ist kaum zu glauben, dass zu der Zeit etwa 5.000 Menschen all die Wohnanlagen bewohnten, die man im heutigen National Park besichtigen kann. Doch auch die Cliff Dwellings wurden verlassen und zwar Ende des 13. Jahrhunderts. Schuld war vermutlich eine nachhaltige Dürreperiode im gesamten Südwesten der USA. Mit der Neu-Entdeckung der verlassenen Wohnanlagen 1888 durch örtliche Farmer begann schließlich die Aufbereitung dieser kulturhistorisch bedeutenden Stätte.

Natürlich setzten Wettereinflüsse den Grubenhäusern über Jahrhunderte hinweg mächtig zu. Dagegen konnten die Cliff Dwellings unter den schützenden Felsüberhängen die Jahre wenig beschadet überstehen. Um die Stätte weiter zu schützen und zu pflegen, wurde 1906 der National Park Mesa Verde gegründet. Er ist der kulturhistorisch wichtigste National Park in ganz Amerika und wurde 1978 offiziell als **Weltkulturerbe** deklariert.

Bei den Ausgrabungen im heutigen National Park wurden nicht nur die Wohnräume der Anasazi entdeckt und freigelegt, sondern auch einige ihrer Gebrauchsgegenstände gefunden. Anhand derer lässt sich die Lebensweise der frühen Bewohner einigermaßen gut nachvollziehen. Eindeutig ist, dass die Anasazi gute Töpfer und Korbflechter waren. Neben Gegenständen des täglichen Gebrauchs wie Töpfe und Trinkbehältnisse wurden

Cliff Dwellings

CAPITOL REEF ZUM LAKE POWELL UND MESA VERDE NATIONAL PARK

auch Utensilien gefunden, die vermutlich für Zeremonien benutzt wurden.

So findig die Anasazi bei der Herstellung von Gebrauchsgegenständen waren, so geschickt waren sie auch in der Bewältigung alltäglicher Herausforderungen. Wenn die Bewohner von ihren Höhlensiedlungen auf die Mesa hinauswollten, um ihre Felder zu bestellen, benutzten sie Stiege, indem sie Grifflöcher im Sandstein verankerten. Diese boten Händen und Zehen beim Erklettern der Steilwand Halt. Nahrung, Wasser und Baumaterial wurde auf demselben Weg in Gefäßen auf Kopf oder Rücken transportiert. Für die „Wohnhäuser" wurden Felsbrocken bis zur Backsteingröße bearbeitet, als Mörtel diente mit Wasser aufgeschwemmter Lehm. Die Werkzeuge für die Bauarbeiten bestanden aus Knochen oder Stein. Die meisten Wohnräume waren nur 1,80 mal 2,40 Meter groß und im Winter kalt und ungemütlich, sodass man eine Feuerstelle brauchte, um sich zu wärmen. Deshalb zeigen heute noch die Wände und Decken Rußspuren von den Holzkohlefeuern.

Lebens- und Bauweise der Anasazi sind so faszinierend, dass wir in diesem National Park entgegen sonstiger Aktivitäten in den Parks unsere ganze Aufmerksamkeit den historischen Stätten widmen sollten. Da es hier etwas größere Distanzen zu überwinden gibt, ist es sinnvoll, vorher den Aufbau des Parks und die relevanten Stätten kurz zu erläutern:

18 km/11,3 mi nach dem Morefield Campground erreicht man das **Far View Visitor Center**, nach weiteren 8 km/5 mi das **Chapin Mesa Archaeological Museum**. Beim Visitor Center gabelt sich die Straße erstmals. In Richtung Süden geht es zum eben genannten Museum und zum Chapin Mesa. Bald darauf teilt sich die Straße erneut. Richtung Osten geht der **Cliff Palace Loop** ab, ein Rundweg, auf dem Sie die eindruckvollsten Behausungen finden. Richtung Westen zweigt der **Mesa Top Loop** ab, auch hier warten

Kiva

125

CAPITOL REEF ZUM LAKE POWELL UND MESA VERDE NATIONAL PARK

populäre Ziele. Von der Straße zweigen außerdem mehrere Fußwege zu alten Grubenhäusern und Pueblo-Ruinen ab.

Wenn Sie am Visitor Center nicht Richtung Süden fahren, nehmen Sie die 20 km/12,5 mi lange Straße zur **Wetherill Mesa**. Diese Straße ist nur von Ende Mai bis Anfang September befahrbar und für Wohnmobile über 25 Feet prinzipiell gesperrt. Ein Pendelbus ist eingesetzt, dessen Fahrzeiten Sie beim Visitor Center erfahren. Die Attraktionen befinden sich am Ende der Sackgasse, ebenso eine **Ranger-Information**. Von hier startet ein Minizug zu den Attraktionen. Die Wetherill Mesa Road ist täglich von 9-16:30 Uhr geöffnet. Diese Seite ist eindeutig die weniger lebhafte von Mesa Verde.

Auf welchen Strecken Sie dann welche Behausungen besichtigen können, wird später noch eingehend beschrieben. Wichtig vorab allerdings ist: Sie sollten unbedingt zuallererst das Visitor Center ansteuern. Zum einen sind manche Besichtigungen nur als geführte Ranger-Touren möglich, wofür Sie die Tickets kaufen können, die $ 3 pro Person kosten. (Spezielle Touren kosten $ 10 bis 15). Zum Anderen erwarten Sie Ranger, die Sie professionell bei der Planung Ihres Aufenthaltes in Mesa Verde beraten. Je nach Zeit, die Sie zur Verfügung haben, stellen Ihnen die hilfsbereiten Mitarbeiter ganze Tagesprogramme zusammen. Außerdem bestimmen auch Wetter und Jahreszeit Ihre Planung. Im Winter beispielsweise ist der Park nur beschränkt zugänglich. Das Visitor Center ist von Ende September bis Mitte Mai geschlossen. In dieser Zeit erhalten Sie alle wichtigen Auskünfte und die Tickets für die Führungen im Chapin Mesa Museum.

Wenn Sie nur ein oder zwei Tage in diesem Park verbringen, wird der Ranger – und die Autorin – Ihnen nahelegen, **Cliff Palace** und/oder **Balcony House** zu besuchen. Diese beiden befinden sich am Rundweg Cliff Palace Loop im Osten des Parks. Cliff Palace ist der eindrucksvollste Cliff Dwelling des Parks, Balcony House ist der am abenteuerlichsten zu erkundende. Der Vollständigkeit halber werden aber alle großen Attraktionen einzeln aufgeführt, sodass Sie sich vielleicht auch schon im Vorfeld Gedanken machen können, wie Sie den Parkbesuch gestalten. Einen Überblick über die verschiedenen Cliff Dwellings und deren Zeiten finden Sie im Vorfeld unter:

- WWW.NPS.GOV/MEVE/PLANYOURVISIT/VISITCLIFFDWELLING.HTM

VISITOR INFORMATION

MESA VERDE NATIONAL PARK
- Mesa Verde, Colorado 81330-0008
- 970-529-4465
- 970-5294637
- Parkpläne: www.nps.gov/meve/planyourvisit/maps.htm
- www.nps.gov/meve

FAR VIEW VISITOR CENTER
Hier können Sie die Tickets für die Ranger-geführten Besichtigungen von Cliff House, Balcony House und Long House kaufen. Außerdem finden Sie im Visitor Center sowohl historische als auch moderne, kunsthandwerkliche Erzeugnisse der Ureinwohner wie Schmuck, Töpferwaren, Körbe und Kachinapuppen. Prospekte in verschiedenen Sprachen geben eine kurze Einführung in die Sehenswürdigkeiten von Mesa Verde. Das Visitor Center ist 24 km/15 mi vom Parkeingang entfernt.
Anmerkung: Im Park sind ab dem Morefield Campground Trailer nicht erlaubt, ein Parkplatz befindet sich am Parkeingang.
- Mitte April bis Mitte Oktober täglich 8-17 Uhr, im Sommer bis 18 Uhr, Mitte Oktober bis Mitte April geschlossen

SEHENSWÜRDIGKEITEN

FAR VIEW HOUSE

An der Zufahrtsstraße zwischen Visitor Center und Chapin Mesa Museum befindet sich eine erste große Attraktion, die sehenswerten Ruinen von **Far View House**.

Im Winter ist das Gelände geschlossen, ansonsten ist es frei zugänglich. Vermutlich war Far View eine der am dichtesten besiedelten Anlagen in Mesa Verde mit 50 Wohnbauten und einer Regenwasser-Sammelanlage.

Die meisten Bauten datieren auf die Zeit zwischen 900 und 1300 n. Chr., es wurden aber Spuren früherer Besiedlung gefunden. Sehr deutlich sieht man hier den Unterschied zwischen den Bauten von Far View House und den Cliff Dwellings: Die Zimmer sind hier systematisch angeordnet, das Mauerwerk ist nur einen Stein tief.

CHAPIN MESA ARCHEOLOGICAL MUSEUM

Hier gibt es nicht nur die Tickets für die geführten Touren, während das Visitor Center im Winter geschlossen hat. Die Ausstellung hier ist absolut sehenswert! Liebevoll und detailliert wird die Geschichte des Parks präsentiert, über die Bedeutung und Konstruktion der Anasazi-Klippenwohnungen wird anschaulich informiert. In der Ausstellung befinden sich sowohl plastische Schaubilder als auch prähistorische Artefakte und die chronologische Darstellung des Lebens und der Kultur der Pueblo. Das Museum ist 32 km/ 20 mi vom Parkeingang entfernt.

- Januar bis Anfang April täglich 8-17 Uhr, Anfang April bis Anfang Oktober 8-18:30 Uhr, Oktober bis Ende Dezember 8-17 Uhr

SPRUCE TREE HOUSE

Direkt am Chapin Mesa Museum führt ein kurzer Pfad über ein paar

Ranger bei Spruce Tree House

Stufen zum Spruce Tree House, der drittgrößten Felswandsiedlung in Mesa Verde. Während Sie die restaurierten Gebäude aus der Nähe sehen und zum Teil auch begehen können, erhalten Sie den besten Einblick in die Lebensweise der Bewohner dieser Höhlensiedlungen.

Mit 114 „Zimmern" und acht Kivas ist die Siedlung größer als die meisten Cliff Dwellings. 100 bis 125 Menschen haben vermutlich hier gelebt. In eine Kiva, deren Decke rekonstruiert worden ist, können Sie hinabsteigen und das Innere der Räumlichkeit besichtigen. An einigen Stellen finden Sie sogar noch Putz- und Wandzeichnungen.

Spruce Tree House ist als einzige Felswandsiedlung das ganze Jahr über geöffnet. Während der Wintermonate werden Führungen von der Eingangshalle des Museums aus angeboten, wenn der Weg nicht wegen Eis oder Schnee gesperrt werden muss. Im Sommer treffen Sie einen Ranger in der Siedlung, der Ihre Fragen beantwortet.

CLIFF PALACE

Die erste Klippenanlage am Cliff Palace Loop Drive ist zugleich die größte und beeindruckendste. Für die Besichtigung brauchen Sie Tickets (∞ $ 3) für eine geführte Ranger-Tour aus dem Visitor Center. Dann geht es über vier jeweils drei Meter hohe Leitern hinauf zur Klippensiedlung. Höhenangst sollten Sie bei dieser Expedition nicht haben!

In der Felswandsiedlung unter einem Überhang des Cliff Canyon angekommen finden Sie 217 „Zimmer" und 23 Kivas vor. Bemerkenswerte Anlagen sind ein Rundturm und ein vierstöckiger weiterer Turm, der den Anasazi wohl als Etagenwohnhaus mit seitlich anschließenden Zimmern gedient hat. Wenn Sie von Cliff Palace nach oben steigen, finden Sie rechts an der Felswand die Hand- und Zehenhalte ehema-

Nahaufnahme Cliff Palace

CAPITOL REEF ZUM LAKE POWELL UND MESA VERDE NATIONAL PARK

liger Stiege – nirgends sonst sehen Sie ein Zeugnis der Fortbewegung dieser Art!

Da die Straße im Winter nicht geräumt wird, bleibt Cliff Palace dann geschlossen.

Anfang April bis Anfang November täglich 9-18:30 Uhr.

BALCONY HOUSE

Der nächstgrößere Parkplatz an der Straßenschleife liegt bei Balcony House, einem Cliff Dwelling im Soda Canyon, das ebenfalls nur während der Sommermonate täglich von 9 bis 17:30 Uhr geöffnet ist und wofür Sie auch ein Ticket (p $ 3) und eine Führung brauchen. Die Besichtigungstour ist die anstrengendste, aber auch abenteuerlichste - mit Höhenangst ebenfalls ausgeschlossen! Erst geht es 130 Stufen hinunter, dann eine zehn Meter lange Leiter wieder hinauf, bis man in den ersten Bereich der Anlage gelangt. Jetzt müssen auch Besucher mit Platzangst passen, denn als Nächstes geht es auf Händen und Knien durch einen dreieinhalb Meter langen Tunnel, bevor Sie im Endspurt noch einmal 20 Meter auf in den Fels gehauenen Stufen aufwärtssteigen und noch zwei jeweils drei Meter hohe Leitern bezwingen müssen. Kommt da das echte Indianer-Feeling auf?

Balcony House ist eine mittelgroße Wohnanlage mit ca. 40 Räumen. Der Name stammt vom Rest eines Balkons, der in einem der Höfe erhalten ist. Im gleichen Hof befindet sich eine Schutzmauer, die verhindern sollte, dass Bewohner in den Abgrund stürzten. Solche Geländer sind bei Cliff Dwellings sehr selten. Der Tunnel diente vermutlich Verteidigungszwecken und stellte ursprünglich den einzigen Zugang zu der Anlage dar.

SUN TEMPLE

Das populärste Ziel auf dem Mesa Top Loop Drive ist Sun Temple. Heutige Pueblo-Indianer weisen dem Sonnentempel bestimmte Merkmale zu, die ihn als Kultbau auszeichnen. Dafür spricht beispielsweise die D-förmige Anlage des Sonnentempels. Allerdings wurde dieser Tempel nie zu Ende gebaut. Von hier aus haben Sie eine eindrucksvolle Aussicht auf Cliff Palace und andere kleinere Cliff Dwellings auf der gegenüberliegenden Seite des Canyons.

STEP HOUSE

Erstes Ziel auf der Wetherill Mesa Road ist Step House, in dem Seite an Seite **Grubenhäuser** aus der Korbflechterperiode im siebten Jahrhundert v. Chr. und klassische Pueblo-Ruinen aus dem 13. Jahrhundert v. Chr. auf Sie warten. Im Zickzack führt ein 800 Meter langer Pfad über Treppenstufen in die Anlage und zurück. Vor Ort sind Ranger, die Fragen beantworten. Step House enthält Ruinen aus zwei getrennten Besiedlungszeiten. Die Erste ist erkennbar an den Grubenwohnungen, die spätere ist eine typische Klippenanlage. Eine Steintafel trägt in den Sandstein geritzte Muster (Petroglyph), die darstellen, wie die Anasazi ihre Bauten schmückten. Ihren Namen erhielt die Anlage wegen der steinernen Stufen aus prähistorischer Zeit, die auf die Höhe der Mesa hinaufführen.

LONG HOUSE

Südlich des Step House gelegen befindet sich Long House, das täglich von 10-16 Uhr besichtigt werden kann und mit dem Minizug erreicht wird. Dies ist nun die zweitgrößte Felsbehausung in Mesa Verde mit

CAPITOL REEF ZUM LAKE POWELL UND MESA VERDE NATIONAL PARK ◀

Leiterzugang zu Balcony House

150 Räumen und 21 Kivas. Bemerkenswert ist in Long House der große Platz im Zentrum der Anlage. Er hat vermutlich als großer Tanzplatz gedient und war wohl für die Dorfgemeinde ein Ort für Kulthandlungen, aber auch für weltliche Aktivitäten.

Für die Ranger-Führung brauchen Sie Tickets (∞ $3). Die Tour dauert eineinhalb bis zwei Stunden, und Sie müssen wieder einmal klettern: Drei knapp fünf Meter hohe Leitern sind zu bewerkstelligen und 40 Höhenmeter zu überwinden. Ansonsten sind Sie auf Zickzack-Pfaden unterwegs und müssen über einige Stufen den Canyon erreichen.

UNTERKÜNFTE

TIPP ▶ MOREFIELD CG

Von den National Government Campgrounds ist Morefield Campground eindeutig einer der besser ausgestatteten, dafür aber auch der Einzige innerhalb des National Parks. Die zahlreichen Stellplätze sind an schleifenförmigen Straßen angeordnet, die originelle indianische Namen tragen. Vom Campground gehen ein paar schöne Wanderwege ab, die zu tollen Aussichtspunkten führen. Auf dem Plan, den man vom Campground-Betreiber bekommt, sind diese eingezeichnet. Das nahe Morefield-Village bietet alles, was man in der Abgeschiedenheit brauchen könnte: vom Benzin und der Dump-Station über den Waschsalon und die Duschen bis zum kleinen Store für Camping-Bedarf (Feuerholz) und Lebensmittel. Von Memorial Day bis Labour Day gibt es jeden Morgen von 7 bis 10 Uhr ein *all you can eat Pancake*-Frühstück im Café von Morefield Village.

- ✉ Morefield Village
- ☎ 800-449-2288
- ◎ Anf. Mai bis Anf. Okt. ja
- 🚐 435, 15 mit allen Anschlussmöglichkeiten
- ∞ ★★ - ★★★
- 💻 www.visitmesaverde.com

CAPITOL REEF ZUM LAKE POWELL UND MESA VERDE NATIONAL PARK

🏨▶ FAR VIEW LODGE

Die Lodge liegt 24 km/15 mi vom Parkeingang entfernt beim Far View Visitor Center. Von den Zimmern mit Balkon aus hat man drei Bundesstaaten auf einmal im Blick. In elegantem Ambiente übernachten Sie oder Sie gehen hier fein zum Essen aus ins Metate Room Restaurant mit viel frischem Fisch und lokalen Speisen. Ein Highlight sind die „Kiva Rooms", in denen Ihnen überall indianische Accessoires begegnen, sei es der Bettüberwurf mit Indianer-Muster oder die Möbel selbst. Ansonsten sind die Zimmer bewusst spartanisch gehalten – keine Telefone, keine Fernseher. In der Lodge gibt es Souvenir-Shops und Lebensmittel. Es ist die einzige Lodge bzw. einzige Übernachtungsmöglichkeit außer dem Campground im Park.

- ✉ Mesa Verde, Mile Marker 15, Cortez, Colorado 81330
- ☎ 970-529-4637
- 🕐 Ende April bis Ende Oktober
- 💻 www.visitmesaverde.com

Anmerkung: Da der Mesa Verde National Park sehr weitläufig ist und schon innerhalb des Parks große Distanzen zu überwinden sind, ist es generell nicht ratsam, auch noch außerhalb des Parks zu übernachten. Wer den Park jedoch nur innerhalb eines Tagesausfluges besuchen möchte, könnte beispielsweise in Cortez eines der zahlreichen Motels beziehen. Als alternativen Campground kann man in Cortez KOA ansteuern (▶ Seite 121).

MESA VERDE ÜBER MONUMENT VALLEY ZURÜCK ZUM LAKE POWELL

MESA VERDE ÜBER MONUMENT VALLEY ZURÜCK ZUM LAKE POWELL

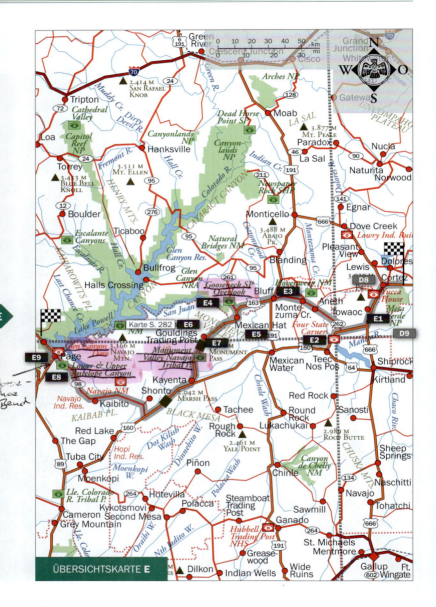

ÜBERSICHTSKARTE E

MESA VERDE ÜBER MONUMENT VALLEY ZURÜCK ZUM LAKE POWELL

Hauptstrecke km/mi	Teilstrecke km/mi	Nebenstrecke km/mi	Stationen auf dem Highway	Highway
1.081/676	0		Mesa Verde National Park	US-10
1.100/688	19/12		Cortez	US-160
1.122/701	41/26	0	Nebenstrecke/Abzweig nach Towaoc	US-160
			Weiter auf der Mike Wash Roas	
		4/3	**Towaoc (▶E1)**	
1.122/701	41/26	8/5	Zurück zur US-160	
1.144/715	63/39		Abzweig US-160/US-491	US-160
1.203/752	110/69	0	Nebenstrecke Abzweig CO-41/UT-162	US-160
		9/6	**Four States Corner (▶E2)**	US-160
1.203/752	110/69	18/11	Zurück zu Abzweig CO-41	US-160
1.370/856	177/111		**Bluff (▶E3)**	CO-41/ UT-162
1.405/878	212/133	0	Nebenstrecke Abzweig UT-261	UT-261/ UT-163
		1/1	Abzweig UT-316	UT-261
		8/5	**Goosenecks State Park Overlook (▶E4)**	UT-316
1.405/878	212/133	16/10	Zurück zu Abzweig UT-163	UT-316/ 261
1.411/882	218/136		**Mexican Hat (▶E5)**	US/UT-163
			Zeitzonenwechsel! Arizona ist während der Sommerzeit (1. So. im April bis letzten So. im Oktober) eine Stunde vor Colorado & Utah	
1.444/903	251/157		**Monument Valley Navajo Tribal Park (▶E6)**	US/UT-163
1.449/906	256/160		**Goulding's Monument Valley Campground (▶E7)**	US/UT-163
1.492/933	299/187		Kayenta	US/UT-163

MESA VERDE ÜBER MONUMENT VALLEY ZURÜCK ZUM LAKE POWELL

Hauptstrecke km/mi	Teilstrecke km/mi	Nebenstrecke km/mi	Stationen auf dem Highway	Highway
1.543/964	350/219		Abzweig AZ-98	US-160
1.643/1.027	450/281		**Antelope Canyon Navajo Tribal Park (▶E8)**	AZ-98
1.649/1.031	456/285		**Page (▶E9)**	AZ-98
1.663/1.039	470/294		Wahweap Campground, Lake Powell	AZ-98

► MESA VERDE ÜBER MONUMENT VALLEY ZURÜCK ZUM LAKE POWELL

Nachdem wir die Natur und Kultur des ungewöhnlichen Mesa Verde National Park genossen haben, fahren wir wieder zurück nach Cortez, wo wir für die nächsten Tage dem Tank des Wohnmobils und dem Kühlschrank Nahrung zuführen sollten. Denn Richtung Monument Valley werden sowohl die Einkaufsmöglichkeiten wieder spärlich als auch das Tanken schwieriger. In Cortez biegen wir diesmal Richtung Süden auf die US-160 ab und folgen dieser durch eine ganz ungewöhnlich monotone Landschaft, während wir die **Ute Mountain Indian Reservation** *durchfahren. Es ist die drittgrößte Reservation, in der noch heute der Stamm der Ute-Indianer beheimatet ist. Das Gebiet umfasst vier Counties innerhalb von drei Bundesstaaten in der Four-Corner-Region.*

Ziemlich schnell wird unsere Umgebung jetzt wieder so, wie wir es gewohnt sind: Farbenprächtige Felsformationen bereiten uns langsam auf den Anblick von Monument Valley vor – Wilder Westen, wir kommen!

Nächstes Highlight auf der Etappe ist die Tatsache, dass wir uns der einzigen Stelle in der ganzen USA nähern, an der gleich vier Bundesstaaten aufeinandertreffen: Utah, Colorado, New Mexico und Arizona. Die Stelle befindet sich in der Navajo Indian Reservation auf dem Colorado Plateau und ist mit einem Denkmal - dem **Four Corners Monument** *– gekennzeichnet.*

NEBENSTRECKE NACH TOWAOC

Wer einen klitzekleinen Umweg machen möchte, kann sich in der größten Ansiedlung innerhalb der Reservation, in **Towaoc**, über die Ureinwohner informieren und sich an ihren wunderschönen Töpferarbeiten erfreuen. Vom Visitor Center südlich von Towaoc aus führen Indianer die Gäste auf eine Reise durch die Geschichte der Ute und Ancestral Puebloan, indem sie ihnen Piktogramme, geologische Formationen, Felszeichnungen und Klippenwohnungen zeigen.

Auf der Zufahrtsstraße nach Towaoc, eine Stadt, in der etwa 1.000 Einwohner leben, betreiben die Ute Indianer ein Casino, einen Campground, ein Travel Center, ein Hotel und ein Restaurant. Mehr Informationen unter:
WWW.COLORADO.COM/TOWAOC.ASPX

ENDE DER NEBENSTRECKE

NEBENSTRECKE ZUM FOUR STATES CORNER

**FOUR CORNERS
NAVAJO TRIBAL PARK**

Schon 1912 machte eine dauerhafte Markierung an der Stelle darauf aufmerksam, dass man sich hier in vier Bundesstaaten gleichzeitig aufhält. Damals handelte es sich um einen kleinen Betonblock als Markierung. Das Monument, das man heute besichtigen kann, existiert seit 1992 und besteht im Wesentlichen aus einer Bronzescheibe inmitten einer Granitplattform. Auf dieser Plattform sind in der jeweiligen Richtung ihrer Lage die Namen und Insignien der vier Bundesstaaten eingraviert.

Zur Aufwertung der etwas mageren „Attraktion" hat sich um das Monument herum eine kleine touristische Anlaufstelle gebildet. Indianische Künstler verkaufen Souvenirs und Erfrischungen. Ein ganzjährig geöffnetes Visitor Center

MESA VERDE ÜBER MONUMENT VALLEY ZURÜCK ZUM LAKE POWELL

San Juan River

präsentiert Kunstwerke der Einheimischen: handgearbeiteter Schmuck, Kunsthandwerk und traditionelle Speisen. 10 km/6,3 mi entfernt liegt die kleine indianische Ortschaft **Teec Nos Pos** (Arizona) mit einer Tankstelle.

Von dem Four Corners Point dürfen Sie sich nicht allzu viel versprechen. Wie oft in den Staaten wird ein großer Wirbel um diese Stelle veranstaltet. Es ist zwar ganz interessant, dass genau an diesem Punkt vier Staaten aufeinandertreffen – mehr aber auch nicht. Allerdings ist der Umweg hierher nicht allzu groß, kann also leicht auf der Tour mitgenommen werden.

Four Corners Park
- 928-871-6647
- www.utah.com/playgrounds/four_corners.htm

Monument
- täglich von Juni bis September von 7-20 Uhr, von Oktober bis Mai von 8-17 Uhr
- Plattform: $ 3

ENDE DER NEBENSTRECKE

Wenn wir uns jetzt wieder auf den Weg Richtung Monument Valley machen, kommen wir wieder nicht weit. Schon bald erreichen wir **Bluff***, eine Stadt wie aus der Western-Filmkulisse. Sie liegt genau an der Ecke, an der die US-191 aus Richtung Blanding und unsere UT-162 aufeinandertreffen.*

BLUFF

	Cortez	170 km/106 mi
	Monument Valley	74 km/46 mi
	Einwohner	322
	Winter	-1 °C
	Sommer	27 °C

Im Süden wird Bluff vom San Juan River flankiert - der uns auf der folgenden Reise öfter begegnen wird - und der Navajo Nation. Erstaunlich grünes Weideland sieht man im Osten und über-

MESA VERDE ÜBER MONUMENT VALLEY ZURÜCK ZUM LAKE POWELL

wältigende Landschaftsszenerien im Westen. Sandstein-Steilhänge sind die Attraktion der Stadt und deren Namensgeber. Bluff kommt aus dem Englischen und heißt „Steilhang". Das Postkartenmotiv Nummer 1 der Stadt am Ufer des San Juan River sind die beiden „*Standing Stones*", die sogenannten **Twin Rocks.** Das sind zwei nebeneinander thronende, dunkelrot-weiß gebänderte Sandsteinsäulen im Norden von Bluff. Gleich unterhalb der dominierenden Felstürme befindet sich die verlassene Twin Trading Post, ein ehemaliger indianischer Handelsposten, der nicht minder fotogen ist.

Da die Navajo Reservation direkt an die Stadt Bluff anschließt, wird die Kultur der Navajo mit dem Western-Stil von Bluff interessant gemixt. Religion, Kunst und Kultur sind stark von den Ureinwohnern geprägt. Die Stadt selbst hat mit restaurierten, historischen Gebäuden versucht, den geschichtlichen Charakter der Ansiedlung zu bewahren.

VISITOR INFORMATION

**SAND ISLAND RECREATION AREA
MONTICELLO FIELD OFFICE**
✉ 435 N. Main, Monticello, Utah 84535
☏ 435-587-1500

SEHENSWÜRDIGKEITEN

HISTORIC DISTRICT

Im **Historic District** können Sie die restaurierten Häuser der Pioniere und nachgebildeten öffentlichen Gebäude der frühesten Tage von Bluff besuchen.

Besonders eindrucksvoll für Besucher ist die Nachbildung des **„Bluff Log Meeting House"**, das für die ersten Siedler die Funktion eines Gemeindezentrum hatte. 1880 erbaut wurde das Gebäude als Meeting House (Versammlungsort), Kirche, Gericht, Schule, Theater und Tanzsaal genutzt. Außerdem war

Verlassene „Cow Canyon Trading Post"

das Meeting House Teil der nördlichen Mauer des Forts Bluff. Was hat es mit diesem Fort auf sich? Die ersten Siedler bauten in Bluff einige kleine Blockhütten mit jeweils einem Zimmer. Zusammen bildeten diese Hütten die Umfassung einer quadratischen Fläche, die als Fort Bluff bekannt wurde. Alle Türen und Fenster wiesen ins Innere des Quadrates. Innerhalb dieses Forts hatten die Bewohner alles, was sie zum Leben brauchten und waren geschützt. Einzelne Gebäude des Forts sind ebenfalls restauriert und eigentlich würde man sich nicht wundern, wenn jeden Moment ein Cowboy in voller Montur aus der Tür einer Blockhütte treten und gelassen sein Pferd besteigen würde!

SAND ISLAND

5 km/3,1 mi westlich von Bluff direkt an der US-191 ist Sand Island einen Besuch wert. Auf großen Steinplatten sind eingeritzte Felsmalereien zu bewundern, die zwischen 800 und 2.500 Jahre alt sind. Mehrere hundert Figuren sind deutlich zu erkennen. Die „Aufzeichnungen" überliefern die Träume, Ziele und Ängste von Menschen, die sich nicht mittels geschriebener Sprache ausdrücken konnten. Die Felsmalereien stammen von Indianern, die in frühen Zeiten lange vor den Weißen in dieser Region gelebt haben.

Zuletzt starten hier, am Ufer des Flusses, die mehrtägigen Wildwasserfahrten durch die Canyons des San Juan River. Eine Ranger-Station ist vorhanden, das Gelände ist ganzjährig zugänglich. Am Ufer des Flusses nahe Sand Island gibt es einen Campground mit RV-Stellplätzen.

Ab sofort wird unsere Reise-Etappe vom **San Juan River** *bestimmt. Denn unser nächster beeindruckender Halt hat ganz erheblich mit dem Fluss zu tun: Mit einem Abstecher von nur 16 km/10 mi gelangen Sie zum eindrucksvollen* **Goosenecks State Park**, *der am Ende einer Sackgasse liegt und gut ausgeschildert ist. Sie stoßen 13 km/8,1 mi nordwestlich von Mexican Hat auf diesen winzigen State Park. Der Aussichtspunkt, zu dem Sie über die UT-316 gelangen, ist der Einzige im ganzen Park und zugleich Endpunkt des Highways. Was Sie hier sehen, sucht seinesgleichen und wirkt völlig surreal!*

NEBENSTRECKE ZUM GOOSENECKS STATE PARK

GOOSENECKS SP

Auf Ihrer Reise werden Sie oft den Vokabeln „spectacular", „dramatic" und „breath taking" begegnen. Also alles Bezeichnungen für etwas überragend Beeindruckendes. Am Goosenecks State Park Overlook ist es wieder soweit. Von einem felsigen Hochplateau aus betrachten Sie das Naturwunder, das der San Juan River im Laufe von 300 Millionen Jahren geschaffen hat: Über 450 Meter tiefe Flussschlingen hat der Fluss in das Hochplateau eingefräst. Die Schlingen des Flusses winden sich wie **Schwanenhälse** um die ausgefrästen Halbinseln, daher der Name „Goosenecks". Auf einer Länge von 8 km/5 mi legt der San Juan nur 1,5 km/0,9 mi Luftlinie Richtung Colorado River und Lake Powell zurück! Vom Aussichtspunkt auf allein schon beeindruckenden

MESA VERDE ÜBER MONUMENT VALLEY ZURÜCK ZUM LAKE POWELL

1.500 Metern Höhe blicken Sie auf die Flusswindungen, die sich an manchen Stellen fast berühren. Während die Felswände des ausgefrästen Plateaus vor uns in der Tiefe grau-weiß gemustert sind, schillern hinter uns die Felsen der Umgebung im rotbraun-weißen Zickzackmuster.

Vom Aussichtspunkt aus ein paar Meter in die Tiefe Richtung Fluss zu kraxeln, wird nicht empfohlen. Schon nach wenigen Schritten wird klar, wie beschwerlich und vor allem gefährlich ein solcher Abstieg ist. Zum einen ist das Gestein überall lose, zum Anderen brennt tagsüber die Sonne unbarmherzig herunter. Die unwirtlich wirkende Gegend unten in der Schlucht ist außerdem auch kein wirklich attraktives Wanderziel, das eigentlich Spektakuläre ist der Blick von oben.

Anders als bei den meisten State- und National Parks gibt es hier kein Visitor Center. Dafür ist der Zugang zum Aussichtspunkt allerdings auch kostenlos. Am Aussichtspunkt befinden sich ein paar einfache Tische und Bänke für ein Picknick sowie Dixie-Toiletten. Sie können hier oben sogar kostenlos campen, vier Stellplätze für Wohnmobile bis maximal 30 Feet Länge sind vorhanden. Weitere Informationen unter:

WWW.UTAH.COM/STATEPARKS/GOOSE-NECKS.HTM

ENDE DER NEBENSTRECKE

Der San Juan River begegnet uns auf der Weiterfahrt immer wieder und wird beim nächsten Stopp, **Mexican Hat***, wieder sehr dominant. Wir sehen ihn tief unter uns liegen, wenn wir von oben auf die kleine Siedlung zufahren. Beim Café bzw. Motel können wir parken und durch ein Tor direkt ans Flussufer herangehen.*

Goosenecks State Park – Ausblick

MESA VERDE ÜBER MONUMENT VALLEY ZURÜCK ZUM LAKE POWELL

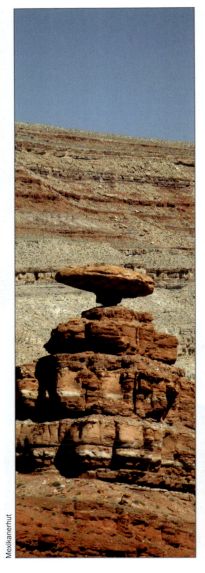

Mexikanerhut

MEXICAN HAT

Direkt im nordöstlichen Eingangsbereich zum Monument Valley liegt Mexican Hat. Benannt ist der kleine Ort, der etwa 50 Einwohner hat, nach einer lustigen Felsformation, die an einen Sombrero erinnert. Sie finden die Formation östlich des Ortes, von der Straße aus gut sichtbar.

Im Ort selbst ist das Motel San Juan Inn and Trading Post eine Anlaufstelle. Neben einem ursprünglich gehaltenen Café befindet sich vor dem Parkplatz eine Terrasse mit einem schönen Blick auf den Fluss und die felsige Wüstenszenerie dahinter. Eine imposante Brücke spannt sich linkerhand hoch über dem Fluss. In der Hochsaison sind die Übernachtungskapazitäten im Monument Valley begrenzt. Wenn man nicht vorher reserviert hat, ist das Motel eine gute Möglichkeit, die Nacht vor oder nach dem Ausflug ins Monument Valley zu verbringen.

Gehen Sie durch das Tor hinunter zum Fluss. Nehmen Sie sich die Zeit und versuchen einmal, durch den Fluss zu waten. Der braune Matsch am Ufer lässt Sie knietief versinken – ein herrliches Gefühl! Sie werden sich auch über die Farbe des Flusses wundern – das Wasser sieht aus wie eine unansehnliche, braune Brühe. Das liegt daran, dass der Fluss auf seinem Weg durch die Canyons so viel roten Sandsteinstaub aufnimmt.

UNTERKUNFT MEXICAN HAT

SAN JUAN INN AND TRADING POST
Das einfache Motel verfügt über unlängst renovierte Zimmer mit Blick auf den Fluss. Am Flussufer finden Sie eine urige Grillstelle, die zum Motel gehört. Außerdem gibt es eine Wäscherei. Auf demselben Grundstück finden Sie ein landestypisches Café und einen großen Souvenirladen.

MESA VERDE ÜBER MONUMENT VALLEY ZURÜCK ZUM LAKE POWELL

✉ Hwy 163, Mexican Hat, Utah 84531
☏ 800-447-2022
✉ SanJuanInn@citlink.net
🖥 www.sanjuaninn.net

Das große Finale wartet, wir nähern uns nun ohne weitere Zwischenstopps den wohl berühmtesten Kulissen des Wilden Westen: **Monument Valley**. *Auf der Fahrt dorthin sehen wir immer wieder Steinformationen, die wir schon mindestens einmal gesehen haben, nämlich im Fernsehen.*

Rechts und links nimmt dieses Naturspektakel uns gefangen, riesige Formationen ragen aus Canyons und Wüstensteppe empor. Wahrscheinlich wird es deshalb auch nichts mit dem Weiterfahren ohne Zwischenstopps. Denn alle paar Kilometer/Meilen gibt es ein neues Foto-Motiv, bis wir endlich im Herzen des Monument Valley angekommen sind und an eine größere Kreuzung gelangen. Links geht es geradewegs zum Visitor Center, rechts zur Lodge und dem Campground.

MONUMENT VALLEY NAVAJO TRIBAL PARK

Dass das hier kein Park wie jeder andere ist, wird schnell klar. Schon allein die Verwaltung des Gebietes unterscheidet sich von den bereits besichtigten National Parks. War es bislang der National Park Service des US-Innenministeriums, der die Parks betreute, liegt hier alles fest in Händen der Navajos. Das gibt Monument Valley zusätzlich zu seiner umwerfenden landschaftlichen Szenerie etwas Authentisches.

Dazu ein kleiner Exkurs zu den Navajos in dieser Region: Mitte des 16. Jahrhunderts kamen die Navajos aus dem Westen Kanadas in den Südwesten der USA. Als später die Weißen in dieses Gebiet vordrangen, wehrten sich die Navajo zunächst, mussten ihren Widerstand jedoch aufgeben: Der Pionier Kit Carson brannte 1864 mit seinen Leuten das Territorium und die Behausungen der Navajo nieder. In einem Gefangenenmarsch wurden die Indianer nach New Mexico zwangsüber-

Fahrt zum Monument Valley

143

siedelt. Erst 1868 wurde es dem durch die Verluste stark geschrumpften Stamm ermöglicht, in die ursprüngliche Heimat im Südwesten zurückkehren. Heute stellen die Navajos mit 300.000 Mitgliedern den stärksten Indianerstamm der USA. Ihre Reservation ist mit einer Größe von 56.000 Quadratkilometern die größte Nordamerikas.

Das gesamte Monument Valley liegt innerhalb dieser **Navajo Indian Reservation** an der Utah-Arizona-Grenze. Die Verwaltung durch die Indianer bedeutet für die Besucher auch, dass der Jahrespass für die National Parks hier **nicht** gültig ist und Sie eine Eintrittsgebühr von $ 5 pro Person (Kinder bis neun Jahre sind frei) bezahlen müssen.

John Wayne & Co. haben hier Western gedreht, Autowerbespots und Zigarettenreklamen haben die bis zu 300 Meter hohen roten Klippen weltberühmt gemacht. Was macht den Reiz der ansonsten kargen Landschaft aus? Es sind die wie aus dem Nichts senkrecht in die Höhe ragenden Felsblöcke in allen Farben und Gestaltungsformen, verteilt über eine zumeist flache und endlos wirkende Wüstenlandschaft. Charakteristisch sind die sogenannten Schwemmfächer, die meist seitlich aus den gigantischen Felsblöcken „herauswachsen" – Gebilde, die tatsächlich wie gefächerte Schwämme aussehen. Vereinzelt kann man auch Zinnen, Felsbögen und Burgen, die hier Buttes heißen, ausmachen.

Auf der Höhe, auf der die heutigen herrlichen Felsgestalten ihre oberen Spitzen haben, befand sich früher eine flusslose Hochebene. Nachdem Wind und Wetter wieder einmal am Werke waren, legte die Erosion die vereinzelten Felsformationen frei. Mehrere hundert Meter hoch sind die so entstandenen Monolithe. Wegen des Eisenoxids innerhalb der unterschiedlichen Gesteinsschichten brillieren sie in allen erdenklichen Rottönen. Besonders faszinierend ist dieses Farben-Feuerwerk bei Sonnen-

Drei berühmte Felsen – Sonnenuntergang

▶ MESA VERDE ÜBER MONUMENT VALLEY ZURÜCK ZUM LAKE POWELL

untergang: Während der Wüstenboden schon im Schatten der untergehenden Sonne liegt, stechen die Monumente wie Flammen daraus hervor.

Um ins Kerngebiet des Monument Valley zu gelangen, biegen wir von der UT-163 links ab und gelangen über eine asphaltierte Zufahrtsstraße zum Visitor Center und einem großen geschotterten Parkplatz, der gleichzeitig das Ende des festen Straßenbelags anzeigt. Hier haben wir das Monument Valley gleich in seiner populärsten Ansicht. Auf einer weiten Ebene ragen drei mächtige Tafelberge empor: links der **West Mitten Butte**, rechts der **Merrick Butte** und in der Mitte, etwas weiter hinten gelegen, der **East Mitten Butte**. Auch wenn es so aussieht, als lägen alle drei fast nebeneinander, sind sie zwischen einem und zwei Kilometer voneinander entfernt. Außer bei Sonnenauf und -untergang ist der Nachmittag die beste Zeit der Besichtigung, denn dann werden die Vorderseiten der Buttes besonders schön angestrahlt. Der Felsen am Rande des Parkplatzes im Vordergrund dieser wirklich atemberaubenden Szenerie ist schon ganz glatt geschliffen von den vielen Besuchern aus aller Welt, die ihn erklimmen, um sich darauf vor dem berühmten Hintergrund ablichten lassen!

Was das Gebiet ebenfalls von den bisherigen National Parks unterscheidet: Es gibt keine Wanderwege. Es stehen also nur zwei Möglichkeiten zur Verfügung, Monument Valley in seiner Tiefe zu erkunden: mit vier Rädern oder auf dem Pferderücken.

Das mit den vier Rädern ist allerdings so eine Sache. Zwar kommen Sie auf dem 27 km/16,9 mi langen **Scenic Drive** an vielen, auch bekannten Felsformationen vorbei, aber Sie befahren dafür durchgehend eine Schotterpiste. Auch wenn sich einige Wagemutige tatsächlich mit dem Wohnmobil auf die steile Sandpiste bergab begeben, ist das kein Spaß – das rumpelnde Geschirr aus dem Inneren der hin und her geworfenen Camper ist weithin zu hören. Ein Pkw ohne Vierradantrieb ist auch schon grenzwertig, ein Jeep wäre die optimale Lösung. Alternativ können Sie sich einer der geführten Navajo-Jeeptouren anschließen, bei der Sie unterwegs auch einige Informationen über die Kultur der Navajo und die berühmtesten Formationen erhalten. Auf dem Parkplatz beim Visitor Center finden Sie die Anbieter der Touren. Mit Privatfahrzeugen darf die Schotterpiste täglich von Anfang Mai bis Ende September nur von 6 bis 20:30 Uhr und von April bis Oktober täglich nur von 8 bis 16:30 Uhr befahren werden. Bei Regenwetter ist der Weg nicht befahrbar.

Fahrzeugtechnisch gut gerüstet führt Sie Ihre Tour zwischen Sentinel Mesa und Mitchell Mesa um die hohen Klippen und Tafelberge herum, darunter der „**Totem Pole**", ein oft fotografierter, 100 Meter hoher, aber nur wenige Meter breiter Felsturm. Sicher werden Sie einige der Felsen wiedererkennen. Regisseur Sergio Leone nutzte das Monument Valley für seinen Western-Klassiker „Spiel mir das Lied vom Tod". Aber nicht nur Western wurden hier im Wilden Westen gedreht, sondern auch Ausschnitte aus „Selma und Louise", „*Easy Rider*" oder die Anfangsszene von „*Mission Impossible II*" mit Tom Cruise (bzw. dessen Double, das am Merrick Butt hochklettert).

Diese landwirtschaftlich kaum nutzbare Gegend gilt als der Wilde Westen schlechthin - was liegt also näher, als diese Region auch adäquat zu erforschen? Auch wenn Sie kein Faible für Pferde oder das Reiten haben – hier ist es ein Muss. Wenn nicht hier, dann nirgends auf der Welt! Auf dem Parkplatz finden Sie neben den Anbietern der Jeep-Tou-

MESA VERDE ÜBER MONUMENT VALLEY ZURÜCK ZUM LAKE POWELL

Panorama-Bild innerhalb des Monuments – links die „Three Sisters"

ren auch die Vertreter der Stables, die meist ein ganzes Stück innerhalb des Monuments gelegen sind. Auf dem Pferderücken dringen Sie nicht ganz so tief in die Region ein wie mit dem Jeep, aber das Gefühl, das Sie bei dem Ausritt begleitet, werden Sie niemals vergessen!

Wenn Sie kein für die Schotterpiste geeignetes Fahrzeug haben, um zu den Stables zu gelangen, finden die Navajo eine Lösung für Sie. Bei unserem Ausritt haben sie uns auf dem Weg zum entlegenen Stall einfach einer Jeep-Tour mitgegeben. Auf dem Rückweg wurden wir von der Mitarbeiterin des Stalls zurückgefahren, wobei wir im Pkw ordentlich durcheinander gerüttelt wurden. Nach den Strapazen durch die Steppenlandschaft hoch zu Ross kam es darauf aber auch nicht mehr an ...

Ausritte werden für alle Könnerstufen und in allen Längen angeboten. Wenn Sie nicht sattelfest sind, dürfte Ihnen schon eine Stunde reichen. Ansonsten sind zwei Stunden Minimum, um tiefer in das Monument Valley einzutauchen und verschiedene landschaftliche Perspektiven mitzunehmen.

Oft wird die Reittruppe von einem Hund begleitet, der die Gegend nach Klapperschlangen absucht und seine Reiter beschützend flankiert – noch eine Tatsache, die Sie authentisch in den Wilden Westen versetzt! Die Pferde sind außergewöhnlich trittsicher und werden – natürlich! – im Western-Stil geritten. Manche indianischen Führer erlauben es guten Reitern, auch einen Galopp einzulegen.

Tipp: Wegen der hohen Durchschnittstemperaturen von 30 Grad im Sommer ist es sinnvoll, dass Sie Ihren Reitausflug auf den Vormittag oder den späten Nachmittag legen, Sie sollten auf jeden Fall die Mittagshitze meiden. Die Navajo sind mit den Ausritt-Zeiten sehr flexibel, und wenn es doch mal nicht klappt, gehen Sie einfach zum Anbieter beim nächsten Häuschen.

Da die Preise für Touren und Reiten extrem differieren und außerdem auch Verhandlungen unterworfen sind, wird hier bewusst auf Nennungen von Preisen verzichtet.

Einen Besuch Wert ist auch das sehr große **Visitor Center**. Es verfügt über ein Museum, das über die Natur- und Kulturgeschichte dieser Landschaft informiert. Beim Visitor Center (▶ Seite 148) gibt es ein indianisches Restaurant.

Jetzt müssen wir uns noch der westlichen Seite der UT-163 widmen, die wir die ganze Zeit links bzw. rechts liegen lassen haben. Hier hat der Filmemacher Harry Goulding, bekannt als der Mann, der „Hollywood zum Monument Valley brachte", in den 20er Jahren des letzten Jahrhunderts einen Handelsposten errichtet. Wenig später nutzten die Westernfilmemacher diesen Posten als Headquarter für ihre Dreharbeiten und die Anlage wurde stetig erweitert. Heute stehen für die Touristen eine Lodge, ein großer Campingplatz (beides bis 2008 die einzigen Übernachtungsmöglichkeiten innerhalb des Monuments), und Geschäfte mit indianischem Kunsthandwerk zur Verfügung. Besonders spannend ist ein Besuch des Museums, denn hier kann man die Geschichte der Westernfilme hautnah nachvollziehen. Dabei fällt auf, dass John Wayne regelrecht als Nationalheld verehrt wird! Relikte aus der frühen Pionierzeit gehören ebenfalls zu den Exponaten. Bei der Lodge und dem Laden können außerdem auch organisierte Jeep-Touren und Ausflüge in die nahe und weite Umgebung gebucht werden.

Wenn man die gepflegten, bestens organisierten National Parks im Südwesten hinter sich hat, kann man im Monument Valley leicht enttäuscht sein. Manches erscheint ein wenig verlottert, manches wird eher lieblos betreut. Wir haben außerdem die netten und munteren

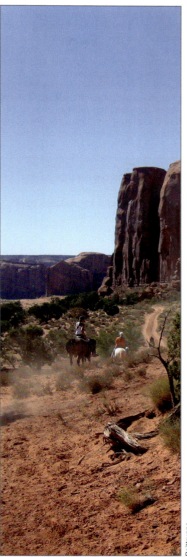

Reittruppe

Ranger vermisst, an die wir uns in den anderen National Parks schon gewöhnt hatten. Hier geht der Service eher gemächlich vonstatten, aber im Urlaub hat man ja glücklicherweise Zeit und Muse. „Andere Kulturen, andere Sitten", kann man sich dabei denken, und ein bisschen Kontrast tut der Reise auch gut. Sie sollten sich einfach nicht beirren lassen und das Monument Valley als das genießen, was es ist: ein Wunder der Natur.

VISITOR INFORMATION

NAVAJO PARKS & RECREATION DEPT., WINDOW ROCK OFFICE
- ✉ Window Rock, Arizona 86515
- ☎ 928-871-6647
- 📠 928-871-6637
- @ navajoparks@yahoo.com
- 🖥 www.navajonationparks.org

MONUMENT VALLEY NAVAJO TRIBAL PARK VISITOR CENTER
- ✉ Monument Valley, Utah 84536
- ☎ 435-727-5870
- 📠 435-727-5875
- 🕐 1. Mai bis 30.September täglich 6-20 Uhr, 1. Oktober bis 30. April täglich 8-17 Uhr
- Eintritt in den Park $ 5 pro Person (Kinder bis 9 Jahre sind frei); der Scenic Drive ist kostenlos

FREIZEITMÖGLICHKEITEN

GEFÜHRTE TOUREN
Wenn Sie bereits zu Haus festlegen, dass Sie an einer geführten Tour teilnehmen wollen, kommen für Sie vor allem die Touren ab Goulding's (UT-163) in Frage. Besichtigt werden unter anderem Anasazi-Ruinen, Felsmalereien, Drehorte, Monolithe, eine Tapetenweberei und Hogans, die traditionellen Behausungen der Navajos.

Es gibt Navajo-geführte Halbtagestouren mit einer Dauer von dreieinhalb Stunden zu den bekanntesten Monumenten und weiter in ein nur bestimmten Gruppen zugängliches Gebiet. Abfahrt ist zweimal täglich, einmal um 9 Uhr und am Nachmittag je nach Tageslicht.

Zur Information über Kosten und Verfügbarkeit von Plätzen kontaktieren Sie bitte
- @ gouldings@gouldings.com
- 🖥 www.gouldings.com/de/tours

Bei der Ganztagestour besichtigen Sie zusätzlich **Mystery Valley** mit Anasazi-Ruinen und Felsenkunst. Sie verbringen den Vormittag in der Heimat der Ureinwohner und essen im Cowboy-Café, umgeben von der einmaligen Schönheit des Monument Valley. Abfahrt täglich um 9 Uhr. Informationen bitte erfragen unter
- @ gouldings@gouldings.com

UNTERKÜNFTE MONUMENT VALLEY TRIBAL PARK

GOULDING'S CAMPGROUND
Der einzige Campground innerhalb des Monument Valley mit vielen Stellplätzen auf engerem Raum, als wir es bisher erlebt haben. Einer der wenigen Campgrounds, bei denen nach Personen berechnet wird (Stellplatzgebühr gilt für 2 Personen, jede weitere Person kostet $ 6 plus Tax zusätzlich, auch Kinder sind kostenpflichtig). Flankiert ist das Gelände mit kleinen Blockhäuschen im Western-Stil. Die Duschen sind erstklassig, ein kleines, beheiztes Hallenbad sorgt für Abwechslung nicht nur bei schlechtem Wetter. Im Laden beim Campground gibt

▶ MESA VERDE ÜBER MONUMENT VALLEY ZURÜCK ZUM LAKE POWELL

es indianische Produkte und einige wenige Lebensmittel. Ein Waschsalon ist vorhanden, ebenso ein Terminal mit kostenlosem Internetzugang.

- ✉ 1000 Main St., Monument Valley, Utah 84536
- ☎ 435-727-3235
- 🖷 435-727-3344
- 🕓 ganzjährig (eingeschränkter Service und Winterpreis von Nov. bis März)
- 🛏 116, 66 mit allen Anschlussmöglichkeiten
- ∞ ★★ – ★★★
- ✉ campground@gouldings.com
- 💻 www.gouldings.com

GOULDING'S LODGE

Es war bis Sommer 2009 die einzige Übernachtungsmöglichkeit direkt im Monument Valley außer dem Campground. Im ganzjährig geöffneten Hallenbad können Sie die Ruhe genießen oder bei Filmen mit John Wayne in Nostalgie schwelgen. Die Zimmer haben Balkone mit Blick auf Monument Valley. Mit schönem Panorama-Blick können Sie auch auf der Terrasse des zur Lodge gehörenden Stagecoach Speisesaals Tacos genießen.

- ✉ Monument Valley, Utah 84536
- ☎ 435-727-3231
- 🖷 435-727-3243
- ∞ ★★★
- ✉ gouldings@gouldings.com
- 💻 www.gouldings.com

THE VIEW HOTEL

Seit 2009 gibt es neben dem Visitor Center ein neues Hotel mit grandiosen Ausblicken, weshalb es auch „The View Hotel" heißt. Von den Balkonen, über die jedes Hotelzimmer verfügt, hat man einen einmaligen und filmreifen Blick auf die berühmten drei Buttes. In der oberen Etage heißen die Zimmer deshalb auch „StarView Rooms". Das Hotel selbst ist in einem luxuriösen Ambiente gehalten mit Zimmern und Suiten. Die Wohnräume und das Restaurant sind mit indianischen Details liebevoll versehen. Den Gästen steht kostenlos ein Fitnessraum zur Verfügung.

- ✉ 4 Miles E Highway 163, Monument Valley, Utah 84536
- ☎ 435-727-5555
- 🖷 435-727-4545
- ∞ ★★★
- ✉ info@monumentvalleyview.com
- 💻 www.monumentvalleyview.com

*Nach den überwältigenden Eindrücken im „richtigen" Wilden Westen genießen wir es, noch eine ganze Weile durch Navajo-Land zu fahren. Am Straßenrand wird immer wieder Indianer-Schmuck und indianisches Kunsthandwerk verkauft, meist an einfachen Bretterbuden. Auf diese Weise nehmen wir die ursprüngliche Gegend mit ihren Bewohnern noch einmal tief in uns auf, während wir **Kayenta** ansteuern. Das ist zwar mit 4.000 Einwohnern für unsere neuen Verhältnisse schon wieder eine große Stadt. Aber da Kayenta außer einigen Hotels für Reisende vom und zum Monument Valley wenig bis gar nichts zu bieten hat, konzentrieren wir uns bereits auf unser nächstes Etappenziel, den **Antelope Canyon** kurz vor Page. Bis dahin führt uns die Straße weiter durch Indianer-Gebiet, bevor wir es bei Page und am Lake Powell erst einmal kurz verlassen.*

*Während wir uns auf der Strecke zwischen Monument Valley, Kayenta und der Abzweigung des Highway 98 Richtung Page recht tief im Bundesstaat Arizona befanden, nähern wir uns ab der Abzweigung des Highway 98 wieder Utah. Etwa 11 km/6,9 mi nordöstlich von Page, direkt nach dem Kraftwerk, stoßen wir auf den Antelope Canyon bzw. gleich zwei Canyons, den **Upper Antelope** und den **Lower Antelope Canyon**. Beide sind vom Highway 98 aus ausgeschildert, Sie sollten nur zuerst entschieden haben, welchen von beiden Sie besichtigen möchten oder ob die Zeit (und das Geld!) auch für beide reicht.*

ANTELOPE CANYON
NAVAJO TRIBAL PARK

Der Fluss Antelope Creek fließt bei Page in den Lake Powell. Kurz bevor der Fluss den See erreicht, durchfließt er eine Schlucht – den Antelope Canyon. Unterschieden wird in Upper und Lower Canyon, wobei es sich um zwei völlig separate Canyons handelt. Seinen Namen verdankt der Canyon übrigens den Gabelantilopen, die früher in diesem Gebiet lebten. Beide Canyons sind von April bis Oktober täglich von 8 bis 17 Uhr und bis Ende November von 9 bis 15 Uhr zugänglich. Die Eingangshäuschen sind von November bis März geschlossen, aber trotzdem sind beide Canyons im Rahmen von geführten Touren auch im Winter geöffnet.

> **VISITOR INFORMATION**
>
> **LAKE POWELL NAVAJO TRIBAL PARK OFFICE**
> - Page, Arizona 86040
> - 520-698-2808
> - 520-698-2820
> - Lower Antelope Canyon: $ 26, Kinder (7-12 Jahre) $ 18
>   Upper Antelope Canyon: $ 32, Kinder (8-12 Jahre) $ 20
> - ac@navajonationparks.org
> - www.navajonationparks.org/htm/antelopecanyon.htm

Tipp: Upper und Lower Antelope Canyon sollten **unbedingt** bei Sonnenschein besucht werden – nur so erleben Sie das fantastische, natürliche, leuchtend gelb-orange-rote Farbenspiel!

LOWER ANTELOPE CANYON

Vom Highway aus sind es nur ein paar hundert Meter zu fahren, am Ende über eine kurze, unbefestigte Straße, bevor Sie den Eingangsbereich des Canyon erreichen. Lassen Sie sich nicht von dem windschiefen Bretterverschlag beirren, es hat schon alles seine Richtigkeit. Was Sie jedoch vermutlich erschlagen wird, ist der Eintrittspreis. Erwachsene kosten $ 26 zuzüglich $ 6 Gebühr für die Navajo-Nation, in deren Privatbesitz Antelope Canyon liegt. Kinder ab sieben Jahre kosten inklusive dieser Gebühr $ 18. Für den Eintrittspreis erhalten Sie Zutritt in den Canyon mit einem Führer. Diese Sicherheitsmaßnahme, nur unter Führung eines ortskundigen Navajos in den Lower Antelope Canyon zu steigen, rührt von einer schlimmen Katastrophe im Jahr 1997 her, als elf Touristen von einer Sturzflut mitgerissen wurden, die nach einem weit entfernt niedergegangenen Gewitter durch den Canyon schoss. Bei plötzlich auftretendem Hochwasser hat man tief drinnen im Canyon keine Chance, sich in Sicherheit zu bringen. Die Navajos wissen über Wetter und drohende starke Regenfälle Bescheid.

Nach Entrichten des Eintrittspreises folgen Sie dem Führer einen kleinen Pfad auf ein Felsplateau. Erst wenn Sie unmittelbar davor stehen, sehen Sie den schmalen „Eingang" in der Bodenplatte in Form einer Felsspalte. Durch diese müssen Sie sich zwängen, um dann über eine in die Felsen gehauene Hühnerleiter hinab in die Tiefen des Canyons zu dringen. In den USA wird der Antelope auch „**Slot Canyon**" genannt – *Slot* heißt „Schlitz" – jetzt wissen Sie, warum!

Wenn Sie unten angekommen sind, wird Ihnen allerdings erst einmal der Atem wegbleiben. Eine bizarre Traumwelt erwartet Sie. In sanften Wellen fließen die bunten und weich geschliffenen Sandsteinskulpturen

MESA VERDE ÜBER MONUMENT VALLEY ZURÜCK ZUM LAKE POWELL

in allen Rotschattierungen um Sie herum. Verstärkt wird dieses wundersame Leuchten von der durch schmale Felsschlitze einfallenden Sonne. Der enge Canyon besteht aus 40 Meter hohen Felswänden, die teilweise nicht einmal einen Meter weit auseinander stehen. Man kann die leuchtende Märchenwelt eigentlich nicht wirklich beschreiben, man muss es einmal gesehen haben. In Spiralen windet sich der Sandstein nach oben, weshalb die Navajos diesen Canyon auch „*Hasdestwazi*" genannt haben, was so viel heißt wie **„spiralförmige Felsbögen"**. Richtig poetisch wurde bei unserem Besuch die Atmosphäre dadurch, dass der Navajo-Führer unsere Durchquerung des Canyons mit sanften Tönen auf der Gitarre begleitet hat. Wie wir später erfahren haben, ist das so üblich und entführt den Besucher endgültig in eine Traumwelt!

Im Canyon warten unzählige abstrakte Motive auf ihre fotografische Ablichtung, unter anderem ein sehr schöner Felsbogen, eine große Welle und diverse Tiersilhouetten.

Immer wieder passieren Sie Stahltreppen, die kaum Platz finden in dem engen Gang. Wenn die Sandsteinwellen am Boden übereinanderschlagen, müssen Sie sich auch schon mal an der Felswand entlang hangeln. Platzangst ist hier nicht angebracht, denn im Falle einer Panik ist der „Fluchtweg" zum Ausgang nur mühsam zu bewerkstelligen.

Wenn Sie das Ende des Canyons erreicht haben, führt eine lange Leiter nach oben auf das Felsplateau. Sie sollten aber umkehren und den Rückweg auch noch einmal durch den Canyon gehen. Auf diese Weise können Sie die Naturgewalt noch einmal auf sich

Einstieg in den Lower Antilope Canyon

Tiersilhouette Bär

wirken lassen. Eine Zeitbegrenzung gibt es bei der Besichtigung nicht.

Der Lower Antelope Canyon ist zwar nicht so tief und dunkel wie sein Pendant Upper Antelope, dafür aber wesentlich länger und steht diesem an Anziehungskraft in nichts nach. Da deutlich weniger Besucher diesen Canyon besichtigen, ist der Andrang nicht so groß wie beim Upper Canyon, sodass Sie das Natur- und Farbenspiel mit etwas mehr Ruhe genießen können.

Karte: www.navajonationparks.org/images/page_acmap.jpg

UPPER ANTELOPE CANYON

Um diesen Canyon zu betreten, müssen Sie noch ein Stück tiefer in die Tasche greifen. Für Erwachsene kostet der Eintritt $ 32 zuzüglich $ 6 Navajo-Gebühr bzw. für Kinder von 8 bis 12 Jahre inklusive Gebühr $ 20 (unter 8 Jahre $ 10). Es gibt verschiedene Anbieter für die Touren, sie sind mit Kontaktangaben zu finden unter www.navajonationparks.org/htm/antelopecanyon.htm

Wenn Sie beide Canyons besichtigen, entfällt einmal die Navajo-Gebühr. Diese müssen Sie pro Person beim Besuch beider Canyons nur einmal entrichten.

Zum Upper Antelope Canyon gelangen Sie, indem Sie vom Highway 89 Richtung Page links abbiegen und direkt auf den Parkplatz am Highway fahren. Von hier aus werden Sie mit einem Pick-Up zum Eingang des Upper Antelope Canyon gebracht. Der Einstieg ist zwar nicht so spektakulär wie beim Lower Canyon, denn Sie treten einfach geradeaus durch einen Felsspalt in den Canyon ein, aber im Inneren ist es nicht minder beeindruckend.

MESA VERDE ÜBER MONUMENT VALLEY ZURÜCK ZUM LAKE POWELL

Diesen Canyon nennen die Navajos „Tse' bighanilini", was soviel heißt wie „der Platz, an dem Wasser durch Felsen fließt". Auch hier tauchen Sie ein in eine farbenprächtige Wunderwelt. Durch das reflektierende Sonnenlicht erstrahlen die hohen Sandsteinwände von warmen Rottönungen über Braun bis Orange. Die beste Zeit für Fotografen ist auch hier wieder die Mittagszeit bei wolkenlosem Himmel. Nur dann gelangt das Sonnenlicht bis auf den Grund der Schlucht. Was hier mehr ausgeprägt ist, als im Lower Antelope Canyon, sind die Lichtkegel, in denen sich herabrieselnde Sandkörnchen brechen. Das hat schon etwas Außerirdisches!

Der begehbare Bereich ist etwa 400 Meter lang und relativ breit. Und im Gegensatz zum Lower Antelope Canyon muss man sich weder durch enge Felsspalten zwängen, noch über Treppen hinab steigen. Man läuft die ganze Zeit bequem und eben. Berühmt ist dieser Teil vor allem wegen seiner spektakulären Lichtsäulen, auch „*Beams*" genannt. Bereits kurz hinter dem Eingang befindet sich das erste Highlight: Hier entsteht um die Mittagszeit der schönste Beam im gesamten Antelope Canyon.

Da der Upper Antelope (auch „*Corkscrew Canyon*" - **Korkenzieher Canyon** genannt), der bekanntere von beiden ist, herrscht hier auch deutlich mehr Trubel. Vermutlich wegen des starken Andrangs gibt es ein zwei-Stunden-Limit für den Besuch. Wer länger bleiben will, muss nachzahlen.

Es wird schon eine Weile dauern, bis dieses faszinierende Erlebnis verdaut ist. Wir waren noch ganz benommen, als wir uns auf die Weiterfahrt nach Page gemacht haben, was nur noch ein kurzes Stück ist. Wir befinden uns immer noch auf Navajo-Land, das wir auch erst kurz vor dem Grand Canyon wieder verlassen werden.

Nächste Anlaufstation ist **Page** *und damit das südwestliche Ende des* **Lake Powell**. *Da es in Page mit dem Staudamm und am Lake Powell mit seinen richtigen Sandstränden etwas zu erleben gibt, sollte mindestens eine Übernachtung hier in Arizona eingeplant werden.*

Steile Leiter im Canyon

MESA VERDE ÜBER MONUMENT VALLEY ZURÜCK ZUM LAKE POWELL ◄

	Kayenta	162 km/ 101 mi
	Tuba City	126 km/ 79 mi
	Grand Canyon National Park	180 km/ 113 mi
👪	Einwohner	6.800
❄❄	Winter	13 °C
☀	Sommer	30 °C

Die Stadt Page liegt genau an der Grenze zwischen Arizona und Utah. Sie thront über dem Colorado River und schließt sich direkt an den riesigen Glen Canyon Staudamm an.

Die Stadt hat ihre Entstehung dem Staudamm zu verdanken. Früher waren hier ausschließlich Navajo-Indianer angesiedelt, mit Beginn der Bauarbeiten am Staudamm mussten aber die Arbeiter auch irgendwo untergebracht werden. Was zunächst nur ein Camp war, entwickelte sich mit der Zeit zu einer Ortschaft und führte schließlich zur Gründung der Stadt Page im Jahr 1957. Namensgeber ist der Leiter des Bureau of Reclamation, John C. Page. Mit einem Alter von knapp über 50 Jahre ist Page eine der jüngeren Städte in den USA. Heute sind im Gegensatz zur ursprünglichen alleinigen Besiedlung von Navajos nur noch 27 Prozent der Bevölkerung indianischer Herkunft.

Die Lage der Stadt Page am südlichen Ufer des Lake Powell ist ein guter Ausgangspunkt für Aktivitäten in alle Richtungen. Die Attraktion der Stadt selbst ist mit Sicherheit der **Glen Canyon Dam**, ein monumentales Bauwerk, das dem Hoover Dam bei Las Vegas im wahrsten Sinne des Wortes durchaus das Wasser reichen kann.

▮▮▶ VISITOR INFORMATION

GLEN CANYON RECREATION AREA
✉ Page, Arizona 86040
☎ 928-608-6200
🖥 www.nps.gov/glca

CARL T. HAYDEN VISITOR CENTER
Auf den ersten Blick ist es nicht als Visitor Center erkennbar, vielmehr ähnelt es einem militärischen Gebäude. Der rund gebaute Klotz wirkt erhaben und futuristisch am Beginn der gleichermaßen monumentalen Staumauer. Auf der rückwärtigen, zur Staumauer gerichteten Seite erlauben Panoramafenster einen Blick weit über den Lake Powell und die dahinter liegende Wüstenlandschaft. Auch die Ausstellung ist ein Erlebnis für sich. Modelle und Bilder dokumentieren den Bau des Dammes. Anhand einer dreidimensionalen Karte kann man die Fläche und die Täler nachvollziehen, die durch den Glen Canyon Dam gestaut werden. Andere Exponate geben Einblicke in das Leben der Ureinwohner. Wechselnde Videofilme erzählen beispielsweise die Geschichte vom Bau des Staudamms oder informieren über Flora und Fauna der Region. Neben den wie üblich fachmännischen und geduldigen Ratschlägen der Ranger können Sie sich auch für eine Technikführung durch das Innere des Staudamms anmelden. Die Führungen finden mehrmals täglich statt und kosten $ 5 pro Person.

Tipp: Wegen der hohen Sicherheitskontrollen am Eingang des Visitor Center (als Gebäude direkt auf der Staumauer untersteht es der Nationalen Sicherheit) ist es sinnvoll, alle Wertgegenstände im Fahrzeug zu lassen. Nicht einmal Handtaschen dürfen mit ins Visitor Center genommen werden, Sie werden damit wieder zurück zum Fahrzeug geschickt.

✉ Glen Canyon Dam, Page, Arizona 86040
☎ 928-608-6404, Staudamm-Besichtigungen: ☎ 928-608-6072
🕐 im Sommer tägl. 8-18 Uhr (telefonisch n. Sommerzeiten fragen), Nov. bis Feb. 8:30-16:30 Uhr, ansonsten 8-17 Uhr

SEHENSWÜRDIGKEITEN

GLEN CANYON DAM

Der Glen Canyon Dam ist eine Staumauer, die den Colorado River zum Lake Powell aufstaut. Durch die vier riesigen Öffnungen in der Mauer strömen 420 Kubikmeter Wasser pro Sekunde. Damit dient das mächtige Bauwerk zum einen als Wasserspeicher für den trockenen Südwesten und versorgt sieben Bundesstaaten mit Wasser, zum Anderen erfüllt der Damm die Funktion der Stromgewinnung. Der Lake Powell als Oase mitten in der Wüste verdankt seine Existenz natürlich ebenfalls ausschließlich diesem Bauwerk. Er ist nach dem Lake Mead der zweitgrößte Stausee der USA.

Die in den Sandstein gebaute Krone ist 475 Meter lang, 8 Meter breit und ragt 216 Meter hoch aus der Schlucht des Colorado River empor. Im Rahmen der vom Visitor Center angebotenen Besichtigung taucht man im Fahrstuhl in die Tiefen des Staudamms ein und kann sogar das Turbinenkraftwerk besichtigen.

Tipp: Einen besonders guten Blick auf den in die Natur gebetteten Staudamm hat man vom **Scenic View Drive** aus, der im Westen von Page (und am UT-89) sehr gut ausgeschildert ist.

✉ Glen Canyon Dam, Page, Arizona 86040
☎ 928-608-6072

HORSESHOE BEND OVERLOOK

Das Naturspektakel, das man hier bestaunen kann, ist eigentlich nicht gerade „berühmt", dabei ist es von der Art her so ähnlich oder gar spektakulärer als der Goosenecks State Park. Von Page aus geht es gen Süden Richtung Flagstaff auf dem Highway 89. Nach etwa 6 km/3,8 mi kommt rechterhand eine Einfahrt mit der Beschilderung „**Horseshoe Bend Overlook**". Diese Straße endet nach wenigen Metern an einem sandigen Parkplatz. Von hier aus führt ein Weg auf einen sandigen Hügel und wieder hinab, die eigentliche Attraktion sieht man erst spät. Wenn sie sich dann offenbart, ist der Anblick atemberaubend: Tief unten schlängelt sich der grüne Colorado River wie ein Hufeisen um eine Felseninsel. Die umgebenden Felswände und die Wände der Insel ragen mehrere hundert Meter neben dem Fluss nach oben und leuchten in sattem Rot – ein Augenschmaus zusammen mit dem grünen Wasser und dem blauen Himmel! Hin- und Rückweg zum Aussichtsplateau sind zusammen etwa 2,5 km/ 1,6 mi lang. Im Sommer 2010 stürzte hier ein Tourist beim Fotografieren fast 200 Meter in die Tiefe und starb. Wegen der ungesicherten Stellen am Rand der Felswände ist hier unbedingt Vorsicht geboten - nicht zu weit an den Abgrund herangehen!

✉ Hwy 89, Page, Arizona 86040

JOHN WESLEY POWELL MUSEUM

Major John Wesley Powell lebte in der zweiten Hälfte des 19. Jahrhunderts (geboren 1834, gestorben 1902) und wurde berühmt durch seine Forschungsreisen auf dem Colorado River und im Grand Canyon. In den USA erinnern viele Straßen, Plätze und Berge, ein Museum am Green River und vor allem der nach ihm benannte Stausee Lake Powell an den Pionier. Im John Wesley Powell Museum in Page sehen Sie sowohl Entwürfe, Aufzeichnungen und Fotos von Powells Exkursionen als auch eine

MESA VERDE ÜBER MONUMENT VALLEY ZURÜCK ZUM LAKE POWELL

Glen Canyon Dam vom Viewpoint aus

Nachbildung des Bootes, in dem der Major auf dem Colorado River unterwegs war. Eine große Ausstellung von Artefakten der Ureinwohner und der frühen Pioniere führt Sie in die Geschichte der Region ein. Ein anderer Bereich der Ausstellung umfasst die Geologie der Canyons, die vom Colorado River geschaffen wurden und die Geschichte und Entwicklung der Stadt Page. Filme über den Lake Powell und den Staudamm werden kostenlos vorgeführt.

Dem Museum ist ein Visitor Center angeschlossen, in dem Sie Informationen und Unterstützung bei der Suche nach einer Unterkunft erhalten, Ausflugstouren auf dem Fluss und den See reservieren oder Restaurant-Tipps erhalten können.

- ✉ 6 N. Lake Powell Blvd, Page, Arizona 86040
- ☎ 928-645-9496
- 📠 928-645-3412
- 🕐 Montag bis Freitag 9-17 Uhr
- ∞ Erwachsene 13-61 Jahre: $ 5, über 62 Jahre: $ 3, Kinder (5-12 Jahre): $ 1
- ✉ Director@PowellMuseum.org
- 💻 www.powellmuseum.org

LAKE POWELL

(Parkgebühren ▶ Seite 49)

Wir sind am selben See wie noch vor wenigen Tagen in Bullfrog. Und trotzdem ist hier wieder alles ganz anders. Zunächst einmal ist dieser Zipfel des Lake Powell viel erschlossener als das nördliche Ende, was vor allem an der Stadt Page liegt. Außerdem gibt es rund um das südwestliche Ende des zweitgrößten Stausees der USA einige Attraktionen und Highlights in der näheren und weiteren Umgebung.

Dass dieses Ende des Sees vor allem mehr für Touristen bietet als die Bullfrog-Region liegt daran, dass mit dem Bau des Staudammes und der Erschaffung des künstlichen Sees von Anfang an nicht nur ein Wasserreservoir zur Stromgewinnung vorgesehen war, sondern auch ein Erholungsraum mitten in der Wüste entstehen sollte. Wegen des

MESA VERDE ÜBER MONUMENT VALLEY ZURÜCK ZUM LAKE POWELL

ganzjährig warmen Wüstenklimas bietet sich die Region als Ganzjahreserholungsgebiet an, das nicht nur Wassersportlern und Anglern dient, sondern auch den Hauch eines Mittelmeer-Urlaubes bietet.

17 Jahre nach Eröffnung des Glen Canyon Dams war es so weit – der Lake Powell war endlich fertig mit Wasser gefüllt! Mit der Überflutung des Canyons und der Entstehung des Sees ergab sich eine Uferlinie, die mit ihren vielen Verästelungen länger ist als die gesamte amerikanische Westküste! Gesäumt ist die Uferlinie von den für den Grand Canyon typischen Gesteinsformationen und erlauben damit schon einmal einen Vorausblick auf die „große Schlucht": Die Rot- und Weißfärbungen des Sandsteins sind das Ergebnis der Naturgeschichte der Region. Unterwegs auf dem See kann man durch enge kleine Schluchten schippern oder sandige Badebuchten beziehungsweise kleine Inselchen ansteuern. Kein Wunder, dass jährlich über drei Millionen Touristen dieses sonnige und abwechslungsreiche Urlaubsgebiet ansteuern!

Anmerkung: Beachten Sie, dass in der Hauptsaison (Sommerzeit) die **Arizona-Zeit** gilt, Arizona also eine Stunde vor der Utah-Zeit liegt!

WAHWEAP MARINA

Direkt am See liegt die Wahweap Marina, 9 km/5,6 mi nördlich des Staudamms und direkt an der Staatsgrenze von Arizona und Utah. Hier findet man ein vielfältiges Wassersportangebot. Die Marina ist über den Lakeshore Drive, der am westlichen Seeufer entlang führt, zu erreichen. Wahweap stammt aus der Sprache der Paiute-Indianer und bedeutet „bitteres oder alkalisches Wasser". Ursprünglich einmal eine kleine Anlegestelle ist der Ort jetzt auf große Besucherzahlen ausgerichtet und bietet Hotel, Cam-

Impression vom Ufer des Lake Powell

pingplatz und Yachthafen mit Bootsverleih. Wie auch schon in Bullfrog hat man hier alle Möglichkeiten, sich wassertaugliche Fortbewegungsmittel zu mieten – angefangen beim Kanu über den Jetski, das Motorboot bis hin zum Hausboot. Außerdem starten mehrmals täglich von Wahweap Marina aus Seerundfahrten mit einem Schaufelraddampfer. Auch Besichtigungstouren können hier erfragt und gebucht werden. Da die Marina sehr begehrt ist, sollten Sie Ihre Unterkunft hier vor allem in den Sommermonaten rechtzeitig reservieren.

ARAMARK, Wahweap
- 100 Lakeshore Drive, Page, Arizona 86040
- 928-645-2433
- 928-645-1031

WAHWEAP BOAT RENTALS
Über www.lakepowell.com finden Sie an diesem Ende des Lake Powell das gleiche Angebot an Booten aller Art, wie auch in Bullfrog. Auch preislich sind es dieselben Kategorien und Spannweiten, das heißt, die Mietspanne für ein Powerboot reicht von $ 277 für einen halben Tag bis $ 584 für einen ganzen Tag, für ein Hausboot der Kategorie Standard reicht die Preisspanne bei einer dreitägigen Anmietung von ca. $ 2.000 bis $ 4.000 für sechs bis zwölf Personen.

Allerdings gibt es hier ein paar mehr Anbieter als in Bullfrog, deshalb ist ein Preisvergleich im Vorfeld per Internet-Recherche sinnvoll. Zum Beispiel können Sie sich auch bei www.lakepowellvacations.com oder www.canyon-country.com/lakepowell umschauen und die aktuellen Preise in Erfahrung bringen.

- Page, Arizona 86040
- 800-528-6154
- 602-331-5258
- www.lakepowell.com

Mehr Informationen über das komplette Angebot der Marina unter www.lakepowell.com oder telefonisch unter 928-608-6200.

ANTELOPE POINT MARINA
Antelope Point Marina liegt ungefähr 8 km/5 mi vom Glen Canyon Dam entfernt am Mittelwasserbett des Lake Powell. Die Zufahrt erfolgt ab Page über den Highway 98 ca. 7,5 km/4,7 mi Richtung Osten und 7 km/4,4 mi Richtung Norden auf der Navajo Route 22B bis zum See. Es stehen Ihnen unter anderem eine öffentliche Bootsrampe und eine Dump-Station zur Verfügung. Auch hier können Sie alle Arten von Boote mieten und den kompletten Service rund ums eigene Boot in Anspruch nehmen. Ein Restaurant, eine Snackbar und ein kleiner Laden sind ebenfalls vorhanden.
- 537 Marina Parkway, Navajo Route 22B, Page, Arizona 86040
- 928-645-5900
- 928-645-5914
- www.antelopepointlakepowell.com

DANGLING ROPE MARINA
Eine dritte Marina etwa 65 See-Kilometer/40,6 mi vom Glen Canyon Dam entfernt ist die Dangling Rope Marina. Auf der Bootsfahrt zur Rainbow Bridge kann man hier einen Zwischenstopp einlegen. Das Besondere an dieser Marina ist, dass sie mit all ihren Dienstleistungen nur vom Wasser aus erreichbar ist. Boote können an dieser Marina nicht angemietet werden.

Vielmehr können Bootsfahrer hier „auf hoher See" auftanken, es gibt auf dem Lake Powell nur zwei Möglichkeiten dazu. Zusätzlich zu den Service-Angeboten rund um die Boote gibt es hier auch eine Ranger-Station. Die Ranger stehen während der Sommersaison auch an der nahen Rainbow Bridge zur Verfügung.

RAINBOW BRIDGE NAT. MONUMENT

Diese natürliche Steinbrücke erfüllt alle Superlative: Sie ist die **größte Natural Bridge der Welt** mit einer Dicke von stolzen zwölf Metern am Brückenbogen. Ihre Spannweite beträgt 82 Meter und sie ist 88 Meter hoch. Die Naturbrücke besteht aus zwei verschiedenen Arten von übereinander gelagertem Sandstein und wurde infolge stetiger Aushöhlung durch einen Fluss geschaffen.

Ihren englischen Namen erhielt die Brücke von der Übersetzung des Namens, den die Navajos ihr gegeben haben: „Nonnezoshi" heißt „versteinerter Regenbogen". Für die Navajos ist die Rainbow Bridge heilig, zumal nach indianischem Glauben natürliche Steinbrücken eine Verbindung zwischen der Vorwelt und der heutigen Welt darstellen. Deshalb wird gebeten, die Wege zum View Point nicht zu verlassen und sich auf die Betrachtung von diesem Aussichtspunkt aus zu beschränken, statt die Brücke erwandern zu wollen.

Zu erreichen ist die Rainbow Bridge über einen Seitenarm des Lake Powell, weswegen man auch hauptsächlich über den Wasserweg zu ihr gelangt. Das sind ab Wahweap Marina 80 Flusskilometer/50 mi und anschließende 2 km/1,3 mi Fußmarsch (je nach Wasserstand auch weniger).

Von Page aus werden ganztägige Ausflüge zur Rainbow Bridge mit Booten angeboten. Alternativ kann man mit einem privat gemieteten Motorboot auf eigene Faust losschippern. Unter www.lakepowell.com findet man für beide Varianten Informationen. Bei Bootstouren müssen Mindestpassagierzahlen erreicht werden.

Eine fünfstündige Halbtagestour zur Rainbow Bridge kostet zwischen Mai und August für Erwachsene $ 113,37, für Kinder $ 84,11.

Mit einer Genehmigung der Navajo-Nation kann man die spektakuläre Brücke auch auf zwei verschiedenen, abenteuerlichen Trails erwandern. Sie sind 22 km/13,8 mi bzw. 28 km/17,5 mi lang (einfacher Weg) und führen durch die Wüste. Man sollte für die anstrengenden Wege zwei bis drei Tage einplanen. Die Rainbow Bridge ist ganzjährig zugänglich.

Kontakt Navajo-Nation:
- ✉ Parks and Recreation Department, Box 9000, Window Rock, Arizona 86515 (Postadresse)
- ☏ 928-871-6647
- ✉ navajoparks@yahoo.com
- 🖥 North Trail Guide: www.nps.gov/rabr/planyourvisit/upload/RainbowBridgeNorthTrail052909.pdf
- 🖥 South Trail Guide: www.nps.gov/rabr/planyourvisit/upload/RainbowBridgeSouthTrail040709.pdf

Rainbow Bridge National Monument
- ✉ Page, Arizona 86040
- ☏ 928-608-6200
- 📠 928-608-6259
- 🖥 www.nps.gov/rabr

MESA VERDE ÜBER MONUMENT VALLEY ZURÜCK ZUM LAKE POWELL

🚣 FLOAT TRIPS

Am Staudamm beginnen die 24 km/ 15 mi langen Float Trips durch den Glen Canyon, die sich auch sehr gut als Familienausflüge eignen. Es gibt keine nennenswerten Stromschnellen zu meistern, und so treiben die Schlauchboote mit Zwischenstopps fünf Stunden lang auf dem Colorado River durch die großartige Kulisse steil aufragender Felswände bis nach Lees Ferry. Auf unserer Weiterreise Richtung Grand Canyon werden wir von Aussichtspunkten öfter mal die hellblauen Punkte sehen – das sind dann die Schlauchboote der Abenteurer. Der 72 km/45 mi lange Rücktransport erfolgt per Bustransfer.

Wilderness River Adventures
- ✉ Page, Arizona 86040
- ☎ 928-645-3296
- 📠 928-645-6113
- ✉ info@riveradventures.com
- 💻 www.riveradventures.com

Colorado River Discovery
- ✉ 130 - 6th Ave, Page, Arizona 86040
- ☎ 888-522-6644 oder 928-645-9175
- ⊙ Halbtagestouren: 1. März bis 30. Nov. Erwachsene $ 84, Kinder (4-11 Jahre) $ 74. Ganztagestouren (nur 1. März bis 30. April und 1. September bis 30. November): Erwachsene $ 161, Kinder (4-11 Jahre) $ 151
- 💻 www.raftthecanyon.com

🚣 WEITERE FREIZEIT-AKTIVITÄTEN

Einen umfassenden Überblick über Aktivitäten, auch übers Internet schon von zu Hause aus, bietet das Page–Lake Powell Chamber of Commerce & Visitors Bureau in Page.
- ✉ Page-Lake Powell Chamber of Commerce, 34 S. Lake Powell Blvd., Page, Arizona 86040
- ☎ 928-645-2741
- 📠 928-645-3181
- 💻 www.pagechamber.com

🥾 WANDERMÖGLICHKEITEN

Anmerkung: Die meisten Wanderungen befinden sich nicht im ummittelbaren Umfeld des Lake Powell, sondern gehen mit einiger Fahrzeit entlang des Highway 89 ab. Im Carl Hayden Visitor Center ▶ Seite 154 erhalten Sie Material zu den einzelnen Wanderungen sowie fachmännische und persönliche Informationen. Dort erfahren Sie auch, wie viel Fahrzeit Sie zu den jeweiligen Ausgangspunkten kalkulieren müssen und ob es möglicherweise sinnvoller ist, die eine oder andere abwechslungsreiche Wanderung beispielsweise erst auf der Weiterreise einzuplanen. Deshalb hier nur kurz die Beschreibung zweier besonders empfehlenswerter Wanderungen für Ihren aktuellen Standort.

🥾 HANGING GARDEN TRAIL

Eine der wenigen Wanderungen direkt im Bereich von Page bzw. Wahweap ist dieser erst kürzlich vom Parkservice angelegte Weg. Er führt zu einer schmalen, auf einzigartige Weise am Flussufer gelegenen Oase, die sich unter eine Reihe von Spitzkuppen oberhalb des Lake Powell schmiegt. Der Weg ist 1,5 km/ 0,9 mi lang, gut zu finden und bietet eine fantastische Landschaft. Die Gardens selbst sind ein Ort zum Entspannen und Genießen. Besonders die Zeit vor dem Sonnenuntergang ist empfehlenswert für diese Wanderung, da das Zusammenspiel des angeleuchteten Sandsteins mit dem Himmel wunderschöne Farben erglühen lässt.

▶ MESA VERDE ÜBER MONUMENT VALLEY ZURÜCK ZUM LAKE POWELL

Um zum Ausgangspunkt der Wanderung zu gelangen, fahren Sie auf dem Highway 89 durch Page und nehmen die Ausfahrt nördlich der Stadt (vor dem Damm) rechts. Sie erkennen sie an einem braunen Wanderschild. Über eine kurze Schotterpiste gelangen Sie zum Beginn der Wanderung, die mit einem kleinen Schild markiert ist.

WIREGRASS CANYON TRIAL

Diese Wanderung ist mehr als nur ein Spaziergang und eine echte Herausforderung. Den Ausgangspunkt des Weges erreichen Sie von Page aus über den Highway 89 Richtung Norden. Orientieren Sie sich anschließend am Straßenschild „**Big Water City**", und schließlich folgen Sie dem Wegweiser zum Wiregrass Canyon.

Der Wanderweg besteht aus einer sogenannten W*ash,* das ist ein tiefes, ausgetrocknetes und deshalb begehbares Flussbett mit steilen Canyonwänden rechts und links. Unterwegs warten allerhand natürliche Besonderheiten auf die Wanderer, angefangen bei den balancierenden Felsblöcken über Natursteinbrücken und selbstverständlich die farbige Felsenlandschaft nicht zu vergessen. Einfachere Kletterereinlagen sind inklusive!

Die unbefestigte Zufahrtstraße wird bei Nässe rutschig und sollte bei Regen gemieden werden. Der Weg durch den Canyon bietet wenig Schatten – deshalb nicht über die Mittagszeit loswandern und viel Trinkwasser mitnehmen.

UNTERKÜNFTE PAGE

WAHWEAP CAMPGROUND *

Das ist wie Urlaub am Mittelmeer: Der Badestrand liegt in Sichtweite nur ein paar Gehminuten über die Straße hinweg, der Campingplatz selbst bietet alles vom Waschsalon über Duschen (beides mit Münzbetrieb), bis zum Lebensmittel- und Souvenirladen, Telefone und Dump-Station. Die Anlage ist sehr weitläufig und gepflegt und liegt nahe zu den Service-Leistungen

der Wahweap Marina. Der Pool im Lake Powell Resort kann von den Campground-Gästen in Anspruch genommen werden. Als Ausgangspunkt für alle Aktivitäten am Lake Powell bietet der Campground einen hohen Standard. Der Blick über den See ist ein Erlebnis für sich.

- ✉ 100 Lakeshore Drive, Page, Arizona 86040
- ☎ 800-528-6154
- ◎ ganzjährig
- 🛏 251, 139 mit allen Anschlussmöglichkeiten
- ∞ ★★
- 🍴 ja (nur für die Plätze mit Anschlussmöglichkeiten!)
- 💻 www.lakepowell.com/rv-and-camping/wahweap.aspx

LAKE POWELL RESORT

Früher hieß das Resort Wahweap Lodge, heute ist eine große und sehr ansprechende Anlage mit 350 Zimmern daraus geworden, die direkt am See und an der Wahweap Marina liegt. Hier soll es dem Gast an nichts fehlen – angeboten werden unter anderem Restaurants (ein etwas Nobleres und ein Pizza Fast Food), zwei herrlich angelegte Swimmingpools mit Seeblick, Wassersportaktivitäten wie Wasserski, Motorbootmiete und Schiffsrundfahrten. Auch ein Fitness-Center, ein Sport-Shop und Spa-Angebote sind vorhanden. Unterschieden werden Zimmer mit und ohne Seeblick, die natürlich entsprechend unterschiedlich teuer sind.

- ✉ 100 Lakeshore Drive, Page, Arizona 86040
- ☎ 928-645-2433
- 🍴 ja
- ∞ ★★★
- 💻 www.lakepowell.com/lodging-food/lake-powell-resort.cfm

MESA VERDE ÜBER MONUMENT VALLEY ZURÜCK ZUM LAKE POWELL ◄

BEST WESTERN AT LAKE POWELL
Im Herzen von Page liegt dieses moderne Hotel mit 132 Zimmern. Von hier aus haben Sie einen guten Ausgangspunkt an den Lake Powell, den Antelope Canyon und sind darüber hinaus in der Nähe der Läden, Restaurants und Museen der Stadt Page. Zu den Annehmlichkeiten der Anlage gehören ein beheizter Außenpool und ein Fitness-Center. Familien-Suiten stehen ebenfalls zur Verfügung, die sich sogar für Großfamilien oder kleine private Reisegruppen anbieten. Das Hotel bietet ein gutes Preis-Leistungs-Verhältnis.
- ✉ 208 N. Lake Powell Blvd, Page, Arizona 86040
- ☎ 928-645-5988
- 📠 928-645-2578
- 🛏 ja
- ⊘ **★★**
- ✉ lakepowell@quintstar.com
- 🖥 www.bestwestern.com

RODEWAY INN PAGE
Im Süden von Page liegt dieses einfache Motel, das für einen guten Preis alles bietet, was man für einen kurzen Aufenthalt braucht. Das Personal ist sehr freundlich. Direkt gegenüber finden Sie einen großen Supermarkt und in der nahen Umgebung alle Arten von Restaurants. Ungewöhnlich ist der Spielplatz für Kinder, den die Motels in den USA normalerweise nicht haben. Außerdem gibt es einen Außenpool.
- ✉ 107 S. Lake Powell Blvd, Page, Arizona 86040
- ☎ 928-645-2406
- 📠 928-645-9157
- 🛏 ja
- ⊘ **★★ - ★★★**
- 🖥 www.rodewayinn.com/hotel-page-arizona-AZ282

DAYS INN & SUITES PAGE/LAKE POWELL
In dieser Ferienregion der USA lässt es sich auch einmal ein paar Tage länger aushalten. Da bietet eine geräumige Unterkunft optimale Voraussetzungen für stressfreie Tage. Die Zimmer sind riesig und können problemlos mit bis zu vier Personen belegt werden. Die Suiten des Days Inn ermöglichen Selbstverpflegung im kleineren Rahmen mit Kühlschrank, Mikrowelle und Spülbecken auf den Zimmern. Das Hotel liegt am Ortseingang von Page, direkt gegenüber und in der nahen Umgebung befinden sich Einkaufsmöglichkeiten und Restaurants. Ein kleiner Pool in der Anlage ist vorhanden.
- ✉ 961 N. Hwy 89 and Haul Road, Page, Arizona 86040
- ☎ 928-645-2800
- 📠 928-645-2604
- ⊘ **★★★**
- ✉ lakepowell@daysinn.net
- 🖥 www.daysinn.net

LAKE POWELL ZUM GRAND CANYON NATIONAL PARK

LAKE POWELL ZUM GRAND CANYON NATIONAL PARK

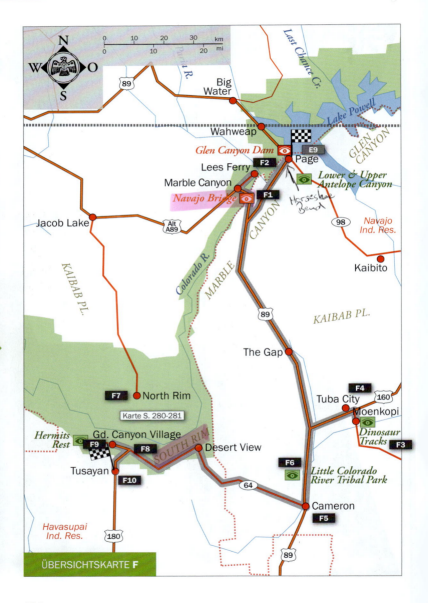

ÜBERSICHTSKARTE F

LAKE POWELL ZUM GRAND CANYON NATIONAL PARK

Hauptstrecke km/mi	Teilstrecke km/mi	Nebenstrecke km/mi	Stationen auf dem Highway	Highway
1.663/1.039	0		Page, Lake Powell	US-89
			Horseshoe Bend Overlook	
1.701/1.063	38/24	0	Nebenstrecke Abzw. US-89A Richtung Lees Ferry	US-89
			Marble Canyon	
		22/14	**Navajo Bridge (▶F1)**	US-89A
			Weiter auf der Lees Ferry Road	
		32/20	**Lees Ferry (▶F2)**	
1.701/1.063	38/24	64/40	Zurück zur US-89A/US-89	US-89A
1.771/1.107	108/68	0	Nebenstrecke Abzw. US-160 Richtung Tuba City	US-89
		9/6	Moenkopi, **Dinosaur Tracks (▶F3)**	US-160
			Tuba City (▶F4)	US-160
1.771/1.107	108/68	18/11	Zurück zur US-89	US-160
			Junction RV-Park	
			Cameron (▶F5)	
1.795/1.122	132/83		Abzweig AZ-64 Richtung Grand Canyon	US-89
1.821/1.138	158/99		**Little Colorado River Gorge Navajo Tribal Park (▶F6)**	AZ-64
			Grand Canyon National Park – North Rim (▶F7)	
1.847/1.154	184/115		Grand Canyon National Park, East Entrance	AZ-64
			Desert View Campground	
1.884/1.178	221/138		**Grand Canyon National Park - South Rim (▶F8)**	AZ-64
1.888/1.180	225/141		**Grand Canyon Village (▶F9)**	AZ-64
1.888/1.180	225/141		Trailer Village, Grand Canyon National Park	AZ-64
1.894/1.184	231/144		**Tusayan (▶F10)**	AZ-64

LAKE POWELL ZUM GRAND CANYON NATIONAL PARK ◀

Die Ruhe und der Badeurlaub am Lake Powell haben uns jetzt so richtig auf das große Finale der Reise eingestimmt. Obwohl wir schon so unglaublich viel erlebt und gesehen haben, dass wir es bislang kaum verarbeiten konnten, steht uns die prominenteste Sehenswürdigkeit der ganzen USA noch bevor. Da Vorfreude aber bekanntlich die schönste Freude ist, ziehen wir die Etappe zum Grand Canyon noch ein wenig in die Länge. In **Page** *sollten wir abschließend das große Angebot an riesigen Supermärkten nutzen und den Kühlschrank des Wohnmobils ordentlich befüllen.*

Ein **besonderer Tipp** *ist Bashas' in der 687 South Lake Powell Blvd in Page (☎ 928-645-3291). Bashas' liefert sogar auf Hausboote aus, allerdings kostet dieser Service ein kleines Vermögen, nämlich $100 zuzüglich 10 Prozent Gebühr des Einkaufswertes. Die Auswahl an Getränken, Fleisch und vor allem frischen Lebensmitteln wie Obst und Gemüse ist bestens, und das Sortiment des Supermarktes wird ansprechend präsentiert. Bashas' ist auch nicht so überdimensioniert groß wie andere amerikanische Supermärkte. Ein etwas größeres Kaliber dagegen ist der Wal Mart, in dem man neben Lebensmitteln und Gegenständen des täglichen Gebrauchs auch Kleidung in jeder erdenklichen Qualität kaufen kann. Den Wal Mart findet man in der 1017 W. Haul Road.*

Auch Tanken kann nicht schaden, denn auf dem Weg zum Grand Canyon kommen wir durch keine nennenswerte Stadt mehr durch. Im Grand Canyon selbst jedoch wird wieder alles vorhanden sein, Restaurants, Lebensmittelgeschäfte und eine Tankstelle, sodass wir uns nicht wieder auf eine versorgungstechnische Durststrecke einrichten müssen.

Während wir also, Page und den Lake Powell im Rücken, der US-89 in südliche Richtung folgen, biegen wir schon bald auf die alte US-89 Richtung Westen ab. Mit jedem Kilometer/jeder Meile wird klar: Wir nähern uns unweigerlich dem **Grand Canyon**. *Auch wer noch nie da war, wird die typischen Felsformationen sicher von Bildern des Grand Canyon wieder erkennen: diese typischen Gruppierungen der abgestuften Terrassen, Plateaus und Klüfte, die da im Tal des Marble Canyon als nördlichem Ausläu-*

Brückenansicht

fer des Grand Canyons immer mehr am Horizont auftauchen und uns schon richtig aufzusaugen scheinen. Wie gesagt – Vorfreude ist die schönste Freude!

Aber zunächst einmal steuern wir in dieser romantischen und verheißungsvollen Kulisse ein weiteres Highlight an, das für sich alleine schon einen großen Umweg Wert wäre: das Wunderwerk **Navajo Bridge**.

Hinweis: Reisende, die den **North Rim** des Grand Canyon besuchen möchten (▶ Seite 178, F7), sollten daran denken, diesen Abstecher bereits ab Marble Canyon über die AZ-89 A einzuplanen.

NEBENSTRECKE ZUR NAVAJO BRIDGE UND LEES FERRY

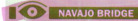
NAVAJO BRIDGE

Über den Colorado River spannen sich zwischen Bitter Springs und Jacob Lake zwei fast identische Brücken nebeneinander. Eine der beiden Brücken ist historisch, die andere ziemlich neu. Bemerkenswert ist, dass der Colorado River über die Navajo Bridge als einer von insgesamt nur sieben Stellen auf 1.207 km/754,4 mi Flusslänge zu überqueren ist!

An der Fährstation beim 8 km/5 mi nordöstlich der Brücken gelegenen **Lees Ferry** gab es von 1873 bis 1929 die einzige Möglichkeit, den Colorado zwischen Arizona und Utah zu passieren. Nur dort gab es von beiden Seiten einen ebenen Zugang zum Fluss ohne hoch aufragende, unüberwindbare Canyonwände, und nur deshalb konnten Fahrzeuge überhaupt auf eine Fähre verladen werden. Die einzige sonstige „Alternative" für Reisende war ein Umweg von 1.287 km/804,4 mi um den Canyon herum, um die andere Seite des Flusses zu erreichen! Nun konnte die Fähre ihren Dienst aber auch nur bei entsprechendem Wetter und Wasserstand absolvieren – eine neue Lösung musste gefunden werden, um die Reisenden zuverlässiger zum jeweils anderen Ufer zu transportieren. Der passende Ort war schnell gefunden. Am heutigen Standort der Brücken ist der **Marble Canyon** sehr eng, sodass nicht so viel Abstand zwischen den Ufern zu überbrücken waren wie an anderen Stellen.

Begonnen wurde mit dem Bau der Brücke 1927. Da die Landschaft ringsherum unerschlossen und zudem extrem abgelegen war, gestaltete es sich schwierig, Arbeiter für das Projekt zu finden. Eine richtige Herausforderung war es, Bau-Materialien und Ausrüstungen von einer Canyonseite auf die andere zu befördern. Hierfür musste wiederum die Fähre herhalten (die übrigens nach diesen Einsätzen und der Fertigstellung der Brücke ausrangiert wurde).

Am 12. Januar 1929 wurde die Brücke schließlich für den Verkehr geöffnet, was ein großes historisches Ereignis darstellte, von der Tageszeitung sogar als größte Neuigkeit in der Geschichte des Südwesten betitelt. Neben der dringend erforderlichen Verbindung zwischen Arizona und Utah gab es dank der neuen Brücke einen wirtschaftlichen Aufschwung in der zuvor so kargen und unbesiedelten Region. Zur damaligen Zeit war die Navajo Bridge die höchste Stahlbogenbrücke der Welt. Zunächst Grand Canyon Bridge genannt, wurde sie nach längeren Debatten im Parlament von Arizona in Navajo Bridge umbenannt.

66 Jahre lang tat die Brücke ihren Dienst, dann wurden Fahrzeuge und Lastwagen größer, breiter und schwe-

LAKE POWELL ZUM GRAND CANYON NATIONAL PARK

rer, sodass eine tragfähigere Brücke notwendig wurde. Außerdem gab es zahlreiche Unfälle, und es traten Sicherheitsprobleme auf, vor allem, was Fußgänger betraf (die eigentlich die Brücke nicht begehen durften, meist dieses Verbot aber ignorierten!). So entschied 1990 das Arizona Department of Transportation, eine neue Brücke zu bauen, die aber dem landschaftlichen Umfeld und der bereits vorhandenen Brücke optisch angepasst sein sollte. Die alte Brücke wurde für den Autoverkehr gesperrt und sollte als Fußgängerbrücke erhalten bleiben. Beim Bau der neuen Brücke ging man diesmal rücksichtsvoller mit der einzigartigen Landschaft um. Es wurde alles darangesetzt, die Bruchstellen, an denen Felsen für die neuen Zufahrten zur Brücke entnommen wurden, so naturgetreu wie möglich wieder herzustellen.

Nach nur zwei Jahren Bauzeit wurde die zweite Navajo Bridge am 2. Mai 1995 eingeweiht. Von der **Aussichtsplattform** aus bietet sich heute ein grandioser Blick: Wie eine optische Täuschung führen die beiden Zwillingsbrücken zu beiden Seiten des Betrachters auf die andere Uferseite hinüber. Die erstaunliche Ähnlichkeit der Konstruktionen trotz des Altersunterschiedes von 66 Jahren ist unübersehbar. Ein schwindelerregender Fußmarsch hoch über den Marble Canyon rundet das Erlebnis hier am vermeintlichen Ende der Welt ab. Der Zugang ist kostenlos und weitaus mehr zu empfehlen, als der teure Gang auf dem Skywalk, von dem aus man sowieso auch nicht mehr sieht als den Colorado River direkt von oben – so wie hier auch! Von der Navajo Bridge schaut man senkrecht auf den Colorado, was man ansonsten nur vom Hubschrauber aus genießen kann. Auf dem gemächlich dahin fließenden Colorado plätschern an schönen Tagen

Colorado River von der Brücke aus

die Raftingboote vorbei, was von oben besehen lustige Farbkleckse auf dem moosgrünen Wasser gibt. **Ein unbedingt empfehlenswerter Abstecher!** Nach der Brückenbegehung können Sie an den hübsch präsentierten Ständen der Navajo-Frauen Indianerschmuck bestaunen und kaufen oder auf der anderen Seite der Brücken ins Besucherzentrum gehen, in dem die Historie der Brücken und der vormaligen Überquerung des Colorados erklärt wird. Hier gibt es auch einen ansprechenden, schattigen und sehr nett gestalteten Picknickplatz.

> **VISITOR INFORMATION**
>
> **NAVAJO BRIDGE INTERPRETIVE CENTER**
>
> Das erst 1997 eröffnete Interpretive Center mit zahlreichen Schautafeln und einem gut sortierten Buch-Shop ist einen Besuch Wert. Die engagierten Mitarbeiter sind sehr freundlich und auskunftsfreudig, auch was die Weiterreise betrifft. Wer etwas über Utah und Arizona wissen will, kann sich hier sowohl mit Informationen als auch mit Lektüre eindecken. Schon äußerlich ist das Besucherzentrum wegen seiner schlichten Naturstein- und Holzbauweise sehr ansprechend.
> - ✉ Hwy 89A, auf der Westseite der Navajo Bridge
> - ☎ 928-355-2319
> - ⓞ Mitte Mai bis Mitte Oktober täglich 9-17 Uhr, außerhalb der Saison reduzierte Zeiten
> - 🖥 www.nps.gov/glca/historyculture/navajobridge.htm

Nach dem Besucherzentrum und einem Picknick im Schatten dringen wir noch etwas weiter in die Vergangenheit dieses Landstriches vor – wir steuern **Lees Ferry** *an. Und dort auch zunächst einmal die ehemalige Anlegestelle der Fähre, an der heute die Rafting-Boote zu Wasser gelassen werden.*

 LEES FERRY

Nach knapp 10 km/6,3 mi entlang einer Seitenstraße des Highway 89A stoßen wir auf die kleine Siedlung Lees Ferry, die an sich nicht besonders spektakulär ist. Aufgrund ihrer geschichtlichen Bedeutung ist sie aber äußerst interessant und liegt vor allem in den Ausläufen des Grand Canyons in einer herrlichen Landschaft eingebettet. Das Dorf ist benannt nach John D. Lee, einem Mormonen-Siedler mit 17 Ehefrauen, der 1873 hier die Fähre in Betrieb nahm. Er war auf der Flucht, weil er am Massaker von 120 Auswanderern in der Nähe von St. George beteiligt war – dafür wurde er später auch hingerichtet.

Lee baute Häuser aus Stein und Holz, einen Damm und eine Bewässerungsanlage für die Landwirtschaft in dieser einsamen Gegend. Die Farm von Lees Ferry wurde wegen ihrer unglaublichen Abgeschiedenheit „Lonely Dell Ranch" genannt – „Einsames Tal". Auch als die Zufahrtsstraßen zu beiden Seiten des Canyons noch nicht fertig waren, kamen Wagenladungen voll Siedler, um hier mit der Fähre überzusetzen und ein neues Leben im Gebiet der Mormonen in Arizona zu beginnen.

Nach Lees Hinrichtung übernahm zunächst seine Frau Emma den Fährbetrieb und bewirtschaftete außerdem die Ranch. 1879 kaufte die Mormonenkirche die Rechte für die Fähre für $ 3.000 von Emma Lee ab und entsandte Warren Marshall Johnson und seine zahlreichen Familien, um die Fähre zu übernehmen.

60 Jahre lang war diese Fähre die einzige Möglichkeit, den Colorado River zu überqueren, bis flussabwärts die erste Navajo Bridge gebaut wurde.

Wer eine **Boots-** oder **Raftingtour** durch den Grand Canyon unternehmen will, startet hier. Deshalb kann man häufig beobachten, wie die Anbieter der Touren die hellblauen, aufblasbaren Schlauchboot-Flöße entladen, aufpumpen und ins Wasser lassen. Diese Rampe ist die einzige Stelle auf einer Strecke von 1.120 km/700 mi, an der man direkt an den Fluss heranfahren kann.

Die nahe der Rampe gelegene Lonely Dell Ranch können Sie ebenfalls besichtigen. Die Farm am Paria River war das Zuhause der jeweiligen Fährbetreiber. Wegen der Abgeschiedenheit mussten sich die Familien komplett selbst versorgen und alles selbst anbauen, was sie brauchten. Mit harter Arbeit verwandelten sie die Wüstenlandschaft in eine grüne Oase. Auf einem Rundweg über das Gelände können Sie die Obstplantage, die Blockhütten, das steinerne Farmhaus und den Friedhof der Pioniere anschauen. Sie finden auch Relikte von Versuchen, hier nach Gold zu graben.

www.nps.gov/glca/planyourvisit/lees-ferry.htm

AKTIVITÄTEN

Heute ist Lees Ferry ein richtiggehendes Zentrum moderner Aktivitäten. Flussabenteurer starten hier zu ihren Boots-Touren durch den Canyon, Angler erfreuen sich an erstklassigen Bedingungen zum Forellen-Fischen, Rucksack-Wanderer beenden hier ihre mehrtägigen Tour durch die Paria Canyon Wilderness Area und Wanderer auf Tagestouren können Schluchten und

Am Flussufer des Colorado River

Wüstengebiete entdecken. Um hier auch verweilen zu können, betreibt der National Park Service einen Campground und eine Ranger Station. Außerdem vorhanden sind in der Nähe, am Marble Canyon, eine kleine Tankstelle, ein Laden, ein Postamt, ein Motel und ein Restaurant.

RAFTING-TOUREN

Touren, die hier starten, können bereits in Page im John Wesley Powell Museum gebucht werden. Damit tun Sie noch ein gutes Werk, denn das Museum erhält von den Veranstaltern pro Buchung über das Museum eine Provision, Sie unterstützen damit also die Museumsarbeit. Informationen, Preise (aktuell: Erw. $ 84, Kinder 4-12 J. $ 74) und Zeiten finden Sie am einfachsten auf der Homepage des Museums unter
http://tours.powellmuseum.org/WaterTours.html

WANDERMÖGLICHKEITEN

Über Tagestouren, die bei Lees Ferry starten und enden, erhalten Sie im Carl Hayden Visitor Center (▶ Seite 154) detailliert Auskunft. Auch die Ranger bei Lees Ferry können Ihnen Tipps geben. Telefonische Auskünfte erteilen die Ranger bei Lees Ferry unter der Nummer ☎ 928-355-2234.

Im Folgenden werden zwei Wanderungen vorgestellt, die sich unmittelbar auf das Gebiet um Lees Ferry konzentrieren. Eine der beiden Wanderungen, die fast direkt bei Lees Ferry startet und ganz außergewöhnlich ist, ist die Cathedral Wash Tour.

CATHEDRAL WASH HIKE

Die Wanderung ist deshalb besonders empfehlenswert und unterscheidet sich von vielen anderen, weil Sie, vor allem auf dem Rück-

Bild vom „Weg"

weg, schon das Panorama des Grand Canyon vor Augen haben, weil der Weg sehr abenteuerlich ist, weil Sie damit das Ufer des Colorado River erwandern, weil exotische Pflanzen Ihren Weg säumen und weil es ungewöhnlich ist, einen Weg entlang zu wandern, der normalerweise ein Flussbett ist, umgeben von steilen Canyonwänden.

Obwohl Hin- und Rückweg zusammen nur 4 km/2,5 mi lang sind, sollten Sie sehr viel Zeit für den Weg einplanen. Einige überraschende Kletterpartien stehen Ihnen bevor, außerdem müssen Sie im wahrsten Sinne des Wortes auf Spurensuche gehen, um Ihren Weg durch das trockene Flussbett zu finden. Da am Ende der Wanderung der direkte Zugang zum Colorado River wartet, muss vielleicht auch noch ein Badestopp einkalkuliert werden. Drei Stunden sollten Sie auf jeden Fall veranschlagen!

Den Einstieg finden Sie auf halber Strecke von Lees Ferry zurück zur Navajo Bridge, ungefähr 2 km/1,3 mi, bevor Sie wieder auf die US-89A stoßen. Sie parken am besten an der Parkbucht auf der rechten Seite, die mit **„Disappearing Rock"** beschildert ist. Jetzt müssen Sie entweder durch den Fußgängertunnel oder über die wenig befahrene Straße auf die andere Straßenseite gelangen, dann sehen Sie den Einstieg in einen schluchtartigen Gang.

Auf der ersten Streckenhälfte verläuft der Weg eben in leichten Windungen dem Flussbett folgend. Je weiter man in die Schlucht vordringt, desto höher und steiler werden die Canyonwände, gespickt mit kleinen Felsnischen und Halbhöhlen. Und

Ende des Weges

dann schweben Sie von jetzt auf nachher im wahrsten Sinne des Wortes vor dem Abgrund. Zu Zeiten von Wasserfluten könnte dies ein Wasserfall sein, jetzt im Moment scheint es eher ein unüberwindbares Hindernis darzustellen, denn es geht einige Meter kerzengerade nach unten.

Wenn Sie die Augen offenhalten, finden Sie jedoch Hilfe. Statt Brotkrumen wie bei Hänsel und Gretel weisen deutlich erkennbare Steinhäufchen bzw. -männchen Ihnen die Stellen, an denen Sie abwärts kraxeln können. Alles gar nicht so einfach, deshalb ist das eine relativ sportliche Tour, die aber eine Menge Spaß macht. Solche Klettereinlagen in unterschiedlichen Höhen erwarten Sie im weiteren Wegverlauf immer wieder, bis Sie schließlich, vermutlich erschöpft, am kristallklaren Colorado River ankommen.

Ein Bad ist erfrischend und nur etwas für Helden, denn selbst im Hochsommer ist das Wasser eiskalt. Aber auch ohne todesmutigen Sprung ins Wasser ist das hier ein idyllisches und vor allem einsames Plätzchen zum Entspannen und Genießen. Weder auf dem Weg noch hier am Fluss werden Sie auf viele Menschen treffen, wenn überhaupt. Die Wanderung ist ein **Geheimtipp**, weil die meisten Menschen in dieser Ecke sich auf die Navajo Bridge und höchstens noch Lees Ferry konzentrieren.

Auf dem Rückweg müssen Sie natürlich die ganzen Klippen, die Sie mühsam hinabgeklettert sind, auch wieder emporklettern! Die Wegmarkierungen sind jetzt besonders hilfreich, denn oft müssen Sie schon lange vor einem Hindernis stufenweise am Canyon-Rand nach oben steigen, um den optimalen „Weg" zu finden.

- ⇔ 2 km (einfache Strecke)
- 1,5 bis 3 Stunden
- ↗ moderat bis schwierig

SPENCER TRAIL

Der Ausgangspunkt der Wanderung befindet sich am Ende der Zufahrtsstraße zu Lees Ferry beim großen Parkplatz der Boat Launch.

Zunächst wandert man vom Parkplatz aus auf dem **River Trail**, biegt dann aber links ab auf den Spencer Trail.

Es folgt ein sehr steiler, serpentinenreicher Aufstieg, der sich auf einer Länge von 1,5 km/0,9 mi bergauf windet. Verschnaufpausen sollte man dazu nutzen, die pastellfarben leuchtenden **Vermilion Cliffs** zu bewundern.

Auf der Höhe der Mesa werden Sie für die Strapazen des Aufstiegs belohnt. Der Panoramablick reicht auf der einen Seite bis zum Lake Powell, Schluchten und Bergkulisse warten auf der anderen Seite. Ziel der Wanderung ist die Abbruchkante der Mesa, von der aus man einen unglaublichen Blick auf den sich dahinschlängelnden Colorado River und die Schluchtenlandschaft des Glen Canyon werfen kann. 300 Meter tief fallen die Canyonwände hier ab, und Sie können an der Kante entlang Ihre Wanderung noch in beliebiger Länge fortsetzen.

Der Weg zurück ist derselbe, wie der Hinweg. Insgesamt legen

Sie eine Strecke von ungefähr 6 km/3,8 mi zurück.
- ⇔ 3 km/1,9 mi (einfache Strecke)
- 🕒 3 Stunden
- ↗ moderat bis schwierig
- ⇌ 518 m

🏠 UNTERKUNFT LEES FERRY

🛏 LEES FERRY CAMPGROUND

Etwa 8 km/5 mi nördlich von Marble Canyon befindet sich der Campground des National Park Services. Der Campground ist einfach gehalten und überschaubar, liegt aber herrlich auf einer Anhöhe mit einem wunderschönen Panoramablick bis zum Colorado River. Moderne Sanitär-Räume. Gegenstände des täglichen Bedarfs gibt es ein Stückchen weiter am Marble Canyon.
- ✉ Zufahrtsstraße nach Lees Ferry
- ☎ 928-355-2319
- 🕒 ganzjährig
- ⚡ nein
- 🏕 55, keine Anschlussmöglichkeiten
- ∞ ★

Anmerkung: Westlich von Lees Ferry beginnen die landschaftlich atemberaubenden **Vermilion Cliffs** und der **Paria Canyon**. Die Vermilion Cliffs sind weitgehend unzugänglich, weshalb an dieser Stelle nicht näher auf dieses Gebiet eingegangen werden soll.

Das Konzept des Schutzgebietes besteht darin, die Einsamkeit der großartigen Natur zu erfahren. Deshalb dürfen nur begrenzt viele Tagesbesucher der Paria Canyon Wilderness Area auf das Terrain. Zu mehrtägigen Touren wie die Durchquerung des Canyon werden maximal 20 Besucher am Tag zugelassen. In das andere Kerngebiet Coyote Buttes (die berühmte „The Wave") gibt es gar keinen freien Zugang, 20 Personen am Tag dürfen „rein". Die Hälfte der Genehmigungen können Monate im Voraus über die Internetseite der Verwaltung beantragt werden, die restlichen Plätze werden morgens früh in einer Verlosung vergeben.
- 🖥 www.blm.gov/az/st/en/prog/blm_special _areas/wildareas/paria_vermilion.html

ENDE DER NEBENSTRECKE ZUR NAVAJO BRIDGE UND LEES FERRY

*Nach diesem erlebnisreichen Abstecher in das absolute Grenzgebiet zwischen Utah und Arizona fahren wir an der Navajo Bridge vorbei über die US-89A wieder zurück auf die US-89 Richtung Tuba City. Je nachdem, wie viel Zeit man bei der Navajo Bridge bzw. bei Lees Ferry verbracht hat, wird vor der direkten Anfahrt zum Grand Canyon noch eine Übernachtung fällig. Wem dies bei Lees Ferry zu abgeschieden ist, wird in **Tuba City** bei den **Dinosaurier Tracks**, die wir als Nächstes ansteuern, die nächste Möglichkeit zur Übernachtung haben.*

Wir befahren den Highway 89 nur ein kurzes Stück weit in südliche Richtung, dann biegt links der Highway 160 Richtung Tuba City ab. Die Dinosaurier Tracks sind schon frühzeitig ausreichend beschildert. Den endgültigen Ausgangspunkt zu der Sehenswürdigkeit erkennen Sie an einem Pick-Up, an dem ein handbemaltes Schild mit der Aufschrift „Dinosaur Tracks here" hängt.

NEBENSTRECKE ZU DEN DINOSAURIER TRACKS

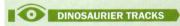
DINOSAURIER TRACKS

Entlang eines Flussbetts befinden sich vereinzelte Dinosaurierspuren, die vermutlich über 160 Millionen Jahre alt sind. Daneben entdecken Sie versteinerte Dinosaurier-Eier und andere „Hinterlassenschaften" der Ur-Giganten. Die Spuren sind über eine weitläufige, felsige Fläche verteilt. Manche sind umrandet, damit man sie besser erkennen kann. Bei anderen stehen hilfreich kleine Plastik-Dinos zur Veranschaulichung daneben. Besuchen können Sie das Gebiet mit einem der Navajo-Führer, die Sie bei dem Pick-Up antreffen. Dafür wird am Ende ein Trinkgeld erwartet.

Die Spuren sind nicht das, was man unbedingt gesehen haben muss. Die leere Plastikflasche, die als Markierung mitten im größten Fußabdruck platziert ist, erhöht auch nicht gerade die Wirkung eines geologischen Schatzes. Wenn Sie die Zeit erübrigen können, schauen Sie es sich an. Ansonsten ist es kein Verlust, die Tracks nicht gesehen zu haben.

- ✉ Hwy 160, Moen-avi, Arizona 86045
- 🕓 täglich bis Einbruch der Dunkelheit
- ∞ $10-15 (inoffiziell) bzw. Trinkgeld für Führer

TUBA CITY

	Page	127 km/ 79 mi
	Grand Canyon Village	133 km/ 83 mi
👫	Einwohner	8.230

Die Benennung der Stadt hat nicht etwa mit dem gleichnamigen Blasinstrument zu tun, sondern Namensgeber ist der Hopi-Häuptling Tuba, der hier um 1870 lebte. Ursprünglich war es eine Mormonensiedlung, heute ist es das Verwaltungszentrum der Navajo. Die Navajos nennen Tuba City „To Nanesdizi", was übersetzt „Verwirrtes Wasser" bedeutet und vermutlich auf die vielen unterirdischen Quellen zurückzuführen ist.

Die Stadt liegt an der Kreuzung der AZ-264 und der US-160. Letztere ist die Straße, die im direkten Verlauf nach Kayenta führen würde, hätten wir nicht den Abstecher nach Page am Lake Powell gemacht. Weit und breit befindet sich neben dieser neuerlichen Wüsten-Oase nichts, auch der Ort selbst hat nicht viel zu bieten. Die Dinosaurier Tracks im Westen und die 13 km/8,1 mi östlich von Tuba City zu bewundernden „Big Balls", eine pilzförmige Steinformation mitten in der Wüste, sind die einzigen touristischen Attraktionen.

Dafür kann man hier wieder einkaufen und zwar im Super K Chevron an der Kreuzung der Highways 264 und 160 in Tuba City, Arizona 86045, ☎ 928-283-4938.

UNTERKUNFT TUBA CITY

TUBA CITY RV PARK

Um eine Zwischenübernachtung vor dem Grand Canyon einzulegen, bietet sich nach einem Besuch der Dinosaurier Tracks der Campground in Tuba City an. Der RV-Park ist nicht spektakulär, soll aber auch nicht mehr als eine Übernachtung auf der Weiterreise hergeben. Wegen einer hohen Zahl an Dauercampern sind die Plätze schnell vergeben.

- ✉ Main St. & Moenave Ave, Tuba City, Arizona, 86045
- ☎ 928-283-4545
- 🚐 40, teilw. Anschlussmöglichkeiten
- 🚿 nein
- ∞ ★★

**ENDE DER NEBENSTRECKE
ZU DEN DINOSAURIER TRACKS**

LAKE POWELL ZUM GRAND CANYON NATIONAL PARK

🏠 UNTERKUNFT

JUNCTION RV PARK

Eine weitere Möglichkeit, wo Sie Richtung Grand Canyon übernachten können, ist der Campground direkt an der Abzweigung der AZ-64 bei Cameron. Wenn Sie an den Dinosaurier-Spuren bei Tuba City ohne Besichtigung vorbeigefahren sind, liegt dieser Platz günstiger auf Ihrem Weg.

- ✉ Junction State Route 64/US-89 N., Cameron, Arizona 86020
- ☏ 520-679-2281

*Jetzt wird es aber Ernst. Wir biegen über den Highway 64 Richtung Westen im direkten Anflug auf den Grand Canyon ab. Es folgen einige lang gezogene Kilometer/Meilen, die uns mit dem Little Colorado River Gorge Navajo Tribal Park ein letztes Mal vor dem Grand Canyon aufhalten können, wenn wir die Zeit erübrigen wollen. Der Park liegt rechts des Highway 64, etwa 15 km/9,4 mi, nachdem Sie die Bundesstraße 89 in westliche Richtung verlassen haben. Wenn Sie den Park besuchen möchten, sollten Sie noch in **Cameron** (kurz vor der Junction gelegen) im Visitor Center vorbeischauen, dort erhalten Sie Informationen und Tipps für Wanderungen.*

CAMERON

	Tuba City	40 km/25 mi
	Page	132 km/83 mi
	Grand Canyon Village	91 km/ 57 mi
👥	Einwohner	1.000

In Cameron, am Little Colorado River gelegen, dreht sich alles um die Cameron Trading Post, das ist ein Zentrum für indianische Kunst und Antiquitäten. An dieser Kulturstätte erfahren Besucher einiges über die Kunstfertigkeiten der Navajos. Handgefertigter Schmuck aus Silber und Türkis, farbenfrohe Teppiche, die an über Generationen weiter gegebenen Webstühlen gearbeitet werden, sowie Töpfer- und Korbwaren und Bilder stammen von den verschiedenen Indianerstämmen des Südwestens.

Zum Komplex gehören ein Laden, eine Galerie, ein Hotel und ein RV-Park, eine Tankstelle und ein Lebensmittelladen. Besonders sehenswert sind die den Gebäudekomplex umgebenden, paradiesischen Gärten. Weitere Informationen unter:

- 🌐 www.camerontradingpost.com
- ✉ 466 Hwy 89, Cameron, Arizona 86020.

ℹ VISITOR INFORMATION

CAMERON VISITOR CENTER

- ✉ North Hwy 89 & Jct. 64, Cameron, Arizona 86020
- ☏ 928-679-2303
- 📠 928-679-2017
- 🕐 Montag bis Freitag 8-17 Uhr
- 🌐 www.navajonationspark.org

🏠 UNTERKÜNFTE CAMERON

JUNCTION RV PARK
▶ oben

CAMERON TRADING POST

Die einzige und letzte und vor allem sehr besondere Übernachtungsmöglichkeit vor dem Grand Canyon bietet sich hier in Cameron, ebenfalls innerhalb der Trading Post. Gerade wenn Sie abends hier vorbeikommen, sollten Sie bedenken, dass sich der Weg bis zum National Park noch etwas hinzieht. In außergewöhnlichem Ambiente übernachten Sie in Zimmern oder Suiten im Südwest-Stil und mit indianischem Flair. Zu den Annehmlichkeiten

► LAKE POWELL ZUM GRAND CANYON NATIONAL PARK

des Hauses gehören die wunderschönen Gärten, durch die Sie während des Sonnenuntergangs flanieren können. Die Zimmer bieten entweder den Blick auf die Gärten oder auf den Fluss.

- ✉ 466 Hwy 89, Cameron, Arizona 86020
- ☎ 877-608-3491
- 📠 928-679-2501
- 📅 ganzjährig
- 💰 ★ – ★★ (Suiten ★★★)
- ✉ reservations@camerontradingpost.com
- 🌐 www.camerontradingpost.com

LITTLE COLORADO RIVER GORGE NAVAJO TRIBAL PARK

Der ca. 440 km/275 mi lange Little Colorado River entspringt am Mount Baldy in den White Mountains im östlichen Teil Arizonas und fließt nordwärts, vorbei an Joseph City, Winslow und Wupatki National Monument, bevor er am südlichen Ende von Marble Canyon, wo der Grand Canyon beginnt, auf den Colorado River trifft. Da hört die Ähnlichkeit zwischen dem Colorado River Gorge und dem Grand Canyon aber auch schon auf, denn zwei Canyons könnten sich nicht weniger ähnlich sein als diese beiden. Und das, obwohl die Little Colorado River Gorge gerne als kleiner Bruder des Grand Canyon bezeichnet wird.

Im Gegensatz zu den mächtigen Tiefen des Grand Canyon versteckt die schmale Schlucht des Little Colorado ihre erstaunliche Tiefe regelrecht. Die Wände hier sind fast farblos, grau und düster. Die Navajos betrachten die Schlucht einfach als Teil ihrer vielfältigen Landschaft. Für die Besucher allerdings ist es einmal wieder ein kleines Wunder, das die Natur hervorgebracht hat.

Der Tribal Park hat zwei wunderschöne **Aussichtspunkte** am direkten Weg zum Grand Canyon. Am ersten Viewpoint schauen Sie von einer Picknickstelle aus in nordwestliche Richtung. Von hier aus können Sie einen wunderschönen Blick auf die tiefe, schmale Schlucht werfen, die den Little Colorado River trägt. Sie erkennen sehr gut die beiden verschiedenen Schichten – Sandstein unten, Kalkstein oben. Der zweite Aussichtspunkt dagegen konzentriert sich schon mehr auf den Grand Canyon, auf den sich Ihnen ein herrlicher Panorama-Blick in nordwestliche Richtung eröffnet.

An beiden Aussichtspunkten gibt es zahlreiche Picknickplätze und sogar Feuerstellen. Geländer sorgen dafür, dass man sicher an die zerklüftete Kante des Canyons herangehen kann. Natürlich finden Sie auch hier wieder einheimische Verkäufer, die Ihnen handgearbeiteten Schmuck anbieten.

VISITOR INFORMATION
► Seite 176 (Cameron)

Auf den letzten Kilometern/Meilen Richtung South Rim des Grand Canyon sei noch erläutert, warum wir das 2.576 Meter hoch gelegene North Rim, das über die Navajo Bridge und den Highway 89A erreichbar gewesen wäre, kürzer abgehandelt haben.

*Das **North Rim** wird von Touristen weniger besucht. Das liegt daran, dass sich die touristischen Anlaufpunkte auf zwei Bereiche beschränken: das ist zum einen das Visitor Center, zum anderen sind es zwei Aussichtspunkte auf den Plateau-Hochflächen. Das gesamte Angebot für die Besucher ist konsolidiert auf einem wenige Kilometer/Meilen breiten Plateau über dem **Bright Angel Canyon**. Dort befinden sich das Besucherzentrum, eine*

LAKE POWELL ZUM GRAND CANYON NATIONAL PARK

Lodge, ein Campground, Geschäfte und eine Tankstelle. Das Gebiet ist neben Tageswanderungen für besonders ausdauernde Wanderer lediglich mit sehr kurzen Wanderwegen ausgestattet. Im Großen und Ganzen hat sich das touristische Angebot damit dann auch erschöpft. Etwa 400.000 Touristen besuchen jährlich diesen Teil des Grand Canyon. Das North Rim ist nur von Ende Mai bis Anfang Oktober geöffnet.

GRAND CANYON NP- NORTH RIM

Parkgebühren ▶ Seite 49

Von Page aus gelangt man über die Highways AZ-89 A und AZ-67 an die Nordkante des Grand Canyon und über die **North Entrance Station** in den Park. Erste Anlaufstelle ca. 20 km/12,5 mi nach Erreichen der Parkzufahrt ist das **North Rim Visitor Center**, das am Ende des Highway 67 liegt. Die Einrichtungen des North Rim sind alle nicht weit davon entfernt. Direkt beim Visitor Center befindet sich die Grand Canyon Lodge, nördlich des Visitor Centers findet man eine Tankstelle, einen Campingplatz und einen Lebensmittelladen.

Nördlich der Grand Canyon Lodge führt eine Straße zu den beeindruckenden Aussichtspunkten **Point Imperial** und **Cape Royal**. Beeindruckend deshalb, weil der auf 2.683 Metern Höhe gelegene Point Imperial als höchster Punkt im National Park einen Blick weit über den Grand Canyon, den von Page aus passierten Marble Canyon und die Painted Desert auf der Südseite des Parks präsentiert.

Den südöstlich gelegenen Aussichtspunkt Cape Royal erreicht man über eine Fahrt über das Walhalla Plateau. Dazu biegt man etwa 16 km/10 mi nach Passieren der Parkeinfahrt links auf die **Cape Royal Road** ab. (Über diese erreicht man auch den Point Imperial). Das Ende der 32 km/20 mi langen Straße markiert der Aussichtspunkt **Walhalla Overlook** auf der Spitze des Plateaus.

Wer sich hier auf Schusters Rappen auf den Weg machen möchte, dem seien ein langer und ein kurzer Weg empfohlen: Der **Ken Patrick Trail** ist eine nicht allzu schwierige Wanderung. Sie führt stetig am Canyon-Rand entlang und bietet entsprechend schöne Ausblicke. Der gesamte Weg ist 16 km/10 mi lang und startet am Imperial Point. Man kann diesen Weg allerdings nach Gutdünken in beliebiger Länge begehen und jederzeit umkehren.

Ein kürzerer Wegetipp ist der **Cape Royal Trail**, ein Rundweg mit 1 km/0,6 mi Länge. Der Weg ist eben und asphaltiert und nimmt schöne Ausblicke mit, beispielsweise auf den Colorado River. Nebenbei erfahren Sie auf den Schildern unterwegs auch noch etwas über die Naturgeschichte der Gegend. Der Trail beginnt südöstlich des Parkplatzes von Cape Royal.

Für die sportlichen und ausdauernden Wanderer gibt es eine dritte, herausragende Wandermöglichkeit: Als Pendant zum South Kaibab Trail des South Rim (▶ Seite 195) kann man vom North Rim aus über den **North Kaibab Trail** ebenfalls in die Tiefe des Canyons absteigen.

Der Beginn des Weges ist etwa 3 km/1,9 mi nördlich der Grand Canyon Lodge. Entlang des Bright Angel Creek geht es hinab zum Colorado River. Die Strecke endet nach 23 km/14,4 mi am Fluss bei der Phantom Ranch, wo man auf die Wanderer vom South Rim trifft. Diese lange und anstrengende Tour ist ohne Übernachtung auf der Ranch nicht machbar (▶ Seite 195 South Kaibab Trail).

▶ LAKE POWELL ZUM GRAND CANYON NATIONAL PARK

ℹ️ VISITOR INFORMATION

NORTH RIM
Das attraktive Holzgebäude ist nicht nur Anlaufstelle für alle Fragen rund um das North Rim, sondern beherbergt auch Ausstellungen und einen Buchladen.
- ✉ Hwy 67, Grand Canyon National Park, Arizona 86052
- ☎ 520-638-7888
- 🕐 Ca. Mitte Mai bis Mitte Oktober täglich ca. 8-18 Uhr

🏠 UNTERK. GRAND CANYON NP - NORTH RIM

🚐 NORTH RIM CAMPGROUND
Der Campground bietet keine Anschlussmöglichkeiten, es gibt jedoch eine Dump-Station. Außerdem sind münzbetriebene Waschmaschinen und Trockner vorhanden. Es gibt besondere Stellplätze direkt am Rim; diese kosten zwar $ 5 mehr, sind es aber wegen der schönen Aussicht wert! Ab Mitte Oktober stehen bis zum ersten Schneefall einzelne Plätze nach dem *first come – first served* Prinzip zur Verfügung. Der Service ist dann jedoch eingeschränkt (z. B. nur noch mobile Toilettenhäuschen). Der Hwy 67 zum North Rim Campground ist jährlich vom 1. Dezember bis 15. Mai geschlossen.
- ✉ Hwy 67, Grand Canyon National Park, Arizona, 86052
- ☎ 928-638-7814 (Reservierungen, telefonisch nur Mitte April bis Ende Oktober erreichbar.)
- 🕐 Mitte Mai bis Mitte Oktober
- 🚻 ja (nur Mitte Mai bis Mitte Oktober)
- ⊛ ★
- 🛏 90, keine Anschlussmöglichkeiten
- 💻 www.recreation.gov

🏠 GRAND CANYON LODGE
Die einzige Lodge innerhalb des Parks an der Nordseite ist die Grand Canyon Lodge. Diese Tatsache macht ihre Lage natürlich noch abenteuerlicher. In komfortablen Zimmern und Blockhäuschen genießt man hier die Ruhe des North Rim. Die Lodge liegt am Bright Angel Point.
- ✉ Grand Canyon National Park, Arizona, 86052
- ☎ 877-386-4383
- 🚻 ja
- ⊛ ★★ – ★★★
- 💻 http://foreverlodging.com/lodging.cfm?PropertyKey=181

Gegenüber dem überschaubaren Angebot an Aktionen am North Rim bietet das 300 Meter tiefer gelegene **South Rim** *neben zahlreichen Aussichtspunkten entlang des* **Desert View Drive** *und Wanderungen auf der Höhe des Rims Museen, Observation Points und mit der weitverzweigten Infrastruktur von Grand Canyon Village ein durch und durch erschlossenes Gebiet.*

Dies hat natürlich zur Folge, dass sich zu jeder Jahreszeit sehr viele Besucher hier tummeln (bis zu fünf Millionen Besucher im Jahr). Aber keine Sorge – auch noch so große Menschenmassen verteilen sich gut auf dem sagenhaft riesigen Gebiet!

Wer übrigens die 15 km/9,4 mi Luftlinie, die zwischen den beiden Rims liegen, mit dem Auto überwinden möchte, muss dafür einen Umweg von 340 km/212,5 mi in Kauf nehmen! Es gibt keine Brücke oder andere Möglichkeiten, den Canyon zu überqueren.

Nicht zuletzt liegt das South Rim zwischen den touristischen Knotenpunkten Las Vegas und Page verkehrsgünstig bestens und ist ohne Abstecher ganzjährig sehr gut erreichbar.

Das South Rim erreicht man von zwei Eingängen aus, der eine befindet sich im Süden des National Parks, der andere führt von Osten über den Highway 64 hinein – **wir passieren den East Entrance zur Einfahrt in den Grand Canyon National Park.**

LAKE POWELL ZUM GRAND CANYON NATIONAL PARK

GRAND CANYON NP – SOUTH RIM

(Parkgebühren ▶ Seite 49)

Wichtige Anmerkung zum South Rim: Zum Zeitpunkt der Recherche gab es jede Menge laufender Bau- und Umbaumaßnahmen im gesamten Gebiet des South Rim. Es wäre sinnvoll, zum letztmöglichen Zeitpunkt noch einmal auf die entsprechende Seite des NPS zu gehen und nach dem Abschluss der Arbeiten zu schauen unter WWW.NPS.GOV/GRCA/PARKMGMT/CONST.HTM.

Gleich vorneweg ist mir eine **Anmerkung** sehr wichtig: Auf unserer Reise haben wir immer wieder Leute getroffen, die den Grand Canyon über die praktische Panoramastraße regelrecht durchpflügt haben, am einen oder anderen Viewpoint mal eben ausgestiegen sind und so diesen National Park an einem Tag locker „erledigt" haben. Das sollten Sie nicht tun!

Auch wenn Sie keinen Gewaltmarsch in die Tiefe zum Colorado River unternehmen und auch wenn Sie nicht auf dem Esel unterwegs sind, gibt es genug anderes zu tun, um die Stimmung dieses Naturwunders eindrucksvoll zu erleben. Es gibt Wege, die oben auf dem Plateau bleiben, sodass Sie nicht ausgebildeter Bergsteiger sein müssen, um hier wandern zu können. Von anderen National Parks sind wir zwar mehr gewohnt und auch das Angebot war vielfältiger, aber Sie können der Natur zu Fuß durchaus begegnen.

Auch an Informationen über die Entstehung des Grand Canyon fehlt es nicht. Meist sind das liebevolle und detaillierte Ausstellungen, nicht nur innerhalb der Visitor Center.

Nicht zu Unrecht bezeichnete der Wissenschaftler, Gelehrte und Naturforscher John Muir den Grand Canyon als „die großartigste von Gottes irdischen Stätten" – und er musste es ja wissen. Denn als „Vater der amerikanischen Nationalparks" hatte er sicher gute Vergleichsmöglichkeiten. Die vom Colorado River geschaffene, großartige irdische Stätte mit ihrer unverwechselbaren Schluchtenlandschaft zählt zu den eindrucksvollsten Naturwundern der Welt, weswegen der Grand Canyon auch als längste und tiefste Schlucht der Erde in die Liste des **UNESCO-Weltnaturerbes** aufgenommen wurde. Auf unserer nun zu Ende gehenden Reise haben wir viele unbeschreibliche und traumhafte

Panoramablick

Anblicke erlebt. Zwar kann vieles, das wir gesehen haben, dem Grand Canyon durchaus das Wasser reichen. Dennoch ist es kaum zu beschreiben, was sich uns hier bietet. In die uns schon bekannten Rotschattierungen mischen sich nun die Farben Blau und Grau, sodass die Farbpalette der Felsformationen von Gelb-Orange-Rot bis Blau-Grau-Weiß in der tiefen Schlucht vor unseren Füßen schillert. Sie sind das Ergebnis der Übereinanderlagerung von 15 verschiedenen und vor allem verschiedenfarbigen Gesteinsschichten. Besonders zum Sonnenuntergang wird ein Farben-Feuerwerk ohnegleichen geboten – kurz bevor die Sonne ganz entschwindet, scheint der Canyon in Flammen zu stehen.

Waren es in den anderen National Parks die in die Höhe ragenden Felsformationen, die faszinierend aussahen, so sind es hier Plateaus, die bis in die Unendlichkeit zu reichen scheinen. Stufenförmig angesetzte Terrassen und zerklüftete Felsinseln komplettieren das Bild. Ich denke, dieses Zusammenspiel von Farben und Formen macht den besonderen Reiz dieser berühmten Kulisse aus. Auch die Höhe, von der aus wir dieses Naturschauspiel ehrfürchtig bestaunen, spielt dabei eine Rolle: Bis zu 1.800 Höhenmeter liegen zwischen dem oberen Rand des Canyons, auf dem wir uns befinden, und dem Fluss, der sich auf 730 m ü.d.M. seinen Weg bahnt und sich immer mal wieder silberblau schimmernd zwischen den Mini-Schluchten hervortut. Der Grand Canyon ist insgesamt 446 km/278,8 mi lang – einen Einblick auf den Grund der langen Schlucht und den Colorado River erhält man allerdings nur auf dem Teilausschnitt entlang des South Rim bzw. von den beiden Aussichtspunkten des North Rim aus.

Auch für Wanderer ist das **Grand Canyon Village** Ausgangspunkt vieler Touren. Sowohl grundlegende Auskünfte im **Canyon View Information Plaza** als auch wichtige Informationen und Genehmigungen in Form von Permits für Mehrtagestouren im Backcountry Information Center am westlichen Ende des Ortes sind in der Village erhältlich. Die Parkverwaltung ist ebenfalls in der Village angesiedelt.

Wem die Infrastruktur des Grand Canyon Village nicht ausreicht oder wenn im Sommer die Kapazitäten der Übernachtungsmöglichkeiten erschöpft sind, ist eine Alternative auch das 10 km/6,3 mi vor dem südlichen Parkeingang gelegene **Tusayan**. Hier starten nicht nur die Flugzeuge und Hubschrauber zu den Rundflügen über den Grand Canyon, hier gibt es auch jede Menge Hotels, Geschäfte und das große IMAX Kino mit Filmen über die Geschichte des Grand Canyon.

Die besten Besuchszeiten des Parks sind Ende März bis Anfang Juni oder von September bis Mitte November. Zum Einen ist der Park während dieser Zeiten nicht so überlaufen, zum Anderen kann es im Sommer ziemlich heiß werden. Denn wer sich wirklich eine Wanderung in die Tiefen der Schlucht vornimmt, könnte damit an den hohen Temperaturen scheitern. Wer das natürliche Farbspiel noch intensiver erleben möchte, wählt den Herbst als Reisezeit. Dann ergänzt die rote Färbung des Laubes die grau-weiß-blau gebänderten Felsmuster. Aber auch eine Schneeschicht im Winter auf dem bunten Sandstein ist sehr beeindruckend! Dann treffen Sie hier vor allem Skiläufer und Schneeschuh-Enthusiasten. Auch Wanderer und Maultier-Reiter genießen zu dieser Jahreszeit das milde Wetter und die ausnahmsweise nicht überfüllten Wege.

LAKE POWELL ZUM GRAND CANYON NATIONAL PARK

VISITOR INFORMATION

GRAND CANYON NATIONAL PARK
- ✉ Grand Canyon, Arizona 86023
- ☎ 928-638-7888   📠 928-638-7797
- 🖥 www.nps.gov/gca

SOUTH RIM
CANYON VIEW INFORMATION PLAZA
Dieses Visitor Center ist die Hauptinformationsstelle des ganzen Parks und sollte der erste Anlaufpunkt sein. Ein kleiner Spaziergang vom Mather Point führt Sie hin – Parken direkt vor der Haustür ist ausnahmsweise nicht möglich! Neben Informationen über den gesamten Park erfahren Sie hier alles über die angebotenen Aktivitäten und wie Sie wohin gelangen. Auch die Zugänge zu den einzelnen Wanderungen können Sie erfragen und sich zu den jeweiligen Touren Tipps geben lassen. Ganz neu kann man sich beim Visitor Center sogar Fahrräder ausleihen. Außerhalb des Gebäudes finden Sie zahlreiche Informationstafeln, die Ihnen ein erstes Kennenlernen des Naturwunders ermöglichen. In 2010 wurde ein neues Theater neben dem Visitor Center errichtet.
- ✉ Grand Canyon, Arizona 86023
- ☎ 928-638-7888
- 🕒 tägl. 7:30-18 Uhr, im Winter 9-17 Uhr
- 🖥 www.nps.gov/grca/planyourvisit/visitorcenters.htm

VERKAMP'S VISITOR CENTER
Vom El Tovar Hotel gehen Sie nur ein kurzes Stück bis zu dem modernen Visitor Center im historischen Gebäude. Neben touristischen Informationen erfahren Sie hier einiges über die Pionierzeit von Grand Canyon Village. Einige von Rangern geführte Aktionen starten hier.
- ✉ Grand Canyon, Arizona
- 🕒 Im Sommer bis Ende September täglich 8-19 Uhr, ab Oktober täglich 8-18 Uhr

NORTH RIM
NORTH RIM VISITOR CENTER
Das Visitor Center befindet sich bei der Grand Canyon Lodge am North Rim. Hier erhalten Sie Park-Informationen, Karten und Broschüren, es gibt eine Ausstellung anzuschauen, und ein Buchladen ist vorhanden.
- ✉ am Südende des Hwy 67 bei der Grand Canyon Lodge
- 🕒 Mitte Mai bis Mitte Oktober täglich 8-18 Uhr

Wir konzentrieren uns nun zunächst auf die Erkundung via Panoramastraße. Falls wir noch genügend Zeit mit Tageslicht haben, ist das sehr geschickt und wir können die Viewpoints direkt anfahren. Bis zum Campground bei Grand Canyon Village sind es nämlich knapp 42 km/26,3 mi, die wir wieder komplett zurückfahren müssten, wenn wir bei Dunkelheit ankommen und erst einmal Richtung Grand Canyon Village müssen, es sei denn, wir würden gleich am Parkeingang am Desert View Watchtower übernachten.

Der Südrand des Grand Canyon wird hauptsächlich in zwei Gebieten durch Straßen erschlossen: Der **West Rim Drive** führt über ein 11 km/6,9 mi langes Stück des Canyon-Randes ab Grand Canyon Village Richtung Westen bis „Hermits Rest", diese Strecke ist ausschließlich mit kostenlosen Pendelbussen zugänglich. Für Pkws und Wohnmobile befahrbar (aber trotzdem auch von Pendelbussen bedient) ist die 42 km/26,3 mi lange Hauptstraße vom Aussichtspunkt Desert View am östlichen Parkeingang bis zum touristischen Zentrum von Grand Canyon Village. Das ist der **Desert View Drive**. Auf dieser viel befahrenen Straße trottelte bei unserem Besuch seelenruhig ein Kojote am Straßenrand entlang und hat neugierig die vorbeifahrenden Autos beobachtet. Das ist schon eine andere Erfahrung, als den immer wieder zwischen den um die Füße herumwuselnden Erdhörnchen zu begegnen!

LAKE POWELL ZUM GRAND CANYON NATIONAL PARK

SEHENSWÜRDIGKEITEN

GRAND CANYON SKYWALK

Seit 2007 gibt es außerdem 190 km/ 118,8 mi von Las Vegas und knapp 400 km/250 mi von Grand Canyon Village entfernt auch den **Skywalk**, eine frei schwebende Aussichtsplattform aus Glas und Stahl 1.200 Meter über dem Colorado River. Die Plattform ragt mehr als 20 Meter über den festen Boden des Hochplateaus hinaus und gewährt somit den freien Blick hinab in die Schlucht. Dank der Bodenkonstruktion aus Glas verstärkt sich der Eindruck, frei über dem Abgrund zu schweben. An dieser Stelle seien die Erfahrungswerte einiger Reisender erwähnt, die dringend von einem Besuch des Skywalk abrieten. Zum einen seien die Blicke direkt von der Abbruchkante des South Rim aus auch nicht weniger traumhaft. Viele Besucher „ersparen" sich mit einem Gang über die gläserne Brücke einfach den Grand Canyon selbst, weil sie davon ausgehen, auf dem Skywalk alles gesehen zu haben. Zum Anderen kostet das Vergnügen ein nicht berechtigtes kleines Vermögen: Die Plattform zu begehen kostet allein $ 29,95 pro Person, hinzu kommt zwingend ein **Hualapai Legacy Package**, das den Besuch weiterer Attraktionen in der Hualapai Reservation beinhaltet, in Höhe von $ 43,05 (ebenfalls pro Person!) und eine Parkgebühr von $ 20 pro Auto. Für diese stolze Summe dürfen Sie dann nicht einmal Erinnerungsfotos schießen – Kameras und Handys sind auf dem Skywalk verboten und müssen in Schließfächern zurückgelassen werden. Und wie gesagt – der Vorteil gegenüber der Erkundung entlang der Panorama-Straße am South Rim ist einfach zu gering für den horrenden Preis. Weitere sehr ausführliche Informationen zum Skywalk finden Sie unter

- WWW.GRANDCANYONSKYWALK.COM oder
- WWW.GRANDCANYONWEST.COM

Aus Richtung unserer Reiseroute erreichen Sie den Skywalk, der sich auf dem Gebiet Grand Canyon West, aber außerhalb des National Parks, befindet, über die Interstate 40 Richtung Kingman. Dann geht es – weiterhin unserem Reiseverlauf gemäß – auf die US-93 Richtung Norden bzw. Las Vegas. Nach 48 km/30 mi auf der US-93 biegt man rechts in die **Pierce Ferry Road** ab. Eine große Hinweistafel auf der östlichen Seite des Highway macht darauf aufmerksam, dass es hier zum Skywalk abgeht. Nach 45 km/28,1 mi biegt man rechts auf die **Diamond Bar Road** ab, von hier aus geht es nur noch geradeaus. Die letzten 22 km/13,8 mi bis zum Gebiet Grand Canyon West Parkplatz legt man übrigens auf einer geschotterten Straße zurück!

DESERT VIEW

Desert View als erster Aussichtspunkt auf dem Scenic Drive ist gleich einer der besonderen Sorte. Denn am Rande des Canyon steht der 1932 erbaute **Desert View Watchtower**, ein steinerner, begehbarer Aussichtsturm mit grandiosem Panoramablick in den Grand Canyon. Entworfen wurde der Turm von der Architektin Mary Elisabeth Jane Colter, die uns im National Park noch öfter begegnen wird. Der Desert View Watchtower ist täglich geöffnet von 9-18 Uhr. Von oben sieht man sogar bis zur Little Colorado River Gorge. Unterhalb des Desert View Point mündet der Little Colorado nun endlich in den „großen" Colorado.

183

LAKE POWELL ZUM GRAND CANYON NATIONAL PARK

Schon die Begehung des Watchtower im Anasazi-Baustil ist ein Erlebnis. Eindruckvolle Wandmalereien und indianische Accessoires in Anlehnung an die ersten Bewohner, die Anasazi, verschönern uns den Aufstieg. Die Bauweise des Erdgeschosses entspricht der einer Kiva. Am zum Turm gehörigen Desert View Point befinden sich ein Selbstbedienungs-Restaurant, ein Souvenirladen und ein Campground.

DESERT VIEW CAMPGROUND
- ✉ AZ-64, ca. 51 km/31,9 mi westlich von Cameron
- 🕐 Anfang Mai bis Mitte Oktober
- 🚐 50, bis max. 30 ft Länge, keine Anschlussmöglichkeiten   nein
- nein   nein
- ∞ *

Die Indianer lebten bereits ab dem Jahr 500 n. Chr. am Canyon-Rand, was die Reste zahlreicher Siedlungen belegen, die in der Region entdeckt wurden (es leben noch heute Havasupai Indianer innerhalb des Canyons). Erst nach dem Untergang der Anasazi stießen erstmals Europäer in den Grand Canyon vor. Von Spaniern geführte Expeditionen bereisten immer wieder sowohl den Nord- als auch den Südrand, entdeckten den Canyon selbst aber nie. Der wilde Colorado River mit seinen gefährlichen Stromschnellen stellte ein unüberwindbares, natürliches Hindernis dar. Die berühmteste dieser Forschungsreisen leitete 1869 John Major Powell mit neun Begleitern und vier Holzbooten. Die Truppe brach in Wyoming auf, und es lag eine Flussfahrt von 1.500 km/937,5 mi vor ihnen, die die Expedition zunächst über den Green River und schließlich über den Colorado River führte. Drei Monate später erreichten die Forscher mit dem Virgin River den Endpunkt des Grand Canyon, sie hatten die Schlucht bezwungen. Powell wie-

Turm

derholte die Reise zwei Jahre später, machte genaue Aufzeichnungen und fertigte Kartenmaterial an.

Nur 1 km/0,6 mi entfernt befindet sich westlich des Watchtower und 2.247 Meter hoch gelegen der etwas kleinere **Navajo Point**. Von hier aus sieht man den eben besuchten Watchtower emporragen. Der Blick reicht hier sowohl bis zum Colorado River als auch zur sogenannten Grand Canyon Supergroup. Diese für den gesamten Canyon typische Formation besteht aus Felsablagerungen, die von feinen braunen und schwarzen Adern durchzogen werden.

LIPAN POINT

Weiter geht's mit dem **Lipan Point**. Dieser Aussichtspunkt ist auf einem kleinen Plateauvorsprung gelegen, weshalb man von hier aus mit dem Blick nach Westen die größtmögliche Fläche des Grand Canyon überschauen kann. Im Norden beschreibt der Colorado River eine S-Form, die man ebenfalls von diesem Standpunkt aus sehen kann. Man kann sie zwar nicht direkt erkennen, aber das ist der Bereich einer Stromschnelle. An derselben Stelle mündet ein Fluss namens Unkar Creek, der von Norden her in den Colorado fließt. Das durch die Fusion der beiden Flüsse entstandene Fluss-Delta ergab eine landschaftlich fruchtbare Fläche, weswegen hier auch Anasazi Indianer angesiedelt waren. Ruinen ihrer Behausungen sind erhalten geblieben.

TUSAYAN RUINS AND MUSEUM

Historisch spannend wird es am nächsten Stopp auf dem Scenic Drive, bei dem Sie auf die **Tusayan Ruins** und das dazugehörige **Museum** treffen. Wenn Sie neben den umwerfenden Panoramablicken auch prähistorische Stätten im Grand Canyon suchen, ist das der beste Ort dafür.

Turminneres

LAKE POWELL ZUM GRAND CANYON NATIONAL PARK

Blick auf den Colorado inmitten der Formation

Zunächst wird in einem kleinen Museum die Geschichte der Bewohner dargestellt. Die ausgestellten Holzskulpturen und Töpferwaren lassen darauf schließen, dass vor etwa 800 Jahren Anasazi Indianer hier gelebt haben – allerdings blieben die Indianer nur für etwa 20 Jahre an dieser Stelle, dann zogen sie vermutlich aus Mangel an Brennholz weiter. Auch eine Rekonstruktion des Dorfes kann bewundert werden. Hinter dem Museum gelangt man zu den frei gelegten Ruinen. Über ebenerdige kurze Wege erreicht man die einzelnen steinernen Überreste und erhält einen praktischen Einblick in die Vergangenheit dieses Ortes.

Tusayan Ruins und Museum
- täglich 9-17 Uhr
- Eintritt frei

MORAN POINT

Einen noch etwas spektakuläreren Blick diesmal auf sichtbar schäumende Stromschnellen erhascht man von **Moran Point** aus. Der Aussichtspunkt ist benannt nach Thomas Moran, einem bekannten amerikanischen Landschaftsmaler des 19. Jahrhunderts. Es wird davon ausgegangen, dass ungefähr an der Stelle des heutigen Aussichtspunktes 1540 die ersten Europäer, eine spanische Expedition aus Mexiko, den Canyon erreichten. Nachdem sich die Spanier drei Tage an diesem kargen Ort aufgehalten hatten, drehten sie allerdings wieder um.

GRANDVIEW POINT

Der Name des nächsten Stopps kündigt bereits die zu erwartende Großartigkeit des Panoramas an: **Grandview Point**. Hier hat man beide Himmelsrichtungen des Canyons im Panoramablick frei vor sich. Sie erreichen das Rim und den wunderschönen Ausblick über einen kurzen Weg. Die Stelle direkt über dem Abgrund ist nicht ganz ungefährlich. Eine kleine Mauer bietet nicht wirklich einen Schutz, sondern ist vielmehr von genießenden Touristen dicht besetzt.

Am Grandview Point finden Sie übrigens am Rand des Canyons einen großen, abgestorbenen Baum, der normalerweise dicht bevölkert ist von **Kalifornischen Kondors**. Diesen Vogel aus der Familie der Geier werden Sie im Grand Canyon sehr oft antreffen. Früher konnte man den majestätischen Vogel auf dem ganzen Kontinent bewundern, er war aber zwischenzeitlich als Jagdopfer vom Aussterben bedroht. Als es fast keine Exemplare des Kalifornien-Kondors mehr gab, wurde die Gattung in Gefangenschaft gezüchtet, was glücklicherweise gelungen ist. So konnten die Tiere nach und nach in die Freiheit zurückgeschickt werden, wo sie heute in Schutzgebieten leben und sich in der Natur wieder vermehren.

Bei einer Flügelspannweite von bis zu drei Metern ist es kein Wunder, dass dieser Vogel so elegant dahergleitet – ein umwerfendes Bild über der Schluchtenlandschaft des Grand Canyon! Erkennen können Sie ihn an seinem pechschwarzen Gefieder und den weißen Flügelunterseiten.

YAKI POINT

Der Aussichtspunkt **Yaki Point** kann mit Autos und Wohnmobilen vom 1. März bis 30. November nicht angefahren werden, sondern wird lediglich vom Shuttlebus versorgt (▶ Seite 195 Kaibab Trail Route). Er liegt auch nicht wie die anderen View Points direkt an der Panoramastraße, sondern ist über eine 2,5 km/1,6 mi lange Zufahrt zum Canyon-Rand erreichbar (wenn man am Scenic Drive parkt, kann man diese Strecke natürlich auch zu Fuß gehen). Vom Yaki Point aus hat man einen Einblick in den innersten Canyon, was diesen Aussichtspunkt von den meisten anderen unterscheidet. Außerdem kann man mit dem Blick Richtung Westen die Ausgangs- bzw. Endpunkte be-

Kondor

Sonnenuntergang am Mather Point

rühmter Wanderungen erspähen (z.B. das Ende des Bright Angel Trails).

MATHER POINT

Mit dem **Mather Point** erreichen wir bereits das Gebiet von Grand Canyon Village. Von hier aus sieht man zwar nur einen Ausschnitt des Canyon, aber trotzdem ist dieser Aussichtspunkt für Touristen der attraktivste. Das liegt zum einen daran, dass das große und wie üblich gut ausgestattete Visitor Center als Anlaufpunkt ganz in der Nähe ist. Zum Anderen sieht man hier ein herrliches Sonnenuntergangsmotiv, weil außer dem Canyon selbst noch ein sehr ansehnlicher Vordergrund vorhanden ist, der das Leuchten der Felsen in der Abendsonne erst richtig zum Ausdruck bringt. „Schuld" ist die gute Blickrichtung nach Osten, wodurch man bei Sonnenuntergang das Leuchtendrot auf den Felsen und Bergen erwischt.

YAVAPAI POINT

Der **Yavapai Point** schließlich ist der letzte View Point auf dem Desert View Drive. Der Blick ist ähnlich dem vom nahen Mather Point, aber zusätzlich treffen wir hier auf die **Yavapai Observation Station**. Ein großes Panorama-Fenster verschafft uns erneut einen tiefen Rundumblick ins Tal.

Eindrucksvoll gestaltete Exponate und geologische Modelle beschreiben die Erdgeschichte und Gesteinsformationen des Canyon - auf jeden Fall auch für Nicht-Geologen spannend. Im Buchladen des Observation Point finden sich vor allem geologisch orientierte Bücher.

Die Observation Station ist Treffpunkt für Ranger-Programme.

Im Sommer bis 30. September täglich 8-20 Uhr, Oktober 8-19 Uhr, ab 1. November 8-18 Uhr

WEST RIM DRIVE ZUM HERMITS REST

Vom 1. März bis 30. November können wir zusätzlich zum Desert View Drive via Pendelbus auch den West Rim Drive erkunden (kostenlos). Wie gewohnt kann man jederzeit an jeder Haltestelle aus- und zusteigen und so die einzelnen Aussichtspunkte

LAKE POWELL ZUM GRAND CANYON NATIONAL PARK

Trailview Overlook, **Maricopa Point**, **Powell Point**, **Hopi Point**, **Mohave Point**, **The Abyss**, **Monument Creek Vista** und **Pima Point** besuchen. Wahlweise kann man auch einen Abschnitt über den parallel zur Hermits Road verlaufenden **Rim Trail** (13 km/8,1 mi, einfache Strecke) zu Fuß zurücklegen und an einem der nächsten Haltepunkte wieder in den Bus steigen (die der Shuttlebus regelmäßig alle zehn bis 15 Minuten von 7:30 Uhr bis Sonnenuntergang ansteuert). Es macht sich bemerkbar, dass dieser Streckenabschnitt nur mit dem Shuttlebus erreichbar ist – die Aussichtspunkte unterwegs sind längst nicht so überlaufen wie die am Desert View Drive.

Wer also lieber in Ruhe seinen Blick über das Naturwunder schweifen lassen möchte, ist mit dieser Variante der Erkundung sicher besser bedient, als mit dem populären Desert View Drive.

Hermits Rest selbst ist eigentlich nur der Endpunkt des Scenic Drive Richtung Westen. Mehr als ein Kalksteingebäude im Baustil einer einsamen Bergbehausung mit Souvenirladen und Snackbar dürfen Sie als Attraktion nicht erwarten. Das Haus wurde, wie auch der Desert View Watchtower, von der Architektin Mary Elisabeth Jane Colter 1914 erbaut. Namensgeber ist der französisch-kanadische Einsiedler Louis D. Boucher („*Hermit*" heißt Einsiedler). Der Forscher und Goldsucher lebte als erster weißer Siedler dauerhaft am Canyon und betrieb hier eine Kupfermine. Durch diese führte er zwar Touristen, galt aber ansonsten als nicht sehr gesellig. 1913 verließ er den Grand Canyon.

GRAND CANYON VILLAGE

	Gran Canyon National Park East Entrance	37 km/ 23 mi
	Cameron	91 km/ 57 mi
	Williams	101 km/ 63 mi

Eingang Observation Point

189

LAKE POWELL ZUM GRAND CANYON NATIONAL PARK

	Einwohner	1.590
	Winter	8° C
	Sommer	30,5 °C

Grand Canyon Village schließlich ist der Kernbereich des South Rim und befindet sich nahe dem südlichen Parkeingang bzw. -ausgang. Neben dem großen Besucherzentrum Canyon View Information Plaza am Mather Point gibt es in der Village Lodges, Hotels, Restaurants, Lebensmittelläden, Campgrounds, eine Klinik und Souvenirläden.

VISITOR INFORMATION
► Seite 182

SEHENSWÜRDIGKEITEN

GRAND CANYON RAILWAY

Als Verbindung nach „draußen" gibt es auch eine Eisenbahn. Die nostalgische Bahn mit Dampflok startet in **Williams**, einer Stadt ca. 100 km/ 62,5 mi südlich von Grand Canyon Village. Da wir auf unserer Weiterreise sowieso nach Williams kommen, wäre eine Bahnfahrt ohne Weiteres in die Reise integrierbar. Die Bahn hat in Grand Canyon Village ihre Endstation. Der Weg von Williams nach Grand Canyon Village führt durch den Wilden Westen - es wäre für die Fahrgäste kaum verwunderlich, wenn der Zug plötzlich wegen eines Indianerüberfalls gestoppt werden würde! Die Eisenbahn hat die touristische Erschließung des Grand Canyon Village überhaupt erst möglich gemacht und setzte den Auftakt für die Entwicklung des Fremdenverkehrs im gesamten Grand Canyon. 1901 wurde als Seitenstrecke der Santa Fe Railway die Verbindung Grand Canyon Railway gebaut. Damit wurde es fortan für Reisende besser möglich, den südlichen Canyon-Rand zu erreichen. Zuvor konnte man die Strecke nur in einer beschwerlichen Reise mit der Postkutsche bewältigen.

- 233 N. Grand Canyon Blvd., Williams, Arizona 86046, USA
- Reservierung: 800-843-8724
- Juni bis September täglich, Oktober bis Mai an Wochenenden. Nicht alle Klassen sind zwischen Mai und Oktober durchgehend verfügbar.
- je nach Klasse Erw.: $ 70 bis $ 190, Kinder: $ 40 bzw. $ 110. In den beiden Luxusklassen dürfen Kinder unter 15 Jahren grundsätzlich nicht mitfahren.
- www.thetrain.com

FREIZEITAKTIVITÄTEN

SHUTTLEBUS-LINIEN

Von Grand Canyon Village aus verkehren drei kostenlose **Shuttlebus-Linien**: Sie versorgen die bereits erwähnte **Hermits Rest Route**, die **Village Route** innerhalb der Einrichtungen von Grand Canyon Village und die **Kaibab Trail Route**. Letztere verkehrt zwischen dem Visitor Center, dem South Kaibab Trailhead, Yaki Point und Pipe Creek Vista. Das ist die kürzeste Scenic Route und die einzige Zugangsmöglichkeit zu Yaki Point.

Seit 2008 gibt es auch eine Shuttle-Verbindung zur „Außenwelt" außerhalb des National Parks: Es verkehren Busse zwischen Grand Canyon Village und dem nahe gelegenen Ort Tusayan. Der Service wird von Mitte Mai bis Mitte September täglich von 8 Uhr morgens bis 21:30 Uhr abends alle 15 Minuten angeboten. Die Fahrt dauert 20 Minuten (einfache Wegstrecke) und es gibt keine Zwischenstopps.

🚣 FLUSSTOUR AUF DEM COLORADO

Man muss nicht unbedingt zu Fuß in das Innere des Grand Canyon hinabsteigen, um einen Blick aus der Tiefe der Schlucht nach oben zu erhaschen. Dies ist – körperlich weniger stressig – auch mit einer Bootsfahrt möglich. Nun haben wir ja aber gesehen, dass der Colorado River so gut wie an keiner Stelle direkt zugänglich ist. Das heißt also, man muss etwas weiter entfernt schon starten (zum Beispiel bei **Lees Ferry** südwestlich von Page) und dann mehr Zeit für die Flussfahrt investieren, um in den Kernbereich des Canyons vorzudringen. Keine Sorge – dank der Staudämme zu beiden Seiten (Glen Canyon Dam und Hoover Dam) ist der Colorado River gezähmt, und die Flussfahrt ist keine so gefährliche Reise mehr wie zu Powells Zeiten. Einige Stromschnellen hat der Colorado aber immer noch zu bieten, weswegen Sie sich nur unter erfahrener Führung auf den Weg machen sollten! Anders ist die Erkundung des Colorado River auch gar nicht möglich, denn die Parkverwaltung hat die Flussfahrten streng limitiert und auch nur ausgesuchten Rafting-Unternehmen gestattet.

Auf über zehn Meter langen Floß-Schlauchbooten mit Motorunterstützung sind 12 bis 16 Personen unterwegs. Wenn Sie in Lees Ferry an Bord gegangen sind, legen Sie bis zur Phantom Ranch 140 km/87,5 mi in etwa drei Tagen zurück. Reine Paddelexkursionen für vier bis fünf Personen in 5-Meter-Rafts sind doppelt so lange unterwegs. Die Ranch ist wie für Wanderer auch ein sehr guter Anlaufpunkt für eine Übernachtung. Und wie die Übernachtung auf der Phantom Ranch müssen auch die Rafting-Touren sehr lange im Voraus gebucht werden, ein Jahr ist auch hier Minimum. Das Angebot ist groß, es reicht von Spazierfahrten bis zu richtigen Wildwasserfahrten. Entsprechend vielfältig sind Preise und Arten der Wasserausflüge. Unter 🖥 WW.NPS.GOV/GRCA/PLANYOURVISIT/GUIDEDTOURS.HTM erhalten Sie einen ersten groben Überblick. Für die eher gemäßigte Ausfahrt erhalten Sie Informationen unter ☎ 88-522-6644. Die Flussfahrten dauern von einem halben Tag Länge bis zu 25 Tage Abenteuer auf hoher See. Zur preislichen Orientierung: Ein Tag Fluss-Schippern kostet zwischen $ 150 und 200, ein 8-Tage-Abenteuer kann schon mit etwa $ 2.500 pro Person zu Buche schlagen.

Einen weiteren kommerziellen Anbieter speziell für Durchquerungen des Grand Canyon auf dem Wasserweg findet man unter 🖥 WWW.GCEX.COM

🐴 AUF DEM MAULTIER IN DEN CANYON

Bei unserem Besuch des Grand Canyon sind wir einer Gruppe Leute begegnet, die alle sehr steif- und O-beinig liefen. Schnell war herausgefunden, dass sie einen Ritt auf dem Esel in den Canyon hinter sich hatten. Wer die Schlucht nicht erwandern möchte und den Ausflug per Maultier für die bequemere Alternative hält, irrt schlichtweg. Viele Stunden im Sattel und steile, unwegsame Pfade sind mindestens genauso anstrengend, wie der Fußmarsch auf den eigenen beiden Beinen!

Ein Erlebnis ist der Ausritt aber allemal. Sie können wählen zwischen einem Dreistundenritt oder einem Reitausflug mit Übernachtung (mit einer oder zwei Nächten) auf der Phantom Ranch. Startpunkt für bei-

LAKE POWELL ZUM GRAND CANYON NATIONAL PARK

de Reittouren ist der Korral am Trailhead des Bright Angel Trails bei der Bright Angel Lodge. Dort finden Sie im Empfangsbereich auch einen entsprechenden Informationsschalter. Die Dreistundentour führt Sie dem Bright Angel Trail folgend zum Plateau Point und wieder zurück. Beim Ausritt mit Übernachtung sitzen Sie am ersten Tag fünfeinhalb Stunden im Sattel am zweiten Tag viereinhalb Stunden. Zurück geht es über den South Kaibab Trail. Die Ausritte starten täglich das ganze Jahr über um 8 Uhr im Sommer und um 9 Uhr im Winter. Am Vorabend des Ausritts oder jeweils eine Stunde vor Start am Morgen müssen Sie sich am Schalter in der Bright Angel Lodge melden. Ein dreistündiger Ritt kostet inklusive Lunchpaket $ 117,40. Mit einer Übernachtung zahlen Sie $ 477,34 für den ersten Reiter und für zwei Personen insgesamt $ 842,60. Eingeschlossene Leistungen sind Frühstück, Mittag- und Abendessen.

Da die **„Mule Trips"** sehr begehrt sind, sind sie oft auf Monate im Voraus ausgebucht. Sie sollten deshalb etwa 13 Monate vor dem gewünschten Termin reservieren. Hinzu kommt, dass es einige nicht unerhebliche „Voraussetzungen" gibt, die Sie erfüllen müssen, bevor Sie sich in den Sattel schwingen können: Sie müssen fließend Englisch sprechen und verstehen können, nicht kleiner als 1,40 m sein und nicht mehr als 91 kg wiegen (komplett bekleidet). Familien mit Kindern, die kleiner als die vorgeschriebene Größe sind oder noch kein Englisch können, fallen schon einmal durch dieses Raster durch. Außerdem dürfen Sie nicht schwanger sein und keine Höhenangst haben. Gute körperliche Verfassung ist die Grundvoraussetzung.

- ✉ Bright Angel Lodge, Grand Canyon, Arizona 86023
- ☎ Reservierungen 928-638-2631
- 🕐 ganzjährig
- 💻 www.grandcanyonlodges.com

🚁 RUNDFLUG

Die wohl beliebteste Art, einen unvergesslichen Blick auf den Canyon zu werfen, ist ein Rundflug über die große Schlucht. Dazu stellen zahlreiche Anbieter sowohl Flugzeuge als auch Hubschrauber zur Verfügung. Sie finden den Flugplatz mit einem großen Infozentrum außerhalb des National Park in Tusayan, 10 km/6,3 mi außerhalb des South Rim. Wenn Sie die gängige **North Canyon Tour** wählen, fliegen Sie von hier aus über den Kaibab National Forest den Dragon Corridor an, der über den tiefstgelegenen Teil des Canyons führt. Weiter geht es zum North Rim, während Sie die zerklüftete Landschaft von oben bestaunen. Aus der Luft erleben Sie außerdem den wildesten Abschnitt des Colorado River.

Auch für diese Aktivität können Sie Informationen am Schalter in der Bright Angel Lodge einholen, außerdem in der Maswik Lodge und dem El Tovar Hotel in Grand Canyon Village. Informationen auch unter ☎ 928-638-2631 (oder -6015 von außerhalb).

Die Rundflüge dauern zwischen 25 und 30 Minuten. Auch wenn es nicht erlaubt ist, durch den Canyon hindurch zu fliegen, ist der Flug darüber und der Blick aus der Vogelperspektive auch ein unvergessliches Abenteuer – wenn Sie das nötige Kleingeld haben! Pro Person müssen Sie mit $ 135 rechnen.

► LAKE POWELL ZUM GRAND CANYON NATIONAL PARK

Die drei größten Anbieter sind:

Papillon Grand Canyon Helicopters
- Grand Canyon, Arizona
- 888-635-7272
- 928-638-2419
- res@papillon.com
- www.papillon.com

Grand Canyon Airlines
- Grand Canyon Airport, Grand Canyon, Arizona
- 866-235-9422
- www.grandcanyonairlines.com

Scenic Airlines
- 3900 Paradise Rd, Suite 185, Las Vegas, NV 89169
- 800-634-6801
- res@scenic.com
- Fragen zu Flügen: info@scenic.com
- www.scenic.com

► REITEN AUSSERHALB DES NP

Es gibt viele Möglichkeiten, warum man sich gegen einen Esel-Ausritt im Grand Canyon entscheidet, da ja auch viele Voraussetzungen für die Teilnahme an einer Tour erfüllt werden müssen. Wer aber trotzdem nach Hause kommen will und erzählen möchte, am Grand Canyon reiten gewesen zu sein, dem sei eine sehr angenehme und ruhige Alternative außerhalb des Parks Richtung Tusayan empfohlen. Die Alternative bietet der **Apache Stable** an, der sich direkt beim südlichen Parkausgang befindet. Ein Hinweisschild führt Sie hin. Sie biegen von der Straße Richtung Tusayan rechts ab und fahren ein ganz kurzes Stück auf einem nicht asphaltierten Weg.

Wenn Sie hier ausreiten, reiten Sie durch die friedliche Stille des Kaibab National Forest. Nach einer für den Südwesten ungewöhnlich fachmännischen Einweisung geht es los. Alles hier ist so voll Ruhe und Harmonie, dass wir während unseres Ausritts mehrfach auf Hirschfamilien getroffen sind, die uns aus nächster Nähe ganz neugierig und

Ausritt im Kaibab National Forest

uneingeschüchtert beäugt haben. Sie können zwischen ein- und zweistündigen Ausritten wählen. Kinder sind willkommen, sollten aber keine reinen Anfänger auf dem Pferd sein.

Neben Ausritten zu Pferd oder Maultier bietet der Apache Stable **Lagerfeuer-Ritte**, sogenannte Trail Rides, und **Planwagenfahrten** an. Beide Angebote finden abends statt, und Treffpunkt aller Teilnehmer ist das Lagerfeuer. Auch die Reiter fahren dann mit dem Planwagen zurück.

Der einstündige Ausritt kostet $ 48,50 pro Person, zwei Stunden $ 88,50, der Trail Ride kostet $ 58,50 und eine Person im Planwagen $ 25,50 (Kinder unter acht Jahren sind ermäßigt). Eine telefonische Voranmeldung ist empfehlenswert.

- Moqui Drive, Grand Canyon, Arizona 86023
- 928-638-2891
- www.apachestables.com

WANDERMÖGLICHKEITEN IN DIE TIEFE DES CANYONS

Anmerkung: Für erfahrene und ausdauernde Wanderer ist eine besondere Herausforderung der Weg vom oberen Rand des Canyon bis hinunter an den Colorado River. Vom Klippenrand bis auf den Grund überwindet man fast 1.500 Höhenmeter, durchreist fünf Klimazonen und erlebt fast zwei Milliarden Jahre Erdgeschichte (denn auf dem Grund des Canyons stellen sich die Felsformationen und –farben noch einmal ganz anders dar). Für solche Vorhaben sollte man sich allerdings optimal vorbereiten. Im Sommer herrscht eine nahezu unerträgliche Hitze in der Schlucht, die meisten Teile der Wege führen durch die pralle Sonne. Daher sollte man früh aufbrechen und es wird geraten, eine Übernachtung auf der Ranch am Grunde des Canyon einzuplanen, damit man tags darauf in den frühen Morgenstunden wieder aufsteigen kann.

Wichtig: Egal, wann Sie starten – Sie sollten riesige Vorräte an Wasser mitnehmen! Auf einer **Hinweistafel am Grandview Point** können Sie die traurige Geschichte einer erfahrenen Marathonläuferin lesen, die auf der Wanderung im Grand Canyon verstarb, weil sie dehydriert ist. Gute Kondition, ausreichend Verpflegung, Sonnen- und Wetterschutzkleidung und natürlich gute Wanderschuhe sind ebenfalls von größter Bedeutung. **Bedenken Sie auf alle Fälle:** Selbstüberschätzung ist fatal bei einem solchen Unternehmen!

„Für alle Wanderungen mit Übernachtung ist eine Permit notwendig, ausgenommen sind Gäste, die in der Phantom Ranch schlafen. Für diese Permit zur Übernachtung außerhalb der ausgewiesenen Campgrounds ist ein schriftlicher Antrag nötig, der frühestens vier Monate vor dem geplanten Aufenthalt gestellt werden muss. Das Antragsformular steht online unter der unten angegebenen Internetadresse zur Verfügung. Wer keinen schriftlichen Antrag gestellt hat, muss auf einen Platz auf der Warteliste hoffen. Im Backcountry Information Center werden während der regulären Öffnungszeiten Wartelisten-Nummern vergeben. Um 8 Uhr des Folgetags werden die Nummern derjenigen ausgerufen, die eine kurzfristige Permit erhalten. Pro Person kostet die Permit $ 10 und $ 5 pro Nacht."

- Maswik Lodge, Village Loop Rd
- 928-638-7875
- täglich von 8-12 Uhr und montags bis freitags von 13-17 Uhr
- www.nps.gov/grca/planyourvisit/backcountry-permit.htm
- wichtige Infos: www.nps.gov/grca/planyourvisit/hike-smart.htm

LAKE POWELL ZUM GRAND CANYON NATIONAL PARK

Tipp: Wer sich all den Stress nicht antun möchte und bei seinem Aufenthalt am Grand Canyon nur kürzere Wanderungen auf der Höhe des Rim unternehmen möchte, kann den Rim Trail zwischen einzelnen Stationen zu Fuß zurücklegen und anschließend mit dem Bus wieder zurück ins Grand Canyon Village fahren. Auch und gerade von oben eröffnen sich wunderschöne Aussichten, die man zu Fuß erleben kann.

SOUTH KAIBAB TRAIL

Dieser Trail ist einer der beiden gängigen Wege in die Schlucht des Grand Canyon hinein; der andere ist der Bright Angel Trail. Beide sind bestens gepflegt und bieten sich auch für Neulinge im Grand Canyon zur Erforschung der Schlucht bis ganz hinunter an den Colorado River an. Sie überwinden auf einer Länge von etwa 11 km/6,9 mi eine Höhe von 1.480 Metern. Der South Kaibab Trail wird vorwiegend für den Abstieg in den Canyon gewählt, während für den Aufstieg der längere, aber dafür auch mäßiger steile Bright Angel Trail empfohlen wird.

Start der Tour in die Tiefe ist der **Trailhead am Yaki Point** – Sie müssen beachten, dass dieser View Point nur mit dem Shuttlebus erreichbar ist! Von Mai bis September gibt es Trinkwasser am Trailhead, für den Weg selbst sollten Sie allerdings ausreichend Flüssigkeit mitnehmen. Die Wanderung, die extrem steil bergab geht, ist knapp 11 km/6,9 mi lang und dauert zwischen vier und sechs Stunden, je nach Fitness. Der Weg verläuft fast ausschließlich in der Sonne, ein weiterer Grund dafür, dass er für den Abstieg die bessere Wahl ist.

Nach 2,5 km/1,6 mi erreichen Sie **Cedar Ridge** mit einer herrlichen Aussicht. Sie könnten an dieser Stelle umkehren und haben dann mit Hin- und Rückweg eine Wanderung von etwa vier Stunden absolviert. Weiter nach unten Richtung Fluss führt der Weg in eine innere Schlucht, bevor man am Colorado ankommt und ihn über die **Kaibab Suspension Bridge**, einer abenteuerlichen Hängebrücke, überquert. Der South Kaibab Trail mündet daraufhin in den **Bright Angel Trail** und über diesen wird schließlich die **Phantom Ranch** erreicht.

BRIGHT ANGEL TRAIL

Für den Aufstieg vom Flusslevel zum Rim bietet sich dieser längere dafür aber längst nicht so steile Weg an. Von der Phantom Ranch aus müssen Sie erst einmal wieder über die Kaibab Suspension Bridge, wenden sich der Beschilderung nach aber dann nach rechts. Nach etwa 3 km/1,9 mi verlassen Sie den Flusslauf des Colorado River, und es geht ab sofort über den Bright Angel Pfad stetig bergauf in den **Corkscrew Canyon**. Der Weg führt idyllisch entlang eines kleinen Creeks, und Bäume und Sträucher spenden hier gelegentlich auch Schatten. Für den sehr viel strapaziöseren Aufstieg bieten sich gute Rastmöglichkeiten an. Auf halber Höhe erreichen Sie **Indian Gardens**, wo sich auch ein Campground befindet. Dort bekommen Sie zwischen Mai und Sept. sogar frisches Trinkwasser. Es folgen noch zwei Wasserstellen, nämlich bei **Three Mile Resthouse** und bei **Mile-and-a-half-Resthouse**. Wenn Sie noch Kraftreserven haben, können Sie von hier aus einen Umweg von insgesamt knapp 5 km/3,1 mi in Kauf nehmen, dann erreichen Sie **Plateau Point** mit einer wunderschönen Aussicht. Der Bright Angel Trail selbst endet schließlich oben am Rim an der Bright Angel Lodge.

Der Aufstieg ist ca. 14 km/8,8 mi lang, und Sie sollten sieben bis acht Stunden dafür veranschlagen. Im Sommer ist der Trail oft sehr überlaufen, hinzu kommen die Hinterlassenschaften der Muli-Reiter, die diesen Weg ebenfalls nutzen.

UNTERK. IM GRAND CANYON

PHANTOM RANCH

Die Ranch ist die einzige Lodge für Wanderer, Bootfahrer und Maultier-Reiter im Inneren des Grand Canyon. Sie liegt sehr romantisch am nördlichen Ufer des Colorado River. Wieder ein Gebäude, das von Mary Colter entworfen wurde! Es ist ein rustikales Bauwerk aus Holz und Stein aus dem Jahr 1922. Colter benannte die Ranch nach dem Phantom in einer Legende der Havasupai Indianer, von einem Stamm der Unterwelt hervorgebracht worden sein soll und den Grund des Canyon wohl sehr gemocht hat. Übernachten kann man in Schlafräumen oder Blockhäuschen. Da die Räumlichkeiten aber sehr begrenzt sind, sollten Reservierungen rechtzeitig vorgenommen werden – bis zu einem Jahr im Voraus ist empfehlenswert! Eine Permit für die Übernachtung ist nicht notwendig. In der Kantine der Ranch erhalten Sie eine begrenzte Auswahl an Snacks, richtige Mahlzeiten müssen Sie im Voraus reservieren. Unter der Internetadresse WWW.NPS.GOV/GRCA/PLANYOURVISIT/UPLOAD/PHANTOM%20RANCH.PDF erhalten Sie weitere Informationen über die Phantom Ranch.

- ✉ Grand Canyon, Arizona, 86023
- ☎ 303-297-2757
- 🛏 ja (unbedingt reservieren)
- ∞ ★
- 🖥 www.grandcanyonlodges.com
  (Derzeit kann die Phantom Ranch nicht online reserviert werden.)

BRIGHT ANGEL CAMPGROUND

Der Bright Angel Campground bei der Phantom Ranch ist der einzige Campground in der Tiefe des Canyon. Es sind 31 Plätze vorhanden, die auf zwei Gruppen und 90 Personen limitiert sind. Der Campground ist mit Wasserstelle, Toiletten und einer **Ranger Station** mit medizinischer Notfallausrüstung ausgestattet. Während der Hauptsaison bieten die Ranger Besuchern ein abwechslungsreiches Programm. Duschen sind nicht vorhanden. Wer Abkühlung sucht, findet sie im Bright Angel Creek; im Colorado River zu schwimmen ist allerdings verboten. Wer in der Phantom Ranch essen möchte, sollte frühzeitig reservieren (▶ Phantom Ranch). Auch Snacks sind dort erhältlich. Vom Campground aus lassen sich Tagestouren unternehmen. Sie können beispielsweise auf dem River Trail knapp 3 km/1,9 mi weit entlang des Colorado River zwischen dem South Kaibab und dem Bright Angel Trail wandern. Eine Permit für die Übernachtung ist nötig – alles Nötige erfahren Sie unter

🖥 WWW.NPS.GOV/GRCA.

WEITERE WANDERUNGEN GRAND CANYON – SOUTH RIM

GRANDVIEW TRAIL

Startpunkt der sehr anstrengenden Wanderung, die aber nicht zwingend mit Übernachtung sein muss, ist der **Grandview Point** am Desert View Drive. Ziel der Wanderung ist der Berg **Horseshoe Mesa**. Auch auf dieser Strecke überwinden Sie fast 800 Höhenmeter, wofür man ungefähr sieben Stunden braucht. Die einfache Wegstrecke beträgt knapp 5 km/3,1 mi. Den Colorado River erreichen Sie auf dieser Wanderung nicht!

Der Trail wurde ursprünglich errichtet von einem Goldsucher namens Peter Berry. Berry betrieb ein Kupferbergwerk, das die „Last Chance Mine" genannt wurde. Sie befindet sich am Ende des Trails am Horseshoe Mesa. Auf dem Gipfel der Mesa finden Sie Relikte aus der Zeit, als hier die Mine betrieben wurde: Blockhäuschen, Minenschafte, Erzbrecher und die Fuhrwerke für das Erz. Eine alte indianische Ruine ist direkt unterhalb eines Armes der Mesa sichtbar.

Peter Berry steckte einen Teil seines Profits aus der Mine am Horseshoe Mesa in den Bau des Grandview Hotels. Er betrieb das Haus ein paar Jahre lang und bot damit die einzige Übernachtungsmöglichkeit im Grand Canyon an. Mit der Erreichbarkeit durch die Santa Fe Railroad und dem Bau von Grand Canyon Village endeten Berrys Erfolge.

Der Weg bis zur Mesa wird nicht gepflegt, ist dafür aber einer der besten nicht gewarteten Wege. Der obere Teil des Weges führt Sie durch Kaibab- und Toroweap-Kalkstein abwärts. Nach etwa 2,5 km/1,6 mi erreichen Sie **Hermit Shale**. Von hier ab folgt der Weg entlang einer Westernkulisse mit Klippen, die der Coconino-Sandstein geschaffen hat. Unterhalb von Hermit Shale treffen Sie auf die Formation Supai Group, der Sie bis zur Horseshoe Mesa folgen.

An der Mesa erwartet Sie sogar ein Campingplatz, der sich auf der östlichen Seite des Berges befindet. Er ist ausgeschildert. Chemische Toiletten sind in der Nähe des Zeltbereichs vorhanden.

HERMITS REST TRAIL

Dieser ebenfalls steile Trail führt über einen 8 km/5 mi langen Rundweg nach Santa Maria Spring. Der Weg ist unbefestigt, überwindet 360 Höhenmeter und sollte nur von geübten Berg- und Wüstenwanderern begangen werden. Startpunkt ist bei **Hermits Rest**, Sie sollten also beachten, dass Sie nur mit dem Shuttlebus über den West Rim Drive zum Trailhead gelangen. Der anstrengende Pfad bietet wunderschöne Ausblicke. Sie können die Wanderung erweitern und auf einem knapp 10 km/6,3 mi langen Rundweg nach **Dripping Springs** gehen. Auch dieser Weg bietet tolle Ausblicke, wenn er auch schweißtreibend ist.

Wie viele andere Wanderwege ist auch dieser Trail ursprünglich eine indianische Route gewesen. Er wurde als Zugang zum Grand Canyon benutzt, um den Wegezoll für den Bright Angel Trail zu umgehen. Deswegen befindet sich am Ende des Trails auch das ehemalige Hermit Camp, das aber nicht mehr in Betrieb ist.

Der erste Wegabschnitt geht sehr steil und schnell bergab, hier ist besondere Vorsicht geboten. Sobald Sie auf die Formationen des Coconino-Sandstein treffen, können Sie in den Felsen Fossilien von Reptilienspuren finden (ca. 1,5 km/ 0,9 mi nach dem Trailhead). Sie erkennen die richtige Stelle an den aus Felsen gehauenen Stufen, über die Sie zu den Spuren gelangen.

Ungefähr 800 Meter später passieren Sie die Kreuzung mit dem **Waldron Trail**. Über Hermit Shale gelangen Sie schließlich zu der Junction, an der Sie entscheiden können, ob Sie noch den **Dripping Springs Trail** weitermarschieren wollen. Halten Sie sich rechts, bleiben Sie auf dem Hermit Trail. Der Weg führt bergab zur Hermit Gorge. Eine Steinformation schließlich markiert Ihr Ziel, **Santa Maria Spring**.

RIM TRAIL

Das ist der Wanderweg, den all diejenigen nehmen können, die keine Vorkenntnisse im Bergsteigen oder in Wüstenwanderungen haben, den

LAKE POWELL ZUM GRAND CANYON NATIONAL PARK

Grand Canyon aber trotzdem auf Schusters Rappen erkunden wollen. Starten können Sie an jedem View Point innerhalb von Grand Canyon Village bzw. an jeder Haltestelle auf der Straße Richtung Hermits Rest. Sie können auch jederzeit abbrechen und wieder auf den Shuttlebus aufspringen. Der Rim Trail fängt eigentlich schon bei Yavapai Point an. Der Shuttle-Service steht allerdings nur entlang der Hermit Road zur Verfügung. Die gesamte Wegstrecke von Yavapai Point über Grand Canyon Village bis Hermits Rest beträgt einfach 19 km/11,9 mi.

Auf dem Rim Trail wandern Sie bequem auf teilweise asphaltiertem, ebenem Weg und genießen die Ausblicke in die verschiedenen Richtungen und auf den inneren Canyon. Sie haben entlang des Weges immer wieder Schatten. Wasser gibt es allerdings auf dem ganzen Weg nicht.

UNTERKÜNFTE GRAND CANYON VILLAGE

Anmerkung: Der Grand Canyon National Park ist gut ausgestattet mit Unterkunftsmöglichkeiten. Viel besser, als alle anderen Parks, die wir bislang auf unserer Reise besucht haben. Deshalb wird es bei rechtzeitiger Reservierung auch in der Hauptsaison immer ein Zimmer geben. Ist dies jedoch nicht der Fall, bieten sich einige Alternativen im nahen **Tusayan**. Auf www.tusayan-az.worldweb.com kann man sich unter dem Menüpunkt Lodging nach geeigneten Motels und Hotels umschauen, nachfolgend werden stellvertretend für das komplette Angebot drei Motels ausführlich vorgestellt. Aber eins dürfen Sie nicht erwarten: hier vor den Toren des Grand Canyon günstigere Unterkünfte zu ergattern, als innerhalb des Parks! Vor allem in der Hochsaison sind die Preise recht happig, was nicht an einem besonderen Komfort, sondern an der hervorragenden Lage und der Nähe zum Grand Canyon liegt.

Tipp: Zimmer im Grand Canyon National Park sollten Sie – gerade in der Hochsaison – lange im Voraus reservieren. Einen guten Überblick über Lodges und Hotels im Park finden Sie unter www.grandcanyonlodges.com. Telefonische Reservierungen sind unter 303-297-2757 bei Xanterra, dem Betreiber der meisten Lodges, möglich. Kurzfristige Reservierungen können Sie unter 928-638-2631 oder 928-638-9810 vornehmen.

▶ DESERT VIEW CAMPGROUND

Dieser Campground empfängt Sie direkt am östlichen Parkeingang in der Nähe des Desert View Watchtowers am Highway 64. Von hier aus fahren Sie 42 km/26,3 mi bis zum Visitor Center in Grand Canyon Village. Wenn man spät abends an diesem Parkeingang ankommt, ist es sicher sinnvoll, gleich hier zu bleiben, um bei Tageslicht den Scenic Drive bis zum Visitor Center zu fahren. Im Sommer ist der Campground allerdings am frühen Nachmittag bereits voll. Auf dem Platz gilt das Prinzip Selbstregistrierung, weswegen auch keine Reservierungen möglich sind. Außer Toiletten gibt es keinerlei Service. Camper dürfen maximal 30 Feet lang sein.

- ✉ Hwy 64, Grand Canyon, Arizona, 86023
- ◎ Anfang Mai bis Mitte Okt.   nein
- 🚐 50, keine Anschlussmöglichkeiten
- ⚬ ★
- 🖥 www.nps.gov/grca

▶ MATHER CAMPGROUND

1,6 km/1 mi südwestlich des Canyon View Information Plaza befindet sich dieser beliebte Campground am South Rim. Es ist ein vom National Park Service betriebener Campground, der mitten von

198

LAKE POWELL ZUM GRAND CANYON NATIONAL PARK

Grand Canyon Village liegt. Es gibt hier zwar keine Anschlussmöglichkeiten für die Wohnmobile, aber Sanitärräume mit Duschen (gegen Gebühr), einen Waschsalon (ebenfalls gegen Gebühr) und öffentliche Telefone. Ganz nahe befindet sich auf dem Market Plaza ein recht großer Supermarkt, in dem Sie so gut wie alles bekommen, auch Feuerholz. In der Saison von 1. März bis 30. Nov. kann man einen Platz reservieren, das restliche Jahr gilt das Prinzip *first come – first served*.

- ✉ 1 Main St., Grand Canyon, Arizona, 86023
- ☏ 877-444-6777 (Reservierungen)
- ⏲ ganzjährig
- 🏕 ja (nur März bis November)
- ⚲ ★
- 🚐 329, keine Anschlussmöglichkeiten
- 💻 www.recreation.gov

🏕 GRAND CANYON TRAILER VILLAGE

Direkt an den Mather Campground grenzt Trailer Village, dieser Campground wird von Xanterra betrieben. Sie können alle Angebote des Mather Campground nutzen (Waschsalon, Duschen, jeweils münzbetrieben). Auch der Lebensmittelladen am Market Plaza ist nicht weit, hier können Sie sich mit Feuerholz eindecken. Der Campground an sich ist sehr einfach gehalten, das Preis-Leistungs-Verhältnis ist aber sehr gut. Am Eingang zum Campground fährt der Shuttlebus los, sodass Sie den Camper auch mal komplett stehen lassen können.

- ✉ 1 Main St., Grand Canyon, Arizona, 86023
- ☏ 928-638-2631
- 📠 928-638-2876
- ⏲ ganzjährig 🏕 ja
- 🚐 84 mit allen Anschlussmöglichkeiten
- ⚲ ★★
- ✉ reserve-gcsr@xanterra.com

🏨 BRIGHT ANGEL LODGE

Die Lodge ist ein bisschen das Herzstück des Grand Canyon National Park. Sie stammt aus dem Jahr 1936 und wirkt zünftig-rustikal. Die Bright Angel Lodge ist ein weiteres von der Architektin Mary E. J. Colter entworfenes Gebäude innerhalb des Parks. Dieses historische Steingebäude im Pionier-Stil gilt als die bedeutendste Leistung der Architektin im Grand Canyon. Ein hölzerner Donnervogel hängt über der Kamineinfassung der Feuerstelle in der Lobby. Colter nannte diesen Vogel *„The bright Angel of the Sky"*, also den großen Engel des Himmels. Zur Auswahl stehen in der Lodge preisgünstige, neu renovierte Zimmer oder historische Blockhütten, die sich direkt am Canyon-Rim befinden. Zur Bright Angel Lodge gehören außerdem ein Souvenirladen und ein Restaurant. Sie finden hier einen Info-Schalter für verschiedene Aktivitäten und Unternehmungen wie zum Beispiel die Maultierausritte.

- ✉ Grand Canyon, Arizona 86023
- ☏ 303-297-2757
- ⏲ ganzjährig 🏕 ja
- ⚲ ★★ – ★★★
- 💻 www.grandcanyonlodges.com

🏨 KACHINA & THUNDERBIRD LODGE

Die beiden nahezu identischen Lodges befinden sich zwischen der Bright Angel Lodge und dem El Tovar Hotel (für die Kachina Lodge checken Sie im Hotel El Tovar ein, für die Thunderbird Lodge in der Bright Angel Lodge) und sind im zeitgenössischen Motel-Stil erbaut. Sie wurden beide 2004 komplett renoviert und bieten moderne Zimmer, die Hälfte davon mit Canyon-Blick (diese Zimmer können allerdings nicht garantiert werden). Für Familien sind die Zimmer sehr gut geeignet. In Fuß-Entfernung gelangen Sie zum historischen Teil von Grand Canyon Village.

- ✉ Grand Canyon, Arizona 86023
- ☏ 303-297-2757
- ⏲ ganzjährig
- 🏕 ja
- ⚲ ★★★
- 💻 www.grandcanyonlodges.com

🏨 MASWIK LODGE

Am südwestlichen Ende von Grand Canyon Village liegt die Maswik Lodge. Hier

LAKE POWELL ZUM GRAND CANYON NATIONAL PARK

finden Sie moderne Zimmer oder Blockhäuschen, und bis zum Rim ist es nur ein kurzer Fußweg. Nur die Zimmer können ganzjährig bewohnt werden, die Blockhäuschen stehen im Winter nicht zur Verfügung. Die Nord-Zimmer sind deutlich größer als die Südzimmer (und demnach teurer), haben Suite-Charakter mit entsprechender Einrichtung und eignen sich für mehrere Personen bzw. Familien. Eine ansprechend gestaltetet Cafeteria (hier gibt es Frühstück) ist vorhanden, ebenso ein Informationsschalter für verschiedene Aktivitäten am South Rim.

- ✉ Grand Canyon, Arizona 86023
- ☎ 303-297-2757
- 🕐 ganzjährig (nur Zimmer!)
- 🍴 ja
- ∞ ★★★
- 💻 www.grandcanyonlodges.com

🏠 YAVAPAI LODGE

Das ist die größte Lodge innerhalb des Grand Canyon National Park, und sie ist umgeben von Pinien und Wacholderbäumen, ungefähr 1 km/0,6 mi vom Rim entfernt. Die Lodge ist unterteilt in die Haupt-Lodge (hier ist die zentrale Registrierung untergebracht) und die östlichen und westlichen Ableger (die nur in der Hochsaison geöffnet sind). Alle Räume sind modern eingerichtet, und ein großes Angebot erwartet Sie hier (Restaurant, Hamburger-Bar, Canyon Café mit Frühstücksangebot und Souvenirshop). Die Räume des Ost-Flügels wurden 2003 renoviert. Auch in der Yavapai Lodge finden Sie in der Lobby einen Informationsschalter, an dem Sie Aktivitäten erfragen und reservieren können. Die Lodge liegt direkt am Market Plaza von Grand Canyon Village, sodass Sie alle Einrichtungen bequem nutzen können: Lebensmittelladen mit großer Auswahl, Waschsalon mit Münzbetrieb, eine Bank und ein Postamt. 1 km/0,6 mi entfernt ist das Visitor Center.

- ⇒ Grand Canyon, Arizona 86023
- ☎ 303-297-2757
- 🕐 ganzjährig (nur Haupt-Lodge)
- 🍴 ja
- ∞ ★★★
- 💻 www.grandcanyonlodges.com

🏠 EL TOVAR HOTEL

Der Grand Canyon hat auch eine Luxusherberge zu bieten, das El Tovar Hotel. Es wurde 1905 erbaut und bietet ein nostalgisch-rustikales Ambiente, manchmal als architektonisches Kronjuwel des Grand Canyon bezeichnet. Das Steingebäude ist europäischen Jagdhütten nachgebildet. Der Architekt Charles Whittlesey wollte ein Hotel bauen, das das natürliche Wunder Grand Canyon ergänzt und nicht das Landschaftserscheinungsbild stört – das scheint ganz gut gelungen. Benannt ist das Hotel nach dem spanischen Forscher Don Pedro de Tovar. Ein paar Räume im Nord-Flügel bieten Canyon-Ausblicke.

Das Gebäude ist ein registriertes **National Historic Landmark**, gleichbedeutend mit dem deutschen Denkmalschutz. Es genießt den Ruf eleganter Gastfreundschaft. Ein gutes Restaurant, das El Tovar Dining Room, eine Bar und ein Souvenirladen ergänzen das Angebot des Hotels.

- ✉ Grand Canyon, Arizona 86023
- ☎ 303-297-2757
- 🕐 ganzjährig
- 🍴 ja
- ∞ ★★★
- 💻 www.grandcanyonlodges.com

🏙 TUSAYAN

⚬	Grand Canyon Village	12 km/ 8 mi
	Williams	89 km/ 56 mi
👪	Einwohner	562

Wenn der Grand Canyon in der Hochsaison nicht mehr alle Besucher aufnehmen kann oder wem die Preise innerhalb des National Parks für Übernachtung und Essen zu hoch sind, ist das touristische Dorf **Tusayan** der Retter in der Not. Etwa 10 km/6,3 mi vom südlichen Parkausgang am Highway 64 gelegen bietet Tusayan Hotels, Restaurants und Campgrounds, Tankstellen und Lebensmittelgeschäfte. Besonders erwähnenswert ist das Canyon IMAX Theater mit dem sehr empfehlenswerten Riesenleinwand-Film „**Grand Canyon – The hidden Secrets**". Hier wird auf unterhaltsame Weise noch einmal ein tiefer Einblick in die Geschichte des Canyons gewährt. Wenn Sie keinen Flug über den Grand Canyon gewagt haben, tun Sie es hier, während Sie wie ein Kondor über den Colorado River segeln. Dabei erfahren Sie die ganze abenteuerliche Geschichte der verschiedenen Expeditionen, die den Grand Canyon erforschen sollten und auf welche Weise es schließlich Major John Wesley Powell gelang, ins Herzstück der Schlucht vorzudringen. Der Film zeigt eindrucksvoll die gefährlichen Stromschnellen, deretwegen die Männer immer wieder ein Stück schwimmen, das Gepäck zu Fuß schleppen und verloren gegangene Gegenstände retten mussten. Nicht alle Teilnehmer kamen gemeinsam im Grand Canyon an, doch der übrig gebliebene Teil der Besatzung erreichte nach 98 Tagen das Ziel. Überliefert sind Powells Aufzeichnungen, in denen er Untersuchungen der Gesteinsschichten und Anzeichen menschlichen Lebens dokumentierte.

Der Film läuft das ganze Jahr über, vom 1. März bis 31. Oktober täglich von 8:30-20:30 Uhr, vom 1. November bis Ende Februar 10:30-18:30 Uhr. Kinder unter fünf Jahren sind frei, von sechs bis zehn Jahre kosten der $ 9,50 und Erwachsene kosten $ 12,50 pro Person. Nicht gerade günstig, aber jeden Dollar wert!

Das IMAX Kino befindet sich innerhalb des **National Geographic Visitor Center**, der Basisstation von Tusayan. Neben einem Selbstbedienungsrestaurant finden Sie alles für den Aufenthalt und die Aktivitäten im Grand Canyon. Informationen und Ratschläge gibt es genauso wie Eintrittskarten und Reservierungsmöglichkeiten für beispielsweise die Rundflüge. Ein ausgesprochen schöner Souvenirladen bietet handgearbeitete Kunst und Schmuckstücke an. Im Innenhof des Visitor Centers ist das „**Base Camp No. 1**" aufgeschlagen. Diese moderne Variante einer Ausstellung über die Geologie, die Tier- und Pflanzenwelt, das vorhandene Kartenmaterial und sogar ein Nachbau des Bootes von Major Powell bieten sowohl einen optimalen Einstieg in den Grand Canyon als auch eine gute Nachbereitung des Erlebten.

VISITOR INFORMATION

NATIONAL GEOGRAPHIC VC
- 450 Hwy 64, Grand Canyon, Arizona 86023
- 928-638-2468
- 928-638-2807
- www.explorethecanyon.com

UNTERKÜNFTE TUSAYAN

TEN-X-CAMPGROUND
Das ist die Alternative für überfüllte Campingplätze innerhalb des Grand Canyon National Park. Dieser Platz liegt ca. 3 km/1,9 mi südlich von Tusayan und wird vom U.S. Forest Service betrieben. Sehr idyllische Lage inmitten von Pinien innerhalb des Kaibab National Forest, deshalb ist es gerade bei Hitze auch eine Alternative, hier zu übernachten, statt im Grand Canyon. Duschen sind keine vorhanden, auch keine Dump-Station. Feuerholz kann innerhalb des Campgrounds gekauft werden. Der Platz ist nicht sehr überlaufen, weswegen Sie sich bezüglich des *first come – first served* keine Sorgen machen müssen.
- Hwy 64, Tusayan, Arizona 86023
- 928-638-2443

LAKE POWELL ZUM GRAND CANYON NATIONAL PARK ◀

- 1. Mai bis 30. Sept. nein
- 70, keine Anschlussmöglichkeiten
- ★
- www.recreation.gov

CAMPER VILLAGE

Direkt in Tusayan finden Sie diesen privaten Campground, 11 km/6,9 mi außerhalb des Grand Canyon und damit immer noch eine gute Ausgangsbasis zur Erkundung des National Parks. Zudem erwartet Sie hier richtiger Komfort mit Hook-ups, münzbetriebenen Duschen und Waschmaschinennutzung und ein gut ausgestattetes Lebensmittelgeschäft. Brennholz gibt es auf dem Campground ebenfalls zu kaufen. Der Platz ist sehr sauber und befindet sich in sehr schöner Lage mit einem äußerst zuvorkommenden Eigentümer.

- Hwy 64, Tusayan, Arizona 86023
- 928-638-2887
- März bis Oktober ja
- 300, 90 mit allen Anschlussmöglichkeiten, 60 mit Strom- und Wasseranschlüssen
- ★

THE GRAND HOTEL

Bei überfüllten Lodges innerhalb des National Park findet sich die Lösung in Tusayan. Der Baustil des Grand Hotel mit den Türmchen ist bestechend, die Atmosphäre im Inneren ist dem Wilden Westen angelehnt, und die Lage ist super. In der Umgebung ist dieses Hotel das neueste und bietet sowohl moderne als auch rustikale Zimmer. Im Restaurant The Canyon Star werden Ihnen Steaks serviert, das IMAX Kino ist nicht weit entfernt, und ein Hallenbad mitsamt Fitnessraum ergänzen das Angebot. Die große Lobby mit offenem Kamin ist einer Berghütte nachempfunden und zur Stimmung passend befindet sich hier ein Klavier. Außerdem finden Sie einen Starbucks, einen Souvenirladen und jeweils eine Kleider- und Schmuck-Boutique. Die Zimmer sind hell und freundlich ausgestattet mit großen Fenstern.

- 149 Hwy 64, Tusayan, Arizona 86023-0125
- 928-638-3333
- 928-638-3131
- ganzjährig ja
- ★★★
- reservations@grandcanyongrandhotel.net
- www.grandcanyongrandhotel.com

QUALITY INN GRAND CANYON

Eine zweite Alternative für das Übernachten im Park selbst ist das Quality Inn & Suites, zehn Minuten Fahrtzeit vom Rand des Grand Canyons und fünf Minuten vom Eingang des Grand Canyon Parks und vom Grand Canyon Flughafen entfernt. Die Zimmer sind im Südwest-Stil gehalten, und man genießt allen Komfort in einer südwestlichen Atmosphäre. Dieses Hotel ist von Kiefern umgeben und hat ein sehr schönes Atrium. Jjk's Restaurant bietet Frühstück, Mittag- und Abendessen wahlweise in Buffetform oder à la carte an. Ein Hallen- und Freibad ergänzen das Angebot eines angenehmen Aufenthaltes.

- 116 Hwy 64, Tusayan, Arizona 86023
- 928-638-2673
- 928-638-9537
- ganzjährig ja
- ★★★

RED FEATHER LODGE GRAND CANYON

Mitten in der Kleinstadt Tusayan liegt die Red Feather Lodge, die zum Teil Hotel, zum Teil Motel ist. Das Motel besteht aus zwei Stockwerken, jedes Zimmer hat einen Zugang von außen. Der Hotelbereich ist neueren Datums (erbaut 1995), und zu den Zimmern gelangt man über die innen liegenden Flure. Im Sommer stehen ein Freibad und ein Whirlpool zur Verfügung. Das Restaurant Café Tusayan komplettiert das Angebot.

- 106 Hwy 64, Tusayan, Arizona 86023-1460
- 928-638-2414
- 928-638-2707
- ganzjährig ja
- ★★ - ★★★
- info@redfeatherlodge.com
- www.redfeatherlodge.com

GRAND CANYON ÜBER DIE ROUTE 66 ZUM LAKE MEAD UND LAS VEGAS

GRAND CANYON ÜBER DIE ROUTE 66 ZUM LAKE MEAD UND LAS VEGAS

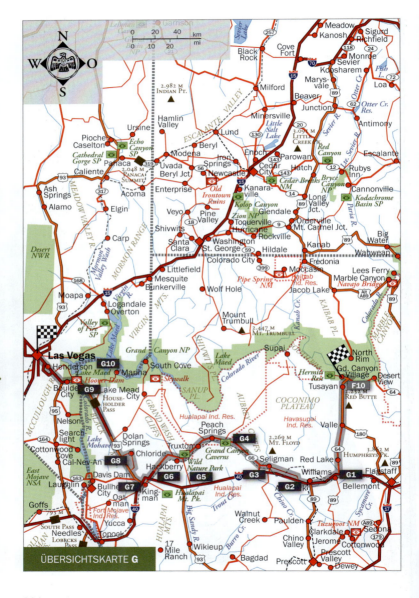

ÜBERSICHTSKARTE G

GRAND CANYON ÜBER DIE ROUTE 66 ZUM LAKE MEAD UND LAS VEGAS

Hauptstrecke km/mi	Teilstrecke km/mi	Nebenstrecke km/mi	Stationen auf dem Highway	Highway
1.888/1.180	0		Grand Canyon National Park	AZ-64
1.894/1.184	6/4		Tusayan	AZ-64
1.932/1.208	44/28		Abzweig US-180	AZ-64
			Planes of Fame Air Museum	
1.985/1.241	97/61		Abzweig Interstate 40	AZ-64
1.989/1.243	101/63		**Williams (▶G1)**	I-40
2.033/1.271	145/91		Crookton, Ausfahrt US-**Route 66 (▶G2)**	I-40
2.064/1.290	176/110		**Seligman (▶G3)**	US-66
2.108/1.318	220/138		**Grand Canyon Caverns (▶G4)**	US-66
2.155/1.347	267/167		**Wild Nature Park (▶G5)**	US-66
2.165/1.353	277/173		**Hackberry (▶G6)**	US-66
2.205/1.378	317/198		**Kingman (▶G7)**	US-66
2.237/1.398	349/218	0	Nebenstrecke Abzweig AZ-62 Richtung Chloride	US-93
		8/5	**Chloride (▶G8)**	AZ-62
2.237/1.398	349/218	16/10	Zurück zur Abzweigung US-93/AZ-62	AZ-62
2.277/1.423	389/243	0	Nebenstrecke/Abzweig White Hills Road Richtung White Hills	US-93
			Weiter auf der White Hills Road	
		20/13	**White Hills**	
2.277/1.423	389/243	40/25	Zurück zu Abzweig US-93	
2.322/1.451	434/271		**Hoover Dam (▶G9)**	US-93
			Zeitzonenwechsel! (Nevada ist eine Stunde hinter Arizona)	
2.329/1.456	441/276		**Lake Mead (▶G10)**	US-93
2.333/1.458	445/278		Lake Mead RV Village Campground	NV-166
2.376/1.485	488/305		Zurück nach Las Vegas **Ende der Route**	NV-585 o. I-515

GRAND CANYON ÜBER DIE ROUTE 66 ZUM LAKE MEAD UND LAS VEGAS

Über Tusayan verlassen wir die Region des Grand Canyon und stellen uns auf neue, nochmals ganz andere Abenteuer ein. Während wir immer wieder die Impulse und das Ambiente des Südwesten gespürt haben, verlassen wir nun peu à peu die Westernkulisse und nähern uns nicht nur deutlich der Industrie und damit wieder der Zivilisation, sondern noch einmal einer ganz anderen Historie, als die bereits erlebte: Wir erobern die legendäre Route 66.

*Schon auf der Anfahrt nach **Williams**, eigentlich auch nur einer unbedeutenden Kleinstadt, werden Anzeichen der zunehmenden Zivilisation immer deutlicher. Da tauchen plötzlich Bahnschienen auf, und wir stellen erst jetzt fest, dass wir auf der ganzen Rundreise keine gesehen haben. Industrie-Anlagen säumen auf einmal unseren Weg, erst nur kleine, dann immer größere. Wir wussten schon gar nicht mehr, wie so etwas aussieht! In den vergangen Tagen ist die herrliche, unberührte Landschaft mit den schroffen, roten Felsen und den unendlichen Weiten zu „unserem" Amerika geworden – umso mehr müssen wir uns erst wieder daran gewöhnen, dass das nun Folgende das eigentliche Amerika ist.*

Wenn wir uns also schon mal wieder einer „richtigen" (Klein-)Stadt nähern, wollen wir sie auch in Augenschein nehmen und widmen uns Williams.

WILLIAMS

	Grand Canyon Village	101 km/ 63 mi
	Kingman	184 km/ 115 mi
Einwohner		3.100
Winter		9,5 °C
Sommer		22,4 °C

Wenn man ehrlich sein will, ist Williams, so romantisch die Kleinstadt auch wirkt, hauptsächlich ein guter Verkehrsknotenpunkt. Denn hier befindet sich der Bahnhof Williams, Anfangs- und Endstation der Grand Canyon Railway. Dann gibt es noch den Amtrak-Bahnhof Williams Junction, von dem aus der transkon-

Zug

206

tinentale Fernverkehrszug Southwest Chief täglich in Richtung Los Angles und Chicago abfährt.

Die Stadt wird außerdem von der historischen Route 66 flankiert, und mit ihrer Lage an der Arizona-State-Route 64 Richtung South Rim des Grand Canyon wird sie als **"Gateway zum National Park"** bezeichnet. Zu guter Letzt verfügt Williams über einen eigenen kleinen Flughafen, den Williams Municipal Airport. Von Williams aus sind es noch 350 km/218,8 mi bis nach Las Vegas.

Wenn die Lebensmittelvorräte nach dem Abenteuer Grand Canyon aufgebraucht sind, gibt es in Williams die Möglichkeit für Nachschub. Neben einigen Tankstellen stehen zum Einkaufen beispielsweise ein Safeway Store in der 637 W. Route 66, ☎ 928-635-0500 oder – etwas ausgefallener – der La Mexicana Mini Market in der 514 E. Route 66, ☎ 928-635-3965 zur Verfügung.

Zum Essengehen bieten sich entlang der Route 66 durch Williams mannigfaltige Möglichkeiten. (Während die Interstate 40 nördlich an Williams vorbeiführt, durchquert die Route 66 die Stadt einmal von Ost nach West – kein großer Umweg also). Motels reihen sich neben Restaurants und Cafés, vom Mexikanischen Sea Food über das Steakhouse bis zum Thailändischen Restaurant ist für alle Geschmacksrichtungen gesorgt. Die unabdingbar zur Route 66 gehörenden Diner und Espresso-Bars vervollständigen das Angebot.

Umgeben vom Kaibab National Forest und dem Gebiet um Bill Williams Mountain ist das hier aber auch ein idyllischer Ort mit Scenic Drives, Wander- und Wintersportmöglichkeiten. Die Sommer sind verhältnismäßig kühl, und die dichten Pinienwälder um Williams machen dieses Ziel nahe der heißen Wüste zusätzlich attraktiv.

VISITOR INFORMATION

WILLIAMS AND FOREST SERVICE VC

In einer großen Ausstellungshalle, untergebracht in einem historischen Eisenbahn-Depot, werden schöne Modelle und liebevoll gestaltete Plakate gezeigt zum Beispiel über die Transportwege der Indianer oder die Entstehung der Route 66. In einem interaktiven Bereich lernen wir einiges über unser Ökosystem, und die Kinder können derweil in der Kinderecke bei einem interaktiven Video ihre Bildung aufpolieren.

- ✉ 200 W. Railroad Ave, Williams, Arizona 86046-2899
- ☎ 928-635-4707/4061
- 📠 928-635-1417
- 🕐 ganzjährig, im Sommer täglich 8-18:30 Uhr, im Herbst, Winter und Frühling 8-17 Uhr

SEHENSWÜRDIGKEITEN

GRAND CANYON DEER FARM PETTING ZOO

Empfangen werden Sie im Zoo von Mozart und Sparky, den beiden sprechenden Vögeln. Wie alle anderen Tiere hier können Sie die beiden gefiederten Freunde nicht nur anschauen, sondern auch streicheln, zwischen den Tieren umhergehen und sie aus der Hand füttern. Es erwarten Sie Rentiere, Kängurus, Krallenaffen, kleine Rinder und manchmal sogar Baby-Kamele oder Baby-Bisons. Für Familien mit Kindern ist der Wildpark eine nette Abwechslung nach den Naturerlebnissen der letzten Tage. Die Interaktion mit den Tieren macht den Besuch auch für Erwachsene zu etwas Besonderem.

⇨ Der Zoo befindet sich an der IS-40, Ausfahrt 171, 13 km/8,1 mi östlich von Williams.

GRAND CANYON ÜBER DIE ROUTE 66 ZUM LAKE MEAD UND LAS VEGAS

- ✉ 6769 E. Deer Farm Rd, Williams, Arizona 86046
- ☎ 928-635-4073
- 📠 928-635-2357
- 🕐 16. Oktober bis 15. März täglich 10-17 Uhr, 16. März bis 15. Oktober täglich 9-18 Uhr
- 💰 Erwachsene $ 8,50, Kinder unter 2 Jahre frei, 3-13 Jahre $ 5, Senioren über 62 Jahre $ 7,50
- ✉ deerfrmr@aol.com
- 💻 www.deerfarm.com

THE AIR MUSEUM – PLANES OF FAME

Das Museum hat sich der Aufgabe verschrieben, historische Flugzeuge zu erhalten und auszustellen. Damit werden auch die spannenden Geschichten der Männer und Frauen erzählt, die diese Flugzeuge geflogen haben. Berühmte Flugzeuge und berühmte Geschichten erwarten Sie hier im Flugzeug-Museum. Die Exponate umfassen Flugzeugtypen von einer Messerschmitt Me-109G-10/U4 bis zu einer flugbereiten Douglas AD-4N Skyraider. Eine der Attraktionen des Museums ist das Personentransport-Flugzeug von General Douglas MacArthur, eine Lockheed C-121A namens „Bataan". Berühmt wurde das Flugzeug unter anderem durch den Einsatz in der Berliner Luftbrücke nach dem Zweiten Weltkrieg.

Das Museum ist eine Zweigstelle des Flugzeug-Museums in Chino, Kalifornien und ist damit Teil einer Organisation, die das erste fest installierte Flugzeug-Museum an die Westküste der USA brachte.

⇒ Das Museum liegt 48 km/30 mi nördlich von Williams nahe der Kreuzung Highway 64 / 180 beim Örtchen Valle.

- ✉ 755 Mustang Way, Valle-Williams, Arizona 86046
- ☎ 928-635-1000
- 🕐 täglich 9-17 Uhr
- 💰 Erwachsene $ 5,95, Kinder unter 5 Jahre frei, 5-12 Jahre $ 1,95
- 💻 www.planesoffame.org/museuminfo.php?site=Valle

ELK RIDGE SKI AND OUTDOOR RECREATION AREA

Eine richtig spaßige Alternative zum Sommerprogramm finden Sie in diesem Gebiet, das im schneesicheren Winter attraktiv ist. Das kleine Ski-Gebiet, das besonders für Familien interessant ist, bietet eine Reihe präparierter Skipisten und Langlaufstrecken. Ein Hügel, von dem man mit *Tubes* (Gummireifen) runterbrettern kann, ist der lustigste Teil von Elk Ridge. Mit einem Lift lassen Sie sich mitsamt dem vor Ort zur Verfügung stehenden Tube den Hang hinaufziehen.

⇒ Von Williams in südliche Richtung auf der 4th Street, die in die Perkinsville Road übergeht. Nach etwa 4 km/2,5 mi weist Ihnen ein Schild rechts den Weg.

- ✉ 2467 S. Perkinsville Rd, Williams, Arizona 86046
- ☎ 928-814-5038
- 🕐 Dezember bis April Freitag 12-17 Uhr, Samstag/Sonntag 9:30-16:30 Uhr, montags nur in den Ferien geöffnet, Tubing ganzjährig Samstag und Sonntag 10-16 Uhr
- 💰 $ 12 für einen Tag Lift und Tube
- ✉ info@elkridgeski.com
- 💻 www.elkridgeski.com

🚶 WANDERMÖGLICHKEITEN

BEALE WAGON ROAD HISTORIC TRAIL

Um der Geschichte der Gegend gerecht zu werden, bietet es sich an, auf historischen Pfaden zu wandeln. Auf dem Beale Wagon Road Historic Trail erfährt der moderne Reisende, wie es den Ranchern und Einwanderern in den 1860er/70er Jahren ergangen ist. Ursprünglich wurde der Weg Mitte des 19. Jhds für Planwagen angelegt, um nach Westen ziehende Pioniere nach Kalifornien zu bringen. Damals war die „Straße" nur drei Meter breit, aber führte fast 2.000 km/1.250 mi weit von Arkansas zum Colorado River. Das auf der Strecke gelegene Laws Spring war die Wasserstelle, an der die Reisenden einen Stopp einlegten.

Während sich vor den Kulissen der hohen Berggipfel weite Blicke auftun, legen Sie etliche Kilometer/Meilen auf einer landschaftlich reizvollen Strecke zurück. Erst einmal ungewohnt im Gegensatz zu den vergangenen Wanderungen ist das viele Grün, das Sie auf Ihrem Weg begleitet. Der Weg ist gut ausgeschildert und insgesamt 31 km/19,4 mi lang - wobei Sie aber natürlich nicht die gesamte Strecke gehen müssen. Start ist an der Interstate 40, Genaueres erfahren Sie im Visitor Center oder über

🖥 WWW.FS.FED.US/R3/KAI/RECREATION/
TRAILS/WIL_BEALE.SHTML

🚶▶ BILL WILLIAMS MOUNTAIN TRAIL

Einen Tag bzw. fünf bis sechs Stunden sollten Sie für den 13 km/8,1 mi langen Rundweg schon einkalkulieren, denn es geht den Berg hinauf, wenn auch mit harmlosen Steigungen. Der Bill Mountain Trail startet inmitten von Ponderosa Pinien und Eichen an der **Williams Ranger Station** (etwa zehn Minuten Fahrzeit von Williams aus) und endet auf einer Höhe von 2.780 Metern. Nicht nur von ganz oben, auch unterwegs schon haben Sie herrliche Blicke auf das unter Ihnen liegende Tal und die Berggipfel der Umgebung.

Bill Williams Mountain markiert die traditionelle Grenze der Hopi, dem Indianerstamm, der früher hier gelebt hat. Der Wanderweg war 1902 ursprünglich als Zoll-Weg entstanden. Der Erbauer Esau Lamb kassierte von Wanderern und Reitern eine Gebühr für den Weg zum Gipfel.

▷ Folgen Sie den Hinweisschildern zur Williams Ranger Station Highway 40 Exit 161 westlich von Williams
⇔ 13 km/8,1 mi
🕒 5-6 Stunden
↗ moderat
⇌ 714 m

🚶▶ KEYHOLE SINK TRAIL

Zum Schluss noch ein Vorschlag für einen kürzeren Marsch, der auch noch ein bisschen Geschichte mit dabei hat. Der Weg ist insgesamt 3 km/1,9 mi lang und einfach zu begehen. Er führt Sie zu einem Canyon, in dem prähistorische Bewohner ihre Zeichnungen im grauen Vulkangestein der Canyonwände hinterlassen haben. Die Petroglyphen belegen, dass dieses Gebiet für die Ureinwohner als Jagdgrund wichtig war. Einer der Petroglyphen zeigt eine dramatische Darstellung einer Wildherde, die den Canyon betritt. Seien Sie also wachsam – das Gebiet ist immer noch ein wunderbarer Platz, um wild lebenden Tieren zu begegnen.

Der Trailhead befindet sich auf der nördlichen Seite der Route 66, gegenüber der Oak Hill Snowplay Area, 20 Minuten von Williams entfernt. Der Weg ist als Skilang-

GRAND CANYON ÜBER DIE ROUTE 66 ZUM LAKE MEAD UND LAS VEGAS ◄

laufstrecke mit blauen Dreiecken markiert.

- ⇨ Exit 171 ca. 9,5 km/5,9 mi östlich von Williams, weiter auf der Historic Route 66 bis zur Oak Hill Snowplay Area
- ⇔ 1,5 km/0,9 mi (einfache Strecke)
- 🕒 1,5 Stunden
- ⇗ leicht

🏠▶ UNTERKÜNFTE WILLIAMS

Anmerkung: Natürlich gibt es in Williams auch Gaststätten, Restaurants, Hotels und Motels, und es gibt nette Dinge, die man tun kann. Je nachdem, wie gut man in der Zeit liegt, kann man auch hier übernachten, es wäre aber empfehlenswerter, dies auf der Route 66 zu tun. Schließlich kommen wir gerade vom Grand Canyon und haben von der Fahrstrecke her erst 100 km/62,5 mi erledigt, sodass man auch mit Unternehmungen in Williams noch zumindest bis Seligman weiterfahren kann, wo das Übernachtungsumfeld attraktiver ist.

🚐▶ GRAND CANYON RAILWAY RV PARK

Landschaftlich reizvoll gelegen bietet der Campground alle Annehmlichkeiten, die man sich wünschen kann: Waschmöglichkeiten, einen Lebensmittelladen, einen Spielplatz, ein Volleyball- und Basketballfeld und ein Spielfeld für das Hufeisenwurfspiel. Duschen stehen ebenfalls zur Verfügung. Ein schöner Picknickbereich mit einer tollen Feuerstelle trägt dazu bei, sich hier richtig wohlzufühlen. Als Gast auf dem Campground erhalten Sie auch Zutritt zum Grand Canyon Railway Hotel, wo es ein Hallenbad gibt. Vom Campground aus verkehrt ein Shuttlebus zum Hotel.

- ✉ 601 W. Franklin Ave, Williams, Arizona 86046
- ☎ 800-843-8724
- 📅 ganzjährig ja
- 🏕 101, alle Anschlussmöglichkeiten
- 💲 ★★
- 💻 www.thetrain.com/rvpark

🚐▶ RAILSIDE RV RANCH

Ein am Fuß des Bill William Mountain gelegener Campground mit allem Komfort: einen Waschsalon, einen Spielplatz, verschiedene organisierte Aktionen, saubere Sanitärräume mit Duschen und ein Frühstücksangebot im Clubhaus. Bergblick ist auf diesem Platz inklusive!

- ✉ 877 Rodeo Rd, Arizona 86046
- ☎ 928-635-4077
- 📠 928-635-0233
- 📅 ganzjährig
- 🏕 96, Strom-Anschluss
- 💲 ★★
- ✉ raislide@bmol.com
- 💻 www.railsidervranch.com

🚐▶ CIRCLE PINES KOA

Neben Zelt- und RV-Plätzen gibt es Blockhäuschen, Cottages und kleine Lodges zum Wohnen. Der mit vielen Bäumen schattig gelegene, weiträumige und gemütliche Campground bietet von Mitte März bis Mitte September einen Außenpool, einen Whirlpool, eine kostenlose Sauna und Minigolf. Gegen Gebühr können Fahrräder entliehen werden. Feuerholz und Propangas gibt es zu kaufen. Im Sommer werden je nach Wochentag unterschiedliche Aktivitäten wie Reiten, Filme für die ganze Familie, Pfannkuchen-Frühstück und sportliche Angebote offeriert. Im Sommer bietet das Wagon Wheel Café Frühstück und Abendessen an.

- ✉ 1000 Circle Pines Rd, Williams, Arizona 86046
- ☎ 928-635-2626
- 📅 ganzjährig
- 🏕 130, 90 mit allen Anschlussmöglichkeiten
- 💲 ★★ - ★★★
- ✉ kamp@circlepineskoa.com
- 💻 www.koa.com/where/az/03211

🏨▶ HOLIDAY INN WILLIAMS

Das Holiday Inn ist nur knapp 1 km/ 0,6 mi von der Grand Canyon Railway Station entfernt – falls Sie also eine Reise mit der historischen Bahn zum Grand Canyon planen, wäre diese Unterkunft günstig gelegen. Die Zimmer sind groß und komfortabel, das Hotel bietet ein großes Hallenbad und einen Whirlpool.

GRAND CANYON ÜBER DIE ROUTE 66 ZUM LAKE MEAD UND LAS VEGAS

✉ 950 N. Grand Canyon Blvd,
Williams, Arizona 86046
☎ 928-635-4114
📠 928-635-2700
🕐 ganzjährig
∞ ★★

MOTEL 6 WILLIAMS WEST

Auch dieses Motel ist verkehrsgünstig gut zum Grand Canyon Bahnhof gelegen. Das Motel verfügt über Hallenbad, Whirlpool, einen Waschsalon und innen liegende Zimmerzugänge. Die Zimmer sind zwar nicht supermodern, aber geräumig. Insgesamt ein gutes Preis-Leistungs-Verhältnis.

✉ 831 W. Route 66, Williams,
Arizona 86046
☎ 928-635-9000
📠 928-635-2300
🕐 ganzjährig
∞ ★
🖥 www.motel6.com

In Williams haben wir ja bereits eine Brise von der Freiheit, Ungebundenheit und der „guten alten Zeit" geschnuppert, wofür die **Route 66** *ein Symbol ist. Wenn wir jetzt weiter Richtung Westen reisen, fahren wir zum ersten Mal seit vielen langen Tagen wieder auf eine richtige Autobahn, auf die Interstate 40. Das ist ein Kulturschock! Mehrspurig, breite Fahrbahnen und wo kommen plötzlich all die Autos, Lastwagen und Wohnmobile her? Wenn wir so im Fluss sind, dürfen wir keinesfalls die Abfahrt verpassen, die uns nicht nur wieder zurück in die Idylle bringt, sondern auch auf eines der letzten erhaltenen Teilstücke der ursprünglich fast 4.000 km/2.500 mi langen transkontinentalen Traumstraße. Der Bogen, den wir fahren, um zwischen Seligman und Kingman auf der Straße der Freiheit die Nostalgie zu genießen, ist gegenüber der Interstate kein großer Umweg. Denn gerade wenn wir mit dem Wohnmobil unterwegs sind, sind wir sowieso eng an eine Höchstgeschwindigkeit gebunden, sodass wir auch genauso gut durch die herrliche Landschaft tuckern können. Ein hohes Verkehrsaufkommen herrscht auf der Route 66, wie in den meisten Teilen des hinter uns liegenden Südwestens, auch nicht.*

Unsere Abfahrt von der Interstate heißt **Crookton** *und hat die Ausfahrt-Nummer 139. Danach geht es immer nur der Nase nach, der erste Ort auf der alten Route 66 ist* **Seligman.**

👁 ROUTE 66

Willkommen in den 50er Jahren!

Nicht nur für Nostalgiker ist das Befahren der alten Panoramastraße ein Genuss. Neben der grünen und fast bayerisch anmutenden Landschaft sind es die versteckten Nester am Straßenrand, die für die Besucher auf dem Stand der 50er- und 60er Jahre gehalten werden.

Nach und nach zusammengefügt wurde der US Highway 66, der von Chicago über St. Louis, Oklahoma City, Albuquerque und Flagstaff bis nach Los Angeles führte, in den 20er und 30er Jahren des 20. Jahrhunderts. Die ursprüngliche Länge des Highways betrug 4.000 km/2.500 Meilen. Damit durchquerte er fast den ganzen Kontinent – für damalige Zeiten eine Sensation. Die Straße verband plötzlich Bundesstaaten miteinander, die zuvor strikt getrennt waren – vor allem durch natürlich Hindernisse wie zum Beispiel die Rocky Mountains.

In der Folgezeit überschlug man sich, der Straße hochtrabende Namen zu geben und Attribute zuzuweisen. *„Main Street of America"* und *„Mother Road"* ersetzten die simple Bezeichnung „Highway". Vom **„American Dream"** war die Rede und von grenzenloser Freiheit –

Verkehrsschild Route 66

versinnbildlicht durch eine endlos scheinende Straßenführung. Auch heute noch symbolisiert die Route 66, wenn auch nur fragmentär erhalten, Freiheit und Ungebundenheit. Man kommt gar nicht umhin, in diesem Zusammenhang an die „gute alte Zeit" zu denken

Lieder, Bücher und Filme handeln von der Legende Route 66. Der berühmteste Song *„Get your kicks on Route 66"* von Bobby Troup aus dem Jahr 1946 spiegelt seine persönliche Aufbruchstimmung im Liedtext wider – von Chuck Berry, den Rolling Stones und Depeche Mode interpretiert, ist der Song auch heute noch ein oft kopierter Klassiker. In den 60er Jahren spielten Roadmovies wie „Easy Rider" oder „Two-Lane Blacktop" (auf Deutsch: „Asphaltrennen") auf der schon zu der damaligen Zeit mythischen Straße. Sogar in jüngster Zeit wurden die restlichen Fragmente der Route 66 für Filmhandlungen herangezogen, so erlebt ein Teilstück im Animationsfilm „Cars" aus dem Jahr 2006 einen neuen Aufschwung.

Buchtipp: Ausführlich beschrieben wird die komplette Route 66 im gleichnamigen Routenreiseführer von Jens Wiegand. Das Buch ist ebenfalls im **CONBOOK** VERLAG unter der ISBN 978-3-934918-28-3 erschienen.

Nach dem Zweiten Weltkrieg wuchs die Industrie um Los Angeles, neue Automassen befuhren die alte Interkontinentalstrecke. Das Image wandelte sich, die Route 66 wurde zum Symbol der amerikanischen Autokultur, denn es wurde klar, dass die Reisenden Benzin, Essen, Unterkunft und Unterhaltung brauchten. Quasi über Nacht entstand ein vielfältiges Angebot an Tankstellen, Fast-Food-Restaurants und Diners, Lebensmittelläden, Motels und Touristen-Attraktionen. Den Straßenrand säumten Souvenirläden, indianische Verkaufsbuden, Zoos und Museen. Manche der neuen Bauwerke wirkten und wirken heute noch optisch fast skurril. Als in den 60er- und 70er Jahren auch noch die Urlauber hinzukamen, die den Highway entlangfuhren, wurde die Route 66 dem zunehmenden Verkehrsaufkommen nicht mehr Herr.

Die Streckenführung wurde in den folgenden Jahren immer wieder optimiert, die Straße wurde begradigt und verbreitert, Teilstücke wurden ausrangiert. Ein richtiggehendes Autobahnnetz wuchs ringsherum, dem große Teile der Route 66 zum Opfer fielen. In Arizona ersetzte die Interstate 40 die alte Strecke – stillgelegt wurde unter anderem der Bogen, den wir auf unserer Reise erleben werden.

Es war die reine Nostalgie, die den Mythos „Route 66" schließlich neu aufleben ließ. Für die Straße selbst war das der Auftakt zur Renaissance: Übrig gebliebene Originalabschnitte bekamen als Straßenbezeichnung Schilder mit „**Historic 66**" verpasst und wurden als **National Scenic Byway** ausgewiesen. Die alten Tankstellen und Diners wurden aufpoliert, auf nostalgisch getrimmte Fassaden sollten den Fremdenverkehr wieder anlocken.

Wer heute allerdings erwartet, den Streckenverlauf gesäumt mit Relikten aus der „guten alten Zeit" vorzufinden, wird enttäuscht sein. Außer in Seligman und dem Tankstellenstopp Hackberry deutet zwischen Seligman und Kingman weit und breit am Straßenrand nichts auf die ursprüngliche Bedeutung dieser Straße hin. Stattdessen fahren Sie aber wie gesagt durch eine friedvolle, malerische Landschaft, immer die Berge im Panorama, sodass Sie diesen Weg auf jeden Fall mehr mögen werden als die graue Interstate.

Roadkill Café an der Route 66

GRAND CANYON ÜBER DIE ROUTE 66 ZUM LAKE MEAD UND LAS VEGAS

Das kurze Stück bis Seligman ist noch unspektakulär, aber das kleine verschlafene Wildwest-Nest bietet sich nach der Besichtigung für eine Übernachtung an, und außerdem sollten Sie unbedingt in einem der Diners einkehren. Besonders zu empfehlen ist das **Roadkill Café.**

SELIGMAN

	Williams	75 km/ 47 mi
	Las Vegas	312 km/ 195 mi
	Einwohner	1.500

Es war einmal wieder die Santa Fee Railroad, die zur Erschließung des Ortes beitrug, da Seligman 1886 an das Eisenbahnnetz angeschlossen wurde. Die Gleise der Bahn führen heute noch am alten Teilstück der Route 66 entlang und werden von Güterzügen mit einer stattlichen Zahl von Waggons befahren. Wir waren uns sicher, in Deutschland niemals Güterzüge mit ähnlicher Länge gesehen zu haben – 120 Waggons waren keine Seltenheit! Die Stadt selbst verdankt ihren Namen den Seligman-Brüdern, zwei New Yorker Bankern, die die Bahnlinie Richtung Süden finanziell unterstützten. Jesse Seligman, der aus dem bayerischen Baiersdorf nach Amerika kam, wurde schon bald berühmt als führender internationaler Banken- und Eisenbahninvestor. Weil er Geld in den Ausbau der Strecke bei Seligman investierte, wurde das aufstrebende Westernstädtchen in Arizona ihm zu Ehren nach ihm benannt.

Wo Sie heute das Städtchen finden, stand es allerdings nicht immer, sondern 1,5 km/0,9 mi weiter südöstlich. Seligman wird als die am meisten verschobene Stadt im Westen bezeichnet, denn fast alle Gebäude „wanderten" Stück für Stück bis zu ihrem heutigen Plätzchen.

Wenn man das Städtchen heute so friedlich und nostalgisch erlebt, kann man kaum glauben, dass es raue Zeiten hinter sich hat. Um 1900 herum gab es Schießereien auf der Hauptstraße, teilweise übertraf die Anzahl der Bars und Bordelle die der Kirchen mit drei zu eins. Gleichzeitig wuchs die Rinder-Industrie rund um Seligman. In den frühen Jahren der Route 66 schließlich beherbergte Seligman viele Reisende, und auch heute noch ist das Städtchen der Anziehungspunkt auf der verbliebenen historischen Strecke. Dabei besteht Seligman immer noch aus einer seltsamen Mischung aus Straßen, Rinderzucht und Eisenbahn.

Man hat das Bedürfnis, in diesem Städtchen innezuhalten und nicht einfach durchzubrausen. Natürlich sind es nur Kulissen der Vergangenheit, die Sie heute fesseln. Aber es sind sehr nette Kulissen! Sie verbinden die Vergangenheit mit der Gegenwart für uns Besucher. Um ein bisschen mehr von der Historie mitzunehmen, können Sie bei **Delgadillo's Visitor Center** einen Tour Guide für einen kleinen Spaziergang durch die Stadt ausleihen. Der Weg dauert 20 Minuten und führt Sie durch das originale Zentrum von Seligman. Unterwegs werden Sie einen Eindruck gewinnen von der bunten Geschichte, angefangen bei der Eisenbahn bis hin zur freundlichen Atmosphäre, die das Städtchen mit seinen 1.500 Einwohnern heute ausstrahlt.

Auf eigene Faust erkunden Sie Seligman, indem Sie auf dem Parkplatz hinter dem legendären **Roadkill Café** an der Main Street parken. Dort finden Sie die Original-Nachbauten des Gefängnisses (inklusive dem vergitterten und beängstigenden Gefängniswagen!), daneben die filmreife Kulisse einer Westernstadt, ein paar sehr altehrwürdige Rost-Reste von

GRAND CANYON ÜBER DIE ROUTE 66 ZUM LAKE MEAD UND LAS VEGAS

Oldtimern und Kakteen, die aus Autowracks herauswachsen.

Im Roadkill Café selbst sollten Sie unbedingt ein Steak oder einen Burger essen – und nehmen Sie die bissigen Bemerkungen der Speisekarte nicht allzu Ernst! Die Herkunft des Fleisches auf Ihrem Teller hat nicht wirklich etwas mit dem Slogan „*Roadkill Café – you kill it, we grill it*" zu tun! Und entgegen der Behauptung des Cafés „*No moon last night so we have a full menu today*" hat die Speisenzubereitung vermutlich auch nichts mit dem Stand des Mondes zu tun. Online amüsieren kann man sich über diesen originellen Gastronomiebetrieb unter WWW.ROAD-KILL-CAFE.COM.

VISITOR INFORMATION

DELGADILLOS HISTORIC ROUTE 66 VC

In Seligman präsentiert das Ehepaar Delgadillo eine vielseitige Kombination aus Besucher-Informationen, Souvenirshop, Friseurladen und Spielhalle mitten in Seligman.

Zu dem Konglomerat gehört auch das Visitor Center, in dem eine große Bandbreite an Erinnerungen an die Route 66 gezeigt und verkauft wird. Angefangen von T-Shirts über Bücher, Verkehrsschilder bis zu Straßenkarten. Die Familie betreibt die Spielhalle bereits seit den 1940er Jahren!
- 217 E. Route 66, Seligman, Arizona 86337
- 928-422-3352

UNTERKÜNFTE SELIGMAN

SELIGMAN/ROUTE 66 KOA

Etwas abseits von Seligman liegt dieser Platz, über dem nachts ein kristallklarer Sternenhimmel prangt. Der Campground ist klein und überschaubar, bietet aber allen Komfort: Ein Freibad bringt von Mai bis Oktober Erfrischung, in dem kleinen Laden bekommen Sie Souvenirs und Kleinigkeiten zu kaufen (unter anderem Feuerholz), und die Allerkleinsten erwartet ein Mini-Spielplatz. Es gibt auch zwei Blockhäuschen, in denen man wohnen kann, eigenes Bettzeug muss mitgebracht

Kulisse mit Gefängniswagen

werden. Besonders erwähnenswert sind die geschmackvollen und blitzsauberen Sanitärräume. Die ungeheuer nette Inhaberin weiß übrigens allerlei Geschichten über die Route 66 zu erzählen. Einziger Wehmutstropfen: Der Campground liegt ziemlich direkt an der Bahnlinie, und die Güterzüge rattern auch nachts vorbei ...

- ✉ 801 E. Hwy 66, Seligman, Arizona 86337
- ☏ 928-422-3358
- 🕐 ganzjährig 🏕 ja
- 🚐 58, 40 mit Strom und Wasser, 18 mit allen Anschlussmöglichkeiten
- ⊘ ★★
- ✉ Seligmankoa@seligmankoa.com
- 🖥 www.koa.com/where/az/03164

ROMNEYS MOTEL

Das Motel wurde renoviert und empfängt Sie mit einer ansprechenden Lobby. Manche der Zimmer haben Mikrowelle, Kühlschrank und einen Balkon. Sie erleben den Charme des klassischen Motels und die Freundlichkeit des Personals mitten im Herzen des historischen Örtchens Seligman. Restaurants und Shops sind bequem zu erreichen.

- ✉ 22430 W. Old Hwy 66, Seligman
- ☏ 928-422-4673
- 🏕 ja
- ⊘ ★
- 🖥 www.romneymotel.com

SUPAI MOTEL

Das charmante Motel bietet saubere, moderne Zimmer und ist ebenfalls sehr zentral gelegen. Es ist 57 Jahre alt (aber bereits renoviert!) und hat deshalb noch die „richtigen" Zeiten der Route 66 erlebt – kann also durchaus als historische Sehenswürdigkeit gelten! Das Motel ist klein und heimelig und hat nur 15 Zimmer.

- ✉ 134 W. Chino, Seligman, Arizona 86337
- ☏ 928-422-4153
- 🏕 ja
- ⊘ ★
- 🖥 www.supaimotel.com

DELUXE INN MOTEL

Das familiär geführte Motel stammt aus dem Jahr 1930, den Anfangszeiten der Route 66. Heute ist das Haus modernisiert, lebt aber für seine Gäste weiterhin das Motto „Light in the Night", das die Touristen in diesem fröhlichen Dorf seit 70 Jahren finden.

- ✉ 203 E. Historic Route 66, Seligman, Arizona 86337-012
- ☏ 928-422-3244
- 📠 928-422-4148
- 🖥 www.deluxeinnmotel.net

Wenn wir nach dem geschichtsträchtigen Stopp in Seligman der alten Route 66 weiter in nordwestliche Richtung folgen und dabei die friedliche Landschaft genießen, kommen wir nach etwa 40 km/25 mi Fahrt zu den **Grand Canyon Caverns**.

Sie sind auf der linken Straßenseite derart auffallend plakatiert – ein überdimensional großer Dinosaurier begrüßt Sie - und außerdem umgeben von den einzigen größeren Gebäuden weit und breit, dass man sie nicht verfehlen kann. Schon am Grand Canyon selbst wurden sie beworben und man möchte nicht meinen, dass sie dann tatsächlich so weit vom eigentlichen National Park entfernt sind. Die Lösung ist: 20 km/12,5 km von den Caverns entfernt liegt der Ort **Peach Springs**, *der auch „Grand Canyon down under" genannt wird. Das heißt, von hier aus erreicht man über eine nach Norden abzweigende Straße den Colorado River und hat damit Zugang zum Grand Canyon. Das Gebiet markiert quasi das West Rim des Grand Canyon und liegt inmitten des Hualapai Indianer Reservates.*

Doch jetzt wenden wir uns erst einmal den Grand Canyon Caverns zu, die wir noch einige Kilometer/Meilen vor der eben beschriebenen Abzweigung zum National Park direkt an der Route 66 erreicht haben.

GRAND CANYON CAVERNS

Eigentlich wurden die Höhlen, die in prähistorischen Zeiten durch ein Binnenmeer erschaffen wurden, 1927 nur durch Zufall entdeckt. Der Holzfäller Walter Peck war auf dem Weg zum Pokerspielen zu ein paar Freunden, als er stolperte und beinahe in ein großes, trichterförmiges Loch fiel. Peck hatte das Loch, das von jüngsten Regenfällen aufgeweitet worden war, vorher nie gesehen. Am nächsten Morgen kamen Peck und seine Freunde mit Seilen und Laternen zu der Stelle zurück. Fast 50 Meter tief wurde ein Mann am Seil in die Tiefe gelassen, bevor er den Boden des Loches erreichte.

Zunächst glaubte die kleine Forschertruppe, Gold gefunden zu haben, weil es an den Wänden glitzerte. Der Mann, den man nach unten geschickt hatte, brachte Proben mit nach oben und berichtete seinen Freunden von zwei Skeletten, die er gesehen hatte.

Natürlich erzählten die Männer dieses Erlebnis überall herum und Spekulationen über den Fund von Höhlenmenschen nahmen ihren Lauf. Wissenschaftler kamen, um die Knochen zu erforschen. Die Zeitungen berichteten ebenfalls über diese Sensation, vergaßen aber darauf hinzuweisen, dass bei den Skeletten Reste von Pferdesätteln gefunden worden waren, die Knochen also nicht so alt sein konnten, wie man annahm.

Walter Pecks Träume vom Goldfund waren mittlerweile geplatzt, denn es hatte sich herausgestellt, dass er nicht auf eine Goldmine gestoßen war. Da er also auf diese Weise kein Geld aus seinem Fund ziehen konnte, setzte er eine andere profitable Idee in die Tat um: Er versah die Höhle mit einem einfachen Seil-Aufzug und kassierte 25 Cent Eintritt von jedem, der die Fundstelle des „Höhlenmenschen" begutachten wollte. Peck gab seinem Unternehmen den Namen Yampai Caverns. Das Geschäft florierte.

1936 errichtete die Civilian Conservation Corp einen hölzernen Aufgang am Eingang der Höhle und ein paar hölzerne Leitern für den Abstieg nach unten. Damit mussten Besucher nicht länger an Seilen hinabgelassen werden. Nach einigen anderen Modernisierungsmaßnahmen wurde schließlich ein richtiger Aufzug installiert.

Zwischenzeitlich hatte sich auch wissenschaftlich herausgestellt, dass die Funde aus der Höhle nicht zu einem prähistorischen Menschen gehört haben. Es handelte sich vielmehr um die Überreste zweier Hualapai Indianer, die im Winter 1917 gestorben waren. Da die beiden wegen des gefrorenen Bodens nicht begraben werden konnten, wurden die Toten in das gut versteckte Loch hinabgelassen. Aus Respekt vor den Toten wurde daraufhin der ursprüngliche Abgang zur Höhle versiegelt.

Bis heute wird die Höhle erforscht, und es ist sicher, dass es darunter weitere Höhlen gibt. Es existieren noch vier zusätzliche Ebenen, die unterste liegt etwa 450 Meter tief. Nach zahlreichen verschiedenen Namensgebungen heißen die Höhlen jetzt Grand Canyon Caverns. Sie erleben auf einem geführten Rundgang durch die größte trockene Höhle der USA 35 Millionen Jahre Zeitgeschichte. Auf einem befestigten Weg sind Sie etwa 1,2 km/0,75 mi lang unterwegs, die Hälfte davon ist für Rollstühle bzw. Kinderwagen geeignet. Wegen Platzangst brauchen Sie sich keine Sorgen zu machen – die Gänge sind breit und hoch genug. Die regulären Führungen starten täglich zu jeder halben Stunde.

Eine unglaubliche Kuriosität bieten die Caverns ganz neu seit 2010: Es gibt tief unten in der Höhle eine Motel-Suite für bis zu sechs Personen! Das ist gewiss nur für Menschen mit starken Nerven geeignet, denn eine einsame Übernachtung 22 Eta-

GRAND CANYON ÜBER DIE ROUTE 66 ZUM LAKE MEAD UND LAS VEGAS

gen tief unter der Erde in der absoluten Dunkelheit und Stille hat etwas Gespenstisches und ist sicherlich nicht jedermanns Sache. Der Preis von $ 700 pro Nacht für zwei Personen auch nicht ... Für alle, die lieber überirdisch schlafen, gibt es auch ein „normales" Motel bei der Anlage.

Der Stopp an den Grand Canyon Caverns beinhaltet neben dem Motel ein Restaurant und einen Souvenirladen.

- ✉ Mile Marker 115, Route 66, Peach Springs, Arizona 96434
- ☎ 928-422-3223 (Motel) oder 928-422-4564 (Caverns)
- 🕐 März bis Oktober 9-17 Uhr, November bis Februar 10-16 Uhr
- 💰 Erwachsene: $ 14,95, Kinder (4 bis 12 Jahre): $ 9,95
- ✉ info@gccaverns.com
- 🖥 www.grandcanyoncaverns.com

Nach diesem Einstieg in die viel ältere Geschichte als die der Route 66 begeben wir uns wieder über die Erde und knöpfen uns die Natur über Tage vor. Dazu fahren wir wieder etwa 40 km/ 25 mi auf der Route 66 und erreichen diesmal linkerhand den auch sehr gut beschilderten **Wild Nature Park**.

KEEPERS OF THE WILD NATURE PARK

Szenenwechsel auf der „*Mother Road*". Zur Abwechslung gibt es ein paar Wildtiere anzuschauen, die sich hinter dem unscheinbaren Eingang zum Zoo mitten im Nichts verbergen. Der Wildpark verfolgt mit seinen Tieren ein ganz eigenes Konzept. „*Keepers of the Wild*" ist ein **non-profit Zufluchtsort** für vernachlässigte, missbrauchte und gefährdete exotische Tiere. Die Tiere lernen in einem sauberen, sicheren und liebevollen Umfeld ein friedliches Miteinander mit den Menschen kennen.

Der Begründer dieser Lebensart für exotische Tiere ist Jonathan Kraft. 1995 eröffnete er den ersten educational Wildlife Theme Park „Predator's Paradise" im Hotel Aladdin auf dem Strip in Las Vegas. Der Erfolg brachte Kraft auf die Idee, die Öffentlichkeit weltweit über seine Ziele zu informieren und neue Standards für die ethische Behandlung aller Tiere zu setzen, speziell der exotischen. Der Park an der Route 66 nahe dem Dorf Valentine ist Bestandteil dieser Ziele.

So weit zum Konzept des Nature Park. Konkret ist das Gelände in verschiedene Bereiche unterteilt. Auf dem **Tiger Mountain** erleben Sie sechs verschiedene Lebensräume für Tiger, die unter anderem Bengalische, Sibirische und Weiße Tiger beherbergen. Sie können den Riesen-Katzen dabei zusehen, wie sie in ihrem Pool planschen oder auf ihren Felsen klettern. Am **Cougar Hill** treffen Sie den Berglöwen an, eines der schönsten Geschöpfe der Wüste. Nach Afrika führt Sie die **Lion Savannah**, wo Sie den majestätischen König des Dschungels aus nächster Nähe bewundern können. Schließlich durchqueren Sie **Monkey Village**, Städtchen der Äffchen, in dem die quietschende chaotische Affenbande aus vielen Ländern zusammengefügt wurde. Im **Birdhouse** finden Sie sich in der Serengeti wieder mit ungewöhnlichen Tieren aus allen Teilen der Welt.

Sie können den Park auf eigene Faust erkunden oder für $ 10 (zusätzlich zum Eintrittspreis) eine geführte Safari-Tour machen. Die Touren starten jeweils um 9:30, 11:30, 13:30 und 15:30 Uhr.

- ✉ 13441 E. Hwy 66, Valentine, Arizona 86437
- ☎ 928-769-1800
- 🕐 Mittwoch bis Montag 9-17 Uhr (wetterabhängig)
- 💰 Erwachsene: $ 18, Kinder (2-12 Jahre): $ 12, Senioren über 65 Jahre: $ 15

✉ keepersoffice@hughes.net
🖥 www.keepersofthewild.org

*Wir lassen Tiger & Co hinter uns und nähern uns einer besonders schicken Stelle der Route 66, denn 13 km/8,1 mi nach dem Zoo erreichen wir **Hackberry**. Auf den ersten Blick scheint diese geisterhafte Kulisse am rechten Straßenrand nichts Außergewöhnliches zu sein, aber Sie müssen unbedingt anhalten! Hier ist es nämlich genau so, wie man es sich für den gesamten Verlauf der alten Route 66 vorgestellt hat. Es ist ein absoluter **Geheimtipp**.*

HACKBERRY

Von Weitem gesehen ist es „nur" ein General Store. Aber aus der Nähe betrachtet ist es nicht nur ein antiker Laden, sondern gleichzeitig auch eins der schönsten und authentischsten Museen über die Route 66! Schon allein der Anblick der Tankstelle verspricht, dass man im Inneren des Gebäudes ein Schmuckstück erwarten kann.

Im Laden finden Sie neben den mehr oder weniger nützlichen Dingen, die Sie kaufen können und jeder Menge Souvenirs von der Route 66 eine bunte Sammlung von Erinnerungen an die Hochphase der legendären Straße. Das fängt an bei den Porträts der Stars aus den 60ern, die hier waren (z.B. Marilyn Monroe oder Humphrey Bogart), über Banknoten aus aller Herren Länder von Besuchern, die sich auf den Scheinen mit persönlichen Worten verewigt haben, über den Diner im original belassenen Nebenraum, bis hin zu alten Autoschildern. Planen Sie genug Zeit ein, auch für ein Schwätzchen mit dem Besitzer oder seiner Frau. Sie werden die Nostalgie sicher zu spüren bekommen!

Das nicht übersehbare Glanzstück der Ausstellung steht direkt vor der Tür unter dem Vordach zwischen Zapfsäule und Laden: die leuchtend rote **Chevrolet Corvette** aus dem Jahr 1956, auf Hochglanz poliert – **Symbol der Freiheit der 50er und 60er Jahre**.

Um das Exponat herum drapieren sich weitere **exotische Sammelstücke**: Die

Corvette

GRAND CANYON ÜBER DIE ROUTE 66 ZUM LAKE MEAD UND LAS VEGAS

Gesamtansicht Front

Indianerfrau, die täuschend echt wirkt und den Ladeneingang bewacht, das alte Münztelefon, das wirkt, wie direkt aus einem Roadmovie entsprungen, alte und verbeulte Werbeschilder und die antiken Getränkeautomaten.

Rechts und links neben dem Hauptgebäude, dem General Store, verbergen sich weitere **historische Gebäude**. In einem windschiefen Schuppen rechts von der Tankstelle kommt ein weiteres Heiligtum zum Vorschein, ein Ford Model T Transporter.

An die „Werkstatt", vor der noch andere Oldtimer augenscheinlich schon länger auf eine Reparatur warten, schließt sich die ehemalige Music Hall an. Eine alte Greyhound Bushaltestelle und ein in die Jahre gekommenes Windrad geben Ihnen den Rest in Sachen Westernkulisse!

Die heutige nostalgische Atmosphäre von Hackberry hat eine lange Geschichte. 1874 schlugen Goldsucher in den Peacocks Mountains ein Bergbaucamp an einer Quelle auf. Nachdem große Mengen an Silber gefunden worden waren, wurde die Hackberry Silver Mine angelegt und nach einem großen Hackberry Baum nahe der Quelle bei der Mine benannt. Als 1882 die Eisenbahn nach Hackberry kam, entwickelte sich das kleine Örtchen zu einem bedeutenden Umschlagplatz für den Viehtransport und wurde drittgrößter Umschlagplatz in Arizona.

Obwohl die Silbermine noch nicht endgültig ausgebeutet war, wurde sie 1919 wegen Rechtsstreitigkeiten der Besitzer geschlossen. Es war Silber im Gegenwert von drei Millionen Dollar zutage gefördert worden. Nach der Schließung der Mine wurde es sehr still in Hackberry, der Ort erlebte aber durch die Route 66 einen neuen Aufschwung. Er wurde zu einer kleinen Touristenstadt, und der General Store übernahm 1934 die Versorgung der Reisenden. Indem die Interstate 40 den Streckenabschnitt zwischen Seligman und Kingman ersetzte, verlor der Store seine Funktion und wurde 1978 geschlossen.

In den 90er Jahren bewirtschaftete ein etwas bizarrer Künstler und Hippie

GRAND CANYON ÜBER DIE ROUTE 66 ZUM LAKE MEAD UND LAS VEGAS

Ford Model T Transporter

den verlassenen General Store und verkaufte im Laden seine Kunstwerke und Relikte der Route 66. Er war es auch, der das Gebäude restaurierte und versuchte, es in den Originalzustand zurückzuversetzen.

1998 hatte der Künstler allerdings genug von Hackberry und verkaufte das ganze Anwesen an das heutige Besitzer-Ehepaar John und Kerry Pritchard. Den beiden gehört die rote Corvette, die immer noch täglich vor dem Gebäude ihren Glanz verbreitet. Hier nun gab das Ehepaar seiner umfangreichen Sammlung von Überbleibseln der ursprünglichen Route 66 ihren heutigen Platz. Wie man unschwer erkennen kann, ist John Pritchard außerdem ein ausgesprochener Oldtimerfan, wovon die Besucher des General Stores heute noch ausgiebig nutznießen dürfen!

✉ Mile Marker 80, Route 66,
   Hackberry, Arizona 86411

*Nach einem ausführlichen Stopp und einem Eis, das wir gemeinsam mit dem übergewichtigen Hund des Besitzers geschleckt haben, verlassen wir diesen liebevoll gestalteten Ort und fahren weiter, dem Ende der historischen Route 66 entgegen. Es sind nur noch 45 km/28,1 mi, dann kommen wir in **Kingman** an, das ist jetzt endgültig eine richtig große Stadt. Gleichzeitig endet hier der Ausflug in die Vergangenheit und auch unsere Reise neigt sich dem Ende zu, wenn wir uns in Kingman dann Richtung Westen wieder auf den Rückweg nach Las Vegas machen. Doch zuerst wollen wir Kingman noch unter die Lupe nehmen.*

KINGMAN

	Seligman	109 km/68 mi
	Williams	184 km/115 mi
	Las Vegas	168 km/105 mi
👪	Einwohner	27.300

221

GRAND CANYON ÜBER DIE ROUTE 66 ZUM LAKE MEAD UND LAS VEGAS

❄❄	Winter	4,8 °C
☀	Sommer	32,9 °C

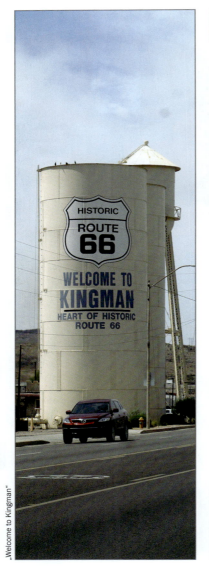

„Welcome to Kingman"

Auf den ersten Blick ist es einfach eine mittelgroße amerikanische Stadt – den Reiz sucht man vergebens, auch wenn man den Straßenschildern folgt, die einem eine historische Route durch die Stadt versprechen. Diese können Sie sich getrost sparen. Es ist zwar die Verlängerung der historischen Route 66, die im weiteren Verlauf zu dem Örtchen Oatman führt, aber hier finden Sie überhaupt nichts Nostalgisches mehr. Hier und da sind zwar Tankstellen und Motels im Stil der 20er und 30er Jahre renoviert, das wirkt aber einfach nicht mehr so authentisch inmitten der Stadt des 21. Jahrhunderts, die vor allem ein Verkehrsknotenpunkt darstellt. Der zweite Blick wird nicht wesentlich besser, denn es wird klar, dass diese größte Stadt der Region und Sitz des Counties nur existiert wegen einer großen Zahl von Motels, Hotels und Restaurants, die Reisenden von der Interstate 40 eine Rastmöglichkeit bieten. Es gibt allerdings für Sie auf Ihrer Route keine Veranlassung, in Kingman zu übernachten, da in Kürze ja auch der Lake Mead vor Las Vegas erreicht ist, wo es zwar heiß, aber doch von der Umgebung her weitaus attraktiver ist als in Kingman.

Kingman ist jedoch Sitz der Historic Route 66 Association of Arizona und beheimatet das **Route 66 Museum**, das Sie besuchen können und das etwas kleinere Mohave Museum of History and Art.

🛈 VISITOR INFORMATION

THE POWERHOUSE
TOURIST INFORMATION & VC

Das Gebäude, in dem das Visitor Center untergebracht ist, ist ein altes Elektrizitätswerk, das am 31. Juli 1907 in Betrieb genommen wurde. Es versorgte zentralisiert und konstant die Fördermaschinen und Pumpen der Minen in der Umgebung. Die Vollendung des Hoover Dams 1938 läutete aber das Ende des Kraftwerkes ein. 1940 wurde die Produktion eingestellt, allerdings wurde das Powerhouse als Nebenstelle und Aufbewahrungslager weiter betrieben. 1995 wurde das Kraftwerk restauriert wiedergeboren und ist ein Erfolgserlebnis, was den Erhalt historischer Gebäude anbelangt. Neben Informationen für Besucher und den Verkauf von Souvenirs beherbergt das Gebäude heute auch das Route 66 Museum.

- ✉ 120 W. Route 66 (Andy Devine Ave), Kingmann, Arizona 86401
- ☎ 928-753-6106
- 📠 928-753-6156
- 🕐 täglich 8-17 Uhr
- 💻 www.kingmantourism.org

👁 SEHENSWÜRDIGKEITEN

HISTORIC ROUTE 66 MUSEUM

Im historischen Gebäude des alten Elektrizitätswerkes, in dem sich ebenfalls das Visitor Center befindet, ist auch das Route 66 Museum beherbergt.

Das Museum stellt die geschichtliche Entwicklung der Route 66 dar. Wandgemälde und lebensgroße, plastische Schaubilder bringen Ihnen die Vergangenheit, die Sie gerade selbst ein bisschen „da draußen" erleben durften, nahe.

- ✉ 120 W. Route 66 (Andy Devine Ave), Kingmann, Arizona 86401
- ☎ 928-753-9889
- 🕐 täglich 8-17 Uhr
- 💰 Erwachsene: $ 4, Senioren: $ 3, Kinder bis 12 Jahre: frei
- 💻 www.kingmantourism.org

MOHAVE MUSEUM OF HISTORY & ARTS

Mit den Lebensbedingungen der indianischen Urbevölkerung macht das Mohave Museum of History & Arts vertraut. Besonders sehenswert ist die umfangreiche Sammlung von Türkis-Schmuck. Das Museum ist dem Zweck gewidmet, das Vermächtnis Nordwest-Arizonas zu bewahren und die Geschichte der Öffentlichkeit zugänglich zu machen. Das Mohave Museum ist eine private, non-profit Sammlung, die 1961 begründet wurde. Die Bibliothek des Museums beinhaltet eine Sammlung von Dokumenten, Manuskripten, Karten und Fotos über Mohave County und den Südwesten der USA.

- ✉ 400 W. Beale St., Kingman, Arizona 86401
- ☎ 928-753-3195
- 🕐 Montag bis Freitag 9-17 Uhr, Samstag 13-17 Uhr; Bibliothek Montag bis Freitag 9-16:30 Uhr
- 💻 www.mohavemuseum.org

RUNDGANG:
HISTORIC DOWNTOWN KINGMAN

Die Stadt Kingman hat 1996 in einem Stadtteil einen **Historic Overlay District** angelegt, der das Gebiet vom Powerhouse bis zum Santa Fe Eisenbahndepot entlang der Andy Devine Road umfasst. Mit einem Tourbuch sind Sie unterwegs und entdecken 27 historische Gebäude und Plätze, zu denen Sie jeweils eine Geschichte in Ihrem Begleitbuch finden. Sie erhalten die Karte und das Tourbuch entweder im Visitor Center im Powerhouse oder im Mohave Museum of History & Arts. Zu den Sehenswürdigkeiten gehören unter anderem die **St. Mary's Kirche**, das **Little Red Schulhaus** (derzeit das städtische Gericht), das **Bonelli House**, der **Locomotive Park**, das **Hotel Beale**, das **Hotel Brunswick**, **Hubb's House**, **Kingman Drug** (derzeit das El Palacio Restaurant), und natürlich das **Powerhouse Visitor Center**.

🥾▶ WHITE CLIFFS WAGON TRAIL PARK

Auf diesem Weg erleben Sie ein Stück Geschichte, denn Sie wandern auf der Fuhrwerk-Straße, die man von 1870 bis 1900 benutzen musste, um von den Stockton Hill Minen zur Eisenbahn zu gelangen. Auf diesem historischen Pfad wurde das in den Minen abgebaute Eisenerz in die Schmelzerei in Kingman gebracht. Die Spuren der Fuhrwerke haben sich so tief in den steinigen Untergrund eingeschliffen, dass Sie sie heute noch deutlich erkennen können. Auch am Wegesrand sehen Sie noch die Zeichen der mühevollen Transporte von einst und zwar an den Stellen, an denen man mit Pfosten und Seilen nachhelfen musste, um den schwer beladenen Wagen über das Gefälle hinauf- und hinabzuhelfen. Sie erreichen den Trailhead, indem Sie vom Grandview rechts in die Lead Street und dann links in die White Cliffs Road einbiegen.

*Da wie beschrieben eine Übernachtung an dieser Stelle unserer Reise nicht angezeigt ist, wenden wir uns jetzt wehmütig der Zielgeraden zu. Das ist im wahrsten Sinne des Wortes gemeint, denn die US-93 ist tatsächlich eine langweilige, kerzengerade verlaufende Autobahn und diesmal müssen wir auch wirklich drauf. Es ist aber auf der ganzen Route das erste und letzte Stück stumpfe Autobahnfahrt und damit akzeptabel. Aber halt! Bevor wir den Hoover Dam und den Lake Mead erreichen, gibt es doch noch ein wenig Abwechslung auf der tristen, mehrspurigen Straße. Am rechten Straßenrand passieren wir immer wieder Hinweise auf „**Historical Marker**". Langsam werden wir neugierig, was sich wohl dahinter verbergen mag. Wir nehmen wahllos eine der nächsten Ausfahrten, nämlich Chloride – und treffen damit voll ins Schwarze!*

NEBENSTRECKE NACH CHLORIDE

 CHLORIDE

Es ist schwierig, das richtige Vokabular für diese **Geisterstadt** zu finden. Skurril trifft es ebenso wie romantisch, mitten im Herzen des Wilden Westens vergessen ebenso wie liebevoll erhalten. Es ist wohl von allem ein bisschen etwas, und Sie müssen unbedingt aussteigen und sich hier umschauen!

Chloride liegt in der Mohave Wüste am Fuße des Cerbat Mountain und wurde 1863 gegründet. Das Dörfchen gilt als das älteste, ständig bewohnte Minendorf in Arizona. 1840 stießen Goldgräber im Bereich von Silver Hill auf die Adern einer Silbermine. Nach dem Silber wurden reichlich Gold, Blei, Zink und Türkise gefunden. Auseinandersetzungen mit den Hualapai Indianern bremste das Ausbeuten der Minen jedoch beträchtlich. Erst 1870 wurden die Rechte zum Abbau der Bodenschätze mit den Hualapai vertraglich geklärt. 1898 erreichte die Santa Fe Railroad von Kingman aus das Dorf Chloride. Die Station der Eisenbahn steht heute noch und ist weitgehend erhalten und privat bewohnt.

Während der Blütezeit von 1900 bis 1920 haben 5.000 sehr widerstandsfähige Bewohner hier gelebt.

▶ GRAND CANYON ÜBER DIE ROUTE 66 ZUM LAKE MEAD UND LAS VEGAS

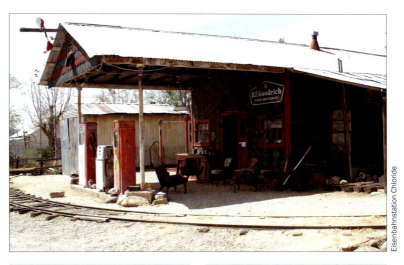

Eisenbahnstation Chloride

Die Bevölkerungszahl ging allerdings 1944 drastisch zurück, als die Minen geschlossen wurden, weil Silber und andere Bodenschätze im Preis stark gefallen waren. Heute ist im Vergleich zu den Hochzeiten Chloride nur noch ein Geist seiner selbst, aber als Geisterstadt wirkt es sehr lebendig und originell. Hier wohnen Künstler, Musiker, Rentner und Menschen, die es gerne etwas ruhiger haben.

Erste Anlaufstelle unseres Besuches ist der kleine Laden namens **Mine Shaft Market** (in der 4940 Tennessee Ave), von außen betrachtet durchaus im Stil eines Western-Saloons gehalten. Der freundliche Verkäufer stellt gleichzeitig die Vertretung des örtlichen Visitor Centers dar und sagt Ihnen gerne, was genau Sie sich in dem verlassenen Dörfchen anschauen können. Sie können aber genauso gut auf eigene Faust losziehen und unbeschreibliche Ecken entdecken – so groß ist die Ansiedlung nicht! Geisterstadt-Gebäude wie aus dem Film, moderne Läden, Kunst auf dem Hof, bemalte Felsen und ein ungewöhnlicher, 125 Jahre alter Friedhof – all das in nächster Nachbarschaft zueinander. Auch wenn es nicht nur 13 km/8,1 mi Umweg wären, ist dieser Abstecher ein absolutes Muss! Sie werden sich fühlen wie die Hauptdarsteller im Western und gleichzeitig denken, im falschen Film zu sein, wenn Sie das betrachten, was als Hofkunst ausgestellt ist!

VISITOR INFORMATION

CHLORIDE CHAMBER OF COMMERCE
- Chloride, Arizona 86431
- 928-565-2204
- www.chlorideaz.com

ENDE DER NEBENSTRECKE NACH CHLORIDE

*Ermutigt durch diesen überraschenden Fund halten wir Ausschau nach weiteren Historical Markern. Schon bald werden wir wieder fündig und biegen rechts ab, um dem Schild „**White Hills**" zu folgen. Dieser Umweg vom Highway ist etwas länger, wir fahren 20 km/12,5 mi weit in die Berge hinein.*

NEBENSTRECKE NACH WHITE HILLS

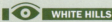 **WHITE HILLS**

Es wäre schlau gewesen, das braune Schild bei der Abzweigung nach White Hills zu lesen. Denn dann hätten wir gewusst, dass uns diesmal eine richtige Geisterstadt erwartet – Geisterstadt im Sinne von unbewohnt und nicht mehr vorhanden! Das Schild hätte uns darauf vorbereitet, dass das Miningcamp, das in den 1890ern gegründet wurde, im August 1899 durch eine Flutwelle zerstört worden ist. Davon hat sich die kleine Stadt nie mehr erholt, nach und nach verfielen die Gebäude. Der entscheidende Satz auf dem Schild ist der Letzte, in dem darauf hingewiesen wird, dass von dem einst aufstrebenden Miningcamp zwar nichts mehr übrig ist, es aber weiterhin auf Landkarten erscheint!

Da wir dieses Schild aber erst später gelesen haben, fahren wir also guten Mutes durch das flache Tal der Hochebene immer in Richtung der kleinen Hügelkette. Unterwegs bewundern wir die plötzlich wie Pilze aus dem Boden schießenden **Joshua Trees** (Joshua-Palmlilie). Die verwahrloste Straße geht dann in eine Schotterpiste über und endet schließlich ganz. Hier oben ahnen wir, wo einmal die einzelnen Gebäude gestanden haben mussten. Zwischen Wellblechgebäuden, die mal eine Farm waren, und halb zerfallenen Blockhäusern finden wir nur sandigen Boden und Gestrüpp.

Am bizarrsten aber wirkt die Aneinanderreihung von unzähligen Briefkäs-

Joshua Trees vor verfallener Kulisse

▶ GRAND CANYON ÜBER DIE ROUTE 66 ZUM LAKE MEAD UND LAS VEGAS

Briefkästen

ten in dieser wirklich gottverlassenen Gegend! Einzig einige mitten im Wüstensand abgestellten Wohnwagen und Container und andere Wohnmobile weisen auf menschliches Leben hin. Einst soll die Bergbausiedlung einmal über 200 Gebäude gezählt haben – sichtbar übrig sind nur ein paar zerfallenen Blockhäuser und Farmreste.

Zu sehen gibt es also nicht mehr viel in White Hills, aber wenn Sie die Zeit haben, ist ein Ausflug an dieses absolute Ende der Welt auf jeden Fall eine außergewöhnliche Erfahrung, die Sie mitnehmen sollten!

WWW.GHOSTTOWNS.COM/STATES/AZ/WHITEHILLS.HTML

ENDE DER NEBENSTRECKE NACH WHITE HILLS

Nach diesen beiden nostalgischen Ausflügen wird es nun aber endgültig Zeit für den Ziellauf.

*Wir folgen der US-93 Richtung Las Vegas. Die Landschaft um uns herum wird immer felsiger, hügeliger, und wir nehmen wahr, dass wir uns wieder der Wüste nähern. Auf der Höhe angekommen, eröffnet sich nach links eine atemberaubende Aussicht auf zerklüftete Berge und Täler. Kurz bevor wir die Lake Mead National Recreation Area erreichen, passieren wir eine weitere Sensation: den **Hoover Staudamm**, das Wunderbauwerk der Amerikaner.*

Seit 2010 muss man den Hoover Dam auf dem neuen Hoover Dam Bypass umfahren. Dann überquert man über die in 270 Meter Höhe majestätisch über dem Fluss schwebende Colorado Bridge den Colorado River und erreicht so Nevada. Um zu den Aussichtspunkten auf der Arizona-Seite des Staudamms zu gelangen, wird man von der US 93 heruntergeleitet und durch eine Sicherheitskontrolle geschleust. Man kann den Damm aber nicht überqueren, um nach Nevada hinüber zu fahren. Dazu muss man zurück auf den Highway und fährt über den neuen Bypass in den nächsten Bundesstaat. Wenn Sie die Viewpoints des Staudamms ansteuern, ist eine Sicherheitskontrolle obligatorisch und sollte Sie nicht verunsi-

GRAND CANYON ÜBER DIE ROUTE 66 ZUM LAKE MEAD UND LAS VEGAS

chern. Ein Polizeibeamter wird Ihr Wohnmobil von innen inspizieren. Das dient der Sicherheit des hochsensiblen Bauwerks und ist Routine. Sie sollten gut vorbereitet sein, denn was sich Ihnen gleich eröffnen wird, sehen Sie nicht alle Tage!

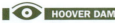

HOOVER DAM

Den Blick von oben auf diesen monumentalen Staudamm kann man eigentlich fast nicht beschreiben, man muss ihn selbst erlebt haben. Der majestätische Betonbogen überspannt ein enges Tal, unzählige Strommasten geben dem Blick auf den Staudamm etwas Futuristisches, und die auch als Brücke fungierende Staumauer wirkt von oben wie eine Ameisenstraße. Um diesen unbeschreiblichen Blick zu genießen, sollten Sie noch auf der Arizona-Seite am oberen, gekennzeichneten Aussichtspunkt parken.

Auch nach Fertigstellung des Hoover Dam Bypass kann man die Krone der Staumauer weiter befahren, darf ihn aber nicht bis nach Nevada überqueren. Mit der Umgehungsstraße, die den Verkehr nun über die Mike O'Callaghan – Pat Tillman Memorial Bridge leitet (eingängiger auch Colorado Bridge genannt), wurde das Verkehrsaufkommen über das Nadelöhr Staumauer reduziert. Ursprünglich sollte die neue Streckenführung schon 2008 fertig werden. Aber durch den Einsturz einiger Baukräne bei einem Sturm im Jahr 2006 kam es zu Verzögerungen der Arbeiten, sodass der Bypass nun erst Ende 2010 für den Verkehr geöffnet werden konnte.

Der Hoover Dam (der ursprünglich Boulder Dam genannt wurde) und die neue Umgehung befinden sich 50 km/ 31,3 mi südöstlich und etwa eine Fahrstunde entfernt von Las Vegas genau auf der Grenze zwischen Arizona und Nevada im Black Canyon. Das heißt, wenn Sie die Colorado Bridge passieren, erreichen Sie nicht nur einen neuen Bundesstaat, sondern auch eine andere Zeitzone. Während in Arizona die Mountain Standard Time ausschlaggebend war, müssen Sie Ihre Uhren jetzt wieder

Blick auf den Staudamm

eine Stunde zurück auf die **Pacific Time** stellen.

Wenn man es ganz genau nehmen will, handelt es sich bei dem Betonbauwerk nicht um einen Staudamm, sondern eine Staumauer. Ihre Funktion ist es, den Colorado River zum Lake Mead aufzustauen. Dicht gefolgt vom Lake Powell ist der Lake Mead mit 640 Quadratkilometern der größte Stausee des amerikanischen Kontinents. Er dient nicht nur als Wasserspeicher für die Wasserkraftwerke des Staudamms, sondern vor allem als Trink- und Brauchwasserreservoir sowohl für die Wüstengroßstadt Las Vegas als auch für große Teile des Südwesten der USA (Kalifornien, Arizona und Nevada). Dass ausgerechnet Las Vegas nur drei Prozent des ungeheuer hohen Energiebedarfs aus dem Staudamm deckt, liegt an einem wenig vorausschauenden Bürgermeister der Stadt, der bei den Verhandlungen über den Strombezug aus dem Staudamm meinte, Las Vegas werde nie mehr als 5.000 Einwohner haben. Heute muss die Millionenstadt den großen „Rest" ihres Strombedarfs mit Hilfe von Kohle- und Gaskraftwerken decken. Neues Spiel – neues Glück: Im Jahr 2017 werden die Energierechte des Staudamms neu ausgehandelt!

Die Regulation des Colorado River war nötig geworden, weil nach der Schneeschmelze in den Rocky Mountains regelmäßig weite Teile des Landes überschwemmt wurden, im Sommer jedoch plätscherte nur ein dürftiges Rinnsaal des Colorado River dahin. Zu Beginn des 20. Jahrhunderts zog es immer mehr Menschen in den Westen. Das Wasser wurde bald knapp, sodass 1928 der Bau eines Damms im Boulder Canyon beschlossen wurde. Die Arbeiten an dem Projekt dauerten nur vier Jahre von 1931 bis 1935.

Benannt wurde der Staudamm nach dem 31. Präsidenten der USA, Herbert Clark Hoover. Das war ein politischer Schachzug, denn die Verknüpfung seines Namens mit der Schaffung von knapp 5.000 Arbeitsplätze an dem Mammutprojekt Staudamm sollte die Aussichten Hoovers auf eine Wiederwahl erhöhen – die Taktik ging allerdings nicht auf, er regierte trotzdem nur eine Amtsperiode lang.

Dass Las Vegas heute das ist, was es ist, hängt ursächlich mit diesem Staudamm zusammen. Nur wegen des hohen Bedarfs an Bauarbeitern, die beherbergt werden mussten, konnte sich die 1905 gegründete, kleine Stadt mitten in der Wüste überhaupt entwickeln. Zwar war für die Unterbringung der Arbeiter und ihrer Familien die Siedlung **Boulder City** angelegt worden, da Alkohol und Glücksspiele hier aber verboten waren, besuchten viele Arbeiter in ihrer Freizeit Las Vegas. Auf diese Weise entstanden nicht nur mehr Spielcasinos, sondern auch Hotels.

Wenn Sie das Auto vor dem Staudamm parken, können Sie die Staumauer auf dem Gehweg überqueren. Sie sollten aber schwindelfrei sein - der Blick aus 200 m in die Tiefe ist nichts für schwache Nerven! Von hier oben erkennen Sie allerdings auch, was der hohe Wasserverbrauch von Las Vegas anrichtet: Der helle Uferbereich des Lake Mead markiert die Stelle, bis zu der das Wasser steigt, wenn der See einmal ganz voll ist – das sind gute 30 Meter höher, als der Wasserstand im Sommer ist! Beachten Sie bitte, dass sich aus Sicherheitsgründen Fußgänger nach 17:30 Uhr nicht mehr auf der Staumauer aufhalten dürfen.

VISITOR INFORMATION

HOOVER DAM VISITOR CENTER
Das Visitor Center befindet sich auf Nevada-Seite und hält eine Ausstellung zu Bau und Geschichte des Staudamms bereit.

> Außerdem ist es der Ausgangspunkt für die verschiedenen Touren innerhalb des Staudamms. Es werden verschiedene Typen von Touren angeboten, manche orientieren sich mehr an der Technik, andere gehen mehr auf die Geschichte des Staudamms und der Region ein. Alle haben die Art der Informationsumsetzung gemeinsam: Zusammengesetzt aus Audio- und Film-Präsentation und Multivisionsschau erfahren Sie alles über den Staudamm und seine Entstehung. Schließlich erkunden Sie innerhalb einer Führung das Visitor Centers und den Staudamms, und Sie haben zu jeder Zeit Gelegenheit, Fragen zu stellen. Die Touren starten ab 9:15 Uhr morgens. Ticketverkauf bis 17:15 Uhr im Sommer und bis 16:15 Uhr im Winter (allerdings sollte man bis 16 Uhr da sein, um alles sehen zu können). Kinder unter drei Jahren sind frei, Kinder von vier bis 16 Jahren kosten $ 9, Erwachsene $ 11 und Senioren über 62 Jahre $ 9. Zum Visitor Center gelangen Sie über das Parkhaus, Parkgebühr $ 7.
> **Anmerkung:** Auf dieser Seite des Damms gilt die **Pacific Time**! Das müssen Sie bei den Uhrzeiten für die Führungen vor allem dann beachten, wenn Sie aus Arizona kommen.
> Täglich 9-17 Uhr

Nun haben wir also bereits wieder Nevada erreicht, Ausgangs- und Zielbundesstaat unserer Reise. Bis Las Vegas ist es nicht mehr weit. Wir folgen dem Highway 93 weiter und erreichen so automatisch die **Lake Mead National Recreation Area**. *Es gibt jetzt je nach Zeitplan zwei Möglichkeiten: Entweder Sie fahren durch bis Las Vegas, wo Sie möglicherweise Ihr angemietetes Fahrzeug abgeben müssen. Oder Sie haben noch einen Puffer, dann biegen Sie doch einfach zu den Ufern des Sees ab und verbringen noch eine Nacht in diesem Erholungsgebiet. Aber eine „Warnung" sei an dieser Stelle ausgesprochen: Im Hochsommer ist es auch nachts hier unerträglich heiß. Unterwegs im Wohnmobil werden Sie sich entscheiden müssen, die Nacht entweder mit einer lärmenden Klimaanlage zu verbringen oder sehr zu schwitzen.*

Mit Ziel Lake Mead bzw. der westlichen Uferzone des Stausees biegen wir vom Highway 93 rechts in den NV-166 bzw. die Lakeshore Road ab Richtung Lake Mead National Recreation Area. Von hier aus ist auch bereits das große Visitor Center angeschrieben, das Sie zuerst besuchen sollten, bevor Sie zum See-Ufer weiterfahren. Um in die National Recreation Area zu gelangen, die unter der Verwaltung des National Park Service steht, können Sie ein letztes Mal Ihren National Park Jahrespass nutzen.

 LAKE MEAD

Parkgebühren ▶ Seite 49

Kernbereich des 1964 geschaffenen Erholungs- und Naturschutzgebietes Lake Mead National Recreation Area ist der **Lake Mead**, der vom Hoover Damm aufgestaute Stausee. Namenspate des Sees ist Elwood Mead, der von 1924 bis 1936 für eine Unterabteilung des Innenministeriums am Staudamm beschäftigt war. Die Daten des Stausees sind beeindruckend: Er ist 170 km/106,3 mi lang, an den tiefsten Stellen bis zu 180 Meter tief und präsentiert ein Stauvolumen von fast 35 Milliarden Kubikmetern. Er dient hauptsächlich als Naherholungsgebiet für die Einwohner von Las Vegas. Da sich diese Besucher aber nur tageweise am See aufhalten, gibt es keine Hotels und Motels am Lake Mead. Campingplätze und eine Lodge sind die einzigen Übernachtungsmöglichkeiten innerhalb des Parks.

Wie auch schon der Lake Powell ist der Lake Mead ein Eldorado für den Wassersport. Ob Bootstouren von kommerziellen Anbietern oder selbst gemietete

Lake Mead

Motorboote, ob Wasserski oder Kajak fahren – auch hier finden Sie wieder die ganze Palette an Angeboten. Aber da wir uns vermutlich bei den beiden Aufenthalten am Lake Powell diesbezüglich „ausgetobt" haben, konzentrieren wir uns diesmal nur auf das Strandleben und den letzten Erholungstag, bevor uns in Las Vegas der Trubel wieder gefangen nimmt. Da kann es auch schon ausreichend sein, auf dem **Lakeshore Scenic Drive** (NV-166) am Ufer des Sees entlangzufahren und das strahlende Blau des Sees vor der Wüstenkulisse zu bestaunen.

Wir sollten es ja schon vom Lake Powell gewohnt sein, trotzdem ist der Anblick wieder überraschend, wenn mitten in der Wüstenlandschaft mit den bunten Sandsteinwänden ein blauer See eingebettet liegt. Dass sich die Ansicht von der des Lake Powell unterscheidet, liegt auch daran, dass hier gleich drei Wüsten mit ihren unterschiedlichen Charakteristika aufeinandertreffen, nämlich **Mojave Wüste**, die **Great Basin Wüste** und die **Sonoran Wüste**. Aus diesem Umstand resultiert eine Vielfalt von unterschiedlichen Pflanzen und Tieren, von denen einige Arten nur in diesem Bereich der Vereinigten Staaten vorkommen, wie zum Beispiel die Wüstenschildkröte. Sehr überraschend war auch unsere Begegnung mit einem Kojoten auf dem Campground. Das zottelige Tier kam morgens ganz unbefangen bis auf wenige Meter an unseren Frühstückstisch herangetrottet. Nachdem wir Teile der unerträglich warmen Nacht im Freien verbracht hatten, hat es uns morgens noch eine Gänsehaut über den Rücken gejagt bei dem Gedanken, dass der Kojote nachts im Dunkeln vermutlich genauso unbefangen und von uns unbemerkt zwischen den Tischen herumspaziert ist.

Wegen des Wüstenklimas ist es am Lake Mead immer warm, deshalb herrscht hier zwölf Monate im Jahr Hochsaison. Die Wassertemperaturen im Sommer liegen bei 30 Grad, was zwar überhaupt nichts mit einem erfrischenden Bad zu tun hat, aber trotzdem hilft, die Hitze auszuhalten.

Im Sommer werden regelmäßige Tagestemperaturen über 43 Grad erreicht, Niederschlag gibt es so gut wie keinen.

> ### VISITOR INFORMATION
>
> **LAKE MEAD VISITOR CENTER**
> Etwa 6 km/3,8 mi oberhalb des Staudamms liegt das Visitor Center. Es ist derzeit wegen umfangreicher Renovierung geschlossen. Geplant sind unter anderem ein neuer Film über den Park und die Aufwertung des historischen Gebäudes in Bezug auf sein Energie- und Umweltdesign (*Leadership in Energy & Environmental Design*). Das provisorische Visitor Center befindet sich am 601 Nevada Way in Boulder City. Derzeitige Ausstellungen zeigen die ständigen Neuerungen im Naherholungsgebiet. Die Ranger geben freundlich Auskunft, Kartenmaterial, Bücher und Souvenirs sind erhältlich.
> - Kreuzung US 93/Lakeshore Rd., Boulder City, NV 89005
> - 702-293-8990
> - 702-293-8936
> - 8:30-16:30 Uhr
> - www.nps.gov/lame

FREIZEITAKTIVITÄTEN

BOOTFAHREN

Auch wenn der Lake Mead manchmal wirkt, als ob er menschenleer wäre – Segel-, Fischer- und Hausboote teilen sich die Fläche auf dem See und bislang sind sie noch nie aneinandergekracht. Das jedenfalls betont der Verwaltung des National Parks. Mit dem Boot kann man wunderschöne Gefilde des Sees erreichen, wie zum Beispiel die Schlucht des **Iceberg Canyon** nahe dem Gregg Basin. Von den Wüstenarmen geformte, abgelegene Sandbuchten laden natürlich besonders zum Verweilen ein und geben dem Bootsausflug etwas Karibisches.

Entlang der Küste des Lake Mead gibt es Marinas, die ganzjährig Bootsservice, Vermietungen und Ausrüstung anbieten. Die Betreiber organisieren auch Touren, beispielsweise mit dem Schaufelraddampfer, oder Rafting-Trips. Im Bereich **Boulder**

Scenic Drive

GRAND CANYON ÜBER DIE ROUTE 66 ZUM LAKE MEAD UND LAS VEGAS

Kojote

Basin, dem westlichen Uferbereich des Lake Mead, gibt es vier Marinas, die Boote vermieten und Treibstoff zum Betanken anbieten, einen Laden führen und Restaurants bzw. Snackbars haben. Diese sind:

Las Vegas Boat Harbor
- 702-293-1191
- www.boatinglakemead.com

Calville Bay Resort
- 702-565-8958
- www.callvillebay.com

Forever Resort
(nur Hausboot-Vermietung)
- 800-255-5561
- www.foreverhouseboats.com

Seven Crown Resorts
- 800-752-9669
- www.sevencrown.com.

An Booten können Sie wie am Lake Powell auch vom Fischerboot über das Motorboot bis zum Wasserski-Boot und dem Hausboot alles mieten. Die jeweiligen Internetseiten geben ausführlich Auskunft über das Angebot und die Preise. Hausboote sollten bereits sechs Monate im Voraus reserviert werden.

WANDERMÖGLICHKEITEN

Tipp: Die verschiedenen Wüstenregionen zu Fuß zu erforschen, ist sicher der eindrucksvollste Weg. Sie sollten aber unbedingt bedenken, dass Sie eben in der Wüste unterwegs sind! Nehmen Sie große Mengen an Wasser mit und achten Sie auf Anzeichen für Hitzeschläge. Auch entsprechende Kleidung, Kopfbedeckung und Sonnencreme tragen dazu bei, einen schönen, statt einen gefährlichen Ausflug aus der Wüstenwanderung zu machen.

THE HISTORIC RAILROAD TRAIL
Eine Wanderung der besonderen Art ist dieser 6 km/3,8 mi lange Weg (einfache Wegstrecke), der Sie auf einer alten Eisenbahnstrecke entlangführt. Entlang des Wanderweges erleben Sie eine raue, felsige Straße auf der südlichen Seite des Gleisbettes, bei dem davon ausgegangen wird, dass es die erste Sektion der Straße war, die die Pioniere

für den Bau des Hoover Dams angelegt haben. Neun Dampflokomotiven, vier gasbetriebene Lokomotiven und 71 Menschen bedienten die Strecke für den Bau des Staudamms. Um das ganze historische Feeling abzubekommen, passieren Sie unterwegs sogar die original erhaltenen Eisenbahntunnel, was Ihrem Weg natürlich auch ein paar schattige Momente verleiht! Wenn Sie den ersten Tunnel erreichen, sehen Sie in einer Klamm die entnommenen Abdeckstopfen für die Turbinen des Staudamms. Tunnel Nummer zwei war Opfer einer Brandstiftung im Jahr 1990, weswegen er auch anders aussieht als die anderen Tunnel. Zwischen dem zweiten und dritten Tunnel kommt eine andere Pionier-Strecke zum Vorschein. So hat jeder der fünf Tunnel seine eigene kleine Geschichte. Sie erreichen das Ende der Strecke am Visitor Center des Staudamms. Nun haben Sie die Möglichkeit, denselben Weg zurückzugehen oder von Ihrem Ausgangspunkt zu fahren. **Beachten Sie**, dass das Tor nach Tunnel fünf nach Sonnenuntergang abgesperrt wird.

Die Wanderung beginnt am Parkplatz direkt neben dem Visitor Center, wo der Ausgangspunkt auch ausgeschildert ist.

RIVER MOUNTAINS LOOP TRAIL

Dieser Weg ist Nevadas erste Bemühung dieser Art, nämlich die Einwohner Nevadas mit einer Recreation Area zu versorgen, indem ihnen wunderschöne Blicke, eine abwechslungsreiche Fauna und Flora und die Schönheit der Mojave Wüste geboten werden.

Der River Mountains Loop Trail umrundet die River Mountains und verbindet den Lake Mead mit dem Hoover Dam, Henderson, Boulder City und dem restlichen Tal von Las Vegas. Die Gesamtstrecke ist 56 km/35 mi lang, davon können Sie Abschnitte in jeder Länge und an jedem beliebigen Einstiegspunkt begehen. Neben einem angenehmen Weg für Wanderer und Radfahrer gibt es einen zweiten Weg für Reiter und einen dritten für Mountainbiker. Verschiedene Segmente kennzeichnen den Weg. An manchen Stellen ist er so breit wie eine Fahrstraße, an anderen folgt er kleinen Regenrinnen, deren Begehung von wunderbaren Ausblicken begleitet wird.

www.rivermountainstrail.com

UNTERKÜNFTE LAKE MEAD

TIPP ► LAKE MEAD RV VILLAGE

Am Boulder Beach liegt dieser neue und sehr ansprechende Campground mit vielen Stellplätzen in vorderster Reihe am Ufer des Lake Mead. Wenn Sie hier übernachten möchten, sollten Sie unbedingt bei dem sehr lustigen Personal einen solchen romantischen Platz reservieren! Vor allem der Sonnenuntergang ist aus dieser Perspektive ein Traum. Zum Badestrand ist es nicht weit, man kann sogar zu Fuß hingehen. Ansonsten haben Sie auf dem ebenen und komplett asphaltierten Campground moderne Duschen und eine Station, um Propangas nachzufüllen (was kurz vor der Rückgabe des Campers sehr sinnvoll ist!). Zum Zeitvertreib gibt es eine Bocciabahn und einen Platz für das Hufeisenwurfspiel. Ein Waschsalon ist ebenfalls vorhanden und auch ein kleiner Laden im Rezeptionsgebäude.

- ✉ 268 Lakeshore Rd, Boulder City, Nevada 89005
- ☎ 702-293-2540
- 📠 702-293-7550
- 📅 ganzjährig ja
- 🏕 115, alle Anschlussmöglichkeiten
- ∞ ★★
- 💻 www.lakemeadrvvillage.com

GRAND CANYON ÜBER DIE ROUTE 66 ZUM LAKE MEAD UND LAS VEGAS

▰▸ BOULDER BEACH CAMPGROUND

Dieser Platz liegt direkt neben der Lake Mead RV Village in ebenso guter Lage am Boulder Beach. Der Weg zum Badestrand ist sogar noch kürzer. Der Campground wird vom National Park Service betrieben und ist naturbelassener als der moderne Nachbarplatz und insgesamt einfacher ausgestattet. Dafür liegt er sehr idyllisch unter Eukalyptusbäumen, die Schatten spenden. Von manchen Plätzen aus haben Sie herrliche Blicke auf den Lake Mead, direkt am Wasser befinden sich allerdings keine Plätze. Da es auf dem Campground keinen Stromanschluss gibt, kommt er eigentlich für den Hochsommer nicht infrage, denn ohne Klimaanlage ist es im Wohnmobil nicht auszuhalten.

- ✉ Lakeshore Rd, Boulder City, Nevada 89005
- ☏ 702-293-8907
- 📠 702-293-8936
- 🕐 ganzjährig   nein
- 🚐 150, keine Anschlussmöglichkeiten
- ∞ ★
- 🖥 www.riverlakes.com/boulder_beach_campground.htm

▰▸ LAS VEGAS BAY CAMPGROUND

Der Campground ist eher klein und einfach gehalten, es gibt keine Duschen, aber eine Dump-Station. Betrieben wird er auch vom National Park Service. Die Marina ist nicht weit entfernt.

- ✉ 601 Nevada Hwy, Boulder City, Nevada 89005
- ☏ 702-293-8907
- 🕐 ganzjährig
- 🚐 89, keine Anschlussmöglichkeiten
- ∞ ★

▰▸ CALLVILLE BAY CAMPGROUND

Auch vom National Park Service betrieben ist dieser Campground mit einer kleinen Anzahl von Plätzen mit allen Anschlussmöglichkeiten innerhalb des separaten Callville Bay RV Park. Der Campground liegt schattig am Nordufer des Lake Mead.

- ✉ 601 Nevada Hwy, Boulder City, NV 89005
- ☏ 702-565-8958
- 🕐 ganzjährig   nein
- 🚐 80, 5 mit allen Anschlussmöglichkeiten
- ∞ ★

Strandansicht

🏨 BOULDER DAM HOTEL

Am Lake Mead selbst gibt es außer den Campingplätzen keine Übernachtungsmöglichkeiten. Die einzige Lodge hat mittlerweile geschlossen. Man muss also nach Boulder City ausweichen, wenn man nahe dem See übernachten möchte. Das Boulder Dam Hotel befindet sich im historischen und vor allem grünen Bereich von Boulder City. Es wurde jüngst umgebaut und repräsentiert nun den klassischen Stil der Region. Dem Hotel ist ein Restaurant angeschlossen.

- ✉ 1305 Arizona Street, Boulder City, Nevada 89005
- ☎ 702-293-3510
- 📠 702-293-3093
- 🕐 ganzjährig ja
- ∞ ★ – ★★★
- 📧 info@bolderdamhotel.com
- 💻 www.boulderdamhotel.com

*Nun nützt alles Hinauszögern nichts mehr – die Reise ist zu Ende. Unsere letzte Etappe bringt uns auf einer der vielen Zufahrtsstraßen wieder zurück in die Großstadt **Las Vegas**. Am schnellsten erreichen Sie das östliche Las Vegas über die Interstate 515, von der im Stadtbereich auch etliche Abfahrten abgehen. Das heißt, falls Sie zu einer der Autovermietungen im Osten der Stadt müssen, sind Sie hier richtig. Auf dem Boulder Highway befinden sich einige Vermietungen – um dorthin zu gelangen, können Sie vom Lake Mead aus auf die NV-582 fahren, das ist bereits der Boulder Highway. Wählen Sie die Interstate, nehmen Sie die Abfahrt Paradise Ave, wenn Sie beispielsweise zu Cruise America müssen. Um in die City, zum Strip oder Flughafen zu kommen, wechseln Sie von der Interstate 515 auf die Interstate 215 in westliche Richtung bzw. Richtung McCarran International Airport.*

Sobald der Trubel der Stadt Sie wieder aufgenommen hat, ist die Reise durch die Weiten des Südwesten mit all der Vielfalt, der Natur und der harmonischen Ruhe unweigerlich zu Ende – Ihre Eindrücke jedoch werden Sie sich noch lange bewahren!

Nachtbild Las Vegas

WISSENSWERTES MIT SPRACHHILFE

WISSENSWERTES MIT SPRACHHILFE ◀

INFORMATIONEN ZUR NUTZUNG

Zur besseren Strukturierung der Reiseinformationen in diesem Routenreiseführer, haben wir das Kapitel **Wissenswertes** *in zwei Abschnitte unterteilt.*

Im Abschnitt **Reisevorbereitung** *erhalten Sie alle relevanten Informationen, die Sie vor dem Start in den Urlaub benötigen und/oder beachten sollten.*

Der Abschnitt **Unterwegs** *(▶ Seite 248) beinhaltet schließlich die wichtigen Informationen, die Sie während Ihrer Reise durch die Nationalparks benötigen.*

REISEVORBEREITUNG

■ Reisevorbereitung allgemein

Die Vorbereitung für diese Reise, die in jeder Beziehung eine Traumreise werden soll, ist knifflig und erfordert eine prinzipielle Entscheidung: Möchten Sie in der Gewissheit losfliegen, alles genau durchgeplant zu haben, damit unterwegs nichts schiefgehen kann und Sie sich wirklich auf die Erlebnisse konzentrieren können? Oder möchten Sie aufs Geratewohl ins Abenteuer starten und die Freiheit genießen, sich Ihre Zeit nach Belieben einteilen zu können? Beides hat seine Reize, und es hängt nicht nur von Ihren Gewohnheiten und Vorlieben ab, wie Sie sich entscheiden, sondern auch vom Zeitpunkt im Jahr, zu dem die Reise stattfinden soll.

Soll es in der Hochsaison über den großen Teich gehen, also zwischen Juni und August, ist es unabdingbar, dass Sie in den populären National Parks Campgrounds vorab reservieren. Das geht über das Internet sehr einfach, und Sie müssen sich selbst darum kümmern, da die Reisebüros auf diese Dienstleistungen nicht eingerichtet sind (und meist auch gar nicht wissen, dass solche Reservierungen überhaupt möglich sind). Näheres hierzu im Kapitel „Unterwegs". Während des großen Besucheransturms in den Sommermonaten ist es auch außerhalb der National Parks nicht einfach, einen gewünschten Übernachtungsplatz zu ergattern. Das heißt, während dieser Reisezeit müssen Sie sich in einem gewissen Maße vorher festlegen.

Zu allen Jahreszeiten kann es durchaus reizvoll sein, unverplant loszuziehen und die Reise auf sich zukommen zu lassen. Aber wirklich empfehlenswert ist es nicht! Es kann die Reise ganz schön beeinträchtigen, wenn man täglich spätestens ab der Mittagszeit damit beschäftigt ist, sich das potenzielle abendliche Ziel zu überlegen und daraufhin nach passenden Campgrounds oder Motels zu recherchieren. Dann geht das Telefonieren los, denn so ganz entspannt darauf hoffen, dass es sicher noch ein Plätzchen für Sie geben wird, sollten Sie je nach Ziel auch nicht. Bedenken Sie nämlich, dass die oft spärliche Infrastruktur innerhalb des bereisten Gebietes nicht auf Massentourismus ausgelegt ist, vorhandene Campgrounds also schnell belegt sind.

Neben diesen freien und persönlichen Entscheidungen gibt es allerdings eine Reihe von unbedingt erforderlichen Vorbereitungen: Auf jeden Fall sollten Sie bereits zu Hause Ihr Gefährt mieten, sei es über das Reisebüro oder direkt vor Ort über das Internet. **Kleiner Tipp:** Wenn Sie sich frühzeitig auf den Südwesten der USA als Reiseziel festlegen und über das Reisebüro buchen wollen, sollten Sie so früh wie möglich auch Ihr Wohnmobil oder Ihren Mietwagen buchen. Denn die Reiseveranstalter bieten sogenannte Flex Rates an: Die Reisebüros erhalten über die Veranstalter unterschiedliche Kontingente der Autovermieter, die sich nach der Nachfrage für den betreffenden Reisezeitraum richten. Je nach Auslastung der Fahrzeuge bei den infrage kommenden Anmietstationen werden die Raten dem aktuellen Angebot und der Nachfrage entsprechend wöchentlich angepasst – eine hohe Nachfrage bedeutet also einen höheren Mietpreis. Es ist ein kleines Glücksspiel, einen diesbezüglich günstigen Buchungszeitpunkt zu erwischen. Generell kann man aber davon ausgehen, dass die Nachfrage kleiner ist, je weiter entfernt man noch vom avisierten Reisetermin ist. Ähnlich verhält es sich mit dem Flug. Falls Sie auch diesen über das Reisebüro buchen wollen, gilt: je früher, desto günstiger.

Was Sie ebenfalls schon von zu Hause aus erledigen sollten, ist das Reservieren des

Hotels für die erste Nacht. Mit Zielflughafen Las Vegas müssen Sie zusätzlich bedenken, dass die Zimmerpreise an den Wochenenden (Donnerstag bis Sonntag) nicht nur höher sind, sondern dass die Hotels wegen Messen und Kongressen auch gelegentlich komplett ausgebucht sind – kaum vorstellbar in einer Stadt mit solchen Zimmerkapazitäten! Um sich eine frustrierende Zimmersuche nach der Ankunft zu ersparen, legen Sie sich lieber im Voraus schon auf Ihr Wunschhotel fest, das Sie direkt, übers Reisebüro oder über Internet-Veranstalter wie expedia.de reservieren können.

Beachten Sie bitte auch, dass es bei den meisten Autovermietungen nicht möglich ist, am selben Tag Ihrer Ankunft in den USA bereits mit dem gemieteten fahrbaren Untersatz loszuziehen. Ob das im Einzelfall tatsächlich Konsequenzen hätte, wenn man sich darüber hinwegsetzt, sei dahingestellt. Tatsache aber ist, dass Sie sich aufgrund des Jetlags sowieso nicht zu viel zumuten sollten für die ersten beiden Tage und gut beraten sind, es etwas ruhiger anzugehen.

Zu guter Letzt spielen Ihre **Reisedokumente** eine wichtige Rolle bei den Vorbereitungen. Sie brauchen für die USA keinen Internationalen Führerschein, aber der deutsche bzw. EU-Führerschein muss gültig sein. Selbstverständlich ebenfalls gültig sein müssen die Kreditkarte und der EU-Reisepass, den übrigens auch Kinder haben müssen (der deutsche Kinderpass gilt nicht!). Ihr Reisepass muss mindestens für die Dauer des geplanten Aufenthaltes gültig sein. ▶ Seite 242 (Einreiseformalitäten und Dokumente)

■ Klima

Für alle auf der National Park Route bereisten Staaten im Südwesten gilt: Das Klima ist himmlisch! Dennoch unterscheiden sich die einzelnen Bundesstaaten voneinander, wenn auch nicht allzu sehr.

Nevada hat Wüstenklima mit extremer Trockenheit und Tagestemperaturen von mehr als 30 Grad im Sommer. Die Winter sind entsprechend mild. Niederschlag gibt es mit 100 bis 200 Millimeter im Jahr ausgesprochen wenig (im Winter gelegentlich als Schnee, vor allem in den höheren Lagen sind sogar extrem schneesicher).

Ein extremes Steppenklima zeichnet Utah aus. Die Temperaturen im Sommer klettern auf um die 30 Grad, die Winter sind kalt und es fällt ausgiebig Schnee, das Thermometer kann sogar unter 0 Grad fallen. In Utah fällt etwas mehr Niederschlag, homogen übers Jahr verteilt sind es 200 bis 700 Millimeter.

Auch in Colorado sind die Sommer heiß und die Winter kalt und mit viel Schnee gesegnet. Auf heiße Sommertage folgen nicht selten empfindlich kalte Nächte. Vor allem in der Höhenlage von Mesa Verde macht sich dies extrem bemerkbar. Auch in Colorado ist die heiße Luft sehr trocken, es fällt jährlich mit 400 bis 500 Millimeter auch eher wenig Niederschlag.

Das Klima in Arizona reicht von Wüsten- und Halbwüstenklima bis zum Steppenklima im Norden. Das bedeutet wiederum wie auch in Nevada heiße Sommer und recht milde Winter mit Schnee in den Höhenlagen. Die Niederschlagsmengen betragen 100 bis 500 Milliliter pro Jahr, konzentrieren sich aber auf die Monate zwischen Juli und November.

In Amerika werden Temperaturen in **Fahrenheit** angegeben (°F), die Umrechnung erfolgt über eine hoch komplizierte Formel. Zur Orientierung deshalb einige für relevante Werte: 32°F entsprechen 0°C, und 0°F entsprechen -17,8°F. Eine angenehme Temperatur von 25°C entsprechen in Fahrenheit etwa 78°F, sommerliche 35°C sind in den USA ca. 96°F.

■ Reisezeit

Aufgrund des milden Klimas ist der Südwesten der USA zu jeder Jahreszeit ein attraktives Ziel. Im Frühjahr verzaubern manche Orte mit einer herrlichen Baumblüte vor der schönen Landschaftskulisse. Im Sommer ist es sehr trockenheiß, dafür kann man aber abgesehen von gelegentlichen Gewittern zuverlässig warme Tage mit einem wunderschönen blauen Himmel erwarten, der das Farbspiel mit den roten Felsen perfektioniert. Bis auf die Gegend um Las Vegas und den Lake Powell kühlt es auch überall in den Nächten auf angenehme Schlaftemperaturen ab. Im Herbst ergänzen Laubverfärbungen den leuchtenden Sandstein, und im Winter liegt auf den höheren Lagen der Route (vor allem in einzelnen National Parks) Schnee – auch eine schöne Szenerie! Die empfohlene Reisezeit an sich gibt es also zumindest vom Wetter her nicht.

Wenn Sie sich an den Schulferien orientieren müssen, kommt natürlich nur der Sommer infrage, da eine Reisezeit von drei Wochen in keinen anderen deutschen, österreichischen oder schweizerischen Schulferien unterzubringen ist. Wenn Sie von derlei Faktoren unabhängig sind, bietet sich eine Reisezeit im Mai/Juni an, also vor den amerikanischen Ferien. Die

Kern-Sommerferien dauern in den USA von Mitte Mai bis Mitte August. In diesem Zeitraum muss man auf der Route mit den meisten Touristen rechnen, da die Amerikaner einen Großteil des Besucher gerade in den National Parks ausmachen. Ab Mitte August wird es dann schlagartig ruhiger, was sich aber auch in der Infrastruktur und bei den Dienstleistungen bemerkbar macht – alles läuft jetzt mehr auf Sparflamme. Kurzzeitig flackert noch einmal eine Saisonzeit auf und zwar rund um den Feiertag Labour Day, der immer am Wochenende um den 1. September ist. Am entsprechenden Wochenende ist wahlweise der Freitag oder der Montag in Amerika frei, und die Einheimischen gehen zu diesem Termin noch einmal groß auf Tour. Danach wird es aber endgültig ruhiger, sodass der September ebenfalls ein ausgezeichneter und vom Wetter her mit Sicherheit noch schöner Monat für die Reise ist.

Auch das Preisniveau ist außerhalb der Saison deutlich niedriger, das spiegelt sich hauptsächlich bei den Preisen für die Unterkünfte wider.

Sind Sie in den Sommermonaten unterwegs, sollten Sie zwar trotzdem wegen der potenziellen Gewitter nicht ganz auf Regenkleidung verzichten. Sie können aber mit Sicherheit die warme Kleidung zu Hause lassen! Auch wenn es in den Höhenlage von z.B. Mesa Verde oder im Zion National Park nachts sehr kalt wird, sind die Tage warm bis heiß und meist sonnig.

■ Reisedauer und Routenplanung

Wie schon angesprochen ist eine Reisedauer von **drei Wochen** das **Minimum** für die Rundreise mit allen National Parks. Nur so ist gewährleistet, dass Sie auch einmal zur Entspannung einen Tag länger bleiben können bzw. für den Notfall (Panne, Krankheit etc.) einen Puffer haben. Im Zeitplan inbegriffen sind ausgiebige Wanderungen, die Sie sich „leisten" können und die mit einer oder zwei Übernachtungen pro Park verbunden sind. Mit den unaufwändigeren Abstechern, die Sie als Alternativroute beschrieben finden, bleiben Sie ebenfalls im selben Zeitraum. Drei Wochen reichen jedoch definitiv nicht mehr, wenn Sie alle Abstecher, Umwege und ausgiebige Wanderungen mitnehmen wollen. Dann müssen Sie vier Wochen und mehr ansetzen.

Steht bei Ihrem Aufenthalt in den USA nicht das Wandern im Vordergrund, sondern möchten Sie die National Parks weniger bewegungsfreudig erleben und mehr Ihr Fahrzeug benutzen, können Sie sogar einen Zeitrahmen von weniger als drei Wochen ansetzen. Möchten Sie dennoch drei Wochen auf dem Kontinent verbringen, können Sie auch einfach mal einen Erholungsaufenthalt in einem besonders attraktiven Park oder etwas mehr Zeit in Las Vegas einplanen.

Bezüglich der Routenplanung gibt Ihnen die Routenbeschreibung in diesem Reiseführer bereits sehr konkrete zeitliche Orientierungspunkte vor. Die Strecke nimmt alles mit auf, was an Attraktionen im erreichbaren Umfeld liegt. Sie laufen also nicht Gefahr, eine völlig utopische Planung aufzustellen, wenn Sie sich innerhalb dieses Rahmens bewegen. Ihrer Entscheidung obliegt es vielmehr, nach persönlichen Prioritäten einzuteilen, an welchem Ort Sie sich wie lange aufhalten möchten.

Wenn Sie sich noch nicht vorab festlegen möchten, welche zusätzlichen Ziele Sie ansteuern wollen, können Sie trotzdem schon einmal die Hauptroute übernehmen. Da das Verkehrsnetz im Südwesten nicht sehr intakt ist, bleibt Ihnen auf großen Teilen der Rundreise gar keine andere Wahl, als der vorgegebenen Route zu folgen. Einzelne National Parks auszulassen, ist dann immer noch möglich (aber absolut nicht ratsam!).

Wenn Sie schon zu Hause wissen, welche Abstecher Sie auf jeden Fall mitnehmen möchten, empfiehlt sich eine individuelle Routenplanung bei Google Earth. Auf dieser Plattform können Sie auch gut entscheiden, welche Ziele Sie für lohnenswert erachten, indem Sie zusätzlich zu den Beschreibungen und den Bildern in diesem Routenreiseführer die bei Google Earth eingestellten Fotos anschauen und sich aus der Vogelperspektive einen Eindruck verschaffen können.

Weitere Adressen im Internet, die hilfreich sein können, sind:
- www.map24.de
- maps.google.com

Sie können aber natürlich auch ganz konventionell Ihre vorgesehene Strecke in eine Karte einzeichnen. Eine solche sollten Sie sowieso im Gepäck haben.

■ Kosten

Dass dieser Individualtrip kein Billig-Urlaub wird, ist im Vorfeld schon klar. Es gibt allerdings beeinflussbare Faktoren, mit denen man die Kosten minimieren kann. Das ist in erster Linie die Wahl des Fortbewegungsmittels im

▶ WISSENSWERTES MIT SPRACHHILFE

Reiseland. Der Camper ist zwar auch aus vielen anderen außer aus Kostengründen das Fahrzeug der Wahl, aber der Preis spielt eine überzeugende Rolle bei der Entscheidung. Sind Sie mit einem Mietwagen unterwegs, müssen Sie, beim Frühstück angefangen, zu allen Mahlzeiten essen gehen (in den Motels wird zwar oft auch Frühstück angeboten, ist aber nicht im Zimmerpreis inbegriffen). Davon abgesehen, dass es streckenweise gar nicht so einfach ist, ein Restaurant zu finden, das auch etwas anderes außer Fast Food anbietet (und dass man sogar steckenweise eigentlich gar keine Restaurants trifft!), geht das ständige Auswärts-Essen ganz schön ins Geld. Die Verköstigung über den Supermarkt ist auch nicht viel preiswerter. Vor allem frische Lebensmittel sind, so selten sie überhaupt erhalten werden können, ausgesprochen teuer (nicht so in den großen Supermärkten der Städte, aber davon haben wir auf unserer Route leider äußerst wenige). Zu der Miete für den Wagen kommen die Übernachtungskosten, günstigerweise im Motel – Motels sind in den attraktiven Gebieten und den Peripherien der National Parks des Südwesten aber auch richtig teuer!

Natürlich könnten Sie all das umgehen, indem Sie eine organisierte Pauschalreise buchen. Allerdings wird dann die Grundidee eines solchen Abenteuerurlaubs zunichtegemacht. Den Reisenden wird vorgesetzt, was besichtigt wird und was nicht - die Haupt-Sehenswürdigkeiten werden im Galopp abgegrast, Geheimtipps und das Gefühl für unbegrenzte Freiheit bleiben aber im wahrsten Sinne des Wortes auf der Strecke. Wanderungen und persönliche Erkundungstouren entfallen komplett. Dafür ist der Landstrich einfach zu schade! Man muss auch mal die Möglichkeit haben, sich auf einen Felsen zu setzen und eine Stunde lang auf den Sonnenuntergang zu warten.

Konkret müssen Sie für die Campgrounds im Schnitt mit ca. $ 20 pro Nacht rechnen. Ein Doppelzimmer im Motel kommt in der Nebensaison ohne Frühstück und außerhalb der National Parks schon auf einen Preis von $ 50 aufwärts.

Je nach Anbieter und Reisezeit und mit einer günstigen Flex Rate oder mit Frühbucher-Rabatt gebucht kostet der Camper für 20 Tage ab € 1.800 (Achtung, Angaben in Euro, da üblicherweise ab Deutschland gebucht!). Ein Teil der Meilen (ca. 500-1.000 mi/800-1.600 km) sind in diesem Preis bereits inbegriffen, aber die werden für die Rundreise nicht reichen. Sie müssen also weitere Meilen-Packages dazubuchen. Meist bekommt man diese im 500-Meilen-Paket für ca. € 150 pro 500 Meilen.

Die Benzinkosten sind ein schwierig zu veranschlagender Kostenpunkt, da auch in Amerika die Preise stark schwanken. Im Herbst 2010 kostete eine Gallone Benzin ca. $ 2,60 (eine Gallone entspricht 3,78 Liter), was ein durchschnittlicher Preis ist. Dieser kann aber auch je nach ländlicher Abgeschiedenheit variieren. ein für die USA eher hoher, aber immer noch realistischer Benzinpreis würde zwischen $ 3,50 und $ 4 liegen. Auf der Hauptroute von 2.400 km/1.500 mi kann man ohne die weit entlegenen Abstecher eine Gesamt-Benzinrechnung von ca. $ 650 veranschlagen. Ganz genau berechnen kann man es mit den aktuellen Preisen auf der Seite
🖥 www.gasbuddy.com.

Ein weiterer hoher Kostenfaktor ist der Flug, bei dem Sie mit einem Betrag zwischen € 800 und € 1.000 inklusive Steuern und Treibstoffzuschlag pro Person rechnen müssen. Dieser Preis gilt für einen Direktflug Frankfurt – Las Vegas. Kinder bis einschließlich elf Jahre kosten etwa zwei Drittel des Flugpreises für Erwachsene, ab zwölf Jahre zahlen sie den Erwachsenen-Preis.

Befinden Sie sich erst einmal innerhalb der National Parks, kommen keine weiteren großen und unvorhersehbaren Kosten auf Sie zu (ausgenommen: Besichtigungen und Touren in der Navajo-Reservation). Der Parkeintritt kostet einheitlich $ 25 pro National Park bzw. mit dem Jahrespass $ 80 für uneingeschränkt viele Parks. Die Dienstleistungen in den Parks wie Shuttlebusse oder Ranger-Service sind generell kostenlos (gilt nicht für geführte Touren!).

■ Informationen

Mit diesem Reiseführer starten Sie bereits gut gerüstet in den Urlaub. Wenn Sie sich einzelne National Parks oder Scenic Byways genauer anschauen möchten, finden Sie bei den Informationsteilen der Routenbeschreibung alle relevanten Internetadressen. Brauchen Sie eher eine Seite, auf der Sie möglichst viele Ziele mehr oder weniger ausführlich finden, ist die absolute Empfehlung die Seite des National Park Services, auf der Sie neben den National Parks auch die meisten anderen Ziele und Attraktionen finden: 🖥 www.nps.gov

Vor Ort ist die Informationsbeschaffung dann überhaupt kein Problem mehr. Auch die kleinsten Visitor Center sind unglaublich gut mit Material ausgestattet, die meisten Broschüren sind kostenlos. Meist finden Sie nicht nur Prospektmaterial für den aktuellen National Park, sondern auch über die ganze Umgebung bis hin zu weit entfernten Zielen, die für Besucher von Interesse sein könnten. Halten Sie also immer die Augen auch offen bezüglich Informationen über Ziele, die am anderen Ende Ihrer Route liegen!

■ Karten

Für eine grobe Navigation und einen groben Routenüberblick gibt es in Deutschland einige ganz gute Karten. Eine Karte mit einem lückenlosen Straßennetz des Südwestens bzw. mit allen verzeichneten Highways, die Sie auf der Rundreise befahren, gibt es leider nicht! Die Karte mit der größten Detailgenauigkeit für die Region ist die von Hallwag: „**Road Guide Southwest**" mit dem Maßstab 1:1.200.000. Eine weitere Empfehlung für die einzelnen Bundesstaaten sind die Karten von Busche Map. Sie sind im Maßstab 1:800.000 und damit sehr genau - der Nachteil ist, dass man eben für jeden der von durchreisten Staaten eine braucht (Preis pro Karte € 7,95).

Detailliertere Karten als die, die man zu Hause für den Südwesten kaufen kann, werden in den Visitor Center und an Tankstellen für kleines Geld angeboten. Allerdings decken diese Karten meist nur jeweils Teilbereiche des Gesamt-Reisegebietes ab, diese Bereiche dann aber jeweils wirklich komplett.

Eine ausgezeichnete Karte, die vor allem den Osten der Route gut abdeckt, ist die „**Road Map of Navajo & Hopi Nations**", die man innerhalb des Navajo-Landes in der zweiten Reisehälfte in den Läden und an den Tankstellen für € 3,95 kaufen kann. In Utah ist man gut bedient mit der Karte des Utah Department of Transportation: „**Official Highway Map Utah**". Nach dieser kostenlosen Karte sollten Sie möglichst früh, am besten bereits im Zion National Park, fragen. Mit diesen beiden Karten, die Sie in Amerika erhalten, sind alle Lücken der Hallwag-Karte aus Deutschland geschlossen und Sie sind flächendeckend versorgt.

Wenn Sie in Ihrem Heimatland ein portables Navigationsgerät besitzen, können Sie dieses natürlich mit der entsprechenden USA-Karte ausstatten und mitnehmen. Sie können auch ein Navigationsgerät vom Autovermieter mit dem Fahrzeug mitmieten, allerdings wäre es dann eigentlich sinnvoller, das Gerät gleich zu kaufen, da der Mietpreis den Kaufpreis übersteigen kann. In den Einkaufszentren von Las Vegas finden Sie ein ganz akzeptables Angebot von Geräten, wofür Sie inklusive der entsprechenden Software ab $ 170 rechnen müssen. Prinzipiell ist es aber wirklich nicht vonnöten, einen solchen Aufwand zu betreiben. Mit dem beschriebenen Kartenmaterial kommen Sie recht gut über die Runden, und das Straßennetz ist wie gesagt weder so ausgeprägt noch verwirrend, dass man sich nicht ohne Navigation zurechtfinden könnte.

■ Einreiseformalitäten und Dokumente

Die Vereinigten Staaten sind sehr kreativ, was Einreisebedingungen betrifft. Bis 2008 genügte für deutsche, österreichische und schweizerische Staatsbürger für die Einreise in die USA ein noch mindestens drei Monate gültiger, maschinenlesbarer Reisepass. Auch der Kinder-Reisepass berechtigt zur visafreien Einreise, sofern er vor dem 26. Oktober 2006 ausgestellt und ab diesem Datum nicht mehr verändert wurde. Der Kinder-Reisepass muss ein Lichtbild enthalten.

An diesen Bestimmungen hat sich nichts geändert, zusätzlich zum Reisedokument ist seit Anfang 2009 jedoch eine vorherige Autorisation über das Internet vorgeschrieben. Vor einer beabsichtigten, visumfreien Einreise müssen Sie eine elektronische Einreiseerlaubnis (*„Electronic System for Travel Authorization"* -ESTA-) einholen. Diese Autorisation ist für zwei Jahre gültig, innerhalb dieser Zeit dürfen Sie unbegrenzt oft einreisen, müssen die Prozedur also nicht jedes Mal wiederholen. Online zu finden unter:
🖳 www.esta-usa.de.

Seit 2010 wird außerdem eine Einreisegebühr in die USA von $ 14 pro Person erhoben. Die Gebühr für die elektronische Reiseerlaubnis fällt bei der Nutzung des elektronischen Einreisesystems an. Sie setzt sich aus $ 4 für die Bearbeitung des Einreiseantrags und $ 10 für die Genehmigung zusammen. Als Zahlungsmittel werden nur die gängigen Kreditkarten anerkannt. Diese „Eintrittsgebühr" ist zwei Jahre lang gültig und berechtigt zu mehreren Einreisen in die USA.

Verliert jedoch Ihr Reisepass innerhalb dieser zwei Jahre seine Gültigkeit, muss der Antrag für eine erneute Einreise neu gestellt werden.

Da sich in Sachen Einreiseformalitäten immer wieder etwas ändert, schadet es nicht, regelmäßig vor einer geplanten Reise auf der Homepage des Auswärtigen Amtes nachzuschauen. Dort finden Sie die **aktuellsten Bestimmungen für die Einreise**:
🖳 www.auswaertiges-amt.de.

▶ WISSENSWERTES MIT SPRACHHILFE

Ohne die **elektronische Einreiseerlaubnis** kommen Sie nicht einmal an Bord des Flugzeuges. Die Autorisierung muss bis spätestens 72 Stunden vor Abflug erfolgt sein. Da der Antrag im Zweifelsfall aber auch abgelehnt werden kann, sollten Sie sich mit einem entsprechenden zeitlichen Vorlauf vor der Reise anmelden, damit Sie notfalls noch ein Visum beantragen können. Haben Sie diese Hürde im Vorfeld genommen, heißt es, sich mit den Regelungen für das Gepäck, hauptsächlich dem Handgepäck, vertraut zu machen. Die neuesten Sicherheitsrichtlinien diesbezüglich finden Sie auf der Homepage der TSA (*Transportation Security Administration*) unter 🖥 www.tsa.gov.

Aktuell gilt, dass Flüssigkeiten bzw. Gels nicht ins Handgepäck dürfen, sondern in das Gepäck müssen, das Sie aufgeben. Die Flüssigkeiten, auf die Sie nicht verzichten können, dürfen Sie in einem Klarsichtplastikbeutel mit Reißverschluss und einem Fassungsvermögen von knapp einem Liter im Handgepäck mitführen. Dieser Klarsichtbeutel darf nur Flüssigkeits- oder Gel-Behälter mit einem Fassungsvermögen von jeweils höchstens 100 Milliliter enthalten. Pro Passagier ist nur ein solcher Beutel erlaubt. Wenn Sie mit einem Kleinkind an Bord gehen, dürfen Sie außerdem Säuglingsnahrung, Muttermilch und Babynahrung mit ins Handgepäck nehmen. Des Weiteren sind Medikamente, Flüssigkeiten (inklusive Wasser, Säfte oder Flüssignahrung) oder Gelees für Diabetiker und andere medizinische Bedürfnisse erlaubt.

Für die Durchleuchtung des Gepäcks und Ihrer Person müssen Sie am Flughafen Zeit einplanen. Schuhe und Jacken müssen ausgezogen und aufs Band gelegt werden, Handys und andere elektronische Kleingeräte, Schlüssel, Münzgeld, Schmuck und größere Metallgegenstände müssen ausgepackt und in einem Container durch die Röntgenschleuse geschickt werden. Aufgrund der umfangreichen Sicherheitschecks empfehlen die Airlines, bei einem Flug in die USA **drei Stunden vor Abflug** am Flughafen zu sein. Diese Empfehlung ist sinnvoll, weil es in den Warteschlangen oft minutenlang nicht weitergeht. Erneut stehen Sie in der Schlange am Schalter für „**Non US Citizens (Nicht US-Bürger)**" des Ankunftsflughafens. Die Einreiseprozedur beinhaltet Folgendes: Fragen zum Reisegrund, dem Ziel und der Reisedauer, manchmal auch nach der ersten Unterkunft. Dann wird ein biometrisches Foto von Ihnen gemacht und Ihr Fingerabdruck genommen. Nach der Abholung des Gepäcks geht es noch durch den Zoll – dann kann der Urlaub beginnen.

Bei ganz konkreten Fragen zu den Zoll- und Einreisebestimmungen kann man sich im Heimatland jederzeit an die nächstgelegene diplomatische Vertretung der USA wenden.

USA BOTSCHAFTEN DEUTSCHLAND

Visa-Informationen
🖥 german.germany.usembassy.gov

Amerikanische Botschaft Berlin
✉ Pariser Platz 2, 10117 Berlin
☎ 030-2385174

Konsularabteilung der USA
✉ Clayalle 170, 14195 Berlin
☎ 030-83051200

Generalkonsulat der Vereinigten Staaten
✉ Alsterufer 27/28, 20354 Hamburg
☎ 040-41171100

Amerikanisches Generalkonsulat Düsseldorf
✉ Willi-Becker-Allee 10, 40227 Düsseldorf
☎ 0211-788-8927

Amerikanisches Generalskonsulat Frankfurt
✉ Gießener Straße 30, 60435 Frankfurt/Main
☎ 069-7535-0

Amerikanisches Generalkonsulat Leipzig
✉ Wilhelm-Seyfferth-Straße 4, 04107 Leipzig
☎ 0341-213-840

Amerikanisches Generalkonsulat München
✉ Königinstraße 5, 80539 München
☎ 089-2888-0

USA BOTSCHAFTEN ÖSTERREICH

Botschaft der Vereinigten Staaten
✉ Boltzmanngasse 16, 1090 Wien
☎ 01-313390

Visa-Informationen und Einreise
🖥 www.usembassy.at

USA BOTSCHAFTEN SCHWEIZ

Botschaft der Vereinigten Staaten
✉ Sulgeneckstraße 19, CH-3007 Bern
☎ 031-3577011
🖥 bern.usembassy.gov

WISSENSWERTES MIT SPRACHHILFE ◀

■ **Wohnmobil**

Dass man einen fahrbaren Untersatz für die Route braucht, steht außer Frage. Innerhalb der National Parks würden Sie zwar einigermaßen gut zurechtkommen, die Strecken zwischen den National Parks sind aber ein unüberwindbares Hindernis, denn ein Netz aus „Öffentlichen Verkehrsmitteln" existiert im Südwesten nicht. Mit europäischen Verhältnissen sind die gewaltigen Distanzen des Landes und die weiten Strecken ohne menschliche Besiedlung nicht vergleichbar. Für touristische Ziele gibt es kein Nahverkehrsangebot. Einzige Alternative zum „eigenen" Fahrzeug wäre es, sich einer pauschalen Reisegruppe anzuschließen, aber damit verpassen Sie das On-the-Road-Gefühl, der eigentliche Sinn der Reise wäre verloren.

Dem Camper vor dem Mietwagen Vorrang zu geben, wurde schon unter dem Stichwort Reisekosten begründet. Für das Gefühl von Freiheit und Unabhängigkeit ist es allen anderen Fortbewegungsmitteln unbedingt vorzuziehen. Allerdings sollten Sie bedenken: „Wild" campen ist auch in den USA nicht gestattet. Das heißt, Sie müssen mit Ihrem Wohnmobil für jede Übernachtung auf einen Campground. Die Kosten dafür sind aber minimierbar. Sie brauchen nicht in jeder Nacht einen Komplettanschluss für den Camper, den so genannten „**Full Hook-up**". Das bedeutet, Sie verfügen direkt am Platz über einen Elektroanschluss, den Sie mittels eines Kabels direkt mit dem Camper verbinden, einen Anschluss für das Frischwasser und einen, um die Schmutzwasser-Tanks abzulassen. Es reicht, wenn Sie die allumfassenden Anschlussmöglichkeiten alle zwei bis drei Nächte in Anspruch nehmen. Ein Stellplatz ohne Anschlüsse oder nur mit Wasser bzw. Strom ist deutlich preiswerter, als wenn Sie Ihre eigene sogenannte Dump-Station noch mit am Platz haben, (eine **Dump-Station** besteht aus zwei Anschlüssen: einer für die Aufnahme des Frischwassers und einer für das Ablassen des Abwassers). Da die meisten Campgrounds über Duschen verfügen, sind Sie auch nicht zwingend auf das Duschen „an Bord" angewiesen, was Sie von den Anschlussmöglichkeiten für den Camper wieder flexibler sein lässt.

Die Camper werden in Amerika „**RV**" genannt („*Recreational Vehicle*") und üblicherweise nach Länge in Feet klassifiziert: Die Fahrzeugtypen C23, C25, C29, C31 entsprechen Längen von 7,0 m, 7,6 m, 8,8 m und 9,4 m. Auch das kürzeste amerikanische Wohnmobil ist größer als die meisten europäischen, die wir von unserem Kontinent her kennen. Deshalb sollten Sie sich vorab gut überlegen, welche Platzansprüche Sie haben. Für eine vierköpfige Familie ist der Typ C25 absolut ausreichend mit einem Schlafplatz für zwei Personen über dem Fahrerhaus im Alkoven und einem Doppelbett im hinteren Fahrzeugbereich. Je größer die Camper sind, desto unbeweglicher werden sie auch. Zwar sind die breiten amerikanischen Straßen und die unbegrenzten Platzverhältnisse im Südwesten ebenso wenig ein Problem wie die Größe der Stellplätze auf den Campgrounds, aber das Fahrzeug muss dennoch für Sie manövrierbar bleiben. Für alle Kategorien reicht ein normaler Pkw-Führerschein aus, und das Mindestalter für die Fahrer muss 21 sein. Im Gegensatz zur Anmietung eines Pkw wird bei Fahrern von 21 bis 24 Jahren oft ein Risikozuschlag berechnet. Sollten Sie also unter 25 Jahren sein und ein Wohnmobil mieten wollen, klären Sie dies bereits bei der Anmietung.

Da die Vermieter vor Ort ein Wirrwarr unterschiedlicher Versicherungen anbieten, ist die Preiszusammensetzung nicht ganz transparent. Sobald man die wirklich notwendigen Versicherungen zum Auto auswählt, erhöhen sich die Preise zum Teil auf mehr als das Doppelte. **Tipp:** Mieten Sie das Fahrzeug schon von zu Hause aus entweder direkt über das Internet oder beim Reisebüro an. Damit sparen Sie sich aufwändige Recherchen am Ankunftsort und meist ist es auch günstiger, weit im Voraus zu buchen. Die passende und wirklich sinnvolle Versicherung ist dann auch schon inklusive, sodass Sie sich nicht durch die einzelnen Varianten forsten müssen. Vorab buchen können Sie auch bereits ein Ausrüstungspaket (*Convenience Kit*) mit Geschirr und Kochutensilien, wofür Sie mit ca. $ 50 bis 70 rechnen müssen, denn diese Gegenstände sind für gewöhnlich nicht im Mietpreis enthalten. Pro Person sollten Sie auch ein Ausrüstungspaket mit Bettwäsche (meist bestehend aus Laken und Schlafsack) und Handtüchern reservieren, um diese Platz fressenden Utensilien nicht von zu Hause aus mitschleppen zu müssen. Elektronische Geräte wie Toaster oder Kaffeemaschine können Sie ebenfalls dazu mieten. Bei solchen Geräten muss allerdings beachtet werden, dass sie nur mit einem **externen Stromanschluss** in Betrieb zu nehmen sind. Die Fahrzeugbatterie, die Ihnen zum Stand die Innenbeleuchtung gewährleistet, ist mit 24 Volt nicht auf die Stromspannung ausgelegt, die Geräte wie Toaster und Kaffeemaschine von der Steckdose brauchen (nämlich 110 Volt). Und diesen Strom gewinnen Sie nur entweder mit einem elektronischen Anschluss oder dem Generator des Fahrzeuges. Die Handy- und Digi Cam-Ladegeräte können während der Fahrt über den Zigarettenanzünder-Anschluss des Wohnmobils geladen werden, ebenso ein Computer. Hierfür können Sie sich auch schon zu Hause einen Anschluss im Fachgeschäft besorgen. Je nach Ausstattung des Wohnmobils sind auch mehrere dieser 12 V Anschlüsse vorhanden.

Üblicherweise hinterlassen Sie je nach Vermieter eine Kaution zwischen $ 500 und $ 1.000 bei der Aufnahme des Fahrzeuges, dieser Betrag wird Ihrer Kreditkarte belastet und bei einwandfreier Rückgabe des Campers zurückgebucht.

Sie sollten bei Fahrzeugaufnahme unbedingt **kritisch auf den Zustand schauen** und gegebenenfalls Mängel dokumentieren lassen. Viele Fahrzeuge haben bereits eine hohe Kilometer-/Meilenlaufleistung auf dem Buckel und müssten eigentlich gründlich generalüberholt werden, sind aber stattdessen nur notdürftig an allen Stellen geflickt (es geht dabei vor allem um den Innenbereich). Die Fahrzeuge von Cruise America beispielsweise sind zwar günstig, werden aber teilweise in sehr heruntergekommenem Zustand vermietet. Sollte man Ihnen ein solches Fahrzeug zugedacht haben, sollten Sie sich nicht scheuen, bei gravierenden Mängeln und schlechtem Gesamteindruck des Fahrzeuginneren ein anderes Fahrzeug zu fordern. Das ist durchaus machbar und spart Ihnen auf der späteren Reise eine Menge Ärger.

Nicht alle Vermietstationen haben deutschsprachige Mitarbeiter, dennoch sollten Sie sich nach Kräften bemühen, bei der Fahrzeugübernahme wirklich alles zu verstehen. Manchmal gibt es Einführungsvideos, die teilweise auch auf Deutsch laufen – nehmen Sie sich unbedingt die Zeit, sich das anzuschauen! Denn hier werden am Fahrzeug die wichtigsten Handgriffe demonstriert und die Fachausdrücke erklärt. Nur so können Sie später wissen, dass *Black Water* das Schmutzabwasser der Toilette ist und *Grey Water* das Abwasser von Dusche und Waschbecken und wie und wo Sie es entsorgen müssen. Sie erfahren außerdem, dass Sie das **Frischwasser im Tank** des Wohnmobils **nicht trinken** oder zum Kochen verwenden dürfen und wie Sie die Anzeigen der einzelnen Tanks lesen und werten sollen. Vieles spielt sich dann auf der Fahrt sehr schnell von selbst ein, und Sie werden (auch als blutiger Anfänger) sehen, dass es keine Wissenschaft ist, einen Camper zu bedienen. Ein sicheres Grundwissen ist aber trotzdem nötig.

Im Falle einer Panne oder eines Unfalls unterwegs auf Ihrer Reise müssen Sie umgehend die Vermietstation darüber in Kenntnis setzen. Wenn Reparaturen fällig werden, ist der Vermieter immer vorher davon zu unterrichten. Die kostenlose Telefonnummer erhalten Sie bei Anmietung des Fahrzeuges.

Am Ende Ihrer Reise müssen Sie das Fahrzeug besenrein und möglichst mit leeren Abwassertanks und gefüllter Gasflasche zurückgeben. Ansonsten werden dafür Gebühren fällig, die man gut vermeiden kann. Der Benzintank muss normalerweise der Füllmenge Ihrer Übernahme des Campers entsprechen. Es gibt aber auch Vermietungen, die prinzipiell auf einen vollen Tank bei Rückgabe des Campers bestehen.

Anmerkung: Sie sollten vermeiden, das Wohnmobil direkt vor Ihrem Rückflug abzugeben. Auch wenn die Abgabe an sich (Inspektion des Fahrzeuges, Endabrechnung, Kautionsrückbuchung) schnell erledigt ist, kann es zu Wartezeiten kommen, die vor so einem wichtigen Termin wie dem Rückflug schon mal Panik auslösen können!

Gerade mit Anmietstation Las Vegas ist die Auswahl von Camper-Vermietern riesig. Es gibt neben den gängigen großen auch etliche kleine, gute Anbieter in Las Vegas, wie z.B. Sahara RV Center, Findlay RV oder Premier RV Solutions. Es lohnt sich, über die Suchfunktion im Internet auch die kleineren RV-Stationen in Las Vegas zu recherchieren.

Die drei großen Anbieter im Bereich des Südwesten am Standort Las Vegas sind:

El Monte RV
✉ 13001 Las Vegas Blvd South,
Las Vegas, Nevada 89123
☎ 702-269-8000
🖥 www.elmonterv.com

Road Bear RV
✉ 4730 Boulder Hwy,
Las Vegas, Nevada 89121
☎ 702-453-1109
🖥 www.roadbearrv.com

Cruise America Motorhome Rental
✉ 6070 Boulder Hwy,
Las Vegas, Nevada 89122
☎ 702-456-6666
🖥 www.cruiseamerica.com

WISSENSWERTES MIT SPRACHHILFE ◀

Falls Sie die in diesem Routenreiseführer als Rundreise konzipierten Strecke variieren möchten und den Camper woanders als bei der Anmietstation zurückgeben möchten, müssen Sie den Zuschlag für eine Einwegmiete einkalkulieren bzw. sichergehen, dass es bei dem Vermieter Ihrer Wahl überhaupt möglich ist.

■ Übernachten

Campen ist in den USA eines der populärsten Freizeitvergnügen, weswegen es auch ausreichend viele Campingplätze gibt. Diese können zwar vor allem in den begehrten Reisemonaten des Sommers recht schnell voll sein, dennoch werden Sie nie ein beengtes Gefühl haben. Jeder Camper bekommt einen großzügigen Stellplatz, und Sie können dem Nachbarn normalerweise nicht auf den Teller schauen. Standardausstattung der Plätze ist eine weitläufige Parzelle mit Stellplatz, **Tisch-Bank-Garnitur** und **Feuer- bzw. Grillstelle**. Fast alle Plätze haben ein Abendprogramm mit regionalem Schwerpunkt, meist finden die Veranstaltungen in einem direkt am Campground gelegenen Amphitheater statt. Oft gehören zusätzliche Einrichtungen wie Lebensmittelläden, Souvenir Shops und Campingbedarf sowie Waschräume mit Münzwaschmaschinen und –trockner zum Angebot. Auf manchen Plätzen kann man auch kleine Blockhütten mieten.

Auf der Reise übernachten Sie vor allem auf den gut gepflegten staatlichen Plätzen innerhalb der National Parks. Um Sie zu reservieren, reicht Ihnen eine zentrale Internetadresse:
🖳 www.nps.gov.

Nach Eingabe des entsprechenden National Parks finden Sie auch die Campgrounds, die jeweils einen eigenen Menüpunkt haben. Alle relevanten staatlichen Campgrounds innerhalb der Parks und auch die um die Parks verteilten Plätze finden Sie ohnehin in diesem Routenreiseführer aufgelistet.

Es liegen ebenfalls ein paar privat betriebene KOA-Campgrounds auf der Route. KOA (*Kampgrounds of America*) ist der Mercedes unter den Campingplätzen. Meist haben diese Plätze einen hohen Standard mit Freizeitaktivitäten, Pools und sehr gepflegten sanitären Anlagen und Duschen. Im Schnitt sind sie dafür ein paar Dollar teurer als die staatlichen Plätze. Einen Überblick erhalten Sie im Internet unter
🖳 www.koa.com.

Sind Sie mit dem Mietwagen unterwegs, werden die zahlreichen Motels auf der Strecke Ihre Anlaufstelle fürs Übernachten sein. Preislich variieren sie stark, was nicht durch Komfort und Ausstattung, sondern am meisten durch die geografische Lage bedingt ist. Die Motels innerhalb der National Parks sind sehr teuer, liegen dafür aber meist sehr schön. Die Motels in den etwas größeren Städten sind auch nur dann preiswerter, wenn das Umfeld außerhalb der Reichweite eines attraktiven Ziels liegt. Insgesamt kann man aber wieder günstiger wegkommen, wenn man außerhalb der Saison reist. Die großen Ketten des Südwesten sind zum Beispiel Best Western, Holiday Inn, Day's Inn oder Motel 6, wobei diese sich alle sehr ähneln. Als ADAC-Mitglied sollten Sie sich bei Buchung eines Motels aus einer Kette nach Triple A Rates des amerikanischen Automobilclubs AAA erkundigen, dann erhalten Sie in diesen Häusern Rabatte.

In diesem Reiseführer werden jedoch auch individuelle Häuser oder solche kleinerer Ketten vorgestellt, und die Motels in den National Parks werden sowieso häufig von Xanterra betrieben, dem zentralen Pauschalverwalter innerhalb der Parks. Mit den großen Ketten kommen Sie sowieso rein geografisch schon gar nicht so sehr in Berührung.

Um einen groben Überblick zu bekommen, hier die einzelnen Kategorien der Motels und deren Kosten (die Preise gelten jeweils für ein Doppelzimmer pro Nacht und ohne Frühstück):

Kategorie Luxus	ab $ 150
Komfortabel	$ 80-150
Günstig	bis $ 80

Im Vergleich dazu liegen die Campgrounds bei $ 10-45 (Die Preise gelten pro Nacht und Stellplatz, selten wird nach Personen berechnet):

Einfache Kategorie	$ 10
Kategorie mit etwas Komfort	$ 15-25
Gehobene Kategorie	$ 25-45
Luxus-Platz	ab $ 50

Vereinzelt wird auf der Rundreise auch B&B (*Bed and Breakfast*) angeboten, was in den USA eher einer privat geführten Pension entspricht, das heißt: Zimmer mit Frühstück, meist in familiärem und nostalgischem Rahmen. Allerdings sind diese Unterkünfte auch nicht gerade günstig, zumal meist pro Person abgerechnet wird. Sie müssen mit $ 50-150 pro Person rechnen.

▶ WISSENSWERTES MIT SPRACHHILFE

Sie können sich bei der Suche nach Unterkünften direkt an die im Routenreiseführer empfohlenen Motels wenden oder über einen der Hotel-Vermittlungsservices im Internet gehen, um darüber hinaus nach geeigneten Unterkünften zu suchen. Zwei Empfehlungen sind:

Hotel Reservation Service
💻 www.hrs.de

Expedia
💻 www.expedia.de

Über einen solchen Veranstalter ist es auch günstig, das Hotel in Las Vegas zu buchen. Bei Buchung über ein Reisebüro zahlen Sie unnötig Gebühren und kommen auch beim Übernachtungspreis teurer weg, als bei einer Direktbuchung im Hotel Ihrer Wahl oder einer Buchung über einen der beiden oben genannten Dienstleister.

■ Gesundheit und Versicherungen

Ist während Ihres Aufenthaltes in den USA ein Arztbesuch vonnöten, müssen Sie diesen zunächst selbst in voller Höhe bezahlen. Da die gesetzlichen Krankenkassen diese Kosten aber auch nachträglich nicht übernehmen, empfiehlt sich eine **Auslandskranken- und/oder Unfallversicherung**, die auch die USA abdeckt. Besonders günstige Versicherungen, auch für eine ganze Familie, bietet beispielsweise der ADAC an. Private Krankenversicherungen übernehmen die in Nordamerika entstandenen Behandlungskosten im Normalfall. Um diesbezüglich aber ganz sicher zu sein, sollten Sie das Kleingedruckte Ihres Tarifvertrages studieren bzw. bei Ihrem Versicherer anfragen.

Medikamente, insbesondere solche für chronische Erkrankungen, sollten Sie in der für die Dauer der Reise ausreichenden Menge mitnehmen. Zusätzlich ist ein in **englischer Sprache verfasster Brief des Arztes** Pflicht, in dem die Medikamentation begründet wird. Für gewöhnliche Unbefindlichkeiten wie Kopfschmerzen erhält man in den größeren Supermärkten der Städte rezeptfrei Medizin wie Aspirin, Nasenspray, Vitamintabletten etc. Die Drugstores oder manchmal auch Pharmacies belegen in den Supermärkten meist einen eigenen Verkaufsraum im Laden. Da aber solche Städte nicht allzu zahlreich auf unserer Route liegen, sollten Sie von zu Hause Medikamente gegen Erkrankungen mitnehmen, für die Sie anfällig sind. Impfungen sind für Amerika nicht erforderlich. Hilfe im Notfall ruft man über die Telefonnummer „1" (Operator) oder „📞 911" (landesweiter Notruf).

Mit der Buchung der Reise auch eine **Reiserücktrittsversicherung** abzuschließen ist in jedem Fall wichtig. Sollten Sie vor Ihrer Abreise ernsthaft krank werden, springt diese Versicherung ein und erstattet die Kosten für die stornierte Reise. Bei einer Reise dieser Größenordnung und Kostenhöhe sollten Sie sich wirklich gut absichern, sodass außerplanmäßige Ereignisse, die die Reise unmöglich machen, von einer Versicherung aufgefangen werden.

■ Mitnehmen

Die Natur steht im Vordergrund der Reise, der absolute Fokus liegt auf dem Wandern. Ganz wichtig sind also gute und **robuste Wanderschuhe**, die im besten Fall zu Hause schon „eingelaufen" wurden. Wenn Sie in Las Vegas nicht gerade supernobel essen gehen wollen, reicht legere und bequeme Kleidung in den Restaurants. Im Outdoor-Bereich darf neben der für die Jahreszeit entsprechenden Bekleidung (denken Sie bitte daran, dass für den Sommer eine Regenjacke reicht und es keiner warmen Kleidung bedarf!) und Ihren Papieren natürlich die **Kreditkarte** auf gar keinen Fall im Gepäck fehlen. Sie ist als Zahlungsmittel überall anerkannt. Zwar kann man genauso gut in Dollar bezahlen, sollte aber den Vorrat an Bargeld gering halten und für Kleinigkeiten zurückhalten. Wenn etwas zu Hause vergessen wurde, kann es in Las Vegas noch gut, später weniger gut, besorgt werden. Lediglich den **Adapter** für die amerikanischen Steckdosen sollten Sie auf jeden Fall von zu Hause aus mitnehmen, da dieser Anschlussstecker vor Ort schwer zu bekommen ist. Mitgebrachte elektronische Geräte, die gemäß europäischer Norm auf 230 Volt Wechselstrom ausgelegt sind, müssen auf **110 Volt** umschaltbar sein, da in den USA nur 110 bis 120 Volt in die Leitungen eingespeist werden.

Ein ganz wichtiger Faktor, nicht nur im Sommer, ist der **Sonnenschutz**. Denken Sie nicht nur an entsprechende Kopfbedeckungen, sondern auch an Sonnencreme mit hohem Schutzfaktor. Diese erhalten Sie zwar auch in Las Vegas, Sie müssen sich aber nicht mit unnötigen Dingen aufhalten, während Sie ja eigentlich endlich raus in den Wilden Westen wollen.

WISSENSWERTES MIT SPRACHHILFE ◀

UNTERWEGS

Die in der folgenden Auflistung aufgeführten Stichpunkte finden Sie sicher auch in anderen Reiseführern über den Südwesten. Der Unterschied ist, dass diese sich ganz spezifisch auf die bereiste Region beziehen und nicht pauschal für den ganzen Südwesten der USA gelten. Regionale Unterschiede und Charakteristika werden konkret für die National Park Route detailliert betrachtet und vorgestellt. Außerdem spiegeln einzelne Kategorien die persönlichen Erfahrungen wider, basieren also nicht auf wissenschaftlichen und übernommenen Erkenntnissen, sondern entstammen den Erlebnissen von der Reise.

■ Alkohol

Leichte Alkoholika und Bier gibt es auf jeden Fall in den Supermärkten und meist auch in den kleinen Läden der Campgrounds, Spirituosen verkaufen die „Liquor Stores". In den Indianerreservaten gibt es keinen Alkohol, was Ihnen im Monument Valley (auf Navajo-Land) auffallen wird. Um Alkohol kaufen zu können, müssen Sie mindestens 21 Jahre alt sein, im Zweifelsfall ist ein Ausweis vorzulegen. Alkoholische Getränke soll man im Kofferraum des Fahrzeuges verstauen. Die Gesetze und Bestimmungen zum Alkoholkonsum sind Sache der einzelnen Bundesstaaten und Counties und demnach nicht einheitlich geregelt. In öffentlich zugänglichen Anlagen wie zum Beispiel Recreation Areas und State Parks sollte offiziell kein Alkohol getrunken werden. In der Öffentlichkeit zu trinken, ist generell im ganzen Land kritisch, es ist manchmal verboten, manchmal wird es toleriert. In Las Vegas allerdings kann Alkohol rund um die Uhr gekauft und konsumiert werden, als Drinks in Restaurants und Bars sowie in Flaschen in den Liquor Stores. Damit hat Las Vegas für amerikanische Verhältnisse eine recht freizügige Regelung. Infolgedessen sieht man auch ganztags Leute mit einem Cocktail in ungewöhnlichen Behältnissen (der Becher hat beispielsweise die Form des Eiffelturms) den Strip entlangflanieren.

Autofahren unter Alkoholeinfluss wird dagegen überall streng bestraft. Die Grenze liegt je nach County zwischen 0,0 und 1 Promille.

■ Anreise

Die schnellste und bequemste Art der Anreise auf den nordamerikanischen Kontinent ist das Fliegen. Es gibt ein sehr großes Angebot von internationalen Airlines, wobei man meistens eine Zwischenlandung im Heimatland der jeweiligen Airline einkalkulieren muss (Alitalia beispielsweise legt einen Zwischenstopp in Rom ein). Die einzige Fluggesellschaft, die Las Vegas von Deutschland aus non-stop anfliegt, ist Condor, Startflughafen ist Frankfurt/Main. Zwar können Sie auch von anderen deutschen Flughäfen abfliegen, aber dann immer mit Zwischenlandung in Frankfurt. Auch Flüge aus Österreich und der Schweiz haben einen Stopp in Frankfurt.

Wundern Sie sich nicht, wenn der Hinflug länger dauert als der Rückflug – das ist normal. Auf dem Flug in westliche Richtung nimmt man zwar die Erdumdrehung mit, der Flieger wird aber gleichzeitig von der zurückweichenden Luft gebremst. Beim Flug in Richtung Osten dagegen schiebt dieser Wind zusätzlich an. In Bezug zur umgebenden Luft fliegt das Flugzeug zwar in beiden Richtungen gleich schnell. Aber in Bezug zur Erdoberfläche spielt die Windgeschwindigkeit auch eine Rolle.

Es gibt eine große Zahl von Billigfluganbietern und Internetanbietern, die Sie ebenfalls unter die Lupe nehmen können. Da kommen Sie zwar unter dem Strich etwas günstiger weg, müssen sich aber durch ein nahezu unübersichtliches Angebot forsten. Es ist ratsam, auch hier auf die Buchung über ein Reisebüro zurückzugreifen. Dort erhalten Sie gezielte Informationen zu Ihren Flugabsichten und werden beraten.

Wollen Sie aus Kostenersparnis einen anderen amerikanischen Flughafen anfliegen und im Inland einen der günstigen Weiterflüge nach Las Vegas organisieren, gibt es dafür zwar vor Ort wiederum eine große Auswahl an Möglichkeiten. Sie sollten aber bedenken, dass man in den USA große Distanzen zurücklegen muss und ein Inlandsflug Sie wertvolle Urlaubszeit kostet.

Der McCarran International Airport Las Vegas gehört zu den 15 größten Flughäfen der Welt und wird von allen bedeutenden US-Airlines direkt angeflogen.

McCarran International Airport Las Vegas
☏ 702-261-5211
🖥 www.mccarran.com

Alternative Flughäfen zu Las Vegas sind Dallas und Denver.

▶ WISSENSWERTES MIT SPRACHHILFE

■ Auskunft

Im Reiseland kommen Sie ganz unproblematisch an gutes Informationsmaterial heran, zum Beispiel über die *Welcome* und *Visitor Centers*, die regionalen *Chambers of Commerce* und die *Convention & Visitors Bureaus*. Die Rufnummern und/oder Adressen der entsprechenden Stellen finden Sie in diesem Routenreiseführer bzw. vor Ort in den örtlichen Telefonbüchern. Mitglieder des ADAC und des schweizerischen beziehungsweise des österreichischen Automobilclubs können schon zu Hause Reise-Material der American Automobil Association (AAA) anfordern.

Neben diesen für Mitglieder kostenlosen Unterlagen ist auch sehr gutes Kartenmaterial erhältlich. Im Internet finden Sie den Automobilclub unter 🖥 www.aaa.com.

Es gibt ein sehr gutes, umfangreiches, deutschsprachiges Reiseportal im Internet, in dem erste Informationen über die gesamte USA übersichtlich dargestellt sind. Auf der Startseite können Sie bequem den gewünschten Bundesstaat anklicken. Darüber hinaus haben Sie auf diesen Seiten die Möglichkeit zu Online-Buchungen von Flügen, Hotels, Campern und Pauschalangeboten. Diese Seiten gehen nicht sehr ins Detail, verhelfen aber zu einem ersten groben Überblick. 🖥 www.usa.de

Einzelne Bundesstaaten und wichtige touristische Regionen des Südwesten sind in Deutschland allerdings auch mit Informations- und Servicebüros vertreten:

Arizona Tourism (c/o Kaus Media Services)
✉ Luisenstraße 4, 30159 Hannover
☏ 0511-899890-0
🖥 www.arizonaguide.com

Colorado Tourism (c/o Get IT Across Marketing)
✉ Neumarkt 33, 50667 Köln
☏ 0221-2336407
🖥 www.colorado.com

Las Vegas Convention & Visitors Authority
c/o Aviareps Tourism GmbH
✉ Sonnenstraße 9, 80331 München
☏ 089-23662130
🖥 www.visitlasvegas.de

Utah! Travel Council
✉ Neumarkt 33, 50667 Köln
☏ 0221-2336406
🖥 www.utah.com

Servicebüros innerhalb der USA:

Arizona Office of Tourism
✉ 1100 W. Washington St., Suite 155,
Phoenix, Arizona 85007
☏ 602-364-3700
🖥 www.arizonaguide.com

Colorado Tourism Office
✉ 1625 Broadway, Suite 1700,
Denver, Colorado 80202
☏ 303-892-3885
📠 303-892-3848
🖥 www.colorado.com

Nevada Commission on Tourism
✉ 401 N. Carson St., Carson City,
Nevada 89701
☏ 775-687-4322
🖥 www.travelnevada.com

The Utah Travel Council
Council Hall, Capitol Hill
✉ 300 N. State St., Salt Lake City,
Utah 84114-1396
☏ 800-200-1160
🖥 www.utah.com

■ Autofahren

Nach dem ersten Schreck über das riesige Ungetüm von Wohnmobil, das ab sofort Ihr rollendes Zuhause sein soll, werden Sie das Fahren bald sehr genießen. Durch Millionenstädte müssen Sie ja nicht durch (und aus Las Vegas ist man auch schnell und unkompliziert draußen), und dann können sich europäische Autofahrer auf den US-Highways erst einmal entspannen. Die Fahrweise ist viel rücksichtsvoller und gemächlicher als in Europa. Auf den Highways der einzelnen Bundesstaaten gelten unterschiedliche Höchstgeschwindigkeiten, die zwischen 60 mph (97 km/h) und 75 mph (120 km/h) variieren (75 mph sind nur auf den Interstates erlaubt). Halten Sie sich an die Geschwindigkeitsvorschriften, die normalerweise regelmäßig ausgeschildert sind. Wenn kontrolliert wird, sind die Strafen bei Geschwindigkeitsüberschreitungen happig und sofort vor Ort zu bezahlen.

Etwas knifflig ist das System an ampellosen Kreuzungen innerhalb von Ortschaften. Grundsätzlich gilt: Wer zuerst an der Kreuzung zum Stehen kommt, fährt zuerst, aber anhalten müssen trotzdem alle, die die Kreuzung erreichen (alle vier Fahrbahnen haben Stoppschilder mit dem Zusatz „**4-Way-Stop**"). Gibt es eine Ampel, darf man auch bei Rot rechts abbiegen, aber erst, wenn man angehalten und sich vergewissert hat, dass dabei niemand behindert wird. Verboten ist das Rechtsabbiegen bei Rot nur in Zusammenhang mit dem Hinweisschild „**No turn on red**". Grundsätzlich befinden sich die Ampelanlagen übrigens erst hinter der Kreuzung.

Falls Sie im Rückspiegel ein Polizeifahrzeug mit Blaulicht sehen, halten Sie sofort am Straßenrand an, bleiben im Fahrzeug sitzen und verhalten sich ruhig.

Das Tanken ist im Vergleich zu Europa günstiger, aber auch in Amerika schwanken die Preise. Gemessen wird das Benzin in Gallonen (ca. 3,78 Liter). Manche Tankstellen geben nur begrenzte Mengen Benzin auf einmal ab. Dann müssen Sie bezahlen und danach weiter tanken, wenn der Tank bis zur Begrenzung nicht voll geworden ist. Wenn man das nicht weiß, kann man leicht irritiert sein, weil man denkt, die Tankanzeige sei nicht intakt. An manchen Tankstellen kann man direkt an der Zapfsäule mit Kreditkarte tanken. Das geht nicht nur am schnellsten, weil man nicht einmal ins Kassenhäuschen muss, sondern da verstecken sich auch keine weiteren Hürden im Tankvorgang!

Auch wenn man in ein großes Gefährt wie ein Wohnmobil intuitiv eigentlich Diesel einfüllen würde, fahren die meisten Fahrzeuge dieser Kategorie in Amerika mit Benzin – Diesel bleibt praktisch nur den Trucks vorbehalten. Es gibt drei Typen von Benzin: **Regular** (87 Oktan), **Midgrade** (89 Oktan) und **Premium** (91 Oktan). Bei der Autovermietung erfahren Sie, welches davon für Ihr Fahrzeug das richtige Benzin ist.

■ Autovermietungen/Leihwagenfirmen

Die Empfehlung des Routenreiseführers ist zwar das Reisen im Wohnmobil, Sie finden aber auch alle relevanten Informationen und Übernachtungsmöglichkeiten für die Rundreise mit dem Pkw. Deshalb nachfolgend die Auto-Vermietstationen in Las Vegas. Direkt am Flughafen McCarran International Airport befinden sich folgende Anbieter - bis auf Europcar alle mit derselben Adresse im Flughafen, nämlich:

McCarran International Airport
✉ 7135 Gilespie Street,
   Las Vegas, Nevada 89119

Alamo
☏ 702-263-8411
🖥 www.alamo.com

Avis
☏ 702-531-1500
🖥 www.avis.com

Budget
☏ 702-736-1212
🖥 www.budgetvegas.com

Enterprise
☏ 702-795-8842
🖥 www.enterprise.de

Europcar
✉ 855 Bermuda Road,
   Las Vegas, Nevada 89119
☏ 888-826-6890
🖥 www.europcar.com

Hertz
☏ 702-262-7700
🖥 www.hertz.com

Alle Vermieter haben auch Dependancen in den Hotels von Las Vegas! Budget-Fahrzeuge zum Beispiel können Sie auch im Stratosphere Hotel anmieten, Avis hat einen Schalter im Excalibur oder Planet Hollywood Hotel, Enterprise finden Sie unter anderem im Stardust Hotel. Ansonsten befinden sich die größeren Filialen der Vermieter im östlichen Teil von Las Vegas bzw. Richtung Henderson, wo auch die Wohnmobil-Vermieter angesiedelt sind. Die Internet-Seiten der Auto-Vermietungen geben hierzu ausführlich Auskunft. Bei allen Vermietern muss der Fahrer mindestens 21 Jahre alt sein, Mieter unter 25 Jahren müssen außerdem evtl. einen Risiko-Zuschlag bezahlen. Es wird ein gültiger **Führerschein Klasse 3** benötigt, ein Internationaler Führerschein ist nicht notwendig.

■ Mit Behinderung in den USA

Die Einrichtungen in der gesamten USA sind behindertengerechter, als wir es aus Europa kennen. Überall gibt es Angebote für „*Handicapped Persons*" wie Rollstühle an den Flughäfen und in den Visitor Centers, ausgewiesene Parkplätze, spezielle Toiletten und Rampen zu öffentlichen Gebäuden und Restaurants. Die Amerikaner sind sehr entgegenkommend und hilfsbereit behinderten Menschen gegenüber. In den Hotelbeschreibungen im Internet findet man auch meist den Hinweis auf Zimmer für körperbehinderte Gäste (*Persons with Disabilities* oder *Disabled Persons*). In Boston

> ▶ WISSENSWERTES MIT SPRACHHILFE

gibt es eigens ein Informationszentrum für Menschen mit Körperbehinderung, die eine Reise in die USA planen.

Information Center for Individuals with Disabilities
✉ contact@disablility.net
🖥 www.disability.net

■ Botschaften

Bei rechtlichen Problemen, Überfall, Diebstahl oder Verlust der persönlichen Dokumente sind die Botschaften und Generalkonsulate in den USA eine wichtige Anlaufstelle:

DEUTSCHLAND

Botschaft der Bundesrepublik Deutschland
✉ 4645 Reservoir Rd. N.W., Washington D.C. 20007-1998
☎ 202-298-4000
🖥 www.germany.info

Deutsches Generalkonsulat
✉ 6222 Wilshire Blvd., Suite 500, Los Angeles, California 90048
☎ 323-930-2703

ÖSTERREICH

Botschaft der Republik Österreich
✉ 3524 International Court N.W., Washington, D.C. 20008
☎ 202-895-6700
🖥 www.austria.org

Generalkonsulat der Republik Österreich
✉ 11859 Wilshire Blvd., Suite 501, Los Angeles, California 90025
☎ 310-444-9310

SCHWEIZ

Botschaft der Schweizerischen Eidgenossenschaft
✉ 2900 Cathedral Ave. N.W., Washington, D.C. 20008-3499
☎ 202-745-7900
🖥 www.swissemb.org

Generalkonsulat der Schweizerischen Eidgenossenschaft
✉ 11766 Wilshire Blvd., Suite 1400, Los Angeles, California 90025
☎ 310-575-1145

■ Essen und Trinken

Ein Hinweis vorneweg: Einen Gourmet-Urlaub dürfen Sie nicht erwarten. Der hohe Anteil an Fast Food im Südwesten ist ein weiteres Argument dafür, für die Reise ein Wohnmobil zu mieten und damit die Gelegenheit zu nutzen, selbst zu kochen. Streckenweise stößt man auf der Route auf überhaupt keine Restaurants. Erreicht man die etwas größeren Städte, ist sofort wieder ein Überangebot an Ketten wie Mc Donalds, Burger King, Pizza Hut und Subway vorhanden.

Highlights in „richtigen" Restaurants (die auch gleich entsprechend teurer sind) mit einer umfangreichen Speisekarte sind in diesem Landstrich auf jeden Fall Rindersteaks aller Art und in jeder Zubereitungsversion. (Da die Rinderzucht eine der Haupteinkunftsquellen des Südwesten ist, kann man dieses Fleisch auch ungeheuerlich günstig im Supermarkt kaufen). Ganz wichtig bei der Bestellung im Restaurant ist, dass der deutsche Bratzustand „blutig" nicht zu „*bloody*" im Englischen wird, sondern „*extra rare*" heißt. So richtig blutig wie in Europa bekommen Sie das Fleisch sowieso nicht, in Amerika wird in den einzelnen Stufen jeweils etwas stärker durchgebraten. Beliebt sind auch Hühnchenfleisch (z.B. als gebackene Hühnerbruststücke oder Geflügelteile zubereitet) und Schweinefleisch, z.B. *Spare Ribs*. Als Beilage kann man zwischen *Baked Potato* mit *Sour Creme* oder Pommes frites (die hier *French Fries* heißen) wählen. Um dem Charakter des Südwesten gerecht zu werden, finden sich auf den Speisekarten der Restaurants auch immer hispanische Spezialitäten wie gefüllte Tacos und Tortillas. Möglicherweise stehen jetzt noch zwei oder drei Pasta-Gerichte mit auf dem Plan, aber das war's dann im Großen und Ganzen mit der Essensauswahl.

Anders sieht es natürlich in Las Vegas aus, dort gibt es einige internationale Restaurants, aber man muss trotzdem ganz klar den Fokus auf Steaks und Hamburgern sehen.

Ein kleines Abenteuer kann das Frühstück sein. Den Tag mit süßen Pancakes und noch süßerem Sirup zu starten, ist nicht jedermanns Sache. Man unterscheidet zwischen dem süßen *Continental Breakfast* und dem mächtigen *American Breakfast* mit jeder Menge Eier, Schinken, Speck und Cornflakes. Bei den *all-you-can-eat-Buffets* in Las Vegas ist das Frühstück insgesamt allerdings so gemischt, dass Sie auch auf üble Kalorienangriffe am frühen Morgen verzichten und statt dessen auf frisches Obst, getoastetes Brot und Rührei zurückgreifen können. Bei einem normalen Motel-Frühstück kann es aber durchaus passieren, dass die Pancakes, Muffins, Waffeln oder gar frittierten Leckereien das Angebot dominieren. Ein Frühstückscafé, sofern greifbar, wäre eine Alternative. Insgesamt kann man sich durchaus ein „europäisches" Frühstück arrangieren, auch wenn solche Angebote auf den Frühstückskarten der Cafés mit der Lupe zu suchen sind.

Das Mittagessen hat in den USA weniger Bedeutung und wird meist aus den Fast Food Restaurants bedient. Erst das Abendessen (Dinner) ist wie das Frühstück wieder eine große Mahlzeit und wird recht früh eingenommen, weswegen die Küchen mancher Restaurants auch schon früh wieder „kalt" sind.

Was Ihnen am Anfang sicher befremdlich vorkommen wird, ist die Verweildauer im Restaurant. Kaum haben Sie den letzten Bissen hinuntergeschluckt, wird Ihnen ohne Aufforderung die Rechnung auf den Tisch gelegt. Das dürfen Sie nicht persönlich nehmen, die Essenszeiten pro Gast sind einfach kürzer getaktet, auch wenn gerade offensichtlich nicht viel los ist. Auch in den europäischen Restaurants wird es immer mehr üblich, sich nicht einfach einen Platz zu suchen. In Amerika geht das gar nicht, Sie müssen immer warten, bis Ihnen ein Tisch zugewiesen wird („*wait to be seated*").

Um im Restaurant nicht mit mühsamem Suchen im Wörterbuch über der Speisekarte brüten zu müssen hier die wichtigsten Essensvokabeln:

Frühstück	
Bacon	Schinkenspeck
Boiled Egg	Gekochtes Ei
Bread	Brot
Cereal	Cornflakes
Cheese	Käse
Cream	Kaffeesahne
French Toast	In Fett gebackener weicher Toast
Fried Eggs	Gebratene Eier
Ham	Schinken
Ham and Eggs	Spiegeleier mit Schinken
Jam	Marmelade
Jelly	Gelee
Maple Syrup	Ahornsirup
Milk	Milch
Over easy Egg	Spiegelei, von beiden Seiten gebraten
Pancakes	Pfannkuchen
Peanut Butter	Erdnussbutter
Poaches Eggs	Pochierte Eier
Raisin Bread	Rosinenbrot
Rolls	Brötchen
Sausage	Würstchen
Scrambled Eggs	Rührei
Sunny Side up Eggs	Spiegelei
Waffles	Waffeln
White Bread	Weißbrot
Wholewheat Bread	Vollkornbrot

Beilagen	
Baked Potatoes	In der Schale gebackene Kartoffel
Boiled Potatoes	Salzkartoffel
French Fries	Pommes frites
Hash Browns	Reibekuchen
Mashed Potatoes	Kartoffelbrei
Potatoe Pancakes	Kartoffelpuffer
Potatoe Salad	Kartoffelsalat
Salad	Salat
Vegetables	Gemüse

Gemüse	
Asparagus	Spargel
Beans	Bohnen
Beetroot	Rote Beete
Cabbage	Kohl, Kraut
Carrots	Karotten
Cauliflower	Blumenkohl
Cole Slaw	Krautsalat
Corn	Mais
Cucumber	Gurke
Garlic	Knoblauch
Mushrooms	Pilze
Onion	Zwiebel
Onion Rings	Frittierte Zwiebelringe
Peas	Erbsen
Potatoes	Kartoffeln
Pumpkin	Kürbis
Red and green Pepper	Rote und grüne Paprika
Rice	Reis
Spinach	Spinat
Yam	Süße Kartoffel
Tomatoes	Tomaten

Obst	
Apples	Äpfel
Apricots	Aprikosen
Cherries	Kirschen
Dates	Datteln
Grapes	Trauben
Lemon	Zitrone
Peaches	Pfirsiche
Pears	Birnen
Pineapple	Ananas
Strawberries	Erdbeeren

WISSENSWERTES MIT SPRACHHILFE

Fisch und Meeresfrüchte	
Bass	Barsch
Clams	Muscheln
Cod	Kabeljau
Crabs	Krebse
Halibut	Heilbutt
Lobster	Hummer
Lox	Geräucherter Lachs
Oyster	Auster
Salmon	Lachs
Seafood	Meeresfrüchte
Shark	Hai
Shrimps	Garnelen
Sole	Scholle
Swordfish	Schwertfisch
Trout	Forelle
Tuna	Thunfisch

Fleisch	
Lamb	Lamm
Bacon	Schinkenspeck
Beef	Rindfleisch
Chicken	Hühnchen
Duck	Ente
Filet Mignon	Filetsteak
Fried Chicken	Brathähnchen
Ham	Gekochter Schinken
Meat Balls	Hackbällchen
Pork	Schweinefleisch
Pork Chops	Kotelett
Prime Rib	Hochrippe
Prime Rib Steak	Hochrippe als Steak gebraten
Sirloin Steak	Lendensteak
Spareribs	Schweinerippchen
T-Bone Steak	Steak mit Knochen
Tenderloin Steak	Filet
Turkey	Puter
Veal	Kalb
Wings	Flügel

Zubereitungsarten bei Fleisch	
Boiled	Gekocht
Broiled	Gebraten
Fried	Frittiert
Grilled	Gegrillt
Sauteed	Gedünstet

Auch die Getränke sind eine Wissenschaft für sich. Eine Überraschung ist der Kaffee. Gerade die Kaffees zum Mitnehmen sind exzellent und haben in den meisten Fällen Starbucks-Qualität. Auch der zum Frühstück gereichte Kaffee ist längst keine dünne Brühe mehr, sondern ganz guter Filterkaffee, der jederzeit kostenlos nachgefüllt wird. Sie können außerdem überall auch Latte Macchiato und Cappuccino bestellen, ohne ratlose Blicke zu ernten.

In Restaurants des Fast Food Bereichs werden Sie sich an das erfreuliche *„Free Refill"* der Softgetränke (Cola, Fanta etc.) gewöhnen. Es beutetet, wie beim Frühstückskaffee auch, dass Sie sich jederzeit an den Getränkeautomaten die Becher neu auffüllen dürfen, ohne extra zu bezahlen.

In den Supermärkten füllt ein nicht endenwollendes Angebot an Softdrinks viele Regalreihen. Neben Cola in unzähligen Variationen (*diet, coffeine free* und *light* etc.) gibt es das für den Südwesten typische *Root Beer* (eine Art Wurzelbier ohne Alkohol, sehr gewöhnungsbedürftig), das legendäre *Dr. Peppers* (die maximale Steigerungsform von Red Bull und Cola zusammen) oder Sprite, das in Amerika „*Mist*" heißt.

Wirklich durstlöschend sind die verschiedenen, mit Kohlensäure versetzten Fruchtsäfte oder der Ice Tea in allen Geschmacksrichtungen. Orangensaft wird meist in Behältern mit fünf Litern Füllmenge zu einem günstigen Preis verkauft und hat die Qualität frisch gepressten Saftes. Hier muss man allerdings genau auf die Etiketten schauen, um nicht an einen Kanister aus Pulver angerührten „Saftes" zu geraten.

Eine echte Überraschung ist das amerikanische Bier. Für den Südwesten typisch sind die einheimischen Marken „Budweiser", „Busch" und „Miller", sowie die mexikanische Marke „Corona". Importiertes Bier ist teurer und schmeckt zumindest in diesem Umfeld nicht halb so gut.

Der Wein kommt meist aus dem nahen Kalifornien, aber auch in Utah gibt es ein Weinanbaugebiet bei Moab. Nicht wundern – Rotwein wird in den USA oft gekühlt serviert. Stellvertreter für die harten Getränke im Südwesten sind Whiskey und Brandy, und die typischen Cocktails des Südens sind natürlich Pina Colada und Margarita.

Getränke	
Beer	Bier
Champagne	Sekt
Coffee	Kaffee
Decaf	Koffeinfreier Kaffee
Diet	Kalorienarm
Draught	Fassbier
Hot Chocolate	Heiße Schokolade
Iced Tea	Eistee
Milk	Milch
Orange Juice	Orangensaft
Root Beer	Wurzelbier (alkoholfrei, mit Kohlensäure)
Sugar free	zuckerfrei, evtl. mit Süßungsmitteln
Tea	Tee
Water	Wasser
Wine	Wein

WISSENSWERTES MIT SPRACHHILFE ◄

■ Feiertage

Normalerweise haben alle öffentlichen Institutionen das ganze Jahr über geöffnet, nur wenige sind saisonal geschlossen. In diesem Routenreiseführer wurde meist „ganzjährig geöffnet" angegeben, da dies bis auf die Ausnahme zweier Tage zutrifft. Diese beiden Tage, an denen überall und alles geschlossen bleibt, sind **Thanksgiving** und der **25. Dezember**. An diesen Tagen haben auch die Visitor Centers und Museen geschlossen, die ansonsten wirklich durchgehend das ganze Jahr geöffnet haben. Weihnachten „beschränkt" sich in den USA auf unseren ersten Weihnachtsfeiertag, den 25. Dezember; Thanksgiving findet immer am vierten Donnerstag im November statt. Ansonsten gibt es relativ wenige solcher offizieller Feiertage und selbst an diesen sind mit Ausnahme von Thanksgiving, Ostersonntag, Weihnachten und Neujahr die meisten Geschäfte geöffnet. Die wenigsten Feiertage sind terminlich datiert. Im Gegensatz zu uns haben die Amerikaner an Ostern und Pfingsten jeweils keinen zweiten Feiertag. Fällt ein Feiertag auf ein Wochenende, wird er am darauffolgenden Montag „nachgeholt". Den Auftakt der Reisezeit innerhalb Amerikas bildet der **Memorial Day** (letzter Montag im Mai) und das Ende der Saison läutet der **Labour Day** ein (erster Montag im September).

Einheitliche Feiertag sind außerdem	
New Year (Neujahr)	1. Januar
Geburtstag von Martin Luther King	3. Montag im Januar
President's Day	3. Montag im Februar
Karfreitag	Good Friday (nur regional)
Memorial Day (Soldatengedenktag)	letzter Montag im Mai
Independence Day (Unabhängigkeitstag)	4. Juli
Labour Day (Tag der Arbeit)	erster Montag im September
Columbus Day	zweiter Montag im Oktober
Veteran's Day (Tag der Veteranen)	11. November
Thanksgiving Day (Erntedankfest)	vierter Donnerstag im November
Christmas Day (Weihnachten)	25. Dezember

■ Geld

Die Währungseinheit der USA ist der US-Dollar. Die Reisekasse kann man auf drei Zahlungsmittel verteilen: Bargeld, Reiseschecks (Traveler's Checks auf Dollar ausgestellt) und natürlich die Kreditkarte (Visa, Eurocard, American Express etc.). An Bargeld dürfen Sie theoretisch bis zu 10.000 US-Dollar ins Land einführen.

Da die Zahlung mit Kreditkarte überall möglich und anerkannt ist, kann man auf die Reiseschecks als Zahlungsmittel verzichten. Mit der Kreditkarte können Sie sowohl Bargeld bei den Banken abheben (allerdings mit Geheimzahl), als auch in den Supermärkten, Hotels, Restaurants und Souvenirläden bezahlen. Ein Muss ist die Karte beispielsweise für die Miete des Campers oder Mietwagens, denn sie wird mit der Kaution belastet. Bargeld ist an dieser Stelle nicht üblich!

Bei Verlust oder Diebstahl sollte man die Karte sofort sperren lassen. Für alle sperrbaren elektronischen Geräte und für Kreditkarten gibt es Notfall-Nummern:
☎ +49-116116 oder +49-30-40504050.

Ansonsten können Sie bei Problemen mit der Kreditkarte auch direkt beim entsprechenden 24-Stunden-Service kostenlos in Amerika anrufen (in Klammern stehen die Telefonnummern, die Sie nach Deutschland verbinden):

American Express	☎	800 – AMEXCO (069-9797-1000)
Master Card	☎	800-247-4623 (069-7933-1910)
Visa	☎	069-7920 1333
Diners Club	☎	069-6616 6123

In den großen Einkaufszentren und am Flughafen von Las Vegas und in den etwas größeren Städten gibt es Banken. Diese sind aber im Südwesten der USA recht rar, sodass Sie sich auf gar keinen Fall auf der Barabhebung mit einer EC-Karte verlassen sollten. Selbst wenn Sie unterwegs eine Bank auftun, heißt das noch nicht, dass das Abheben von Bargeld mit Ihrer persönlichen Pin auch funktioniert.

Einen gewissen Bargeld-Vorrat sollten Sie auf jeden Fall von zu Hause aus mitnehmen, um nicht jeden Mini-Betrag mit Karte bezahlen zu müssen. Denken Sie daran, dass die meisten Banken zu Hause jedoch größere Mengen ausländischer Währungen ein paar Tage im Voraus bestellen müssen, sodass Sie mit Ihrer Order nicht zu knapp vor dem Reisestart sein sollten. Sie sollten möglichst kleine Scheine bestellen, 100-Dollar-Noten sind nicht sehr beliebt bei den Empfängern!

Der US-Dollar ist in 100 Cent unterteilt, die meisten Cent-Beträge haben einen „Spitznamen", den Sie verinnerlichen sollten: Es gibt Münzen zu 1 Cent („*Penny*"), 5 Cent („*Nickel*"), 10 Cent („*Dime*"), 25 Cent („*Quarter*"), 50 Cent („*half Dollar*") und 1 Dollar (selten).

▶ WISSENSWERTES MIT SPRACHHILFE

Die Banknoten, die sich derzeit im Umlauf befinden, sind: 1, 2, 5, 10, 20, 50 und 100 Dollar. Die Scheine sehen alle gleich aus und haben auch noch dieselbe Größe, sodass man schon genau hinschauen muss, was man weggibt. Am häufigsten sind die 1- und 5-Dollar-Scheine.

Zu guter Letzt werden Sie sich anfangs wundern, dass beim Einkauf die von Ihnen gewählten Artikel an der Kasse immer mehr kosten als gedacht. Die Preise werden meist ohne Steuern (*Sales Tax*) angegeben, die erst bei der Bezahlung fällig werden. Es gibt auch keinen einheitlichen Umsatzsteuersatz, dieser ist in jedem Bundesstaat anders und liegt zwischen 3 und 6,5 %, für Übernachtungen bis zu 15 % des Nettobetrages.

■ Handys

Dass Sie abseits der Zivilisation sind, bemerken Sie spätestens dann, wenn Sie Ihr Handy aus der Heimat benutzen möchten – kein Empfang! Das zieht sich auch eine ganze Weile so durch, deshalb sollten Sie sich auf diese Art der Telekommunikation nicht verlassen.

Prinzipiell brauchen Sie ein Triband Handy für GSM-1900-Mobilfunknetze. Wenn denn eine Verbindung zustande kommt, kosten Gespräche nach Europa ca. € 1,70 pro Minute, ankommende Gespräche ca. € 1,20 pro Minute (Preise ohne Gewähr). SMS-Nachrichten sind auch möglich.

Wenn Sie auf ein mobiles Telefon angewiesen sind, weil Sie beispielsweise von unterwegs aus die Campgrounds reservieren möchten, könnten Sie sich am Flughafen in Las Vegas entsprechend ausrüsten. Entweder kaufen Sie für Ihr europäisches Handy eine amerikanische SIM-Karte (ca. $ 5 Grundgebühr zuzüglich beliebige Aufladung), dann haben Sie für die Reise eine neue Nummer. Oder Sie kaufen ein komplettes amerikanisches Handy mit SIM-Karte für ca. $ 80, worin der Prepaid-Anteil bereits enthalten ist. Ein solches Handy kann man in Las Vegas am Flughafen problemlos aus dem Automaten ziehen.

Kostengünstige und vor allem schon von zu Hause aus organisierbare Lösungen für das mobile Telefonieren in den USA bietet Cellion an. Neben Gratis-SIM-Karten für die USA (mit eigner amerikanischen Rufnummer) gibt es hier sogar Leih-Handys, falls man kein USA-taugliches Handy besitzt. Informationen sind zu finden unter

🖳 www.cellion.de/callcompany/cms/cellion/
 starter.php

■ Internet

In den Lodges der National Parks finden Sie meist in der Lounge Terminals mit teils kostenpflichtigem, teils kostenlosem Internetzugang. Überall da gibt es auch Wireless LAN, wenn Sie also ein Notebook dabeihaben, kommen Sie damit oft in den Genuss eines kostenlosen Internetzgangs. In den größeren Städten gibt es natürlich die Internet-Cafés, und auch Motels bieten ihren Gästen Internetzugang an. Auf manchen Campgrounds wird W-LAN angeboten, es kann aber sein, dass Sie dafür einen Zugang brauchen, der dann meist kostenpflichtig ist. Fragen Sie an der Rezeption danach.

■ Kinder

So kinderfreundlich die Amerikaner sind, so kinderfreundlich sind die Einrichtungen ihres Landes. Sei es das Kindermenü im Restaurant, sei es die kostenlose Unterbringung der Kinder im Motelzimmer der Eltern oder sei es die überschwängliche Freundlichkeit, mit der die Leute auf die lieben Kleinen zugehen. Auch pädagogisch werden Kinder lehrreich versorgt: In den National Parks bieten die Ranger eigens für Kinder konzipierte Programme an, in den Museen gibt es Führungen und Videovorträge nur für Kinder. Neben dem Naturerlebnis und dem spannenden Umfeld der Cowboys und Indianer machen diese Tatsachen das Land zu einem familienfreundlichen Ziel.

■ Maße & Gewichte

1 inch (in)	2,54 cm
1 foot (ft)	30,48 cm
1 yard (yd) = 3 ft.	91,44 cm
1 mile (mi) = 1760 yd	1,609 km
1 fluid ounce (fl.oz.)	29,57 ml
1 gallon (gal)	3,79 l
1 ounce (oz)	28,35 g
1 pound (lb)	453,59 g

1 cm	0,39 in
10 cm	0,33 ft
1 m	1,09 yd
1 km	0,62 mi
1 l	0,624 gal
100 g	3,527 oz
1 kg	2,205 lb
10 kg	1,57 stone

■ National Parks

Im ersten Moment denkt man bei der Bezeichnung National Park an einen Freizeit- oder Vergnügungspark. Das trifft die Bedeutung der amerikanischen National Parks aber mitnichten. Es handelt sich im Gegenteil um speziell geschützte Gebiete der Natur. Neben den Naturparks gibt es die National Monuments, das sind zumeist historisch oder archäologisch bedeutsame Stätten, die ebenfalls unter Schutz stehen. Zuletzt nehmen einen Großteil der Schutzgebiete auch die Erholungsgebiete ein, die so genannten Recreation Areas.

Sie erkennen ein Schutzgebiet schon daran, dass es den umfangreichen Ranger-Service bietet und von diesen auch verwaltet wird. Innerhalb dieser Gebiete gibt es Regeln, die z.B. Erkundigungen auf eigene Faust restriktieren oder ganz untersagen. In vielen Fällen brauchen Sie für besonders tief in die Landschaft eindringende Wanderungen so genannte **Permits**, das sind Erlaubnisse der Ranger, dass Sie diese Wanderung unternehmen dürfen. Ein Beispiel ist der Abstieg am Grand Canyon in die Schlucht zum Colorado River.

Im Internet findet man fast alle amerikanischen Schutzgebiete unter 🖳 www.nps.gov.

Die National Parks kosten einheitlich $ 25 pro Park, egal, mit wie vielen Personen Sie anreisen. Da auf unserer Route sechs National Parks liegen, empfiehlt sich gleich beim ersten Park (Zion National Park) der Kauf eines „*America the beautiful – Annual Pass*" für $ 80. Mit diesem Pass können Sie ein Jahr lang beliebig viele National Parks besuchen. In unserem Fall fallen darunter nicht nur die sechs Parks, sondern auch die Glen Canyon Recreation Area und die Lake Mead Recreation Area sowie das eine oder andere Monument. Es lohnt sich also auf alle Fälle, diesen Pass zu kaufen! Sie erhalten ihn an allen Eingängen der National Parks und National Monuments bzw. auch schon vorab über die Seite 🖳 www.nps.org.

Insgesamt betrachtet sind die National Parks und die anderen Schutzgebiete jeden Dollar Eintrittsgeld wert. Überall findet man liebevoll und gebäudetechnisch sehr anspruchsvoll gestaltete Visitor Center, die ausführliches Informationsmaterial zur Verfügung stellen. Hier stehen auch die Park Ranger bereit, um geduldig alle Fragen zu beantworten, Tipps zu geben und geführte Touren anzubieten. In den allermeisten Fällen schließt sich noch ein Museum an (meist sind die Exponate recht aufwändig und ansprechend dargestellt), es gibt Erfrischungen, Souvenirs und Literatur zu kaufen, und Sie finden überall blitzsaubere sanitäre Anlagen.

Unzählige Wanderungen (*Trails*) sind in den Schutzgebieten für die Besucher angelegt und werden auch gut gepflegt. Die „Highlights" finden Sie stets ausführlich in den Besucherzeitungen beschrieben. An den Parkeingängen wird Ihnen diese Zeitung direkt mit Ankunft ausgehändigt. Sie finden darin alles für diesen National Park Relevante: Die Übernachtungsmöglichkeiten, klimatische Bedingungen, Wissenswertes über Flora und Fauna, das Angebot der Ranger, Aktivitäten aller Art, Wandervorschläge, Infos für Ihre Erkundigungen und vieles mehr.

Die National Parks sind allesamt ganzjährig geöffnet, teilweise mit Einschränkungen in der Verkehrsführung in den Wintermonaten.

■ Öffnungszeiten

Die großen Supermärkte haben meist rund um die Uhr inklusive sonntags geöffnet, was ganz gut für die National Park Route ist. Denn wenn die wenigen größeren Städte auf der Strecke mit richtig großen Supermärkten auch noch begrenzte Öffnungszeiten hätten, wären die wenigen Einkaufsmöglichkeiten auch noch eingeschränkt. Öffentliche Einrichtungen wie Postämter oder Touristeninformationen sind meist von 9 bis 17 Uhr geöffnet, die touristischen Anlaufstellen in der Sommersaison oft auch länger.

■ Reiten

Im Land der Cowboys und Indianer zu sein ohne zu reiten, ist eigentlich nicht akzeptabel. Auch wenn man noch nie auf einem Pferd gesessen hat, ist das Reiten die beste Möglichkeit, den Wilden Westen wirklich erlebt zu haben. Zudem wird es blutigen Anfängern auch leicht gemacht, sich auf und dem Pferd zurechtzufinden. In den USA, dem Geburtsland des Reitens, wird nach Western-Art geritten, so wie es die Cowboys bei der Arbeit seit jeher praktizieren. Die speziell gezüchteten Pferde, die meist etwas kleiner sind, als man sie aus Europa kennt und daher „wendiger", reagieren sehr sensibel auf jede Hilfe der Reiter, die auch selbständiges Arbeiten gewohnt sind. Nur so ist es den Cowboys möglich, den Zügel locker in nur einer Hand zu halten, das Pferd dabei trotzdem zu lenken und eine Hand komplett frei zu haben, um zum Beispiel Rinder zu treiben. Die leichteste Hilfe durch Schenkeldruck bringt das Pferd in die gewünschte Gangart, die es dann auch zuverlässig beibehält. Klingt alles sehr bequem? Ist es auch!

Der Sattel unterscheidet sich ebenfalls von dem, der für die klassische Reitweise benutzt wird. Er ist breit, hat einen stützenden hinteren Rand und breite Steigbügel mit einem guten Halt für die Füße. Die langen Zügel sind offen und hängen lose durch – das soll nicht nur cool aussehen, sondern zeigt, wie leicht das Pferd mit der leichtesten Hilfestellung zu „lenken" ist – auch und gerade für Anfänger.

Für uns europäische Touristen ist das Reiten also eine durch und durch komfortable und angenehme Sache. Man sollte es dennoch nicht unterschätzen. Natürlich spürt man trotz allem die Anstrengung nach einem Ritt in allen Knochen, aber eigentlich nur deshalb, weil es so ungewohnt ist, im Sattel zu sitzen. Vielleicht portionieren Sie deshalb Ihre Reitausflüge und starten lieber zu mehreren Touren, statt gleich einen Halbtagesausritt zu unternehmen.

Reiter mit etwas Erfahrung können sich auch mehrtägige Reitausflüge vornehmen. Man muss hierfür kein Profi sein, sollte aber zumindest ein reiterisches Basiswissen mitbringen. Vor allem in der Nähe der National Parks bieten Ranches und private Organisatoren Reittouren an. Die regionalen Touristenbüros und Visitor Centers geben hierzu Auskunft.

Es gibt einige spezialisierte Reiseveranstalter hierfür, zwei Beispiele sind:

Pferd & Reiter
 www.pferdreiter.de

Reisebüro Pegasus
 http://reiterreisen.com

■ Sicherheit

Insgesamt – man mag es nicht glauben, wenn man an die amerikanischen Spielfilme und die Kriminalstatistik denkt – ist der Südwesten der USA ein recht sicheres Reisegebiet. Vor allem der Südwesten, ein durch und durch ländliches Fleckchen Erde, ist im Gegensatz zu den städtischen Metropolen eine Oase des Friedens. Auch in den Kleinstädten der Region nimmt alles seinen gemütlich-harmonischen Lauf, manche Einwohner lassen auch mal eben den Zündschlüssel im Fahrzeug stecken.

Das darf aber kein Freibrief für Unachtsamkeit sein! In der Großstadt Las Vegas sollte man deutlich die Bereiche abseits des Strip meiden. Auch Downtown ist nach Anbruch der Dunkelheit nicht dazu angetan, einen gemütlichen Spaziergang nach Hause zu unternehmen – Taxis gibt es an allen Ecken und Enden, greifen Sie darauf zurück!

Es gibt auch einige Vorkehrungen, die zur Minimierung des Schadens bei einem Überfall beitragen können: Nie zu viel Bargeld bei sich tragen, Wertgegenstände und größere Bargeldmengen sollten im Hotelsafe oder gut versteckt im Fahrzeug bleiben. Statt Schultertaschen nehmen Sie lieber eine feste und nicht sichtbare Gürteltasche mit. Den Schmuck lassen Sie am besten ganz zu Hause, in der Wüste des Südwesten können Sie sowieso gut darauf verzichten. Wenn Sie unsicher sind, wo es für Sie als Tourist sicher ist und wo nicht, fragen Sie im Hotel/Motel danach.

Bei Problemen wählen Sie die Notrufnummer der Polizei, das ist in den gesamten Vereinigten Staaten die ☏ 911, und damit alarmieren sie auch die Feuerwehr bzw. können einen Krankenwagen rufen.

Die Risiken in der unberührten Natur „draußen" sind außerdem ganz anderer Art. Unter anderem Skorpione, Klapperschlangen und Kojoten haben hier ihren Lebensraum, und man sollte sich dessen stets bewusst sein. In Parks wie Mesa Verde sind mannigfaltige Vorkehrungen gegen Bären getroffen, und auch die Besucher müssen Regeln zur Sicherheit und zum Schutz gegen die gefährlichen Tiere einhalten. Zum Beispiel darf man über Nacht auf den Tischen der Campgrounds keinerlei Essen liegenlassen. Dieses wird bei Kontrollgängen von den Rangern eingesammelt, und die entsprechenden Gäste werden mit einer Strafe zur Kasse gebeten.

Die im Südwesten häufigen *Washes* (tiefe, ausgetrocknete und deshalb begehbare Flussbetten) bieten bei Trockenheit abenteuerliche Wandermöglichkeiten, bei plötzlich auftretenden starken Regenfällen steigt der Wasserpegel blitzschnell an und richtiggehende Sturzbäche toben durch das ehemals trockene Flussbett. Bei kritischen Wetterprognosen meiden Sie die Washes als Wanderstrecke unbedingt.

■ Sprache

Im Südwesten der USA wird – klar! – amerikanisches Englisch gesprochen. Das unterscheidet sich zwar vom Schulenglisch ganz gewaltig (und zwar sowohl im Vokabular als auch in der Aussprache), wer aber denkt, im Land der Cowboys sprachlich zu versagen, irrt sich. Die Einwohner bemühen sich ganz offensichtlich um eine langsame, wohl artikulierte Sprache, wenn sie an Touristen geraten.

WISSENSWERTES MIT SPRACHHILFE

Das fällt extrem auf und ist eine sehr höfliche Geste der Gastgeber, die dafür berühmt sind, Silben gerne mal zu „verschlucken".

Hilfreich ist es, einige Vokabeln zu kennen, die speziell im Südwesten der USA bzw. Ihrer Rundreise von Bedeutung sind:

Gebräuchliche Vokabeln	
Apartment	Wohnung
Trailer	Wohnwagen
Basin	Tal
Butte	Tafelberg
Daylight Saving Time	Sommerzeit
First Floor	Erdgeschoss
Second Floor	Erster Stock
First Name	Vorname
Last Name	Zuname
Flash Flood	Plötzliche Wassermassen nach starken Regenfällen
Flashlight	Taschenlampe
Hoodoo	Durch Erosion geformte Steinhälse
Junk Food	Essen ohne Nährwert
Long Distance Call	Ferngespräch
Mesa	(spanisch) Tafelberg
Restroom	Toilette
RV (Recreation Vehicle)	Wohnmobil
Zip Code	Postleitzahl

Geläufige Abkürzungen:	
BLT	Bacon, Lettuce und Tomatoe (Schinken, Salat und Tomaten): Sandwich
BBQ	Barbecue
Dept.	Department (Abteilung)
ID	Identification (Ausweis)
limo	Limousine (nicht Limonade!)
P.O. Box	Post Office Box (Postfach)
X-mas	Christmas (Weihnachten)
X-ing	Etwas kreuzt die Straße

Und ein paar nützliche Redewendungen:	
Entschuldigung!	Excuse me!
Ich verstehe Sie nicht	I don't understand you
Wie bitte?	Pardon me?
Ich spreche nur wenig Englisch	I only speak a little English
Können Sie mir bitte helfen?	Can you help me, please?
Wie viel kostet das?	How much is it/that?
Kann ich mit Kreditkarte bezahlen?	Can I pay by credit card?
Wie viel Uhr ist es?	What time is it?
Wie ist Ihr Name, bitte?	What's your name, please?
Mein Name ist ...	My name is ...
Ich habe eine Panne	My car is broken down
Wo ist der nächste Arzt/Zahnarzt?	Where is he nearest doctor/dentist?
Ich habe bei Ihnen ein Zimmer reserviert	I booked a room with you
Rechnung/bezahlen, bitte	The bill, please

■ Sportmöglichkeiten

Angeln
Da unsere Reise an zwei großen Stauseen und einigen idyllischen Flüssen vorbeiführt, sollte jeder Angelfreund seine Ausrüstung mit dabei haben. An den Seen gibt es zum Teil ausgezeichnete Fischgründe, für die man allerdings eine Lizenz des entsprechenden Bundesstaates braucht (*Fishing License*), die man recht günstig und unbürokratisch in Outdoor-Geschäften bekommt (bzw. fragen Sie bei den Rangern in den Visitor Centers der National Parks danach).

Baden
Das Baden in den Stauseen Lake Mead und Lake Powell ist nicht nur wohltuend im heißen Wüstenklima, sondern ist an den teils schönen Stränden in diesem ungewöhnlichen Umfeld ganz besonders attraktiv. Auch die Flüsse führen alle so sauberes Wasser, dass man sich jederzeit für eine Erfrischung hineinstürzen kann.

Golf
Im Südwesten tauchen gelegentlich unerwartet immer wieder 9-Golf-Courses auf, vor allem auf dem zweiten Teil der Reiseroute. Da Golf im Südwesten ein populärer Sport ist, wirken die üppig grünen, viel intensiv bewässerten Anlagen wie kleine Oasen in der Wüste. Manchmal betreiben die Hotels bzw. Campgrounds (vor allem KOA) die Plätze. Dort kann man dann auch eine Ausrüstung mieten.

Klettern
Für Profi-Kletterer sind die Schluchten und Canyonwände des Colorado-Plateaus ein Paradies. Informationen über gut zugängliche Stellen und betreffend der Ausrüstung erhalten Sie bei den Auskunftsstellen der Bundesstaaten und der Visitor Centers.

Radfahren
Es gibt einige reizvolle Möglichkeiten vor allem für Mountainbiker, Fahrräder kann man in den etwas größeren Orten mieten. Das Fahrrad als Mittel, längere Distanzen zu überwinden, ist im Routenverlauf des Südwesten allerdings nicht vorgesehen.

Rafting
Der Colorado River ist absolut prädestiniert für Raftingtouren. Lees Ferry ist ein guter Ausgangspunkt für Flusserkundungen aller Arten

und Längen. Von dort aus gelangen Sie unter anderem in die Tiefen des Grand Canyon oder gen Lake Powell in die andere Richtung. Aber auch der Escalante River und der San Juan River sind eine Herausforderung für Fans von Wildwassertouren.

Reiten ▶ Seite 256

Wandern
Das ist natürlich die ultimative Sportart des Südwesten, vor allem innerhalb der National Parks! Das unvergleichliche Angebot an Wanderwegen ist sowohl in- als auch außerhalb der Parks vorhanden, sodass Sie zwischen kurzen Wegen und Tagesmärschen alles finden, was das Wandererherz begehrt. Wenn dann noch eine Übernachtung im abgelegenen Hinterland (*Backcountry*) hinzukommt, ist das Abenteuergefühl perfekt.

◼ Straßen
Landläufig geht man davon aus, dass der amerikanische „**Highway**" der europäischen „Autobahn" entspricht, das ist aber ein Trugschluss. Der Highway wird meist vom entsprechenden Bundesstaat unterhalten und trägt demnach auch das Kürzel des Staates mit in der Bezeichnung – der Scenic Byway 12 in Utah heißt also UT-12. Diese Straßen im Südwesten der USA entsprechen am ehesten Bundesstraßen in unserer Vorstellung, sind aber noch viel idyllischer, wirken wegen ihrer Weitläufigkeit weniger befahren und passieren kaum Orte. Sie zeichnen sich durch die berühmte endlose Weite aus, wenn man bis zum Horizont nur Landschaft und Natur sieht und sich dazwischen die schmale, zweispurige Straße windet. Zu erkennen sind die Highways an den weißen Schildern mit schwarzer Schrift. Oft wird auf diesen Hinweisschildern die konkrete Stadtangabe ausgespart, stattdessen lesen Sie meist nur die Bezeichnung des Highways und die jeweiligen Städte in beide Richtungen, wenn das Schild an einer Kreuzung steht. Sie sollten also immer up to date sein, welchen Highway Sie als nächstes in welche Richtung befahren müssen.

Unserer Autobahn entspricht die amerikanische „**Interstate**", die durch ihre blau-weiße Beschilderung gekennzeichnet ist. Da kommt schon mehr das bekannte Autobahn-Feeling auf, denn die Straßen sind meist mindestens vier-, oft sechsspurig (vor allem, wenn sie auf große Städte zuführen). Im Gegensatz zu unseren Autobahnen ist allerdings das Überholen auf der rechten Spur erlaubt, das heißt, Sie müssen beim Spurenwechseln sowohl nach rechts als auch nach links dieselbe Vorsicht walten lassen. Besonders ist auch, dass die Ausfahrten auch nach links abgehen können, Sie also einmal quer über alle Spuren wechseln müssen. Für europäische Verhältnisse undenkbar, im eher ruhigen Fluss auf einer Interstate aber eigentlich ganz unproblematisch.

Im Südwesten werden Sie allerdings mit dem Straßentypen Interstate wenig in Berührung kommen, nur im Umfeld von Las Vegas befahren Sie jeweils eine Interstate bei der Abreise und der Rückkehr in die Spielerstadt. Sowohl die Interstate als auch die meisten Highways sind in dieser Region gebührenfrei.

Die „**unpaved Roads**" sollten Sie mit einem Camper tunlichst meiden und auch für Autos ohne Vierradantrieb sind sie nicht empfehlenswert – denn hier handelt es sich um Staubstraßen bzw. unbefestigte (Schotter-)Straßen. Diese sind normalerweise als solche gekennzeichnet und werden Ihnen im Südwesten immer wieder begegnen. Auch wenn sie an der Abzweigung noch ganz ordentlich aussehen und die Fahrt auf ihnen noch so viel versprechend klingt („*scenic*" etc.), werden Sie keinen Spaß an der sensationellen Landschaft haben ohne geeignetes Fahrzeug.

◼ Telefonieren
Es ist nicht wirklich einfach, von unterwegs durch den Südwesten in Deutschland bzw. Europa anzurufen. Zunächst muss man den Zeitunterschied bedenken, um niemanden mitten in der Nacht aus dem Bett zu scheuchen. Dann ist es fast unmöglich, mit einem Münztelefon ein Übersee-Gespräch zu führen. Sie wählen zunächst die 1, dann die Vorwahl und Rufnummer, woraufhin Ihnen eine Computeransage die fälligen Gebühren nennt. Diese in Münzen einzuwerfen, führt nicht immer zum gewünschten Erfolg. Entweder verweigert der Apparat die Münzen oder es sind – trotz vorheriger Ansage – zu wenig. Wesentlich unkomplizierter ist das Telefonieren mit einer Telefonkarte, die man in Geschäften, an Tankstellen und bei allen touristischen Einrichtungen kaufen kann. Diese gibt es mit den bereits aufgeladenen Werten 10, 20 oder 50 Dollar. Das meiste Geld zahlt man bei dieser Variante für das Zustandekommen der Verbindung. Hat man den Teilnehmer erst einmal an der Strippe, kann man erstaunlich lange für wenig Geld telefonieren. Es kann

aber auch passieren, dass eine nicht geringe Gebühr von der Karte abgezogen wird, obwohl am anderen Ende der Leitung besetzt ist oder niemand abgenommen hat.

Die amerikanischen Telefonnummern bestehen aus einer dreistelligen **Vorwahl**, dem *Area Code*, und einer siebenstelligen **Rufnummer**. Wählt man die 0, erhält man einen Operator, der weiterhelfen kann. Rufnummern mit der Vorwahl 800, 866, 877 und 888 sind kostenfrei (*toll free*).

Gerade wenn man mit dem Operator plaudert oder im Motel ein Telefongespräch anmelden möchte (was allerdings sehr teuer ist!), ist ein kleines Grundvokabular unbedingt nötig:

Can I leave a message?	Kann ich eine Nachricht hinterlassen?
Dial	Wählen
Please hold	Bitte warten/bleiben Sie dran
Answer the Phone	Ans Telefon gehen
Pick up the Phone	Zum Hörer greifen
Area Code	Vorwahl
I can't hear you	Ich kann Sie nicht verstehen
Could you speak up, please?	Könnten Sie etwas lauter sprechen?
Local Call	Ortsgespräch
Collect Call	R-Gespräch, Gebühr bezahlt Empfänger

Besonders anspruchsvoll wird es, wenn die letzten Ziffern der Telefonnummer in Buchstaben angegeben wird, was die Amerikaner sehr intensiv zu tun pflegen. Es ist also der Blick auf eine Telefontastatur nötig, um eine Nummer richtig „verstehen" zu können. Steht da zum Beispiel 1-800-RV 4 Rent, heißt dies „übersetzt": 1-800-784-7368.

Als kleine Hilfestellung hier die entsprechende Tastatur:

1	2 abc	3 def
4 ghi	5 jkl	6 mno
7 prqs	8 tuv	9 wxyz

Internationale Vorwahlen (von den USA aus):
Deutschland: 01149 + Vorwahl (ohne 0) + Teilnehmernummer
Österreich: 01143
Schweiz: 01141
USA: 001 (von Europa aus)

Gespräche innerhalb der USA:
Innerhalb eines Telefonbezirks:
    1 + Teilnehmernummer
Landesweit: 1 + Vorwahl (Area Code) + Teilnehmernummer

■ Trinkgeld

In Europa bekommen Bedienungen im Restaurant das Trinkgeld als Dreingabe zum Verdienst – nicht so in Amerika. Dort macht das Trinkgeld („*Tip*") einen Teil des Gehaltes der Bedienung aus. Bei der Versteuerung wird ein Trinkgeldanteil in Höhe von 10 bis 15% des Rechnungsbetrages angesetzt. Es ist also wichtig, dass Sie im Restaurant beim Bezahlen an das Trinkgeld denken. In Fast Food Restaurants ist es dagegen nicht üblich. Bei Zahlung mit Kreditkarte tragen Sie unter dem Rechnungsbetrag den Trinkgeldbetrag bei „Tip" ein. Von Ihrer Karte wird dann der Gesamtrechnungsbetrag inklusive Trinkgeld abgebucht. Ist das Trinkgeld bereits im Preis inbegriffen, finden Sie dazu den Hinweis „*Service included*" auf der Speisekarte.

Dem Gepäckträger am Hotel steht etwa ein Dollar extra pro Gepäckstück zu, das er für Sie schleppt, und dem Zimmermädchen sollten Sie $ 1 bis 2 pro Übernachtung im Zimmer zurücklassen. Denken Sie auch bei der Taxifahrt an 10 bis 15% Trinkgeld für den Fahrer. Ist er besonders zuvorkommend und lädt beispielsweise Ihr Gepäck ein und aus, können es auch 20% sein.

■ Trinkwasser

Egal, ob es das Duschwasser im Hotel oder das zum Essen servierte Wasser im Krug ist – alles Wasser, das aus der Leitung kommt, ist in Nordamerika mehr oder weniger leicht mit Chlor versetzt. Das ist beim Duschen oder Waschen noch unproblematisch, aber der Chlorgeschmack im Trinkwasser ist gewöhnungsbedürftig, wenn auch nicht gesundheitsschädlich. Wenn Sie den chlorigen Beigeschmack nicht mögen, sollten Sie sich mit Trinkwasser aus dem Supermarkt eindecken. Die günstigste Variante ist einfaches Wasser ohne Kohlensäure (*Spring Water*), das meist in größeren Kanistern erhältlich ist und entsprechend lange vorhält und dafür auch noch sehr preiswert ist. Dieses Wasser sollten Sie auch zum Kochen benutzen.

■ Uhrzeit und Datum

Uhrzeiten werden nicht in der 24-Stunden-Zählung angegeben, sondern nur bis 12, sodass auf den ersten Blick nicht erkennbar ist, um welche Tageszeit es sich handelt. Erst der Zu-

▶ WISSENSWERTES MIT SPRACHHILFE

satz **a.m.** und **p.m.** hinter der Uhrzeit weist die Tageszeit aus: a.m. kommt aus dem Lateinischen und heißt „*ante meridiem*", also vor der Mittagszeit. P.m. heißt entsprechend „*post meridiem*" – nach der Mittagszeit.

Die Datumsangabe steht nicht in der für uns gewohnten Reihenfolge geschrieben. Die Amerikaner geben zuerst den Monat an, dann den Tag und zuletzt das Jahr, also wird der 1. September 2009 so geschrieben: 09/01/09.

■ Umgangsformen

In den USA geht man weit weniger förmlich miteinander um als in Europa. Wenn man sich jemandem vorstellt, tut man dies mit seinem Vornamen, was aber nicht mit dem Duzen zu vergleichen ist, das wir kennen. Bei der Begrüßung die Hand zu reichen, ist nicht üblich.

In den ländlichen Gefilden des Südwesten begegnen den Europäern die Amerikaner herzlich, hilfsbereit und sehr freundlich. Egal, ob selbst Tourist oder Einheimischer – sie sind daran interessiert, woher man kommt, was man schon alles in den USA gesehen hat und wie man es findet. Nie würde man grußlos aneinander vorbeigehen, ein paar Worte werden vor allem bei einem Zusammentreffen in der Abgeschiedenheit immer gewechselt. Man soll sich aber nichts vormachen – es steckt auch ein wenig Oberflächlichkeit in diesem Wesenszug. Eine schnell mal ausgesprochene Essenseinladung ist normalerweise nicht wirklich Ernst gemeint.

In den Restaurants, Visitor Centers und auf den Campgrounds ist das freundliche und offene Auftreten der Amerikaner besonders offenkundig. Es verhält sich allerdings ganz so, wie wir es auch gerade aus Europa kennen: Begegnet man sich auf einer Wanderung in Oberbayern oder im Schweizer Bergland, grüßt man sich auch immer. In einer Großstadt wie München oder Zürich hetzen die Menschen allerdings wieder achtlos aneinander vorbei. So mussten wir mit Rückkehr nach Las Vegas auch schnell erkennen, dass mit dem Erreichen der Großstadt die Herzlichkeit wieder von den Menschen abgefallen war!

■ Umweltschutz

Wer mit dem Klischee in die Staaten reist, eine in Sachen Umweltschutz komplett ignorante Gesellschaft anzutreffen, sieht sich positiv überrascht. In ausnahmslos allen National Parks gibt es ein groß angelegtes Recyclingprogramm mit strikter Mülltrennung. Der Müll, der auf Wanderungen entsteht, sollte auch auf alle Fälle wieder mit zurück zu den Müllcontainern genommen werden. Nur so haben alle nachfolgenden Besucher denselben Spaß an der unberührten Landschaft.

Im Straßenverkehr kann man dazu beitragen, Umweltbelastungen zu vermeiden, indem man auf verbrauchsarmes Fahren achtet. Bei mehreren Übernachtungen im selben Hotel bzw. Motel kann man klar signalisieren, dass die Handtücher nicht täglich gewechselt werden müssen, indem man sie nach Benutzung wieder an der Stange aufhängt.

Die Amerikaner sind aber, trotz ihres neuen Umweltbewusstseins, in Sachen Umweltschutz in einigen Punkten immer noch weit hinter den Europäern zurück. Sie verbrauchen einen unverhältnismäßig hohen Anteil der Weltenergie, konsumieren deutlich mehr Wasser, Kohle und Strom und fahren Fahrzeuge mit hohem Benzinverbrauch – und haben überhaupt einen überdurchschnittlichen Benzinverbrauch durch vieles Fahren, sowohl kleinster als auch riesiger Strecken. Als europäischer Gast im Land muss man nun nicht unbedingt dazu beitragen, solche exorbitanten Werte weiter mit in die Höhe zu treiben.

■ Wäsche waschen

Sehr viele Campgrounds und Motels bieten einen Waschsalon an, in dem Sie Ihre Wäsche selbst waschen und danach in den Trockner stecken können. Ihre Reise sollte mit diesem Service flächendeckend ausgestattet sein. Hat Ihr Campground aber gerade keine Waschmöglichkeiten, gibt es in den Städten auch Läden mit Waschautomaten (*Laundry*), die meist münzbetrieben sind und mit dem Einwurf von Quarters (25c-Stücke) funktionieren. Eine Waschmaschinenladung kostet etwa $ 1,50, ein Trocknerdurchgang $ 1-3.

■ Zeitverschiebung

In Nevada haben Sie mit der **Pacific Standard Time** neun Stunden Zeitdifferenz zur Mitteleuropäischen Zeit, das heißt, Sie sind mit Ankunft in den USA neun Stunden hinter der europäischen Zeit zurück. In Utah, Arizona und Colorado (**Mountain Standard Time**) sind es acht Stunden Zeitverschiebung zu Europa (in den Wintermonaten in Arizona nur sieben Stunden, da dieser Staat an der Zeitumstellung zur Sommerzeit teilnimmt).

Der Zeitunterschied kann Ihnen nach dem Flug ganz schön zu schaffen machen. Indem

WISSENSWERTES MIT SPRACHHILFE

Sie mehrere Zeitzonen durchfliegen, werden Ihr Schlaf-Wach-Rhythmus und verschiedene Körperfunktionen extrem gestört - man spricht vom so genannten **Jetlag** („Syndrom der Zeitverschiebung"). Weil Tageslicht und Dunkelheit nicht zu den gewohnten Zeiten auftreten, kommen die natürlichen Rhythmen wie Essens- und Schlafenszeit, Hormonproduktion oder Körpertemperatur aus dem Takt. Da die innere Uhr sich nicht kurzfristig an die neue Ortszeit angleichen kann, treten die körperlichen und psychischen Beschwerden des Jetlag in unterschiedlicher Ausprägung auf. Es gibt allerdings ein paar Verhaltensempfehlungen, mit deren Hilfe die Anpassung an die Zeitzone des Zielortes erleichtert werden.

Bereits im Flugzeug sollten Sie Ihre Uhr auf die Uhrzeit des Ziellandes einstellen (die über die Bildschirme an Bord auch jederzeit parallel mit angezeigt wird). Den Tagesrhythmus des Zielortes sollten Sie auch gleich mit übernehmen. Das heißt, wenn Sie in der Mittagszeit landen (was bei Direktflügen mit Condor der Fall ist), sollten Sie unbedingt bis zum Abend (Einbruch der Dunkelheit genügt) „durchhalten", ohne ein Nickerchen dazwischen zu machen. Da dieses nur äußerst kurz ausfallen dürfte, werden Sie erstens sowieso nach einer Stunde nur sehr schwer wieder wach und zweitens sind Sie danach noch viel müder als vor dem Schläfchen. Am besten verbringen Sie die Zeit zwischen Landung und Abend hauptsächlich im Freien. Wenn Sie dann müde ins Bett sinken, schlafen Sie ruhig aus und vermeiden an den beiden Folgetagen große körperliche Anstrengungen. **Wichtig**: In dieser Zeit weder Schlafmittel noch Alkohol konsumieren!

Schon vor dem Flug über mehrere Zeitzonen kann man einiges tun, um die Symptome des Jetlag zu minimieren. Bei Westflügen schon zwei bis drei Tage vorher später zu Bett gehen, als normalerweise. Dadurch kann man seinen Biorhythmus an die Schlafenszeit am Zielort anpassen. Bei Ostflügen gilt umgekehrt, einige Tage vorher ein bis zwei Stunden früher zu Bett gehen, als üblich. Das verschiebt die Schlafphase nach vorne.

Viele Menschen empfinden die Beeinträchtigungen der Hinreise (Richtung Westen) als weniger schlimm, als die bei der Rückreise Richtung Osten. Das ist nicht nur gefühlt so, sondern wissenschaftlich belegt. Bei Westflügen wie von Mitteleuropa in die USA wird der Tag verlängert. Damit wird die innere Uhr leichter fertig, als mit einer Verkürzung des Tages. Denn auf dem Rückflug wird der normale Tag um sechs bis neun Stunden verkürzt. Nach einer unbequemen Nacht im Flugzeug landet man in der Mittagszeit im Heimatland und ist todmüde, weil man kaum geschlafen hat und die „biologische Uhr" auf die USA-Zeit und damit auf Nacht eingestellt ist. Man passt sich zwar an die Verkürzung des Tages zunächst schneller an, dadurch sind aber die Auswirkungen des in Unordnung geratenen Rhythmus umso heftiger, und man ist in seiner Leistungsfähigkeit deutlich eingeschränkt. Man geht am Tag der Rückkehr zu früh ins Bett, nach neuer Zeit zwar am Abend, aber der Körper ist eigentlich noch auf Mittagszeit eingestellt. An den Folgetagen bekommt man tagsüber Müdigkeitsanfälle, nachts liegt man oft stundenlang hellwach im Bett. Deshalb sollten Sie auf gar keinen Fall am Tag nach der Heimkehr wieder arbeiten gehen! Geben Sie Ihrem Körper Zeit, wieder in den neuen Rhythmus zu finden – es gibt keine anderen Mittel, dieses Prozedere zu beschleunigen.

Man rechnet pro Stunde Zeitverschiebung mit einem Tag, den die Anpassung an den neuen Rhythmus benötigt. Wundern Sie sich also nicht, wenn Ihre Körperfunktionen eine Woche lang verrückt spielen!

■ Zoll

Neben den Gegenständen des persönlichen Bedarfs (Kleidung, Kamera etc.) dürfen folgende Waren zollfrei in die USA eingeführt werden:

- 200 Zigaretten oder 50 Zigarren oder 3 Pfund Tabak
- 1 Liter alkoholische Getränke pro Person ab 21 Jahren
- Geschenke im Wert von $ 100
- Zahlungsmittel bis $ 10.000

Tierische und pflanzliche Frischprodukte (Obst, Wurst, Gemüse) dürfen nicht eingeführt werden. Gebäck, Käse und Süßigkeiten (ohne Alkoholfüllung!) sind erlaubt.

Hunde und Katzen dürfen Sie in die USA mitnehmen, wenn die Tiere nicht in den USA bleiben sollen. Da die Regelungen sich schnell ändern, muss man sich über die aktuellen Bestimmungen in der US-Botschaft oder dem Konsulat informieren.

Für die Einfuhr von gefährlichen Arzneimitteln für den eigenen Bedarf ist ein Rezept in englischer Sprache notwendig, das bestätigt, dass Sie diese Medikamente brauchen. Dabei haben müssen Sie außerdem den Beipackzet-

▶ WISSENSWERTES MIT SPRACHHILFE

tel und einen entsprechenden Arztbrief. Das betrifft auch scheinbar harmlose Hustenmittel, die aber zum Beispiel Kodein beinhalten, einen Abkömmling des Opiums.

Bei der Rückreise nach Deutschland dürfen Sie folgende Waren zollfrei mitnehmen:
- 200 Zigaretten oder 100 Zigarillos oder 50 Zigarren oder 250 g Rauchtabak oder eine anteilige Zusammenstellung dieser Waren
- 1 Liter Spirituosen mit einem Alkoholgehalt von mehr als 22% oder 2 Liter Spirituosen, Aperitifs aus Wein oder Alkohol, Taffia (Branntwein aus brauner Melasse), Sake oder ähnliche Getränke mit einem Alkoholgehalt von 22% oder weniger oder 2 Liter Schaumweine oder Likörweine oder 2 Liter nicht schäumende Weine oder eine anteilige Zusammenstellung dieser Waren
  (Personen, die Alkohol oder Tabakwaren einführen, müssen mindestens 17 Jahre alt sein)

Außerdem darf mitgeführt werden:
- 500 g Kaffee oder 200 g Auszüge, Essenzen oder Konzentrate aus Kaffee oder Zubereitungen auf der Grundlage dieser Waren oder auf der Grundlage von Kaffee
  (Bei Kaffee muss das Mindestalter 15 Jahre sein)
- 50 g Parfum und 0,25 Liter Eau de Toilette.

Für die Rückreise nach Österreich gilt:
- 200 Zigaretten oder 100 Zigarillos oder 50 Zigarren oder 250 g Rauchtabak
- 1 Liter Spirituosen mit einem Alkoholgehalt von mehr als 22% oder 2 Liter Spirituosen, Aperitifs aus Wein oder Alkohol mit einem Alkoholgehalt von 22% oder weniger oder 2 Liter Schaumweine; 2 Liter Wein (kein Schaumwein)
- 500 g Kaffee oder 200 g Kaffee-Extrakt
- 100 g Tee oder 40 g Tee-Extrakt
- 50 g Parfum
- Geschenke bis zu einem Wert von $ 175 pro Person
  (Auch für die Einfuhr von Alkohol und Tabakwaren nach Österreich müssen die Personen mindestens 17 Jahre alt sein)
- Katzen und Hunde dürfen mit Tollwutimpfzeugnis nach Österreich reisen. Das Impfzeugnis muss mindestens 30 Tage und höchstens ein Jahr alt sein.

Zollfreie Mengen von Waren bei Einreise in die Schweiz sind:

- 400 Zigaretten oder 100 Zigarren oder 500 g Tabak
- 2 Liter alkoholische Getränke bis zu 15% Alkoholgehalt, 1 Liter alkoholische Getränke über 15% Alkoholgehalt
  (Beides wieder nur für Personen über 17 Jahre wirksam)
- Geschenke bis zu einem Wert von sfr 100 und andere Waren im Wert bis zu sfr 100 (ausgenommen natürlich alkoholische Getränke und Tabakwaren, die nur in oben angegebenen Mengen abgabefrei sind!). Personen unter 17 Jahren dürfen Geschenke bis zu sfr 50 zollfrei in die Schweiz mitnehmen.

Grundsätzlich darf in keines der drei Länder folgendes mitgenommen werden bzw. unterliegt strengen Regelungen:
- Dinge, die unter den Artenschutz fallen (z.B. Elfenbein), Betäubungsmittel, Fleisch und Fleischwaren, Lebensmittel, gefährliche Hunde (Kampfhunde), Gift, Feuerwerkskörper, Schusswaffen und Munition.

Da die Auflistung aller kritischen Dinge zu umfangreich werden würde, ist es sinnvoll, sich zur Sicherheit auf den Seiten des Zolls konkret umzuschauen:
🖳 www.zoll.de

STICHWORTVERZEICHNIS

▶ STICHWORTVERZEICHNIS

Symbole
4-Way-Stop 249

A
Adapter 247
Air Museum - Planes of Fame Williams ... 208
Alkohol 248
Anasazi Heritage Center 119
Anasazi State Park Museum 87
    Coombs Site *87*
    Visitor Information *88*
Angeln 258
Anreise 248
Antelope Canyon Navajo Tribal Park 150
    Lower Antelope Canyon *150*
    Upper Antelope Canyon *152*
    Visitor Information *150*
Antelope Point Marina 158
Auskunft 249
Autofahren 249
Autovermietungen 250

B
Baden 258
Behinderte 250
Benzin 250
Blanding 111
    Dinosaur Museum *112*
    Edge of the Cedar State Park *111*
    Unterkünfte *112*
    Visitor Information *111*
Bluff 138
    Historic District *139*
    Sand Island *140*
    Visitor Information *139*
Botschaften 251
    Deutschland in USA *251*
    Österreich in USA *251*
    Schweiz in USA *251*
Bryce Canyon National Park 64
    Reittouren *67*
    Ruby's Inn *68*
    Scenic Drive *66*
    Sunset Point *65*
    Unterkünfte *72*
    Visitor Information *69*
    Wandermöglichkeiten *69*
Bullfrog Marina 103
Busrundfahrten Las Vegas 42

C
Calf Creek Recreation Area 85
    Unterkunft *87*
    Wandermöglichkeiten *85*
Cameron 176
    Unterkünfte *176*
    Visitor Information *176*
Camper 244
Canyonlands National Park 115
    The Island in the Sky *115*
    The Maze *115*
    The Needles *115*
    Visitor Information *116, 117*
Canyonlands NP - The Needles 116
    Needles Visitor Center *117*
    Scenic Drive *116*
    Unterkünfte *119*
    Wandermöglichkeiten *117*
Capitol Reef National Park 90
    Hickman Natural Bridge *94*
    Panorama-Strecke *92*
    Unterkünfte *95*
    Visitor Information *92*
    Wandermöglichkeiten *93*
    Waterpocket Fold *91*
Carl T. Hayden Visitor Center Page 154
Carpenter Trail & Natural Area Cortez 121
Cedar Breaks Monument 60
    Scenic Drive *60*
    Visitor Information *61*
    Wandermöglichkeiten *61*
Chapin Mesa Archaeological Museum 125
Chloride 224
    Visitor Information *225*
Coombs Site 87
Cortez 120
    Carpenter Trail & Natural Area *121*
    Cultural Center *120*
    Recreation Center *121*
    Unterkünfte *121*
    Visitor Information *120*
Cultural Center Cortez 120

STICHWORTVERZEICHNIS

D

Dangling Rope Marina	158
Datum und Uhrzeit	260
Desert View Drive	182
Dinosaurier Tracks	174
Dinosaur Museum Blanding	112
Dump-Station	244

E

Edge of the Cedar State Park	111
Einleitung	9
Einreiseerlaubnis elektronisch	243
Einreiseformalitäten	242
elektronische Einreiseerlaubnis	243
Escalante	84
Visitor Information	*84*
Escalante Petrified Forest State Park	83
Unterkunft	*83*
Visitor Information	*83*
Essen und Trinken	251
Wörterbuch	*252*

F

Fahrenheit	239
Fahrzeugaufnahme	245
Fashion Show Mall Las Vegas	42
Feiertage	254
Four Corners Navajo Tribal Park	137
Frontier Museum Monticello	113
Full Hook-up	244

G

Geld	254
Gesundheit	247
Gewichte & Maße	255
Glen Canyon Dam Page	155
Golf	258
Goosenecks State Park	140
Goulding	148
Grand Canyon Caverns	217
Grand Canyon Deer Farm & Petting Zoo Williams	207
Grand Canyon National Park	180
Desert View	*183*
Desert View Drive	*182*
Flusstour auf dem Colorado	*191*
Grand Canyon Village	*189*
Grandview Point	*186*
Hermits Rest	*189*
Lipan Point	*185*
Mather Point	*188*
Maultier-Ritt	*191*
Moran Point	*186*
Permit	*194*
Phantom Ranch	*196*
Reiten	*193*
Rundflug	*192*
Tusayan Ruins and Museum	*185*
Unterkünfte	*196*
Visitor Information	*182*
Wandermöglichkeiten	*194, 196*
West Rim Drive	*182*
Yaki Point	*187*
Yavapai Point	*188*
Grand Canyon NP - North Rim	178
Cape Royal Road	*178*
Unterkünfte	*179*
Visitor Information	*179*
Wandermöglichkeiten	*178*
Grand Canyon Railway	190
Grand Canyon Skywalk	183
Grand Canyon Village	189
Grand Canyon Railway	*190*
Shuttlebus-Linien	*190*
Unterkünfte	*198*
Visitor Information	*190*

H

Hackberry	219
Historische Gebäude	*220*
Halls Crossing	104
Handys	255
Henderson Bird Viewing Preserve Las Vegas	41
Hermits Rest	189
Hickman Natural Bridge	94
Highlights	21
Highway	259
Historic District Bluff	139
Historic Downtown Kingman	223
Historic Route 66 Museum Kingman	223
Hoover Dam	228
Visitor Information	*229*

▶ STICHWORTVERZEICHNIS

I

Information Center für Behinderte	251
Internet	255
Interstate	259
Island in the Sky - Canyonlands National Park	115
Unterkunft	*116*
Visitor Information	*116*

J

Jetlag	262
John Atlantic Burr Ferry	105
John Wesley Powell Museum Page	155

K

Karten	273
Kartenmaterial	242
Keepers of the Wild Nature Park	218
Kinder	255
Kingman	221
Historic Downtown	*223*
Historic Route 66 Museum	*223*
Mohave Museum of History & Arts	*223*
Visitor Information	*222*
White Cliffs Wagon Trail Park	*224*
Klettern	258
Klima	239
Klippenbehausungen	123
Kodachrome Basin State Park	80
Unterkunft	*81*
Visitor Information	*81*
Wandermöglichkeiten	*81*
Kolob Canyons	48
Kolob Canyons Road	53
Körper-Behinderungen	250
Kosten Reisekosten	240
Kreditkarte	247

L

Lake Mead	230
Bootfahren	*232*
Lakeshore Scenic Drive	*231*
Unterkünfte	*234*
Visitor Information	*232*
Wandermöglichkeiten	*233*
Lake Powell	103, 156
Bullfrog Marina	*103*
Float Trips	*160*
Freizeitmöglichkeiten	*105*
Halls Crossing	*104*
John Atlantic Burr Ferry	*105*
Unterkünfte Bullfrog	*106*
Unterkünfte Halls Crossing	*106*
Visitor Information	*104*
Las Vegas	36
Busrundfahrten	*42*
Fashion Show Mall	*42*
Heiraten	*38*
Henderson Bird Viewing Preserve	*41*
Liberace Museum	*41*
Madame Tussaud's	*40*
Natural History Museum	*42*
Old Las Vegas Mormon Fort State Historic Park	*41*
Outlet Center	*42*
Shark Reef Aquarium	*40*
Siegfried & Roy´s Secret Garden	*40*
Stratosphere Tower	*39*
Strip	*36*
Unterkünfte	*43*
Visitor Information	*39*
Laundry	261
Lee Pass	53
Lees Ferry	167, 169
Aktivitäten	*170*
Rafting-Touren	*171*
Unterkunft	*174*
Wandermöglichkeiten	*171*
Leihwagenfirmen	250
Liberace Museum Las Vegas	41
Little Colorado River Gorge Navajo Tribal Park	177
Lower Antelope Canyon	150

M

Madame Tussaud's Las Vegas	40
Maße & Gewichte	255
Mesa Verde National Park	122
Balcony House	*129*
Chapin Mesa Archaeological Museum	*125*
Chapin Mesa Museum	*127*
Cliff Palace	*128*
Cliff Palace Loop	*125*
Far View House	*127*

STICHWORTVERZEICHNIS ◀

Klippenbehausungen 123
Long House 129
Mesa Top Loop 125
Spruce Tree House 127
Step House 129
Sun Temple 129
Unterkünfte 130
Visitor Information 126
Wetherill Mesa Road 126
Mexican Hat 142
Unterkunft 142
Mitnehmen 247
Moab 115
Mohave Museum of History & Arts Kingman 223
Monticello 113
Frontier Museum 113
Unterkünfte 113
Visitor Information 113
Monument Valley 143
East Mitten Butte 145
geführte Touren 148
Goulding 148
Merrick Butte 145
Monument Valley Navajo Tribal Park ... 143
Navajo-Jeeptouren 145
Navajo Indian Reservation 144
Reiten 145
Scenic Drive 145
Unterkünfte 148
Visitor Information 148
West Mitten Butte 145
Monument Valley Navajo Tribal Park 143
Mossy Cave 62

N

National Parks 255
Parkgebühren 256
Permits 256
National Scenic Byway 213
National Scenic Byway UT-12 78
Natural Bridges National Monument 107
Bridge View Drive 108
Unterkunft 110
Visitor Information 110
Natural History Museum Las Vegas 42
Navajo Bridge 167

Aussichtsplattform 168
Visitor Information 169
Navajo Indian Reservation 144
Newspaper Rock State Park 114
Visitor Information 114

O

Öffnungszeiten 256
Old Las Vegas Mormon Fort State Hist. Park . 41
Outlet Center Las Vegas 42

P

Page 154
Antelope Point Marina 158
Carl T. Hayden Visitor Center 154
Dangling Rope Marina 158
Float Trips 160
Freizeit-Aktivitäten 160
Glen Canyon Dam 155
Horseshoe Bend Overlook 155
John Wesley Powell Museum 155
Lake Powell 156
Rainbow Bridge Natural Monument 159
Unterkünfte 161
Visitor Information 154
Wahweap Marina 157
Wandermöglichkeiten 160
Parkpassgebühren 49
Phantom Ranch 196

R

Radfahren 258
Rafting 258
Rainbow Bridge Natural Monument 159
Red Cliffs Mall St. George 47
Reisedauer 240
Reisedokumente 239, 242
Reisevorbereitung 238
Reisezeit 239
Reiten 256
Roughlock 113
Route 66 211
Routenplanung 240
Routenübersicht 29
Ruby's Inn 68
RV 244

▶ STICHWORTVERZEICHNIS

S

Sand Hollow State Park	46
Sand Island Bluff	140
Seligman	214
Unterkünfte	*215*
Visitor Information	*215*
Servicebüros in Deutschland	249
Servicebüros in USA	249
Shark Reef Aquarium Las Vegas	40
Sicherheit	257
Siegfried & Roy's Secret Garden Las Vegas	40
Sportmöglichkeiten	258
Angeln	*258*
Baden	*258*
Golf	*258*
Klettern	*258*
Radfahren	*258*
Rafting	*258*
Reiten	*259*
Wandern	*259*
Sprache	257
Springdale	48
St. George	46
Red Cliffs Mall	*47*
Sand Hollow State Park	*46*
Tabernacle	*47*
Utah-Tempel	*47*
Visitor Information	*47*
Staat und Verwaltung	15
USA	*16*
Straßen	259
Highway	*259*
Interstate	*259*
unpaved Roads	*259*
Stratosphere Tower Las Vegas	39
Strip	36
Stromanschluss extern	244
Sunset Point	65

T

Tabernacle St. George	47
Teec Nos Pos	138
Telefonieren	259
Vorwahlen	*260*
The Maze	115
The Needles	115
Ticaboo	102
Torrey	95
Unterkünfte	*96*
Towaoc	137
Trinkgeld	260
Trinkwasser	260
Tropic	79
Unterkünfte	*80*
Tuba City	175
Unterkunft	*175*
Tusayan	200
Unterkünfte	*201*
Visitor Information	*201*
Tusayan Ruins and Museum	185

U

Übernachten	246
Uhrzeit und Datum	260
Umgangsformen	261
Umweltschutz	261
unpaved Roads	259
Unterkünfte Highway 12	89
Unterkünfte vom Capitol Reef NP nach Hanksville	97
Unterwegs	248
Upper Antelope Canyon	152
USA	16
USA Botschaften Deutschland	243
USA Botschaften Österreich	243
USA Botschaften Schweiz	243
Utah-Tempel St. George	47

V

Vermilion Cliffs	173
Versicherungen	247
Visa-Informationen	243
Vorwahlen	260

W

Wahweap Marina	157
Wandern	259
Wäsche waschen	261
Waterpocket Fold	91
West Rim Drive	182
White Cliffs Wagon Trail Park Kingman	224
White Hills	226
Williams	206

STICHWORTVERZEICHNIS

Air Museum - Planes of Fame 208
Elk Ridge Ski and Outdoor & Recr. Area 208
Grand Canyon Deer Farm & Petting Zoo 207
Grand Canyon Railway 190
Unterkünfte 210
Visitor Information 207
Wandermöglichkeiten 208
Wissenswertes 237
Wohnmobil 244
Wörterbuch Essen und Trinken 252
Wörterbuch gebräuchliche Vokabeln 258
Wörterbuch Telefonieren 260

Z

Zeitverschiebung 261
   Jetlag 262
Zeitzonen 19
Zion Canyon 48
Zion National Park 48
   Grand Staircase 48
   Kolob Canyons 48
   Kolob Canyons Road 53
   Lee Pass 53
   Parkpassgebühren 49
   Reittouren 54
   Scenic Drive 48
   Temple of Sinawava 49
   Unterkünfte 54
   Visitor Information 50
   Wandermöglichkeiten 50
   Zion Canyon 48
Zoll 262

KARTEN

ZION NATIONAL PARK

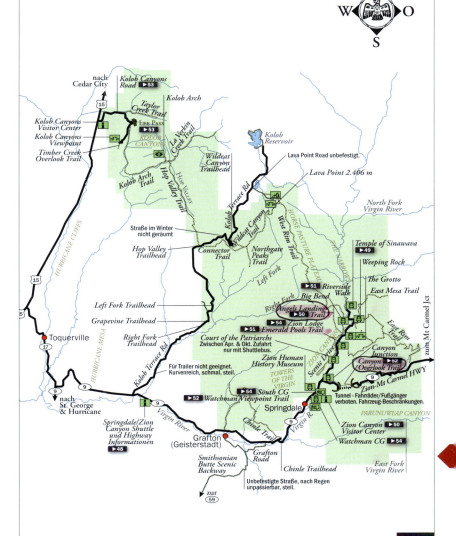

CAPITOL REEF NATIONAL PARK

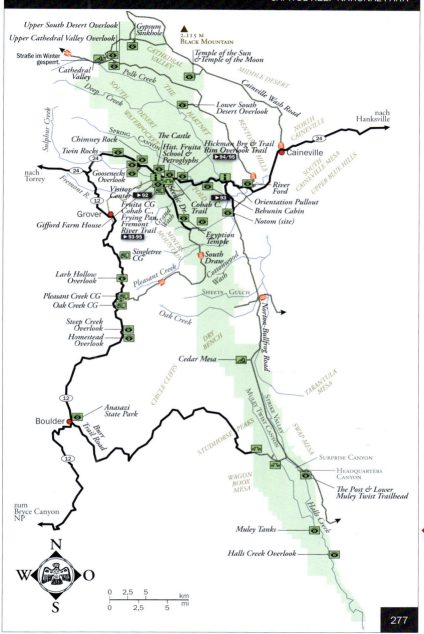

277

CANYONLANDS NATIONAL PARK

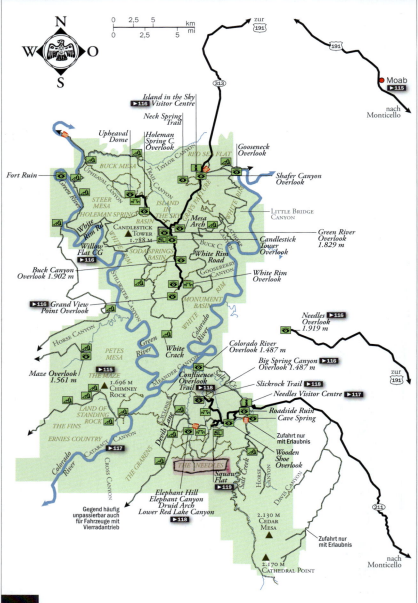

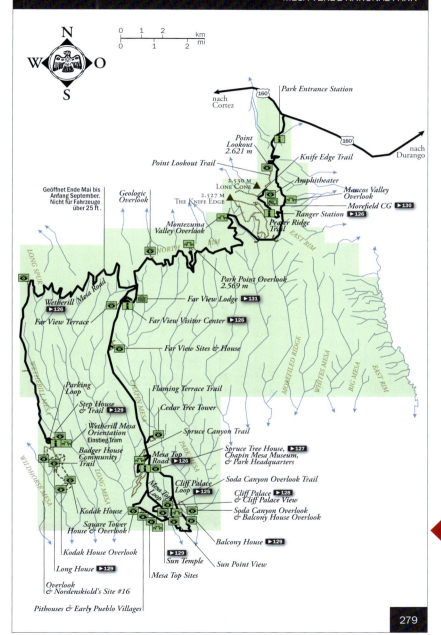

GRAND CANYON NATIONAL PARK

Parkübersicht

- Mittelteil
- Tuween
- Colorado River
- NORTH RIM
- SOUTH RIM
- Skywalk
- Grand Canyon NP
- Grand Canyon Village
- Westteil
- Ostteil

Ostteil

- South Canyon Trailhead
- Colorado River
- Rock Valley
- South Canyon
- Marble Canyon
- EMINENCE BREAK
- zum AH A89
- Kaibab Lodge
- De Motte CG
- 67
- COCKS COMB
- Vista Encantada
- Tapeats Creek
- 1.924 M Stanton Point
- 2.262 M Steamboat Mountain
- FOSSIL BAY
- MIDDLE GRANITE GORGE
- MUAV CANYON
- POWELL PLATEAU
- Shinumo Creek
- North Rim Entrance Station
- Nichtasphaltierte Straße, bei Nässe unpassierbar.
- Grand Canyon Lodge North Rim CG ▶179
- Point Imperial Ken Patrick Trail ▶178
- Atoko Point
- Nankoweap Creek
- 1.903 M Nankoweap Mesa
- 1.944 M Kwagunt Butte
- 1.879 M Chuar Butte
- 1.873 M Cape Solitude
- Little Colorado River
- 1.918 M Mt. Huethawali
- 2.033 M Havasupai Point
- Apache Point
- Aztec Amphitheater
- UPPER GRANITE GORGE
- 2.274 M Point Sublime
- Crystal Creek
- Bright Angel Pt & Visitor Info
- North Kaibab Trail
- Bright Angel Trail
- ▶178
- Kwagunt Creek
- 2.412 M Siegfried Pyre
- WALHALLA PLATEAU
- 2.412 M Jupiter Temple
- Cape Royal
- Walhalla Overlook
- Phantom Ranch ▶196
- Hopi Point
- Pima Point
- Hermits Rest Trail ▶197
- ▶189 Hermits Rest
- West Rim Drive ▶188
- ▶195 Bright Angel Trail
- South Kaibab Trail ▶195
- Yaki Point ▶187
- 1.911 M Cardenas Butte
- Wotans Throne
- GRANITE GORGE
- Grandview Trail ▶196
- 2.267 M Watchtower
- 2.150 M Cedar Mountain
- Desert View & Campgr. ▶183 ▶198
- Desert View Dr.
- East Rim Entrance
- 64
- nach Cameron
- Yavapai Pt. Rim Trail ▶197
- Visitor Center ▶182
- ▶188 Mather Point & CG ▶198
- Tusayan
- Grand Canyon Village ▶189
- 64 180
- Grandview Point ▶186
- Moran Point ▶186
- Lipan Point ▶185
- Tusayan Ruin & Museum ▶185
- nach Williams

280

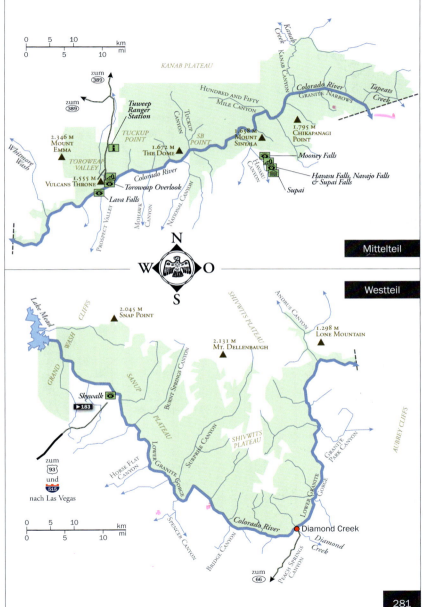

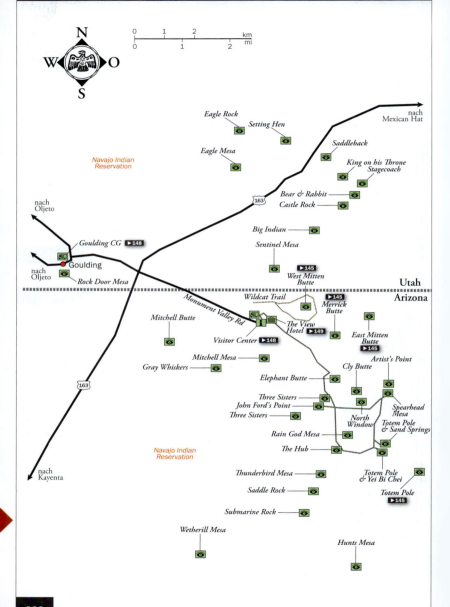

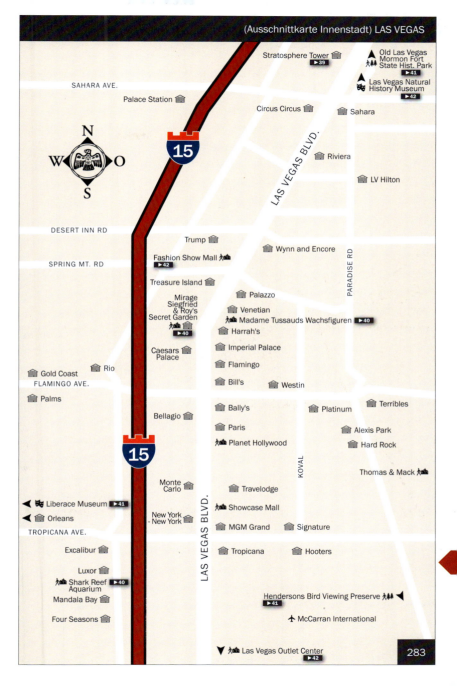

LITERATUR

Charmant-ironische Episoden über und quer durch die neuseeländische Gesellschaft.

Allen Falls
**DER GERUPFTE KIWI - NEUSEELAND.
FAST WIE IM RICHTIGEN PARADIES**

ISBN 978-3-934918-49-8

DER GERUPFTE KIWI - NEUSEELAND. FAST WIE IM RICHTIGEN PARADIES. Aotearoa, wie der maoriphile Weltreisende Neuseeland fachmännisch gerne nennt, ist ein unbestritten schönes Land, das auf den ersten Blick tatsächlich wirklich einzigartig aussieht. Doch hält das Flair des kleinen Musterlandes am anderen Ende der Welt auch einer spontanen Nagelprobe stand? Was fördert wohl ein verschämter Blick unter den neuseeländischen Rasenteppich zutage?

Der lemmingartigen Begeisterung für das Land der Kiwis leicht überdrüssig, wagt Allen Falls einen kritischen, ironischen und sehr unterhaltsamen Blick auf Land und Leute, fördert dunkle Geheimnisse zutage und führt den Lesern eine Gesellschaft vor Augen, die viele unserer mühsam erarbeiteten wertdeutschen Errungenschaften so ganz und gar nicht nachvollziehen kann.

»Der gerupfte Kiwi« versteht sich als Episodenerzählung mit in sich weitgehend abgeschlossenen Kapiteln, die absichtlich immer wieder Fragen offen lassen und in locker er Folge diverse Auffälligkeiten des neuseeländischen Lebens beschreiben.

Soviel sei an dieser Stelle schon verraten: Genaugenommen ist auf dieser Doppelinsel alles eine einzige große Auffälligkeit.

CONBOOK VERLAG
www.conbook-verlag.de

LITERATUR

DIE FETTNÄPFCHENFÜHRER

 ÄGYPTEN ISBN 978-3-934918-59-7

 CHINA ISBN 978-3-934918-54-2

 FRANKREICH ISBN 978-3-934918-74-0

 GROSSBRITANNIEN ISBN 978-3-934918-46-7

 ITALIEN ISBN 978-3-934918-47-4

 JAPAN ISBN 978-3-934918-45-0

 NEUSEELAND ISBN 978-3-934918-58-0

 NORWEGEN ISBN 978-3-934918-56-6

 ÖSTERREICH ISBN 978-3-934918-76-4

 RUSSLAND ISBN 978-3-934918-48-1

 SCHWEDEN ISBN 978-3-934918-43-6

 SPANIEN ISBN 978-3-934918-75-7

 SÜDAFRIKA ISBN 978-3-934918-42-9

 USA ISBN 978-3-934918-44-3

Die Buchreihe, die sich auf vergnügliche Art dem Minenfeld der kulturellen Eigenheiten widmet.

CONBOOK VERLAG
www.conbook-verlag.de

LITERATUR

Skurrile Anekdoten und wunderbare Geschichten über und quer durch die asiatischen Metropolen.

Holger Hommel
**WITWENTRÖSTER UND LILA PUDEL
ASIATISCHE MOMENTE**

ISBN 978-3-934918-81-8

WITWENTRÖSTER UND LILA PUDEL - ASIATISCHE MOMENTE. Holger Hommel streift umher - mal als einsamer Spaziergänger im Großstadtdschungel Shanghais, mal in Bali als Lektor an Bord eines fernsehberühmten Traumschiffs. Er arbeitet sich quer durch den asiatischen Kontinent und sucht verzweifelt nach einem Universalschlüssel für die so unterschiedlichen Regionen. Dass er dabei nie fündig werden würde, war ihm durchaus bewusst - dass die Suche allerdings so viel Erstaunliches zu Tage fördern würde, verblüffte ihn dann doch...

Begleiten Sie Holger Hommel unter anderem auf einer Wassermelone durch Bali und lassen Sie sich mit ihm Hals über Kopf in Taiwan aus dem Linienbus werfen. Erfahren Sie mehr über die Besonderheiten der vietnamesischen Straßenphilosophie oder genießen Sie einfach mal ein Schaumbad in Arabien.

In skurrilen Anekdoten und wunderbaren Geschichten beschreibt Holger Hommel seine außergewöhnlichen Erlebnisse in Asien und beweist Zeile für Zeile, dass Reisen nicht nur spannend und lehrreich, sondern auch äußerst unterhaltsam sein kann.

»Viel zu lachen auf 319 Seiten.«
(Susanne Rehm, Sonntag aktuell)

»Eingefleischte Asienfans merken schon nach wenigen Seiten: Hier schreibt ein Experte. [···] Wenn Sie bereits öfter Ihren Urlaub in Asien verbracht haben, werden Sie viel lachen bei der Lektüre und noch häufiger bejahend mit dem Kopf nicken. [···] Wenn trübe Winterstimmung droht, Überhand zu nehmen, flugs das Buch besorgen und loslesen!«
(Judith Hoppe, Reise-Inspirationen)

CONBOOK VERLAG
www.conbook-verlag.de

LITERATUR

Amüsante Episoden über das Blamagepotenzial der amerikanischen Gesellschaft und Mentalität.

Kai Blum
**FETTNÄPFCHENFÜHRER USA
MITTENDURCH UND DRUMHERUM**

ISBN 978-3-934918-44-3

FETTNÄPFCHENFÜHRER USA - MITTENDRUCH UND DRUMHERUM. Mal ehrlich: Wie gut kennen Sie die USA denn nun wirklich? Klar, Sie haben schon zahllose amerikanische Filme gesehen, aber wissen Sie, welche Besonderheiten es beim Arztbesuch in den USA gibt, was Sie im Straßenverkehr beachten müssen, um nicht verhaftet zu werden, und welche Dinge Sie sagen und vor allem nicht sagen sollten?

Egal, ob Sie den Urlaub oder eine längere Zeit jenseits des Atlantiks verbringen wollen, die Zahl der Fettnäpfchen, in die Sie unwissend tappen können, ist groß. Wenn Sie sich darauf nicht gut vorbereiten, wird es Ihnen wir Torsten F. und Susanne M. ergehen, die sich bei ihrem ersten Aufenthalt in den USA fortlaufend blamieren. Geduldiger Begleiter des Blamagemarathons durch das vermeintlich unkomplizierte Amerika ist ihr Reisetagebuch, das durch einen ketchupverschmierten Zufall den Weg zu Kai Blum findet, der die vielen Fallstricke der amerikanischen Gesellschaft auch aus eigener Erfahrung kennt.

Mit Humor und vielen wissenswerten Details hat Kai Blum das Reisetagebuch kommentiert und somit ein Werk erschaffen, das es Ihnen ermöglicht, auf unterhaltsame Weise von den Fehlern anderer zu lernen und bei Ihrem eigenen USA-Aufenthalt die typischen Fettnäpfchen zu vermeiden.

CONBOOK VERLAG
www.conbook-verlag.de